Wolfgang Freiherr von Löhneysen

MISTRA

*Griechenlands Schicksal
im Mittelalter*

*Morea
unter Franken, Byzantinern
und Osmanen*

Prestel-Verlag München

© Prestel-Verlag München 1977

Passavia Druckerei GmbH Passau
ISBN 3 7913 0405 4

INHALT

Einleitung 9

ERSTER TEIL: DIE FRANKEN

Kreuzzug 18 – Landnahme 24 – Altes Land 27
... und neue Herren 30 – Fürst und Vasall 40 – Hochzeit und
Gefangenschaft 46 – Kriegsjahre 52 – Bündnispolitik 56
Aristokratische Anarchie 59 – Nachwort zum
ersten Teil 66

ZWEITER TEIL: DIE BYZANTINER

Reichsprovinz 70

Die Geistlichkeit 72

Nikephoros Moschopoulos 72 – Pachomios 80

Der Kaiser Johannes VI. Kantakouzenos 109

Die göttliche Liturgie der Hesychasten 115

Panagia Peribleptos 117 – Mystik 119 – Passion und
Himmlische Liturgie 123 – Meßliturgie 126 – Gottes Sohn
und Muttergottes 131

Die Despoten 135

Manuel Kantakouzenos 135 – Theodor I. Palaiologos 146

Adel und Volk 155

Georgios Gemistos 164

Cleopatra Malatesta 172

Blüte in den Ruinen des Reichs der Palaiologen 178
Gelehrsamkeit und Kunst 178 – Umbau der Metropolis 181
Agia Pantanassa 184

Ein Kapitel europäischer Geistesgeschichte 192
Griechischer Hintergrund 192 – Vorbereitung 195
Die Reise nach Italien 196 – Theologen 199 – Philosophen 205

Konstantin Palaiologos 212
Reichsreform 212 – Türkenkrieg 215 – Humanisten 217

Demetrios Palaiologos 222

Diesseits der Katastrophe 232
Patriarch von Sultans Gnaden 232 – Auf der Flucht vor
dem Halbmond 233 – Sigismondo Pandolfo Malatesta 236
Epitaph für einen Kardinal 241

DRITTER TEIL: TÜRKEN UND VENEZIANER
ODER THEATRUM PELOPONNESIACUM

Im Joch der Osmanli 246 – Kriegsschauplätze 253
Vierundzwanzigjährig: Don Juan 271 – Hoffnungen
und Enttäuschungen 277 – Monsieur Guillet dans son
cabinet à Paris 280 – Halbmond über Land und Stadt 284
Löwe vor der Hohen Pforte 298 – Türkische
Tragödie 308 – Nach dem Sieg 314 – Sub umbram
alarum tuarum 319 – Die Niederlage 332

VIERTER TEIL: DIE GRIECHEN

Vorwort 340 – Altertumsforscher 341 – Kleften, Hirten,
Popen 344 – Ländliche Tänze, verlorene Mythen 350
Aufstand 354 – Schicksal Hyperions 358 – Seeschlacht
und Friedensschluß 369 – Menschen in der Stadt 371
Besuch beim Pascha 386 – Gedanken über Revolution
und Freiheit 394 – Philhellenen 404 – Befreiungskampf 409

Ruinenbewohner 416 – Diktatur 420 – Stadt am
Fluß und Stadt am Berge 424 – Der Eremit und seine
Zeitgenossen 443 – Gastfreundlicher Friedensrichter 449
Ruinenbesucher 453 – Wanderer in der Scherbenwüste 465
›Discours sur Mistra‹ 470

ANHANG

Stammtafel 472 – Bibliographie 473 – Register 488
Übersichtskarten nach 498

Einleitung

Mistra – einst voller Leben, heute ein Ruinenfeld an einem Berghang des Taygetos – ist mit Griechenlands Schicksal im Mittelalter untrennbar verbunden. Die Stadt ist die Mitte eines Geschehens, das wie ein Netz wechselnder Dichte das östliche Mittelmeer, den Balkan und Italien umspannt und bis nach Frankreich und Deutschland ausgreift. Diese Geschichte zu beschreiben, erfordert das Eingehen auf die Lebensverhältnisse in byzantinischer Zeit, in der Mistra der Hauptort der Peloponnes war, und vor allem das Verstehen der immer noch gültigen Glaubenssätze der Orthodoxie, weil nur sie Bilder und Baukunst erklären können. Da aber die Stadt mit ihrer geistigen Kultur auf Italiens Humanisten wirkte, bezieht sich auf die politische Geschichte auch die Geistesgeschichte der frühen Neuzeit des Westens, als das griechische Land einen levantinischen Charakter annahm. Die Türken hatten es unterworfen. Um das Land wurden erbitterte Kriege geführt. Die Peloponnes und Mistra – Goethes ›Faust-Burg‹ – sind Schauplatz einiger Dichtungen, so daß mit der Geistesgeschichte die Literaturgeschichte ein Thema des Buches geworden ist. Als dann die Stadt während des griechischen Befreiungskampfes in Trümmer gesunken war, besuchten, wie mehrfach schon vordem, Reisende das Lakonische Tal, um das alte Sparta zu sehen, und berichteten über die Mistrioten, die noch in den Ruinen lebten. Erst als die letzten Bewohner ihre Häuser am Berghang verlassen hatten, endete Griechenlands Mittelalter. Trotz der Vielfalt dieser Zusammenhänge wird es möglich sein, der Geschichte der Stadt und ihrer Wirkung in Bericht und Dichtung zu folgen.

Aber es bleibt ein Problem: Was wir von der Vergangenheit haben, was als Werk des Menschen in unsere Gegenwart noch hineinragt, nennen wir die Kultur. Aber die

›schöne Kultur‹ entsteht erst im Bilde der nachgekommenen Generationen und deckt Schleier über Leiden und Trauer, Melancholie und Gebet. Glück ist nur im Vorübergang. Diese Welt zurückzugewinnen, gleicht einer Reise in fernes Land, in dem man nicht hoffen kann, seinesgleichen zu finden. Im Grunde verstehen wir uns nur selbst, kaum je die anderen, die einmal gelebt haben. Es muß der Versuch gewagt sein, diese Welt von ihren Voraussetzungen aus zu betrachten und sie aus ihrer eigenen Art zu erklären. Die Menschen sind darum das innere Thema des Buches. Sieht man sie nicht, erscheint die Geschichte gleichsam als eine abgestorbene Welt, von der nur Trümmer übriggeblieben sind. Doch die Werke der Kunst waren und sind Ausdruck gelebten Lebens, das in ihnen sich spiegelt. Kunst ist ein Spiegel innerer Wirklichkeit. Daß sie nicht Spiegel äußerer Wirklichkeit sein kann, zeigt das gewöhnliche Leben der Menschen. Sieht man das Schicksal nicht – und die Menschen bereiten es sich ja selbst –, bleibt es in der Geschichte Mistras bei einem Gewirr von Rittern mit feudalen Allüren und von Despoten mit steif-zeremoniellem Gehabe, von musketenbewaffneten Kleften, gläubigen Popen und herrischen Provveditoren, von Korsaren und Seekriegshelden, mühselig ackernden Bauern und geschäftigen Seidenhändlern, von Janitscharen, Söldnern und Palikaren, von Griechen, Türken und Juden. Völker haben die Stadt bewohnt. Hat es nur Herrscher ... Beherrschte, nur Herren und Knechte gegeben, nur Adel und Volk, die ›begehrliche Menge‹? Sie alle waren doch Menschen und Charaktere, ob arm oder reich, fromm oder tapfer, grausam oder bedächtig. Das Schicksal der Stadt und ihrer Bewohner bietet ein unaufhörliches Drama menschlicher Verwicklungen dar – ein Schauspiel ohne Gesetz und Regel, aber von faszinierender Farbigkeit. Wer tat das Rechte, wer dachte das Richtige? Die Toten antworten nicht, die Bilder zeigen sie nicht, nur hin und wieder eine Gestalt, deren Wesen erahnt werden kann. Wer litt und wer duldete? Was war seine Tat, seine Schuld – sein Gewissen? Die Geschichte kann kein Gericht über ihn halten, sie berichtet, was war, nicht das, was hätte anders sein können. Einsicht in die Vergangenheit ist abhängig von der jeweiligen Gegenwart, in der der Einsicht Verlangende lebt, und von dem Standpunkt, auf dem er steht. Vom Vergangenen gibt es nur noch Erinnerung, die der Wirklichkeit nicht immer entspricht. Taten und Handlungen aber sind die eigentliche Geschichte, ihr ›Bild‹, also die Vorstellung, die erlangt werden kann, wird ein Abglanz vorübergegangenen Lebens sein, wenn der Mensch in die Mitte gestellt wird – er, der in der Gesellschaft lebt und mit ihr die Umwelt prägt, bringt schließlich die Kunst hervor. Und nur in der Kunst als einem Teil der gesellschaftlichen Kultur findet er den Ausdruck seines Glaubens, der sich in Bauten und Bildern ›ereignet‹. Das ›Bild‹ vergangenen Daseins zu beschreiben, hin und wieder vielleicht zu deuten, ist die Aufgabe und das Problem. Das Bestreben muß sein, das ›Bild‹ möglichst der Wirklichkeit entsprechend zu komponieren.

Während die Geschichte nur noch erinnert wird, ist von der Vergangenheit doch die Landschaft geblieben, die wohl kaum einer vergißt, der in diesem Tale Lakoniens einige Tage verbracht hat. Allen dramatischen Ereignissen dreier Jahrtausende zum Trotz liegt das Tal, als sei es dem Frieden geweiht. Aus den wilden Klüften der Langada-Schlucht kommend, erblickt man die herrliche Weite der Ebene, deren Fruchtbarkeit überrascht. Gegenüber strecken sich die sanft gefalteten Höhen des Parnon-Gebirges rötlich im Licht. Das satte Grün des Eurotas-Tales breitet sich unter dem hellblauen Himmel. Der Farbklang der Landschaft wechselt, denn Wolken, aufgetürmt über den Bergen, gleiten über das Land dahin. Ihre Schatten streifen die Ebene und geben den Pinien-Hainen bei den Ruinen des alten Sparta einen Ton von Melancholie. Die Landschaft ist nicht nur ein Anblick, sondern Geschehen, Schauspiel der Formen, Farben und Bilder. Sie alle beherrscht der königliche Bergzug des Taygetos mit seinem mehrfach gezackten Kamm. Er ist es, der dem Tal einen vertrauten Charakter gibt. Auf einem vorgeschobenen Berghang, überragt von ihrem Kastron, liegt die Felsenstadt, wie sie in den Liedern des Volkes genannt wird: Mistra, »nur die Kirchendächer heben sich noch aus den grauen Ruinen ab, alles übrige erscheint aus der Ferne nur wie zerbröckelnder Fels«.[118] Menschenwerk ist wieder ein Teil der Natur geworden. Berg, Tal und Stadt – sie bilden zusammen die Einheit eines mannigfaltigen Panoramas, das, als Erlebnis empfunden und mit Begeisterung geschildert, in drei Beschreibungen ausgespannt sei.

»Diesen Abend kamen wir nach Untergang der Sonne gegen Mistra zurück und hatten das riesenhafte Gebirg in ernster Stille vor uns. Eine zauberhafte Klarheit schimmerte um die weißen und bewaldeten Gipfel desselben und der milde Strom der Alpenluft aus seinen Höhen war mit den Düften der Orangengärten, über welche er zu uns kam, balsamisch erfüllt, während Scharen von Nachtigallen wetteiferten, diese Verklärung und Herrlichkeit der südlichen Natur mit Melodien zu erfüllen, würdig des irdischen Paradieses, das von ihnen widerklang.«[44]

»Von neuem fing es an zu regnen, es war ein Wolkenbruch, der mit kurzen Unterbrechungen drei Tage lang anhielt ... Eine lohfarbene Flut, die Flüsse und Seen von unwahrscheinlicher Schönheit bildete, hatte die ganze Landschaft zauberhaft verwandelt. Das Land wirkte immer asiatischer, was unseren Eindruck, eine weite Reise unternommen zu haben, bestärkte und unsere bereits kühnen Erwartungen noch steigerte. Als wir das Eurotas-Tal vor uns sahen, hörte der Regen auf, ein sanfter Südwind brachte einen warmen, wohltuenden Duft. Rechts von der langgestreckten spartanischen Ebene zog sich die schneebedeckte Kette des Taygetos-Gebirges hin, die ungebrochen bis zur Spitze der Halbinsel verläuft. Je mehr wir uns Sparta näherten, desto stärker wurde der Duft der Orangen ... Vor dem Abendessen machten wir einen Sprung nach Mistra, dem byzantinischen Dorf, dessen Ruinen die Hauptsehenswürdigkeit von Sparta sind. Das mit Felsblöcken besäte Flußbett des Eurotas war noch nicht der tosende Katarakt geworden, in den es sich morgen verwandeln würde; jetzt war es ein eisiger, rasch fließender Bach, der wie eine schwarze Schlange durch sein seichtes, glitzerndes Bett schoß. Aus irgendeinem Grunde gingen wir nicht in die Ruinen, sondern blieben im Wagen sitzen und betrachteten die weite Ebene.«[129]

> *Alt-Wälder sind's! Die Eiche starret mächtig,*
> *Und eigenmächtig zackt sich Ast an Ast;*
> *Der Ahorn mild, von süßem Safte trächtig,*
> *Steigt rein empor und spielt mit seiner Last.*
>
> *Und mütterlich im stillen Schattenkreise*
> *Quillt laue Milch, bereit für Kind und Lamm;*
> *Obst ist nicht weit, der Ebnen reife Speise,*
> *Und Honig trieft vom ausgehöhlten Stamm.*
>
> *Hier ist das Wohlbehagen erblich,*
> *Die Wange heitert wie der Mund,*
> *Ein jeder ist an seinem Platz unsterblich:*
> *Sie sind zufrieden und gesund.*
>   (Goethe, Faust II, Vers 9542 ff.)

Goethes Idylle täuscht. Mistra wurde zur Idylle erst, als es zu leben aufgehört hatte. Maurice Barrès nannte die Stadt in ihrer Landschaft einen »Vulkan der Geschichte«[119].

In mythische Tiefen greift das Schicksal des antiken Sparta zurück. Menelaos hatte die Tochter des Königs Tyndareos geheiratet: Helena, die ihrer Schönheit wegen als Tochter des Zeus und der Leda galt. Paris kam, raubte die Helena, der Trojanische Krieg begann. Unter Menelaos' Bruder Agamemnon, dem König von Mykene, eroberten die Griechen das stolze Ilios. Helena kehrte heim. In diesen halb mythischen, halb wahren Begebenheiten ist die Erinnerung an die minoische Herrschaft bewahrt, der sich die Bewohner des Tales unterwerfen mußten. Das geschichtliche Sparta wurde bald nach Beginn des letzten Jahrtausends vor Christus von Doriern gegründet, die als Gemeinschaft von Krieger-Bauern in vier Dörfern am Ufer des Eurotas wohn-

---

118 Die Zahlen verweisen auf die entsprechende Nr. der Bibliographie, hier auf G. Lang, 201 f. **44** *Thiersch, Bd. 2, 269 f.* **129** *H. Miller, 167 f.* **119** *Barrès, 280.*

ten und das eroberte Land unter sich aufgeteilt hatten. Diesen Spartiaten gab Lykurg die Gesetze, nach denen sie zu leben und im Kampfe zu sterben hatten, und stellte die Ordnung der Gesellschaft auf. Sparta unterwarf Arkadien und Messenien, es wurde das Haupt des Peloponnesischen Bundes. Im Jahre 480 vor Christus kämpfte es gemeinsam mit Athen gegen die Perser. Leonidas fand mit dreihundert Spartiaten den Tod bei den Thermopylen: Vorbild der heroischen Aufopferung für Volk und Staat, das über die Zeiten hin Geltung behielt. In der Schlacht bei Plataiai bewährte sich die spartanische Phalanx, vor der die Perser zurückweichen mußten. Griechenland war gerettet. Was kein Feind bis dahin vermochte – die Natur hatte Gewalt über Sparta: ein Erdbeben vernichtete 464 die männliche Jugend, die sich im Gymnasion zu sportlicher Übung versammelt hatte. Der Lager-Staat schien dem Untergang nahe. Zögernd erst, doch dann zu allem entschlossen, zog Sparta 433 in den Krieg gegen Athen und überwältigte nach dreißig Jahren die attische Demokratie, das Vorbild der künftigen Kultur Europas. 371 besiegte Epameinondas von Theben die nach Boiotien vorgedrungenen Spartaner in der Schlacht bei Leuktra und, obgleich Sparta mit Athen gegen Theben verbündet war, in der Schlacht bei Manteneia in Arkadien 362 abermals. Spartas Ruhm, unbesiegbar zu sein, verflog. Aus dem Bauern- und Kriegerstaat war unter der Vorherrschaft des Adels eine Gesellschaft entstanden, welche die Lebensformen des Hellenismus annahm. Die Gesetze Lykurgs wiederherzustellen, mißlang ebenso wie die Gründung einer Demokratie, für die den Heloten, den Staatssklaven, die Freiheit geschenkt worden war. Der Staat war nicht mehr zu retten, Tyrannen beherrschten ihn in nachalexandrinischer Zeit. Im Kampf gegen den Achaiischen Bund – erst jetzt schützten Verteidigungsmauern die Dörfer ohne städtischen Mittelpunkt – war Sparta gezwungen, Rom um Hilfe zu bitten. Römische Legionen besetzten das südliche Griechenland am Anfang des zweiten Jahrhunderts vor Christus. Sparta, Roms ›Bundesgenosse‹, blieb dem Rechte nach frei. Von nun an lebte es von der Vergangenheit und erinnerte sich in romantischer Ehrfurcht an seine Heldenzeit. Es baute Theater und Thermen und um das alte Artemis-Heiligtum am Eurotas-Strom steinerne Sitze, einem Amphitheater vergleichbar, damit die Fremden und Reisenden zusehen konnten, wenn die Epheben zu Ehren der Göttin ausgepeitscht wurden, um sie schmerzunempfindlich zu machen. Der alte Kultbrauch war zur blutigen Sensation geworden. Zur Zeit der römischen Kaiser hatte Sparta, Lakedaimon hieß es zuletzt, seinen Ruhm überlebt. Im Jahre 395 plünderten Westgoten unter Alarich die Stadt ohne Helden, als Kaiser Theodosios die heidnischen Kulte verbot.

Danach war die Stadt fast tausend Jahre, kaum daß eine Kunde von ihrem Dasein zeugt, ein Ort des Byzantinischen Reiches. Spartas zweite Geschichte begann während des dreizehnten Jahrhunderts, als der westeuropäische Ritteradel um den Besitz des Heiligen Landes kämpfte. Eine verwerfliche Tat wurde der Vierte Kreuzzug, den Papst Innozenz von den Christen des Westens gefordert hatte, weil religiöser Fanatismus und Kaufmannsverstand sich ineinander verwickelten. Ein byzantinischer Prinz, ein venezianischer Doge und die französischen Ritter eroberten die Stadt am Goldenen Horn, das ruhmreiche Konstantinopel, das schon so vielen Feinden getrotzt: 1204 brach das oströmische Reich zusammen.

ERSTER TEIL

Die Franken

Ja, das waren die Männer mit dem ehernen Nacken...
        Niketas Choniates

Kreuzzug

Ineinanderverwoben sind die politischen Verhältnisse Europas am Ende des zwölften Jahrhunderts. Heinrich VI. ist Kaiser des römisch-deutschen Reiches und hat sich in Palermo, dank seiner Frau Konstanze, Tochter Rogers II. von Sizilien, zum König der Normannen gekrönt. Er vermählt seinen jüngsten Bruder, Philipp von Schwaben, mit der griechischen Prinzessin Irene, der Tochter Kaiser Isaaks II. Angelos von Konstantinopel. Irene war – unter dem Namen Maria – die Braut Rogers III. von Sizilien gewesen und bei der Übernahme der Herrschaft durch den Staufer in die Gewalt des Kaisers gekommen. Isaak ist durch einen Staatsstreich gegen Andronikos I. Komnenos Kaiser der Rhomaier geworden, Basileus und Autokrator. Er wird alsbald von seinem Bruder Alexios, der mit den Rivalen Venedigs, den Pisanern, im Bunde ist, vom Thron gestürzt, geblendet und in den Kerker geworfen. Isaaks Sohn Alexios flieht sechs Jahre darauf aus der Haft zu seinem Schwager Philipp nach Deutschland und verbringt den Winter 1202 auf Schloß Hagenau im Elsaß, der Pfalz, die Friedrich Barbarossa, Philipps Vater, errichtete, um die Reichskleinodien besser verwahren zu können. Dort trifft Alexios mit Bonifatius von Montferrat zusammen, der mit den Staufern den von Papst Innozenz III. ausgeschriebenen Kreuzzug vorbereitet. Die Beratungen gelten unter anderem der Wiedereinsetzung von Alexios' Vater Isaak als Basileus. Und das Reich der Rhomaier, von Seldschuken, Ungarn und Bulgaren, von Serben und kurz zuvor noch von den Normannen bedroht, von seinem Stadtvolk beunruhigt, von seinen Mönchen geschwächt, ist der westkaiserlichen und päpstlichen Politik ausgesetzt: am Goldenen Horn lebt man, ohne sich aufzuraffen, unabweisbarem Schicksal entgegen.

Aber auch das Westreich ist nach dem unerwartet frühen Tod Heinrichs VI. aufgewühlt und zerstritten. Denn die Fürsten – wer wahlberechtigt ist, weiß man nicht sicher – wählen Welf oder Staufer. Und Philipp, der gewählt wird, »geht nur unter die Krone«, um anzuzeigen, daß er stellvertretend für Konstanzens Sohn Friedrich König sein will, der unter der Vormundschaft des Papstes seine einsamen Kinderjahre auf der Rocca von Assisi verlebt. Unten in der Stadt vergnügt sich ein Sohn des Tuchhändlers Piero Bernardino mit seinen Altersgenossen und singt, deshalb Francesco gerufen, so gern französische Minnelieder. Bald wird er in den Krieg gegen das nahe Perugia ziehen und als ein Verwandelter, zukünftig Heiliger, nach Hause kommen. Friedrich und Franz, im Dom San Rufino in Assisi getauft, sind mit ihrer Zukunft noch unvertraut, aber sie werden die Welt verändern, der eine auf dem Thron des römisch-deutschen Reiches, der andere im Kleid der Bettler. Doch die Welt, Herrscher, Beherrschte, Ritter, Laien und Mönche, jede Gesellschaft, geordnet in Christo, soll gipfeln im Heiligen Vater. Innozenz III. will Fürsten und Könige zu Vasallen des römischen Bischofs, des Papstes, erniedrigen und zudem die ›abgefallene‹, die orthodoxe Kirche, mit der katholischen wieder vereinen.

In Venedig, der Republik San Marco, herrscht seit 1192 als Doge Enrico Dandolo, jetzt 96 Jahre alt. Er war in früheren Jahren als venezianischer Gesandter und als Mitglied der venezianischen Kolonie am Bosporus in Konstantinopel gewesen und, den Griechen ein unbequemer Gast, mit Hilfe eines Hohlspiegels hinterlistig geblendet worden. Also haßt er die Griechen von Grund auf, entschlossen, Rache zu nehmen. Die französischen Kreuzfahrer, geführt von Bonifatius von Montferrat und Balduin von Flandern, fragen die Hohe Republik, ob sie den Transport des Ritterheeres ins Heilige Land übernehmen könnte. Die 85 000 Mark kölnischen Silbers, die gefordert werden, haben die Herren allerdings nicht, allenfalls 50 000. Dandolo verlangt für den Rest die Eroberung von Zara an der dalmatinischen Küste, das, von Venedig abgefallen, die Ungarn unterworfen haben. Um den Weg nach Jerusalem zu sichern, gehen die Ritter auf die Absicht des Dogen ein, Konstantinopel zu erobern, sollte der byzantinische Kaiser Alexios nicht, wie zwölf Jahre zuvor Isaak durch Barbarossa, gefügig gemacht werden können. Außerdem glauben sie fest daran, in Konstantinopel das Kreuz Christi zu finden. Der Doge schweigt sich darüber aus, daß seine Kaufleute und Nobili, gute Rechner und schlechte Idealisten, ihre Rivalen in Pisa und Genua vom Orienthandel verdrängen und Kontore und Emporien in der Ägäis und Kolonien am Bosporus in Besitz nehmen wollen. Das Kreuz Christi mag eine heilige Sache sein: Geschäftemachen ist besser. Ritter und Kaufmann gehen ein Bündnis ein, Idealisten werden Söldner von Händlern.

Nach geduldigem Warten am Lido – Turniere verkürzen die Zeit – läuft die Flotte, geführt vom Flaggschiff ›Totus Mundus‹, 1202 in die Adria aus, nimmt Kurs auf Zara, das nach leichter Eroberung zum Winterquartier der Seeleute und Ritter wird. Dort erscheint, angekündigt von Gesandten Philipps von Schwaben, der andere Alexios, der Sohn Isaaks. Nun haben die Kreuzritter mitsamt ihrem Dogen einen Trumpf in der Hand. Denn der byzantinische Prinz verspricht die Union mit der katholischen Kirche – in Byzanz bestimmt der Kaiser das Dogma – und, obgleich er nichts hat, finanzielle Unterstützung des Kreuzzugs. Er weiß natürlich, daß das Kreuz Christi, seit Saladin Jerusalem erobert hat, in den Händen der Moslim ist und daß seine Mönche und Popen – den Patriarchen zwar kann er aus seinem Amte entfernen – gegen die päpstliche Suprematie sich heftig zur Wehr setzen werden. Aber in der Politik sagt man nicht alles, insoweit ist er, der Neunzehnjährige, mit dem bald Hundertjährigen aus Venedig ein und derselben Meinung. Auf diese Weise kämen Dandolo zu seinem Gelde, die Ritter zu ihrem Kreuz – und mag es zum Teufel dreimal in Jerusalem liegen –, Alexios auf seinen Thron und der Papst zu einer wirklich katholischen Kirche. Und so ›duldet‹ denn Innozenz, die Pilger in Waffen exkommunizierend, die Fahrt nach Konstantinopel.

Dort erscheint 1203 die venezianische Flotte mit den französischen Rittern und dem byzantinischen Prinzen – eine kaum heilige Drei-Einigkeit. Aber die Griechen wollen keinen Kaiser von Gnaden des Papstes oder des verachteten Kaufmanns von Venedig, schon gar nicht von seiten fränkischer Ritter. Mit der Kette wird der Hafen gesperrt, am Turm von Galata macht man sie fest. Die tapferen Ritter erobern den Turm, Venezianer sprengen die Kette. Das Flaggschiff ›Totus Mundus‹ fährt ein, legt an, und als erster entsteigt ihm Enrico Dandolo mit gezücktem Schwert und betritt die Stadt, das bestaunte Wunder der Welt. Venezianer dringen über die Mauer vor. Der Usurpator Alexios, zur Verteidigung der Stadt nicht bereit oder nicht entschlossen, flieht mit seiner Tochter Irene. Konstantinopel ist eine offene Stadt. Den alten Isaak holt man aus dem Kerker heraus und setzt ihn auf seinen Thron, zwingt ihn, die Versprechungen seines Sohnes einzulösen, den man zum Mitkaiser krönt. Die Kreuzfahrer verlangen das Geld. Aber zahlen wollen die Kaiser nicht, der andere Alexios ist mit dem Staatsschatz davon. Die Hälfte bringt widerstrebend der neue Alexios auf, das nehmen die Konstantinopolitaner übel. Der Doge verlangt die andere Hälfte, Alexios verweigert die Zahlung, das nimmt ihm Dandolo übel. Und das Volk will seine Orthodoxie nicht lassen, es macht eine Revolution. Mit dem Volk putscht der blinde Isaak, aber er stirbt, sein Sohn kommt in dem Chaos um. Der Mob zertrümmert die Pallas Athene des Pheidias, im Stadion nahe dem Kaiserpalast und der Hagia Sophia seit Konstantins Zeiten aufgestellt: »Die heidnische Götzin blickte grüßend nach Westen, woher alles Unglück gekommen.«[14]

Den Widerstand leitet inzwischen ein dritter Alexios, Dukas mit Namen, der die Tochter des geflohenen Alexios Komnenos, Eudokia, zur Frau nimmt und somit rechtens Thronprätendent ist. Gegen ihn, der die Stadt fast über Nacht zur Verteidigung vorbereitet, stürmen die Kreuzritter im April 1204 von Galata aus, ihrem Besatzungsquartier, ein zweites Mal Konstantinopel und geben die Stadt zur Plünderung frei. Ritter rauben und quälen – und Nonnen ihrer Lust gefügig zu machen, ist hehres Vergnügen dieser bewaffneten Pilger ins Heilige Land. Kaiserin ist Eudokia nicht mehr geworden, ihr Mann, Alexios Dukas, schon auf der Flucht, wird gefangengenommen. Man stürzt ihn von

14 *Choniates*, 133.

einer Säule, wie es in Konstantinopel der Brauch ist, Rebellen zu Tode zu richten. Dann brandschatzt das Kriegsvolk, bringt an sich und raubt, was Jahrhunderte an Werten geschaffen haben, verschleudert die Bücher, in denen, heidnisch und christlich, griechischer Geist gebannt ist, und die Bilder der Heiligen, die Geräte der orthodoxen Zeremonien und die goldenen Kostbarkeiten aus Palästen und Kirchen. Allerdings kommt durch den ›Verkauf‹ heiliger Schätze so viel Geld zusammen, daß der Doge für den Transport mehr als ausreichend entschädigt wird. Die Venezianer, geld- und kunstverständige Leute, nehmen sich die Rosse des Lysipp aus dem Stadion, Ikonen von unschätzbarem Wert und die vier Kaiser aus Porphyr und schmücken damit ihr republikanisches Staatsheiligtum, San Marco, in der Lagunenstadt.

Nun soll Enrico Dandolo Kaiser werden, aber er lehnt in Rücksicht auf sein vorgeschrittenes Alter ab. So wählen die Ritter Balduin von Flandern, weil der Doge den Bonifatius von Montferrat fürchtet, der ihm zu dicht an Venedig auf seinen lombardischen Gütern sitzt. Balduin ist einer der wenigen Frommen unter den Rittern, mahnt vergeblich allabendlich seine Kampfgenossen zur Keuschheit, aber Geld hat auch er nicht. Und seine Lehns- und Landesgenossen, Ritter und Standesgenossen, von unerschütterlicher Kampfkraft erfüllt – sie haben ihr Ziel nicht erreicht, obgleich sie in der Stadt das Unterste zuoberst gekehrt: vom Kreuz Christi haben sie nur ein paar Splitter gefunden. Doch mit Stolz weisen die Priester und Äbte ihnen drei alte Nägel vor, mit denen man einst Gottes Sohn an das Kreuz geschlagen. Ein Gestrüpp verholzter Distelzweige mußte die Dornenkrone des Erlösers gewesen sein. Balduin nahm die teuren Reliquien vorerst in seine Verwahrung. Sein späterer Nachfolger, Balduin II., mußte sich zum Verkauf der Andenken an den Tod des Heilands entschließen, er befand sich in Geldnot. Ludwig IX., König von Frankreich und später heiliggesprochen, erwarb sie für den Preis von 135 000 Pfund durch die Vermittlung eines venezianischen Kaufmanns und baute für die Krone des Weltenherrschers, für Kreuzholzsplitter und Grabtuchfetzen die Sainte Chapelle auf der Île de la Cité als einen steinernen Reliquienkasten. Wann kam das Kreuz mit dem Bilde des sterbenden Heilands aus Konstantinopel, das in San Damiano zu Assisi aufgestellt wurde? Vor ihm betete der junge Francesco Bernardone. Und Christus sprach zu ihm: »Franziskus, siehst du nicht, daß mein Haus einfällt? Geh, richte es wieder auf!« Die Glaubensspaltung war es, durch die die Kirche zerstört worden war.

Für Papst Innozenz III. haben die ungleichen Brüder, Ritter und Kaufmann, einen unerwarteten Sieg errungen. Der Heilige Vater belohnt die Geschicklichkeit Dandolos und anerkennt einen ›lateinischen‹ Patriarchen für Konstantinopel – aus der venezianischen Familie der Morosini, der vom Kathedral-Kapitel der Agia Sophia gewählt worden ist. Und dieses Kapitel hatten die Venezianer eingesetzt. Auch sonst ist der Papst ein Sieger, ohne gekämpft zu haben. 1208 fällt Philipp von Schwaben in Bamberg unter dem Schwertstreich Ottos von Wittelsbach. Otto der Welf wird König und verlobt sich mit der zehnjährigen Beatrix, der Tochter Philipps, des Toten. Der päpstliche Oberhirte erkennt die Not seiner Herde. 1209 anerkennt Innozenz den Sohn eines Kaufmanns, den Francesco von Assisi, der den Orden der Minderbrüder ins Leben gerufen hatte: die Ordensregel der Franziskaner wurde von ihm bestätigt. Damit war in der Zeit der Feudalisierung des Ostens und der Entstehung einer auf Gewinn des einzelnen abzielenden Unternehmerschicht der Mensch in seinem ursprünglichen Wesen bestätigt. Die Erneuerung der Welt mußte von innen her vor sich gehen, nicht durch Eroberung und Haben-Wollen, nicht durch Gewalt, Macht, Geld und Verachtung des Nächsten, sondern durch Arbeit und Dienst in einer ständelosen Gesellschaft. Die Franziskaner waren eine Revolution in der Welt. 1211 geht ein anderer Zeigenosse ins Kloster: Alexios, der seinen Bruder Isaak geblendet hatte und aus Konstantinopel geflohen war, als die Ritter kamen. Seine Töchter hatten sich bald nach der Katastrophe verheiratet. Eudokia ging ihre dritte Ehe ein, Leon Sguros wurde ihr Gatte, der Herr von Argos und Nauplia. Anna wurde die Frau des

Theodor Laskaris, dessen Bruder Konstantin in der Nacht vor dem Fall der Stadt durch das Los zum Kaiser bestimmt worden war und der seit 1205 über das byzantinische Restreich in Kleinasien mit der Hauptstadt Nikaia herrschte.

Landnahme

»... und viele Jahre lang errangen unsere Feinde«, klagt der Rhetoriker Niketas Choniates, »so große und bedeutende Erfolge, und die Wogen dieses Unheils überschwemmten unaufhörlich unser Land. Auch nicht der kleinste Sieg lächelte uns, kein Siegeszeichen wurde von uns errichtet. Keiner von den hochthronenden und die höchsten Ehren einheimsenden Hohenpriester, keiner von den langbärtigen, das Hülltuch des Hauptes bis zur Nase herabhängen lassenden Mönche dachte darüber nach, warum Gott die Augen von uns gewendet hatte und uns beinahe ganz in Stücke hauen ließ, keiner lehrte uns, wie wir Gott versöhnen könnten, keiner wagte vor dem Kaiser ein mutiges Wort zum Heile der Rhomaier zu sagen... O hochberühmtes Kaisertum der Rhomaier, von allen Völkern verehrte, beneidete Würde! Welche Gewalttäter hast du ertragen, welche frechen Schänder sind über dich hergefallen, welche rasenden Wüstlinge hast du in deine Arme geschlossen, hast sie mit Krone und Purpurschuhen beschenkt... Du gleichst einem königlichen Weib voll Glück, Schönheit, Würde, Hoheit und Anstand, das in die Hände schamloser, begehrlicher Buben fällt, die bei verständigen Männern keinen Obolus wert sind, die weder deine Würde erkennen noch deine Höhe achten noch deinen Adel scheuen, die dich in wüster Geilheit herumzerren und sich schändlich an dir vergehen. – Darum wußten die Männer aus dem Westen auch aus weiter Ferne, daß das Reich der Rhomaier zu nichts anderem als zu einem torkelnden Säufer geworden war... Wie hätten die rhomaiischen Krieger es auch ertragen können, den Kampf mit Männern aufzunehmen, die sie nicht anstanden, Todesengel und eherne Standbilder zu nennen und bei deren Anblick sie schon vor Schreck vergingen... Und diese, die Kreuzfahrer, rissen die Tapferkeit aus dem Zusammenhang der übrigen Tugenden und nahmen sie für sich in Beschlag als das ihnen allein von Natur und Erziehung zugewiesene Tätigkeitsfeld und duldeten nicht, daß man ihnen, was die Kriegstüchtigkeit anlangt, andere Völker an die Seite stellte. Von den Musen und Charitinnen fand keine bei diesen Barbaren gastliche Aufnahme... Darum denn der Lateiner als Herr ein großes Übel ist, mit seiner fremden Sprache, seiner Habgier, seinen ungezogenen Augen, seinem unersättlichen Bauch, seiner aufbrausenden und heftigen Wesensart und seiner immer das Schwert zückenden Rechten.«[14]

Mit diesem Schwert wurde das oströmische Reich in drei Teile geteilt, soweit man seiner habhaft werden konnte oder hoffte, es noch zu erobern. Zwei Achtel Konstantinopels erhielt der lateinische Kaiser Balduin, drei Achtel die Venezianer mit ihrem Patriarchen samt einem entsprechenden Teil des zerschlagenen Reiches. Seitdem nannte sich der Doge ›Dux Venetorum et quartae partis et dimidiae totius Imperii Romaniae‹ und ließ eine Mauer um die Drei-Achtel-Stadt bauen. Weitere drei Achtel der Stadt und des Reiches waren für die Barone mit ihrem Bonifatius von Montferrat vorgesehen, der Vasall des Kaisers wurde und die Krone eines Königreichs von Thessalonike annahm. Die Ritter auf dem griechischen Festland, das sie sich noch erobern mußten, sollten Bonifatius als ihren obersten Lehnsherrn anerkennen und ihm huldigen. Venedig brauchte das nicht, bekam Euböa und Inseln in der Ägäis, dazu dann noch Kreta mit seinen vorzüglichen Häfen. Dadurch erhielt es die handelspolitisch wichtigen Plätze und die natürlichen Rohstofflager, vor allem Alaun für die Färberei-Industrie und das wertvolle Mastix, legte den Grund für seinen künftigen Reichtum und begann, die Lagunenstadt an der Adria in Stein zu bauen.

Der Zusammenbruch des byzantinischen Reiches wurde durch eine bedeutsame Hochzeitsfeier gekrönt: Bonifatius

14 *Choniates*, 38; 69 f.; 117; 181.

von Montferrat nahm die Witwe des Isaak Angelos zur Frau, die ihm dann auf seinem Ritt in den Süden auf der abendlichen Rast im Zelt oder in einem zerbröckelnden Palast zwischen Thessalonike und Korinth die verwickelten Verhältnisse des Rhomaier-Reiches erklärte. Die Ritter trabten gen Süden...

»Ja, das waren die Männer mit den ehernen Nacken, dem prahlerischen Sinn, den hochgezogenen Brauen, den allzeit jünglingshaft glattgeschabten Wangen, mit der blutgierigen Rechten, der zornbebenden Nase, dem stolz erhobenen Auge, der unersättlichen Kinnlade, mit dem lieblosen Herzen und dem gellenden, überstürzten Geschwätz – hätte nur noch gefehlt, daß es auf ihren Lippen getanzt hätte! – ja, das waren die verständigen, weisen Männer, wofür sie sich hielten, die wahrheitsliebenden, treu die Eide bewahrenden Männer, die so viel frömmer waren als wir elenden Griechen, so viel gerechter und genauer im Befolgen der Gebote Christi, das waren die Männer, die, was noch schwerer wiegt, das Kreuz auf ihren Schultern trugen und die oft auf dieses Kreuz und die Heilige Schrift den falschen Eid geschworen, sie würden Christenländer ohne Blutvergießen durchziehen.«[14]

An den Thermopylen trafen die also Beschriebenen auf den Archonten Leon Sguros, der kein Leonidas war. Von Athen durch den Bischof Michael Choniates, einem Bruder des Niketas, der das Urteil über die Ritter sprach, abgewiesen, war er weiter hinauf gezogen nach Larissa, um »nach dem Fall von Byzanz, der Krone aller Städte, das zu tun, wozu seine Macht ihn befähigte«.[14] Was seinen Zwecken am meisten entgegen kam, war Eudokia, die Tochter Alexios' III., die Witwe des Alexios Dukas, der in Konstantinopel von einer Säule gestürzt worden war. Sguros heiratete sie. Als die Franken vor den Thermophylen standen, zog er sich hinter die Hexamilien-Mauer am Isthmus von Korinth zurück und setzte sich auf Akrokorinth mit seiner Neuvermählten zur Ruhe. Zwar Bonifatius streifte mit seinen Rittern und dem reisigen Volk durch die Argolis, mußte jedoch, um einen Aufstand in Makedonien zu unterdrücken, sich wieder nach Norden wenden. So blieb Sguros unangefochten Herr in seinem Besitz, der fruchtbaren Argolis, dem Hafen von Nauplia und dem hohen Akrokorinth. Daß mitten darin Mykene lag, war für ihn ohne Bedeutung. Der alte Agamemnon schlief in seinem ungehobenen Goldschatz.

Altes Land

Der Besitz des Sguros lag im nordöstlichen Teil der Peloponnes, die seit der Einwanderung slawischer Halbnomaden Morea hieß. Wahrscheinlich haben die Maulbeerbäume dem Land diesen Namen gegeben. Man pflanzte sie in Elis und in Achaja, seit zwei Mönche zur Zeit des ersten Justinian Eier des Schmetterlings, des Seidenspinners, in ihren Wanderstäben mitgebracht hatten. Auf der Zucht der Seidenraupe, für die alljährlich die Maulbeerbäume entlaubt werden mußten, beruhte die Seidenindustrie, die als ein kaiserliches Monopol in Korinth und wohl auch an anderen Orten Moreas Teppichmanufakturen belieferte. Besonders die Juden widmeten sich diesem Erwerbszweig und dem Handel mit Seidenwaren, aber auch der Tuchfärberei. Ein Teil des Handels mit dem Westen war Seidenhandel, Byzanz vergab Privilegien an arabische Märkte und an italienische Hafenstädte. Amalfi, dann Pisa und Genua, vor allem Venedig wurden dadurch reich. Um die Seidenraupe und die Maulbeerbäume ging es auch, als Roger II., der König von Sizilien, mit seinen Normannen 1147 den Kampf mit Byzanz und Venedig aufnahm, in Griechenland einfiel und, zum Beispiel aus Theben, »einige der angesehensten Bürger, namentlich aber vornehme Damen, die der im Abendland noch unbekannten Kunstweberei kundig waren, als wertvolle Beute« entführte.[146] Damals wurde auch Athen heimgesucht und Korfu von den Normannen besetzt. Ein Vorstoß bis Konstantinopel mißlang, auch Korfu ging wieder verloren. Die Normannen gaben Griechenland auf. Ihr Zweck war erreicht. Als die Seidenraupenzucht sich in Sizi-

14 Choniates, 151; 185. 146 Caspar, 383.

lien zu entwickeln begann, wurde das Reich der Normannen wirtschaftlich unabhängig, »und vielleicht mag der Verfall und Ruin Griechenlands unmittelbar mehr dem Verluste des Seidenhandels zugeschrieben werden als jedem anderen einzelnen Ereignisse, das mit den Normannen und Kreuzfahrern zusammenhing«.[148]

In der Morea war von der alten Bevölkerung nicht viel übrig geblieben. Vor den eindringenden Barbaren, den Goten, und nachher den Slawen, vor Erdbeben und Seuchen waren die Griechen an die Küsten geflohen und hatten, die Namen ihrer Städte mit sich führend, neue Siedlungen erbaut: Arkadia nördlich von Navarino, Mantineia am Golf von Messenien. Das südliche Italien war lange Zeit Zuflucht griechischer Bauern und Mönche – und in ihrem Gefolge der Künstler – vor den in die Peloponnes einwandernden Slawen gewesen. Trotz der jahrhundertelangen Verheerungen gab es aber dort noch Reste des klassischen Volkes. Sie fanden sich im alten Messenien, im südlichen Bergland, von dem man nicht sagen konnte, daß es im eigentlichen Sinne byzantinisches Reichsland geworden war. Auch hier und da in Arkadien und an der Ostküste, dem sogenannten Tzakonien, hätte man damals – wie noch viel später – den Dialekt der Dorier hören können, kaum in der Argolis. Und sicher sind die Mainoten Nachkommen der alten Lakoner, die aus den Tälern des fruchtbaren Landes in die südlich vorgelagerte Berghalbinsel gezogen waren. Man nannte sie noch in späterer Zeit Hellenen, denn den Christenglauben hatten sie erst im 9. Jahrhundert angenommen. Das innere Land war menschenarm, teilweise öde. Nur im westlichen Flachland, in Elis und Achaja, auch in der Argolis siedelten viehzüchtende Bauern. Um sie herum, in den Bergen Arkadiens und im Tal des Alpheios, lebten – wie einst die Perioiken um das Bauernland Sparta – slawische Hirten, die meist aus Albanien herübergekommen waren oder aus dem nördlichen Balkan, um Weideland für ihre Schafe zu suchen. Sie wohnten an den Hängen der Berge, in ihren Winterdörfern, und zogen im Frühjahr in das grasreiche Tal. Alte mykenische Burgen, wie Tiryns, waren Zufluchtsstätten für Herden und Hirten. Um die Zeit, als die Ritter kamen, war es schon zur Gründung von stadtähnlichen Siedlungen der Slawen gekommen: Veligosti bei der alten arkadischen ›Großstadt‹ Megalopolis, Nikli bei Episkopi in der Gegend des Heiligtums der Athena Alea in Tegea. In Episkopi war, wie in Merbaka in der Argolis, kurz vor dem Einfall der Franken auf hellenistischen Mauern eine Kirche errichtet worden, dem Heimgang Mariae geweiht. Im Verlauf dieses slawischen Synoikismos war das alte Amyklai wiedererstanden, hieß Slawochorion und hielt sich in achtbarer Entfernung von der griechischen Stadt Lakedaimon, die noch in den Mauern des spätrömischen Sparta lebte, beherrscht von einem Archonten, behütet von einem Bischof: el-Kademona heißt »diese bedeutende und blühende, sechs Meilen vom Meer entfernt gelegene Stadt« bei dem Geographen Idrisi, der für König Roger II. von Sizilien eine Beschreibung der Erde verfaßte.[189]

Über dem Lande herrschen Archonten, die ursprünglich nur kaiserliche Verwaltungsbeamte waren. Innerhalb der byzantinischen Reichsorganisation hatten sie als Offiziere die Rekrutierung der Soldaten zu sichern und wurden je nach Rang und Verdienst dafür mit einem Landlos und den daraus zu erzielenden Einkünften abgefunden. Die ihrer Verwaltung unterstellten Höfe und Dörfer, wohl auch die kleinen Städte und Häfen hatten sie zu besteuern und Zölle und Abgaben der Zentralverwaltung in Konstantinopel zu senden. Im Laufe der Zeit waren sie durch Aufkauf kleinerer Lose, deren Besitzer die Steuern nicht mehr aufbringen konnten, zu Grundherren geworden und hatten die Bauern zu Kolonen herabgedrückt und an die Scholle gebunden, sie jedoch auch vor einfallenden Feinden geschützt. So war ein Adel entstanden. Die Archonten leben also von der Arbeit der kleinen Bauern und Hirten, der Handwerker und kleinen Unternehmer, so daß sie bereit sind, »die Ackerbau treibende und arbeitende Klasse«[147] – zu beiderseitigem Vorteil – in ihren Lebensrechten zu sichern. Doch: »Entflammt von Ehrgeiz gegen das eigene Vaterland, haben sie

148 Finlay, 65. 189 nach Bees, 643. 147 Fallmerayer, Bd. 1, 403.

sich, von Luxus verdorben, zum Tyrannen erhoben, anstatt gegen die Lateiner zu kämpfen«, klagt Niketas Choniates,[14] der die Grundbesitzer nur allzu gut kennt. Schon vor dem Fall Konstantinopels ohne besonderen Respekt vor dem kaiserlichen Hof und dessen korrupter Verwaltung, sind sie jetzt gleichsam herrenlos und vorerst des Zwanges enthoben, Steuern überhaupt abzuführen. Darum treiben sie Politik auf eigene Faust, und das heißt, sie wollen ihren Besitz, den sie verwalten, rechtsgültig als vererbbares Eigentum übertragen erhalten. Ihnen kommt das den westlichen Rittern selbstverständliche Lehnssystem entgegen, das die gestufte Ordnung der Gesellschaft und das wechselseitige Verhältnis von Schutz und Recht ausgebildet hatte. Darum tauschen die Archonten nicht ungern eine schwache Regierung in Konstantinopel gegen die fremden Herren, bei denen sich sogar noch Beute und neuer Besitz erlangen läßt. Und über das, was die neuen Herren von den Abgaben und Steuern dann doch noch verlangen – nun, darüber wird man mit ihnen reden. Also sind die Archonten weniger genötigt als geneigt, der Lage sich anzupassen und mit den Lateinern gemeinsame Sache zu machen.

...und neue Herren

Als nun, land- und beutehungrig, Guillaume de Champlitte, Titulargraf der Champagne, von Frankreich kommt und in der Nähe von Patras landet, die Stadt einnimmt und sich umsieht in Achaja, stellt sich der Archont Johannes Kantakouzenos in seinen Dienst. Er rät, Andravida zu erobern – die Stadt ergibt sich –, und zieht mit seinem neuen Herrn nach Korinth: die Stadt geht in den Besitz der Franzosen über. Oben auf Akrokorinth ist Sguros sicher. Auf seinem Ritt nach Nauplia erhält der Herr von Champlitte landsmannschaftlichen Zuzug: Geoffroy de Villehardouin, seit 1203 auf bewaffneter Fahrt ins Heilige Land, war bei der Rückkehr nach Modon, dem alten Methone, verschlagen worden. Er hört von Champlitte, reitet – vielleicht über

Pylos – durch die Morea, trifft die Ritter vor Nauplia und gesellt sich ihnen zu.

> *In Stahl gehüllt, vom Strahl umwittert,*
> *Die Schar, die Reich um Reich zerbrach,*
> *Sie treten auf, die Erde schüttert,*
> *Sie schreiten fort, es donnert nach.*
>
> *An Pylos traten wir zu Lande,*
> *Der alte Nestor ist nicht mehr.*
> *Und alle kleinen Königsbande*
> *Zersprengt das ungebundne Heer.*
> (Goethe, Faust II., Vers 9450 ff.)

Gemeinschaftlich gewinnen die Herren die Argolis mit ihrer Landstadt Argos, bisher im Besitz des Sguros, der daraufhin die fränkische Besatzung in Korinth überwältigt. Im Westen der Halbinsel haben sich die Archonten mit den französischen Rittern geeinigt. Jeder bleibt in seinem Besitz, nur nimmt er ihn jetzt als Lehen des Herrn von Champlitte und behält das Recht, weiterhin Steuern zu erheben. Man vergißt nicht die kleinen Leute, die Bauern und Hirten, die Seidenraupenzüchter und Handwerker, die in ihren bisherigen Rechten, das heißt, in ihren alten Pflichten gegen den Grundherrn, bestätigt und geschützt sein sollen – hörig und gehorsam, wie sie sind. Leibeigene mag man sie nennen, aber sie genießen das Schutzrecht der feudalen Barone.

Zwar aus dem Eurotas-Tal, aus dem alten Messenien und aus Arkadien sammelt sich in der Ebene von Nikli ein einheimisches Heer zum Kampf gegen die Franken und Fremden. Aber bäuerliche Waffen richten gegen berittene Lanzenkrieger nichts aus. Die Ritter siegen im Olivenwald von Kondoura, und Arkadien ergibt sich den neuen Herren. Nun ruft der französische König seinen Vasallen Guillaume de Champlitte zurück, der, weil sein älterer Bruder gestorben, sein Grafenamt in der Champagne ausüben soll. Im Besitz eines ansehnlichen Feudalgebietes kann Guillaume beruhigt das eroberte Land verlassen: Akrokorinth und Nauplia sind nicht so wichtig, und das vom Kaiser in Nikaia

---

14 Choniates, 185.

Coment la cite de Constan[tinoble]

Insi dura lassa[ult...]
homme se retr[...]
auoit fait tend[...]
les par dedens [...]
ou len liuroit lassault, et [...]

noble fu prinse dassault
it tout le iour, et au soir tout
lempereur morchuffle si
son tref et ses tentes vermeil
ville alencontre de la face
es sestoit herbergie o tout son

versorgte Monembasia ist mit seinem einen Tore so leicht nicht zu nehmen. Also läßt man die Stadt vorerst auf ihrem Felsen im Meere stehen. Ehe jedoch der Herr von Champlitte nach Frankreich abreist, ernennt er zu seinem Stellvertreter den Geoffroy de Villehardouin. Mit ihm vereinbart er nach Maßgabe des Lehnsrechts, daß binnen Jahr und Tag – so lautet die stehende Formel – einer aus der Familie derer von Champlitte in die Morea kommen wird, um von Herrn von Villehardouin und seinen Vasallen Lehnseid und Huldigung entgegenzunehmen. Eine Urkunde wird ausgestellt, rechtskräftig wird sie durch Beidrückung der beiderseitigen Familiensiegel. Mit den üblichen Turnieren, mit Banketten und ritterlicher Musik wird der Abschied gefeiert. Dann geht der Graf der Champagne an Bord einer schönen Galeere, die ihn in die Heimat zurückbringt.

Geoffroy de Villehardouin beruft den Heerbann nach Andravida ein. Man ist gehobener Stimmung, gilt es doch, auf Grund des ausgehandelten Vertrages das Land zu verteilen. Schwer waren die Kämpfe nicht, aber die älteren Herren im neuen Land wollen besitzen und herrschen. Sie möchten wissen, wo sie Helmbusch und Eisenschienen, Panzer, Lanzen und Kettenhemd rechtens verwahren können. Im Winter will man an rauchenden Kaminen Bier trinken und Braten essen. Schließlich hat mancher auch Frau und Kinder bei sich, wie der Herr von Villehardouin selbst, dessen Sohn Guillaume in diesen Jahren in Kalamata geboren wird. Also braucht man Haus, Herd und Hof, Stall, Knechtshaus und Bauernkate, muß Vieh und auch Saatgut haben, um es im Frühjahr an die Feldarbeiter austeilen zu können. Und auf Ehre: man trägt das Kreuz auf der Brust und will nicht immer auf Raub ausgehen. Also wird jeder entsprechend der ihn begleitenden Ritter und Sergeanten sowie der von ihm für den Kreuzzug übernommenen Kosten entschädigt. Das setzt voraus, daß die durchschnittlichen Ernte- und Steuererträge bekannt sind und daß die Verwaltung des Landes trotz der Eroberung weiterbestanden hat. Wie hätte man ohne die Logotheten, ohne die ehemaligen Beamten des byzantinischen Kaisers, die Einkünfte der verschiedenen Landstriche ermitteln können? Dies muß vor der Verteilung des Landes geschehen sein. Nach feierlichem Aufzug der versammelten Ritter beginnt die Vergabe der einzelnen Lose:

> *Germane du! Korinthus Buchten*
> *Verteidige mit Wall und Schutz!*
> *Achaia dann mit hundert Schluchten*
> *Empfehl' ich, Gote, deinem Trutz.*
>
> *Nach Elis ziehn der Franken Heere,*
> *Messene sei der Sachsen Los,*
> *Normanne reinige die Meere*
> *Und Argolis erschaff' er groß.*
>
> *Dann wird ein jeder häuslich wohnen,*
> *Nach außen richten Kraft und Blitz;*
> *Doch Sparta soll euch überthronen,*
> *Der Königin verjährter Sitz.*
>
> *All-einzeln sieht sie auch genießen*
> *Des Landes, dem kein Wohl gebricht;*
> *Ihr sucht getrost zu ihren Füßen*
> *Bestätigung und Recht und Pflicht.*
>   (Goethe, Faust II, Vers 9466 ff.)

Was in Goethes dichterischem Festgesange möglich ist, in Wirklichkeit ist es etwas schwieriger, denn der »Königin verjährter Sitz« ist noch unbekannt. Lakonien muß erst erobert werden. Aber was man hat, kann man verteilen. So erhalten die Ritterherren des hohen französischen Adels aus Lothringen und der Champagne – auch aus Deutschland war einer dabei: ein Graf von Katzenellenbogen – für sich und ihre Sergeanten die Lehen in Elis und in Achaja, in Arkadien und am Chelmosgebirge und unterwerfen sich griechische Archonten, Bauern und Kätner. Alsdann zieht jeder befriedigt auf seinen Berg und baut sich Burgen über dem Tal. Sie sind nun Herren Neu-Frankenlands. Doch »in dem nämlichen Augenblicke würde ihnen Herrschaft und Besitz auf Morea entschlüpfen, in welchem sie, Schwert und Bogen ablegend, sich dem ruhigen Genusse überließen«.[147]

147 Fallmerayer, Bd. 1, 374 f.

Ruhm bringt nur die Waffe, die gegen den Feind geführt wird. Vier Monate eines jeden Jahres muß daher der Vasall auf dem Waffenplatz sein, wohin der Fürst von Achaja – noch ist es der Herr von Champlitte – befiehlt, vier weitere Monate muß der Vasall seinen unmittelbaren Lehnsherrn zu Diensten sein, doch in den restlichen vier Monaten des Jahres kann er tun, was er will, und sei es, daß er eine kleine nachbarliche Fehde um einen abgelegenen Meiler austrägt. Aber wann fangen, Gott befohlen, die ersten vier Monate an? So ist der Ritter immer ein Diener des Souveräns, und der muß zusehen, wie er zu seinem Heerbann kommt.

In treuer Gemeinsamkeit zieht man gegen Arkadien. Obgleich befestigt und von einem Bergschloß geschützt, ergibt sich die Landstadt Nikli, nachdem man dem dortigen Archonten klargemacht hat, daß es besser sei, sein Eigentum zu behalten, als es zerstört anderen zu überlassen. In Lakedaimon, dem alten Sparta, stößt man auf antike Mauern, die mit Türmen bewehrt sind. Die Tore öffnen sich nicht, man trifft auf härteren Widerstand. Aber nach fünf Tagen sind einige Türme der altersschwachen Befestigung zertrümmert, die Spartaner strecken die Waffen. Geoffroy nimmt in Lakedaimon Quartier und nennt die Stadt ›La Cremoignie‹. Er läßt den griechischen Bischof unangefochten, auch die Wallfahrten zur Stadt und zum Kloster des heiligen Nikon stören ihn nicht. Friede herrscht über dem alten Land.

Inzwischen wünschen die einheimischen Archonten, daß der fränkisch-lakedaimonische Ritter Geoffroy de Villehardouin ihr Lehnsherr sei. Denn ihn halten sie für weise und gut, finden ihn klug im Rate und sehen, daß er tapfer im Felde und menschlich in der Handhabung der Gesetze ist. Wer weiß, wie der ist, den der Herr von Champlitte aus Frankreich herüberschickt? Geoffroy zögert, diesem Wunsch zu entsprechen – Recht muß Recht bleiben, nicht wahr? Doch er weiß, was er will: er wünscht nichts anderes und zeigt sich der Bitte der würdigen Herren geneigt. Er wartet ab. Wie man hört, ist Robert de Champlitte schon unterwegs, um innerhalb gesetzter Frist seinen Besitz in

Anspruch zu nehmen. In den Alpen hindern ihn allerdings verschneite Wege, nach Italien hinunterzureiten. Da die Frist ›nach Jahr und Tag‹ absehbar ist, kann Geoffroy die Republik San Marco bitten, den künftigen Lehnsherrn seinem Stande gemäß zu unterhalten, zu ehren und – aufzuhalten. Robert genießt Venedig. Gerade noch rechtzeitig bricht man auf. Vor Korfu ist die Galeere, die Robert in das Land seiner Verheißung holt, angeblich leck. Der vornehme Passagier muß an Land gehen. Nachts fährt der Kapitän mit seinem Schiff heimlich davon. Ein Ritter läßt sich jedoch durch Mißgeschicke nicht von seinem Ziele abbringen. Endlich findet sich eine neapolitanische Barke, die ihn zum Festland hinüberfährt. Als Robert Morea betritt, kommen ihm Archonten und Bürger der Stadt Andravida entgegen und begrüßen ihn freundlich. Leider: Geoffroy ist mit seinen Rittern damit beschäftigt, das Land zu befrieden, reitet hierhin und dorthin, doch, wo er ist, weiß man nicht. Mal ist er in Kalamata, auf seinem Familiensitz zu ewigem Eigentum, mal ist er in Veligosti. Dann glaubt man, daß er in Nikli sei, nein: in Lakedaimon ist er bestimmt. Robert reitet, wenn man ihm Pferde gibt, hinter ihm her und lernt das Land mit seinen Bergen und Tälern kennen, mit seinen Dörfern zumal und den Städten, die ihm rechtens gehören und die er noch nicht besitzt. Jetzt ist er auf dem Wege von Nikli nach Lakedaimon. Endlich kommt ihm Geoffroy de Villehardouin, gefolgt von Archonten, Baronen und zahlreichem Volk, entgegen. Bunt ist das Bild, das sich dem Ankömmling bietet. Feierlich wird der Herr von Champlitte in die Stadt des Leonidas und der Helena eingeholt.

Schon am nächsten Tage tritt im Palast der Stadt das Lehngericht zusammen. Als Robert hereinkommt, erheben sich Kanzler, Prälaten, Bannerherren und Ritter von ihren Sitzen und begrüßen ihn mit Achtung und Ehrerbietung. Robert liest seine schön geschriebenen Dokumente vor. Geoffroy verneigt sich vor seinem obersten Lehnsherrn. Er läßt seinen Vertrag mit Guillaume de Champlitte verlesen. Man schweigt: Vertrag steht gegen Vertrag, Recht gegen Recht. Dann ruft Geoffroy das Hohe Gericht an und fordert ein Urteil: »Tut aber Euren Spruch mit Gerechtigkeit, so wie es Eure Pflicht ist, und keinerlei Rücksicht auf meine Person lenke Euch ab vom Pfade der strengsten Unparteilichkeit. Die Furcht Gottes allein diktiere Euren Urteilsspruch!«[147]

Und Geoffroy weiß, wie der Spruch ausfallen wird, er kennt die Prälaten mit Gottes Wort auf den Lippen gut und die Bannerherren mit ihrer Faust am Schwertknauf genauso. Auch Robert fordert das Gericht zu einem gerechten Urteil auf. In dieser Hinsicht sind sich die beiden Herren weitgehend einig. Das Gericht berät und erörtert, man prüft und berechnet, ein Jahr ist schließlich nicht kurz, aber für Robert war es nicht lang genug: vierzehn Tage sind über die Frist verstrichen, so daß der junge Herr von Champlitte – man stellt es mit allseitigem Bedauern fest – kein Recht mehr auf die Lehnsherrschaft über Morea hat... Geoffroy gibt ein Gastmahl zu Ehren seines unterlegenen Landsmanns, er jedenfalls hat allen Grund, sich zu freuen. Er ist nun Authent, er nimmt den griechischen Titel an.

Als Marschall der Champagne und Seneschall von Romanien stirbt Geoffroy de Villehardouin 1218 in Andravida, der Hauptstadt seines Lehnsfürstentums. Sein Nachfolger ist sein Sohn gleichen Namens. Bald wird in Andravida eine Kathedrale in französisch-zisterziensischer Gotik gebaut, die zur Grablege der lehnsherrlichen Familie bestimmt wird. Clermont in der Nähe von Andravida ist die glanzvolle Residenz des jungen Geoffroy, an dessen Hofe man das beste Französisch der Zeit spricht. Ihm verleiht der lateinische Kaiser von Konstantinopel den Titel eines Prinzeps und Großdomestikus. Geoffroy ist Fürst der Achaja.

Morea zwar ist noch nicht ganz in fränkischen Händen. Monembasia und Nauplia in Besitz zu nehmen, gelingt ihm erst, nachdem Geoffroy einige Küstenorte im Süden, unter anderen Koron, an Venedig abgetreten und die Handelsrepublik, nicht sehr uneigennützig, ihm bei der Eroberung der Seestädte geholfen hat. Nauplia und Argos gibt er als Lehen an den Mega-Skyr von Athen, dem Herrn Othon de la Roche. Monembasia, das drei Jahre lang der Belagerung getrotzt hat und nur durch Hunger und Durst bezwungen wird, erhält einen Sonderfrieden, der die Seestadt und ihre Bürger zur Heeresfolge nur dann verpflichtet, wenn die Franken einen Seekrieg führen sollten. Aber Ritter gehen nicht gern zu Schiff, so ist die Bedingung nicht schwer.

Als der Tod ihn 1245 ereilte, mußte Geoffroy die Herrschaft über Morea und seine Titel seinem Bruder Guillaume überlassen. Der aber war schon in Neufrankenland geboren worden, war ein echter Morait, sprach auch griechisch und übertraf, wie die Chronik meldet, alle Kinder des Landes an Gewandtheit, Umsicht und Tatendrang. Berühmt wegen seines Adels und seines Mutes fanden sich immer wieder Barone und Ritter, vor allem aus der Champagne, bei Wilhelm ein, um sich, besitz-, kampf- und beutelustig, ihm anzuschließen. »Einige wollten sich«, erzählt Marco Sanudo, der Venezianer in Konstantinopel, »die Zeit vertreiben, andere ihre Schulden bezahlen, und wieder andere kamen der Verbrechen wegen, die sie begangen hatten.«[147] Da sie also gewöhnliche Menschen sind, haben sie zuweilen griechische Mädchen als Freundin auf ihren Burgen und Bänken und begründen mit ihnen die ›Gasmulen-Kultur‹ – eine Mischung griechischen Volks- und französischen Rittergeistes, über die noch Maurice Barrès philosophierte. So hatte der fränkische Adel »etwas von dem morgenländischen Charakter angenommen und sich von der Anhänglichkeit an Frankreich entwöhnt, wo der Rang und das Vermögen seiner Vorfahren gewöhnlich geringer gewesen war, als was er in Griechenland hatte, und er legte nun allmählich seine Familienbezeichnungen ab und nahm den Titel seiner östlichen Besitzungen an«.[148]

---

147 *Fallmerayer, Bd. 1, 387*. 147 *nach Fallmerayer, Bd. 1, 405*.
148 *Finlay, 212*.

Fürst und Vasall

Vom Osten kamen wir heran,
Und um den Westen war's getan;
Ein lang und breites Volksgewicht,
Der erste wußte vom letzten nicht.

Wir drängten fort, wir stürmten fort,
Wir waren Herrn von Ort zu Ort;
Und wo ich herrisch heut befahl,
Ein andrer morgen raubt' und stahl.

Wir schauten – eilig war die Schau;
Der griff die allerschönste Frau,
Der griff den Stier mit festem Tritt,
Die Pferde mußten alle mit.
  (Goethe, Faust II, Vers 9281 ff.
  und Vers 9289 ff.)

So mögen die reisigen Scharen Wilhelms von Villehardouin gesungen haben, wenn sie abends am Wachfeuer saßen und ihre Herren im Zelte beim Bier. Landsknechtslieder erklingen, wenn Fürsten und Ritter Länder erobern. Kriegsvolk nimmt sich das Glück des Augenblicks und vergißt seine Heimat. Nach Jahren im fremden Lande seßhaft geworden, will keiner, er sei Herr oder Knecht, mehr zurück. Auch Wilhelm von Villehardouin nicht, der, wie vormals sein Vater, in Lakedaimon Winterquartier bezogen hat. Er überläßt seine Güter in Frankreich, Villehardouin und Brandonville, seinem Vetter Vilain d'Aulnay. Dann durchstreift er das Eurotas-Tal, einen Berg für eine beherrschende Feste zu suchen, weil Städte, die in der Ebene liegen, ihn zur Ruhe nicht kommen lassen. An einem Berghang seine Bleibe zu haben, über sich ein Kastron mit Turm und Torweg, ist sicherer und einem Ritter gemäß. Ihm scheint ein Vorberg des Taygetos ein vorzüglicher Platz für eine Burg mit Donjon und Palas zu sein, um von dort aus das griechische Lakedaimon und das flußabwärts gelegene Slawochorion landesherrlich beschützen, und das heißt: bewachen zu können. Oben steht schon eine kleine Kapelle, wohl zu Ehren des Propheten Elias, der im Lande so oft die Nachfolge des Berggottes Zeus angetreten hat. Dann liegt da noch das Dorf Myzethra am Fuße des Hanges, in dem ärmliche Hirten Ziegenkäse bereiten, den sie Myzethra nennen. Oder hieß gar der Berg Mesithra, »denn dies war der Name, den man im Lande dem Berge gegeben hatte«.[1] Das alles hat für Wilhelm keine Bedeutung. Die Lage des Berghangs erlaubt es ihm aber, die noch unbezwungenen Slawogriechen von Melingi und die Mainoten in Schach zu halten, die am Westabhang des Taygetos von Kalamata bis Oitylos siedeln und in ihren schwer zugänglichen Dörfern jeder fremden Gewalt widerstehen. Wilhelm unternimmt einen Kriegszug gegen sie, baut eine Sperrburg am Kap Matapan und gründet Mani im Land der Mainoten. Aber das Volk will sich nicht unterwerfen, obgleich die Archonten bereit zu sein scheinen, den Fürsten von Achaja als ihren Lehensherrn anzuerkennen, falls ihre Rechte bestätigt werden. So läßt Wilhelm noch eine Burg beim alten Leuktra in Messenien bauen, nennt sie Leutron und könnte sagen, er – ein neuer Spartaner – habe den Sieg des Epameinondas gerächt und sei im Besitz des gesamten peloponnesischen Landes.

In Mistra, Sparta überthronend, wird gleichzeitig das von Wilhelm gegründete Kastron »sehr schön und sehr fest« gebaut, es scheint uneinnehmbar zu sein.[1] Von drei Seiten ist die Höhe nahezu unzugänglich. Einem Throne gleich krönt die Burg den Abhang des Berges Mesithra, der diesem herrscherlichen Sitz als Schemel dient. Hier lebt Wilhelm als Herr und Fürst.

> *Wenn diesem nicht die Götter, wie sie öfter tun,*
> *Für wenige Zeit nur wunderswürdige Gestalt,*
> *Erhabnen Anstand, liebenswerte Gegenwart*
> *Vorübergänglich liehen, wird ihm jedesmal,*
> *Was er beginnt, gelingen, sei's in Männerschlacht,*
> *So auch im kleinen Kriege mit den schönsten Fraun.*
> *Er ist fürwahr gar vielen andern vorzuziehn,*
> *Die ich doch auch als hochgeschätzt mit Augen sah.*
>   (Goethe, Faust II., Vers 9182 ff.)

---

[1] Livre de la Conqueste, nach Buchon, Recherches, Bd. 1, 93 f.

So beschreibt ihn, »aufmerksam beschauend«, die Chorführerin in Goethes ›Faust‹, und so »erscheint er oben an der Treppe in ritterlicher Hofkleidung des Mittelalters und kommt langsam würdig herunter«. »Und seine Burg!... innen großer Höfe Raumgelasse, rings mit Baulichkeit umgeben aller Art und Zweck, ...Bogen, Bögelchen, Altane, Galerien«[131] – das ist die Wohnung auf dem langgezogenen Gipfelplatz, den ein Mauerring umgibt. Das Haupttor im Norden ist durch eine Bastion befestigt. Von dort geht es zum Tor der Oberburg, in der sich ein zweigeschossiges Gebäude mit einer inneren Zisterne und einer Treppe zum oberen Saal erhebt, in ihm ein Kamin – letzte Zuflucht, sollten Feinde oder Empörer bis hierher vorgedrungen sein. Das Baumaterial für Mauern, Kapellen, von denen eine schon bald mit Fresken geschmückt wird, und den Wohnpalast ist dem Felsberg, auf dem die Burg steht, entnommen, und die Bruchsteinlagen sind, wenn nötig, mit Ziegelsteinen durchsetzt, wie es in der byzantinischen Bautechnik üblich

Das Kastron. Das von Guillaume de Villehardouin im Jahre 1249 errichtete Kastron stand auf dem fast 600 Meter aufsteigenden Vorberg des Taygetos. Aus dieser ersten Anlage stammen die schwarz durchgezeichneten Mauerzüge des zweistöckigen Wohnpalastes, der Kapelle, der Befestigungsmauern und der beiden Bastionen im Süden und Norden des schmalen Gipfels, der an seiner Westseite fast senkrecht abfällt. Die Lage des Kastrons in der Bergwelt Lakoniens zeigt die Abbildung auf S. 388/89.

ist. Wahrscheinlich sind griechische Bauunternehmer und Maurer in Lohn und Arbeit genommen worden. Tore und Türen, Fenster und Giebel weisen einfache Formen auf, denn an dieser Burg

> *Ist alles senk- und waagerecht und regelhaft.*
> *Von außen schaut sie! himmelan sie strebt empor,*
> *So starr, so wohl in Fugen, spiegelglatt wie Stahl.*
> *Zu klettern hier – ja selbst der Gedanke gleitet ab.*
> *(Goethe, Faust II., Vers 9022 ff.)*

Dieses Kastron kann niemals erobert werden, keinem Feinde wird es zum Opfer fallen. Doch die Besitzer werden im Laufe der Zeiten wechseln, und Wilhelm kann es nicht wissen, daß er diese Burg schon bald wieder verlassen muß. Noch ist er Herr des Landes, das von hier aus weit zu überblicken ist. Vom Wohnpalast führen schmale Pforten auf den turmbewehrten Mauerring. Dort halten Wachposten Ausschau in das Gebiet der Melingioten, wo hinter dem Pentedaktylos, dem Fünffinger-Berg, allabendlich die Sonne niedersinkt, oder hinüber zum Parnon-Gebirge, durch das der Weg nach Monembasia führt und wo die Sonne aufgeht – Berge ringsum, Licht, Helle und – Sternennacht:

> *Zum Sehen geboren*
> *Zum Schauen bestellt,*
> *Dem Turme geschworen,*
> *Gefällt mit die Welt!*
> *(Goethe, Faust II, Vers 11 288 ff.)*

Mistra entsteht als Hangstadt, wie es die Gewohnheit der Zeit und des Landes ist, weil dadurch die Versorgung mit Regenwasser für die Zisternen und der Brunnen mit Quellwasser aus den Bergen erleichtert wird. Auch bringt der Aufwind am Nachmittag Kühlung an heißen Tagen. Einige Familien haben sich schon bald nach der Gründung des Kastrons im Jahre 1249 am Berghang ein Haus gebaut, wie die niedrige Mauer im Bereich des späteren Peribleptos-Klo-

---

131 *Goethe, Faust II, Szenenanweisung vor Vers 9182 und Vers 9026 ff.*

sters beweist oder das sogenannte Refektorium, das festungsartig mit Zinnen und mit Blendarkaden und einem gotischen Dreipaßfenster geschmückt ist. Das sind fränkische Elemente der Baukunst in Griechenland. Und auf halber Höhe des Burgbergs, die wie eine Schulter zu einer Fläche sich breitet, läßt Wilhelm einen Stadtpalast errichten, dessen Fenster spitzbogig geschlossen und schmucklos sind. Im Erdgeschoß befindet sich ein gewölbter Saal und darüber ein balkengedeckter Raum und ein kleinerer nebenan, dieser wieder gewölbt. Im Obergeschoß ragt zum Westen hin ein Balkon aus dem Baublock heraus, von dem aus der Fürst sein Stadtvolk begrüßt und Glückwunsch und Huldigung entgegennimmt. So ist denn dieses »Labyrinth der wundersam aus vielem einsgewordenen Burg« – wie Goethe es genannt hat[131] – als ein Werk französischer Gotik ein Gastgeschenk der Ritter an das Land des Menelaos.

Unter manchen anderen kleinen Städten, die damals angelegt werden, ist vor allem Karytaina mit Mistra vergleichbar. Sein Kastron auf steilem Berge über dem Tal des Alpheios überragt die Stadt, die von einem Bergsattel sich zum Tal hinunterstreckt. Noch heute steht ein reizender Glockenturm aus fränkischer Zeit – wie ein Spielzeug so klein – neben einer älteren Kuppelkirche. Hier in Karytaina wohnt der Baron Gottfried von Brienne und bewacht das Bergland Arkadien. Doch die Ähnlichkeit von Mistra und Karytaina bewirkt nicht die Eintracht zwischen dem Lehnsherrn und seinem Vasall. Denn des Herrn Baron Großoheim Johann war von 1231 bis 1237 lateinischer Kaiser gewesen, und vorher König von Jerusalem, als den ihn Kaiser Friedrich II. abgesetzt hatte. Und Johann hatte sich in all seiner Frömmigkeit Verdienste nicht so sehr um das Lateinische Reich als um die Heiligsprechung des Franz von Assisi erworben, wofür ihm die Brüder in der Grabeskirche des Heiligen mit einem Kenotaphium dankten. Antistaufisch gesonnen, wie die Brienne es waren, mußte Baron Gottfried die Politik Villehardouins ablehnen, der damals mit Manfred von Hohenstaufen, dem Bastard Friedrichs und Platzhalter Konradins in Süditalien, verhandelte. So herrscht wie in Deutschland auch unter den Vasallen des Fürsten der Morea Parteilichkeit: hie Welf, hie Waiblingen, Päpstliche gegen Sympathisanten der Staufer. Gottfried ist mit Isabella de la Roche verheiratet, einer Tochter Guidos von Athen, der den Titel eines Mega-Skyr – Großherrn – von seinem Vater Othon ererbt hat. Wilhelm de la Roche, der Bruder Isabellas, ist Vasall Villehardouins in Argos und Nauplia und weigert sich, seinem Lehnsherrn und Oheim zu huldigen. Vielleicht hat Isabella ihn dazu aufgebracht, sicher aber ihren Mann, den Gottfried, dazu angestachelt, ihrem Bruder im Kampf gegen den Fürsten Beistand zu leisten, obgleich er den Lehnseid geschworen. Und das ist Rebellion. Wilhelm de la Roche, der ihn zum Aufstand reizt, ist verheiratet mit der Helena Angela, der Tochter des Sebastokrators Johannes Angelos von Neopatrai, ein zyprischer Franke mit einer Griechin. Johannes Angelos hatte in dem ehedem walachischen Herzogtum nach dem Tode des Bonifatius von Montferrat eine Herrschaft begründet, als der nördliche Teil Thessaliens an das Despotat Epirus gefallen war. Und Johannes Angelos ist kein Freund der Franken, die seinem Land gegenüber am Golf von Korinth kühn ihre stolzen Burgen errichtet haben.

Die unbotmäßigen Vasallen, Gottfried und Wilhelm, ziehen ihre Ritter und Dienstmannen in Theben zusammen, der Hauptstadt der Herrschaft Athen. Villehardouin kommt von Mistra und Lakedaimon, Brienne und de la Roche haben die Argolis schon erreicht. Villehardouin ist in Nikli, der Feind rückt gegen Arkadien vor. Da bringt Villehardouin den Treulosen eine empfindliche Niederlage bei. Wilhelm de la Roche leistet den Eid für Argos und Nauplia. Die Sühne für seine Unbotmäßigkeit soll der französische König festsetzen. Mit dem Baron von Karytaina versöhnt sich der Fürst der Morea, nachdem die anderen Barone inständig darum gebeten. Um die Entscheidung des französischen Königs einzuholen, reist bald darauf, als Wilhelm von Villehardouin beim byzantinischen Kaiser in Nikaia gefangen sitzt, Guido de la Roche nach Frankreich. Und das

---

131 *Faust II*, Vers 9145 f.

Lehnsgericht des französischen Königs, Ludwigs IX., des Waffengefährten Villehardouins in Ägypten und vor Damiette, erläßt nach Prüfung aller Umstände ein Urteil, das niemanden verletzt und darum voller Gerechtigkeit ist – habe doch der Vasall die Huldigung noch nicht geleistet, als er die Waffe erhoben, und der Fürst der Morea zudem den obersten Lehnshof des Königs angerufen, »also sei dem Gesetze Genüge geschehen und Guido und sein Sohn von aller weiteren Strafe losgesprochen«.[147]

Für Guido hat sich die weite Reise von Athen nach Paris gelohnt: der König, ihm eine Gnade zu gewähren geneigt, verleiht ihm den Titel ›Herzog von Athen‹.

Hochzeit und Gefangenschaft

Zwischen den Restbereichen des alten Byzanz, dem Kaiserreich von Nikaia der Laskariden und dem Despotat der Angeloi in Epirus, war Mißgunst und Streit entstanden. Michael II., ein Bastard des Despoten Michael I. von Epirus, hatte 1223 das Königreich Thessalonike, vordem im Besitz des Bonifatius von Montferrat, an sich gerissen und nannte sich daraufhin Kaiser von Thessalonike. Der Erzbischof von Thessalonike und der Patriarch in Nikaia stritten sich alsbald darüber, ob die Krönung rechtens gewesen. Nach einer Reihe unglücklicher Nachfolger kam der größte Teil Thessaliens 1246 an den Kaiser von Nikaia, Johannes III. Vatatses. Dessen Erbe war Theodor II. Laskaris. Er teilte die Herrschaft mit seinem Günstling Georgios Muzalon, der, obgleich Sohn eines Bauern, Oberbefehlshaber der kaiserlichen Leibwache, Megas Stratopedarches, geworden war. Ihn setzte der Kaiser als Regenten ein, bevor er 1258 seinen epileptischen Anfällen erlag und seinem unmündigen Sohn Johannes Thron und Reich überlassen mußte. Das war die Stunde der Palaiologen. Michael Palaiologos, fähiger Soldat und General, entstammte dem Adel des anatolischen Landes, der in der Zeit Theodors unterdrückt und gedemütigt worden war. Einige aristokratische Familien hatten Religion und Herrscher gewechselt und waren zu den Türken übergegangen oder – weit schlimmer! – hatten ihre Orthodoxie behalten und waren in den Dienst des Despoten von Epirus getreten. Als man den unglücklichen Theodor in Nikaia zu Grabe trug, brachten adelige Herren den Georgios Muzalon um. Michael Palaiologos wurde Regent, bald darauf Mitkaiser für den machtlosen Johannes. Sein Ziel war es, Konstantinopel, die stolze, jetzt so erniedrigte Stadt, zurückzugewinnen, damit er als wahrhafter Basileus und Stellvertreter Gottes auf Erden das Reich und die Welt beherrsche. Das gleiche Interesse hatte Michael II. von Epirus auch. Gegen Michael Palaiologos konnte er, ein Angelos, sogar die älteren Rechte auf den Thron des Rhomaier-Reiches geltend machen. Seine Absicht verbarg er geschickt und erweckte bei den Mächten des Westens den Anschein, als würde er bereit sein, den lateinischen Kaiser in Konstantinopel zu unterstützen. Jedenfalls sollte die Stadt am Goldenen Horn nicht in die Hände Kaiser Michaels fallen. Dieses Interesse hatte der fromme Balduin II. auch, aber nicht die Kraft.

Mit dem Despoten von Epirus sind die Bulgaren im Bunde, die glaubten, vom Papst in Rom politisch im Stich gelassen zu sein, und die deshalb den Ritus der orthodoxen Kirche angenommen hatten. Mit dem Despoten und den Bulgaren ist Manfred von Sizilien, seit 1258 König, verbündet und der Fürst der Morea, Wilhelm von Villehardouin. Man könnte es eine antipäpstliche Allianz nennen, denn zwischen Papst Alexander IV. und Michael Palaiologos spinnen sich diplomatische Fäden. Diese Allianz zu festigen, gibt der Despot Michael 1259 seine Töchter den Bundesgenossen: Helena wird Manfreds Frau und geht einem dunklen Schicksal entgegen, Anna, von den Zeitgenossen als wiedergekehrte Helena gepriesen, wird die dritte Frau Wilhelms von Villehardouin und hört erst jetzt von dem neuen Sparta, von Mistra.

---

147 nach Fallmerayer, Bd. 1, 421.

> *So viele Jahre stand verlassen das Talgebirg,*
> *Das hinter Sparta nordwärts in die Höhe steigt,*
> *Taygetos im Rücken, wo als muntrer Bach*
> *Herab Eurotas rollt und dann, durch unser Tal*
> *An Rohren breit hinfließend, eure Schwäne nährt.*
> *Dort hinten still im Gebirgtal hat ein kühn Geschlecht*
> *Sich angesiedelt, dringend aus cimmerischer Nacht,*
> *Und unersteiglich feste Burg sich aufgetürmt,*
> *Von da sie Land und Leute placken, wie's behagt.*
> *(Goethe, Faust II, Vers 8995 ff.)*

Die griechische Prinzessin fragt erstaunt den, der ihr das erzählt: »Das konnten sie vollführen? Ganz unmöglich scheint's.« Und der Antwort: »Sie hatten Zeit, vielleicht an zwanzig Jahre sind's«, folgt die neue Frage: »Ist einer Herr? sind's Räuber viel, verbündete?« und die Schilderung:

> *»Nicht Räuber sind es,*
> *— einer aber ist der Herr.*
> *Ich schelt' ihn nicht, und wenn er schon mich heimgesucht.*
> *Wohl konnt' er alles nehmen, doch begnügt' er sich*
> *Mit wenigen Freigeschenken, nannt' er's, nicht Tribut ...*
>
> *Er ist ein munterer, kecker, wohlgebildeter,*
> *Wie unter Griechen wenig', ein verständ'ger Mann.*
> *Man schilt das Volk Barbaren, doch ich dächte nicht,*
> *Daß grausam einer wäre, wie vor Ilios*
> *Gar mancher Held sich menschenfresserisch erwies.*
> *Ich acht' auf seine Großheit, ihm vertraut' ich mich.«*
> *(Goethe, Faust II., Vers 9005 ff.)*

Die Schätze und Kleinodien, die Wächter Lynkeus dann der Helena beim festlichen Empfang zu Füßen legt, sind die poetische Verkehrung dessen, was Anna Angela dem Wilhelm als Mitgift in die Ehe bringt: sechzigtausend Hyperpyr – zwölfmal so viel wie Dandolo vor mehr als fünfzig Jahren den Rittern abgefordert hatte. Für Krieg und Rüstung sicher nötig, hätte Wilhelm davon auch einiges für den Bau von Mistra verwenden können, aber dazu kam es dann nicht mehr. Die Neuvermählten ziehen hinüber nach Andravida und leben in Belvedere Pontiko, das an einer Bucht des Ionischen Meeres aufragt. Doch

> *Fühlt ihr nicht ein dumpfes Wettern?*
> *Hört nur die Trompete schmettern,*
> *Das Verderben ist nicht weit.*
> *Menelas mit Volkeswogen*
> *Kommt auf euch herangezogen;*
> *Rüstet euch zu herbem Streit!*

Verwegne Störung! widerwärtig dringt sie ein;
Auch nicht in Gefahren mag ich sinnlos Ungestüm.
Den schönsten Boten, Unglücksbotschaft häßlicht ihn.

> *Nein, gleich sollst du versammelt schauen*
> *Der Helden ungetrennten Kreis:*
> *Nur der verdient die Gunst der Frauen,*
> *Der kräftigst sie zu schützen weiß.*

Frankreichs Höflichkeit macht aus dem Kampf noch Minnedienst. Den Bannerträgern geht der Sieg voraus. Wilhelm spricht zu seinen Rittern zukunftsfreudig, machtbewußt:

> *Mit angehaltnem stillen Wüten,*
> *Das euch gewiß den Sieg verschafft,*
> *Ihr, Nordens jugendliche Blüten,*
> *Ihr, Ostens blumenreiche Kraft.*
>
> *In Stahl gehüllt, vom Strahl umwittert,*
> *Die Schar, die Reich um Reich zerbrach,*
> *Sie treten auf, die Erde schüttert,*
> *Sie schreiten fort, es donnert nach.*
> (Goethe, Faust II, Vers 9423 ff.)

Dies aber ist die wirkliche Geschichte: Die Truppen der Epiroten, Bulgaren und Franken sammeln sich in der Ebene Thessaliens, nahe der Stadt Pelagonia. Da schickt der Palaiologe Johannes, Feldherr und Bruder Michaels in Nikaia, einen Anatolier ins Lager der Alliierten, der so spricht, als sei er ein Überläufer. Und der erzählt dem Despoten Michael und dann dem Wilhelm, wie stark das Heer des Kaisers der Rhomaier sei. Die Führer der Griechen, der Franken und der Bulgaren sind unsicher, was sie anfangen, unternehmen oder lassen sollen. Und das ist die Absicht des Feldherrn Johannes. So kommt es im heimlich zusammengerufenen Kriegsrat der Antikaiserlichen zu Rede und Gegenrede: die Führer des verbündeten Heeres, auch Wilhelm von Villehardouin, beschließen – nachts sich davonzumachen und das Heer im Stiche zu lassen. Doch der Baron Gottfried von Karytaina widerspricht öffentlich, er verlangt den ehrenvollen Kampf. Oder will er den Untergang Wilhelms, gegen den er sich aufgelehnt? Will er an Wilhelms Statt Fürst der Morea sein? Wilhelm, beschämt ob des Verdachts, den er erregt, bleibt, aber der Despot zieht mit seinem Heere, kaum daß der Mond aufgeht, ab.

Als es am Tage darauf zur Schlacht kommt, sieht sich Wilhelm verlassen. Doch seine Ritter überwältigen die deutschen Söldner unter der Führung des Herzogs von Kärnten, der im Dienste des Basileus von Nikaia gegen die Franken kämpft. Der Sieg ist zum Greifen nahe. Aber Franken wie Griechen werden von ungarischen und türkischen Pfeilschützen zusammengeschossen. Wilhelm und sein Neffe Gottfried, Baron von Karytaina, ihre Herren und Bannerträger werden umzingelt und gefangengenommen. Man führt sie ins Lager des Rhomaier-Heeres. Wilhelm wird, seinem Range gemäß, vom Palaiologen empfangen und ihm im Feldherrnzelt ein Sessel neben dem des Siegers bereitgestellt. Der Rhomaier macht ihm zum Vorwurf, daß er es gewagt, sich gegen seinen Vorteil mit den Feinden des Basileus, in dessen Dienst derzeit die Palaiologen noch stehen, zu verbinden und, obgleich in der Morea sicher, sich aufzumachen, fremdes Gut an sich zu reißen. Wilhelm befindet sich allerdings in einer mißlichen Lage, als er bald darauf in Nikaia bei Kaiser Michael in ehrenvoller Gefangenschaft sitzt und über seine verfehlte Politik nachdenkt. Wer ist bereit, Lösegeld, das der Kaiser nicht haben will, oder Land für ihn herauszugeben? Balduin, der nichts hat und, wenn auch sein Oberlehnsherr, eigentlich sein Gegner ist? Der Epirote, der ihn im Stiche ließ, oder gar der Bulgaren-Czar, der sich aus dem Staube gemacht hat? ... der Staufer in Süditalien, Manfred, sein Schwager? Nein, dem Schwachen hilft niemand. Und der Papst?

Papst Alexander IV. hat eingesehen, daß das lateinische Kaiserreich kein verläßlicher Bundesgenosse im Kampf gegen die islamischen Türken ist. Er setzt sich mit Michael

VIII. Palaiologos in Verbindung, um über eine Union der katholischen mit der orthodoxen Kirche Verhandlungen vorzubereiten. Schon zuvor war der Patriarch in Nikaia mit Franziskanern und Dominikanern auf einer Synode in Streit geraten, als über den Ausgang des Heiligen Geistes und über den Gebrauch von ungesäuertem Brot beim Abendmahl geredet wurde. Am Ende hatte man sich gegenseitig beschimpft. Johannes III. Vatatses hatte zwar angeboten, sich als Sohn des Papstes zu bekennen, aber das wäre nur eine Sache der Form gewesen. Unter Michael waren die Griechen bereit, dem Papst den Eid des Gehorsams zu leisten, falls dieser ihnen die Lateiner in Konstantinopel preisgeben würde. Darum verweigerte Papst Alexander IV. König Manfred den Segen des Kreuzzugs und hatte ihn in den Bann getan. Also hat Michael freie Hand gegen Balduin, der am Bosporus kaum mehr als das Gebiet der Hauptstadt beherrscht. Am 25. Juli 1261 fällt Konstantinopel den Rhomaiern fast kampflos in die Hand: Die lateinische Garnison und die venezianische Flotte befinden sich auf nutzlosem Kriegszug. Als Venedigs Galeeren kommen, nehmen sie die Flüchtlinge an Bord und fahren durch die Dardanellen südwärts in die Ägäis und dann nach Hause. Auch Balduin flieht nach Italien.

Während dieser Vorgänge verhandelt Wilhelm von Villehardouin in Nikaia über die Bedingungen seiner Freiheit. Nachdem Michael seinen feierlichen Einzug in Konstantinopel gehalten und zum zweiten Mal, diesmal in der Agia Sophia, die Zeichen seiner Macht empfangen hat, erhält Wilhelm seine Freiheit wieder. Doch der Fürst der Morea muß Monembasia und die Maina, vor allem aber sein geliebtes Mistra dem byzantinischen Basileus abtreten und ihm den Lehnseid schwören. 1263 kehrt Wilhelm über Konstantinopel zu seinen Vasallen zurück, sieglos, aber entschlossen, den Kampf um seinen Besitz mit aller Kraft aufzunehmen.

Kriegsjahre

Wo ist derzeit die schöne Helena, Anna Angela, Wilhelms Frau – im alten Sparta oder in Nikli? Schon im gleichen Jahre schenkt sie einer Tochter, Isabella getauft, das Leben. Von Nikli bricht Wilhelm zu einem Rundritt durch die Morea auf, Lehnsleute schließen sich an, Volk begleitet ihn fröhlich. Durch das Eurotas-Tal geht es hinunter nach Lakedaimon. Oben in Mistra sitzt ein Kephale betitelter Strategos, den Michael VIII. Palaiologos dort eingesetzt hat. Man grüßt sich nicht. Von Lakedaimon unternimmt Wilhelm Streifzüge durch byzantinisches Gebiet. Also verhandelt der Kephale mit den kaum von Wilhelm bezwungenen Melingioten, die einen Aufstand gegen die Franken versprechen. Von Mistra geht die Meldung nach Monembasia, Wilhelm bereite den Krieg vor, von Monembasia eilt die Nachricht nach Konstantinopel, Wilhelm sei eidbrüchig geworden. Und Kaiser Michael schickt eineinhalbtausend türkische Reiter, bewaffnet mit Bogen und Pfeil, und zweitausend griechische Fußsoldaten. Die Truppe landet unter dem Feldherrn Makrinos in Monembasia. In Südmorea bricht die Revolution gegen Wilhelm aus.

Wilhelm, in Andravida, läßt seine moreotischen Vasallen in der Ebene von Nikli versammeln. Nun beordert Kaiser Michael seinen Bruder, den Sebastokrator Konstantin, mit einem Heer aus der »Blüte der Romania« über Monembasia in die Morea, während Makrinos von Mistra aus Lakedaimon belagert. Die Kaiserlichen planen den Zug gegen den Westen, das Tal des Alpheios entlang. Durch die Schluchten des Chelmos-Gebirges ziehen sie und lagern bei Veligosti, nahe dem alten Megalopolis. Die Burg der Franken wird energisch verteidigt. Bald schlagen die Byzantiner, verstärkt durch die türkischen Söldner, ihr Lager bei Karytaina auf, dann bei Prinitza. Wilhelm ist inzwischen in Korinth. Doch im Alpheios-Tal kommt der Baron Johann von Katava, ein gichtiger älterer Herr, der keine Lanze, nur die Fahne noch halten kann, mit 312 eisengepanzerten Rittern dem Sebastokrator entgegen. Donnernder Hufschlag zerreißt die arkadische Stille. Von seinem Zelt aus sieht der Feldherr der Rhomaier zu, wie ein Trupp seines Heeres, an Zahl weit überlegen, von Rittern niedergemacht wird. Konstantins Türken, schlecht bezahlt, wie sie sind, ergreifen die Flucht. Das griechische Heer, wohl dreißigtausend Mann stark, zerstreut sich auf Dorf und Land. Die Pferde führt der Baron von Katava davon, andere Beute überläßt er großzügig den Bauern benachbarter Täler. Der Sebastokrator entkommt mit genauer Not, nur wenige Mannen noch reiten mit ihm nach Mistra. Unerträglich blieb es für ihn, sich einzugestehn, daß er, der Bruder des Kaisers, von einem gichtgeplagten Ritter vom Strauche eines Johann überwunden und mit Tausenden von Griechen von dreihundert Franken in die Flucht geschlagen worden war.

Der Sebastokrator verbringt auf Anraten seines Unterfeldherrn Kantakouzenos den Winter über in Mistra, am Kamin des Wilhelm von Villehardouin sich wärmend. Im Frühjahr versammelt sich das griechische Heer in der Ebene von Sapikos, nördlich des Chelmos-Gebirges, und geht wieder nach Karytaina hinauf, lagert bei Sergiana und sieht sich schon tags darauf dem Fürsten der Morea und seinem fahnenüberwehten Heerbann gegenüber. Als nun die beiden Heere aus ihren Lagern zur Schlachtordnung aufmarschiert sind und in all' ihrer Farbenpracht, waffenstarrend, in der arkadischen Berglandschaft stehen, gefällt es dem Herrn Michael Kantakouzenos, Strategos unter dem Sebastokrator Konstantin, mit einer Keule bewaffnet, den Franken seine Reitkünste vorzuführen. Aber der Herkules redivivus war der echte Herakles nicht: dicht bei Wilhelm, dem Franken, strauchelt sein Pferd, fällt, er selbst stürzt zu Boden, wird von den Franken erschlagen – Konstantin und Makrinos stehen, sehen's erschrocken: die Seele des Rhomaier-Heeres ist tot. Kaum gelingt es den Kaiserlichen, den Toten aus der Verwirrung, die alle befällt, herauszuholen, als schon das Signal zum Rückzug geblasen wird. Wilhelm, kampfloser Sieger, kehrt unbeschwert nach Andravida zurück. Die Kaiserlichen ziehen in das Tal Arkadiens und schließen Nikli ein, doch die Schlagkraft ihres Heeres ist geschwächt. Die Türken verlangen den rückständigen Sold, wenn sie schon die versprochene Beute nicht haben. Aber der Sebastokrator hat in der Kriegskasse kein Geld mehr, er kann nichts zahlen. Die Türken drohen, und als ihre Drohung nicht hilft, gehen sie zu Wilhelm von Villehardouin und bieten ihm ihre Dienste an. So kämpfen in Zukunft Anatolier unter den Franken gegen die Griechen auf klassischem Boden.

Als der Sebastokrator, seiner Enttäuschungen ungeachtet, von Nikli nach Andravida zieht und Wilhelm in Elis lagert, dann aber zum Süden aufbricht, kommt es zu der entscheidenden Schlacht bei Makry-Plagi an der Straße von Veligosti nach Kalamata. Dort sind die türkischen Bogenschützen das erste Mal mit ihrer Taktik erfolgreich. Wilhelm stellt sie ins zweite Treffen. Das erste Treffen der fränkischen Streitmacht weicht beim Angriff der Rhomaier erst langsam, dann, von der Wut griechischer Kampflust getrieben, schneller zurück. Das zweite Treffen bleibt noch in Stellung. Denn die Franken sammeln sich wieder, treiben jetzt ihrerseits die griechischen Reiter bergauf ihrem Lager zu. Nun rückt das zweite Treffen der Rhomaier an, die Franken fliehen »wie die Krähen vor den Falken« – nein: abermals greifen die rasch zusammengeblasenen Ritter von den Flanken her an. Da erst kommt vom zweiten Treffen der Regen türkischer Reiterpfeile. Die Rhomaier sind verwirrt, können sich nicht mehr zur Abwehr ordnen, werden bald schon zusammengeschossen und aufgerieben. Die griechischen Fußsoldaten räumen das Feld ohne Kampf, ihr Rückzug wird Flucht. Der Sebastokrator verbirgt sich bei Gardiki in einer Höhle, wird entdeckt und gefangengenommen. Man bringt ihn in das Hauptquartier des Fürsten der Morea. Es nutzt dem Konstantin Palaiologos nichts, daß er den Rechtsstandpunkt seines Kaisers darlegt und dem Franken Ruhmsucht und Eidbruch, Raubgier und Eitelkeit vorwirft. Wilhelm erwidert kalt, daß die Welt wisse, auf welcher Seite das Unrecht sei – bei ihm gewiß nicht!

Während der Sebastokrator in Chlemutzi – Clermont nennen es die französischen Ritter – gefangen sitzt, zieht

Wilhelm mit seinem Lehnsheer und den türkischen Söldnern das Alpheios-Tal hinauf durch Arkadien, dringt in das Tal des Eurotas ein – findet zu seinem Erstaunen das alte Lakedaimon verlassen. Offensichtlich in Eile haben die Bewohner des ehrwürdigen Sparta und die der umliegenden Dörfer Haus und Acker stehen und liegen gelassen und sich in Mistra zusammengedrängt, das jetzt mit zinnenbekrönten Mauern befestigt wird. Wilhelm ordnet die Ansiedlung von Franken an, teilt Land an neue Bauern aus und brandschatzt die Felder bis nach Monembasia hinüber, damit die Mistrioten ohne Ernährung und ihre Herren ohne Steuereinnahmen sind, seine Leute aber wieder Vieh und Saatgut erhalten. Drüben in Elis, wo das Land von den Rittern entblößt ist, bricht, geschürt von den Griechen in Mistra, ein Aufstand aus, so daß nun dort die türkischen Söldner im Dienste Wilhems rauben und plündern.

Das alles hätte – so geht die Meinung bei den Rittern Neufrankenlands – allein der abwesende Baron Gottfried von Karytaina verschuldet, der mit der jungen Frau von Katava außer Landes gegangen war, sei es, daß er sie verführte oder sie ihres gichtigen Ehgemahls überdrüssig geworden war. Als Pilger verkleidet, wurden sie von staufischen Wachsoldaten gestellt. Ernstlich gemahnt von König Manfred, kommt der fahnenflüchtige Gottfried endlich zurück und findet trotz seiner italienischen Reise einen versöhnlichen Wilhelm und einsichtigen Lehnsherrn: Man hat die Hauptsache ohne sein Zutun erledigt. Das Land ist befriedet, der Herbst kommt ins Tal. Und auf seinem Kastron sitzt am Kamin wieder der Baron von Karytaina, wohl ohne seine Frau von Katava, denn von ihr hört man nichts mehr.

Wilhelm von Villehardouin aber entläßt sein Heer und geht nach Andravida zurück. Manch einer unter den seldschukischen Türken hat keine Neigung mehr, das Sultanat Ikonium wiederzusehen. Jahre der Kämpfe haben doppelt gealtert, Siedlungsland lockt. Also nehmen einige Mohammedaner die christliche Taufe an. Zwei von ihnen, die sich besonders hervorgetan haben, läßt Wilhelm zu Rittern schlagen, beide nehmen Töchter adeliger Franken zur Frau, lernen Französisch, und Türke und Fränkin herrschen leutselig über griechische Bauern.

Bündnispolitik

Um das Land steht es schlecht. Räuberische Banden, bäuerliche Empörung, Steuerdruck und verwüstete Ernten haben die Bewohner zur Armut gedemütigt. Feld und Acker sind öde, Dörfer stehen verlassen. Über die Leiden der Frauen und Kinder schweigen die Jahre. Die Bauern des flachen Landes suchen mal bei diesem, mal bei jenem Herrn, der Schutz zu gewähren verspricht, Heimstatt und brüchigen Herd zu Füßen seines Kastrons oder siedeln sich hoch auf den Bergen an, unzugänglich für Pferd und Reiter, für Franken und Türken. Auch das alte Lakedaimon ist wieder menschenleer. Vielleicht stehen noch, halbverfallen, Bauten aus römischer Zeit und streckenweise die Mauern der Stadtbefestigung. Nun holen die Byzantiner land- und herrenlose Kumanen, Bulgaren und Türken und geben ihnen Wohnstatt und Hütten im alten Gemäuer. Kalt geht der Winterwind durch Gassen und Kuppelkirchen. Der Bischof nimmt die neuen Bewohner im Namen des heiligen Nikon an, der früher einmal Bischof von Sparta war, und belehrt sie im orthodoxen Glauben und in der griechischen Sprache.

Im Jahre 1265 ruft Papst Urban IV. auf Ansuchen der Bannerherren von Achaja zum Kreuzzug gegen »den verfluchten Ketzer und Wüterich Konstantin« auf. Konstantin Palaiologos ist ein Neffe des Kaisers Michael und als Nachfolger seines Vaters Großdomestikus und Herr auf Morea, soweit es byzantinisch geworden ist, während in Mistra jährlich wechselnd ein Kephale Stadtburg und Bergstadt befehligt. Gegen ihn richtet sich die Allianz zwischen Manfred von Hohenstaufen, der mit dem Despoten von Epirus, seinem Schwiegervater, verbündet ist, und Venedig, das mit dem Herzog von Naxos im Bunde seine Handels- und Wirtschaftspolitik zielstrebig verfolgt. ›Naxos‹ heißt eine Herrschaft über diese griechische Insel und in der Ägäis, die Venedig in seinem Drei-Achtel-Reich als Lehen vergeben hat. Die Verbündeten sind zu gemeinsamem Kampf gegen die Byzantiner entschlossen. Es sieht fast nach einem neuen Kreuzzug aus. Aber Clemens IV., Nachfolger Papst Urbans, gibt dafür seinen Segen nicht her, vielmehr läßt er das Kreuz gegen den Staufer predigen. Denn er steht mit Michael VIII. Palaiologos in geheimer Verhandlung über die Union beider Kirchen. Als im nächsten Jahr Karl von Anjou, schon 1263 von Papst Urban IV. als Vikar des Reiches in Süditalien eingesetzt, durch Clemens IV. König über Sizilien und Neapel geworden ist, wird Manfred der Staufer in der Schlacht bei Benevent besiegt und getötet. Nun haben sich die Fronten verkehrt. Mit Hilfe des Papstes besteht für Michael VIII. keine Gefahr mehr, denn Karl von Anjou erhält als Rechtsnachfolger Manfreds die Insel Korfu und einige Küstenstriche am epirotischen Ufer der Adria und bedroht mit diesen Brückenköpfen Michaels Rivalen, den Despoten von Epirus in Arta. Helena Angela hatte diese Gebiete dem Staufer in die Ehe gebracht, nun liegt sie als Frau eines ›Ketzers‹, als der Manfred jetzt gilt, mit ihren Kindern in Ketten, die von den Henkern Anjous geschmiedet sind. An diesen Karl von Anjou hatte der letzte lateinische Kaiser Balduin seine Rechte über Morea verkauft und ihn dadurch zum Oberlehnsherrn Wilhelms von Villehardouin gemacht, der nun als Fürst von Achaja das sein muß, was sein Vasall und Neffe Gottfried von Karytaina aus Ungehorsam gegen ihn einmal war: antistaufisch. Um den Lehnsvertrag zu bestätigen, verlobt Wilhelm, ungeachtet seiner Schwägerin Helena, seine vierjährige Tochter Isabella mit dem elfjährigen Philipp, dem Sohn Karls von Anjou. Kinder gelten als Pfand vertraglicher Treue, Lehnsrecht ist zwingendes Recht und läßt keine Entscheidung zu.

Im folgenden Jahr muß Wilhelm seinem Lehnsherrn Gehorsam leisten, geht nach Italien und entscheidet mit seinen leichten Reitern und dem von ihm entwickelten Schlachtplan den Kampftag am Tagliacozzo. Konradin von Hohenstaufen war mit seinen deutschen Rittern schon in das Lager Karls von Anjou eingedrungen, als von den Höhen ringsum die Reiter Wilhelms, pfeilschießend und tötend, auf die plündernden Deutschen herunterstürmten – hatten sie doch nur zum Schein den Kampfplatz den Rittern geräumt. Karl von Anjou gibt seinem Vasallen als Beute das Zelt des Herzogs von Österreich, eine schöne Trophäe, die der Fürst der Morea mit sich nach Hause nimmt. Hier überziehen die Byzantiner von Mistra aus mit ihren Söldnern das Alpheios-Tal. Aber König Karl unterstützt seinen Lehnsmann, dem er den Sieg über die Staufer verdankt, mit Soldaten, Pferden und Nachschub, in der Hoffnung, mit Papst Clemens im Bunde, in Konstantinopel ein lateinisches Kaiserreich zu errichten. So gelingt es Wilhelm mit seinen Vasallen, das Land zu beschützen. In das Eurotas-Tal hinunterzugehen, wagt er nicht mehr, obgleich auch die Byzantiner die Streitmacht nicht haben, die Franken energischer anzugreifen.

Den Stuhl des Heiligen Petrus besteigt 1271 Gregor X., für den entscheidend der Heilige Bonaventura, der Franziskaner, sich eingesetzt hat. Wieder wird von einem Kreuzzug geredet, der sich gegen den byzantinischen Kaiser richten soll und Karls Eroberungspläne religiös-politisch bemäntelt. Karl will das lateinische Kaisertum, das er Balduin abgekauft hat, in Macht und Herrschaft verwirklichen. Kaiser Michael begegnet der päpstlich-neapolitanischen Allianz mit dem Angebot einer Union beider Kirchen. Das Konzil tritt 1274 in Lyon zusammen. Michael unterstellt sich dem Papst der Katholiken. Aber Karl von Anjou will seinen Krieg und nicht die Union. 1281 wird Martin IV., ein Franzose, den er begünstigte, zum Papst gewählt. Karl kann endlich seinen Kreuzzug, mit Venedig im Bunde, planen, in Palermo baut man Galeeren. Michael wird exkommuniziert. Den bevorstehenden Angriff kann der Kaiser nur dadurch verhindern, daß er die Sizilianer mit byzantinischem Gold zum Aufstand gegen die Franzosen reizt. Karl von Anjou verliert in der ›Sizilianischen Vesper‹ zu Ostern 1282, als alle Franzosen in Palermo getötet werden, seine Kreuzfahrerflotte und die Herrschaft über die Insel, die

Peter von Aragon, der Schwiegersohn Manfreds von Hohenstaufen, übernimmt. Byzanz bleibt orthodox, doch im gleichen Jahre stirbt Michael, für den Papst ein Ketzer, ein Häretiker für den Patriarchen von Konstantinopel. Andronikos II. wird Basileus der Rhomaier.

Aristokratische Anarchie

> ... und was die persönliche Lage der Einwohner betraf, so darf man nicht vergessen, daß, was der Historiker Anarchie zu nennen sich gedrungen fühlt, die Zeitgenossen gewöhnlich mit dem Namen Freiheit beehrten.
> George Finlay

Wilhelm von Villehardouin ist gütig zu seinen Griechen und mit seinen Franken tapfer im Kampfe gewesen, aber erfolglos in seiner Politik. Am Ende seines Lebens gibt er seine zweite Tochter, die kaum dem Kindesalter entwachsen ist, einem Standesherrn in die Ehe: Margarite heiratet Guido de la Roche und gibt ihm den Titel eines Bail der Morea, eines Vogts und obersten Beamten des fränkisch-griechischen Fürstentums. Wilhelms älteste Tochter Isabella verliert 1277 ihren Mann, Philipp von Anjou, der auf Grund des mit dem Ex-Kaiser Balduin abgeschlossenen Kaufvertrages den Titel eines Königs von Thessalonike führt, ihn aber vierundzwanzigjährig mit in sein Grab nimmt. Zwei Jahre später stirbt Wilhelm. Seine Witwe, Anna Angela von Epirus, ehelicht den Herrn von Theben, Messir Nicolà de Saint-Omer, und schenkt ihm ihr Erbe, die Kastellanie von Kalamata. Nun schickt König Karl I. von Neapel kraft seines Rechts über das verwaiste Lehen – denn Isabella ist noch nicht mündig – Rousseau de Sully als seinen Statthalter in die Morea, deren Zustand beklagenswert ist. Die Bevölkerung ist durch Verwüstungen, Mißernten und Willkürherrschaft entkräftet. Der neue Herr zieht in Glarentza ein. Von den Baronen und Bannerherren verlangt er die Huldigung. Aber die Ritter pochen auf ihr ›Buch der Gebräuche‹, die

Assisen von Jerusalem, und stellen fest, daß sie nach aristokratisch-republikanischem Recht dem Lehnsherrn nur huldigen dürfen, wenn er in eigener Person und in angemessener Frist in ihr Land kommt. Herr von Sully möge vorerst einmal einen Eid leisten, daß er die Gesetze achten werde, die in Morea gelten. Er tut es, und die Ritter und Bannerherren, die Barone und Bergturmsbesitzer leisten auch einen Eid. Rousseau de Sully herrscht dennoch uneingeschränkt und führt eine neue Verwaltung ein.

Drei Herren herrschen, wenn auch verschiedenen Titels und unterschiedlichen Rechts über das griechische Frankenland, und ein vierter findet sich bald: Florentius von Hennegau, der die Isabella von Villehardouin geheiratet hat. Angesichts der trostlosen Lage des Fürstentums will er Frieden mit dem Kaiser Andronikos schließen, wenn schon im Innern kein Friede mehr möglich ist. Der Basileus schickt als Bevollmächtigten einen gewissen Philanthropenos, den ›Kephale der Morea‹, nach Glarentza, der Residenz des Florentius. Man verhandelt längere Zeit. Und eine fränkische Gesandtschaft fährt nach Konstantinopel, um den Vertrag, wie es nach byzantinischem Rechte üblich ist, als kaiserlichen ›Gnadenerlaß‹ bestätigen zu lassen. Sechs Jahre will man in Frieden miteinander leben. Dies zu bekräftigen, baut man 1291 in der Festung von Nauplia ein Gewölbe im Tor ein, auf dem Christus in der Mandorla als Schirmherr des Friedens gemalt wird. Zwischen Maria und Johannes ist das Lamm Gottes zu sehen, an den Seiten die Heiligen Antonius und Jakobus und der Heilige Georg als Ritter des Kreuzes. Ihm gegenüber steckt ein byzantinischer Basileus sein Schwert in die Scheide. Wer dieses Bilddokument, von den Wappen der Villehardouin und Brienne ›besiegelt‹, sieht, möchte meinen, die Franken hätten gesiegt.

Die Melingioten waren schon zu Anfang der byzantinischen Herrschaft in Mistra bereit gewesen, gegen die Franken zu revoltieren. Jetzt bemächtigen sie sich unter Anführung reicher Grundherren, den Archonten, der Feste Kalamata, die dem Fürsten von Achaja erbeigentümlich gehört. Florentius möchte den Zwischenfall auf friedliche Weise bereinigen. Aber die Aufständischen weigern sich, den Hafenplatz wieder zu räumen. Also wendet sich Florentius an den Kephale von Mistra und beschwert sich über den Friedensbruch, schickt, weil dies keinen Erfolg hat, einen Gesandten zum Basileus, der die Angelegenheit in die Länge zieht. Derzeit weilt ein Botschafter König Karls II. von Neapel in Konstantinopel, um dem Kaiser Andronikos II. eine Ehe mit Katharina von Valois vorzuschlagen, die sich als Erbin des ›lateinischen‹ Kaisertitels empfiehlt. Unausdenkbar der Fall, sollte diese Ehe kinderlos bleiben! Daher kann Andronikos diesem Ansinnen nicht entsprechen. Als Beauftragter des Lehnsherrn über die Barone Moreas und den Fürsten von Achaja erörtert der Botschafter auch die Angelegenheit Kalamata mit dem Basileus, der endlich zusichert, die erforderlichen Anweisungen an den Kephale von Mistra ergehen zu lassen. Aber die Melingioten sind nicht Untertanen des Kaisers, und mit dem Friedensvertrag haben sie nichts zu tun. Erst durch eine List werden die Archonten aus Kalamata herausgelockt, die Festung wird den Franken zurückerstattet.

Alljährlich findet Mitte Juni in der Nähe von Skorta in Hocharkadien ein Markt statt, auf dem die Kaufleute des Fürstentums mit denen der byzantinischen Provinz Geschäfte machen und Handel treiben. Da gerät dann gelegentlich ein fränkischer Ritter mit einem griechischen Archonten, der Seide einkaufen will, in Wort- und bald auch in Waffenstreit. Es kommt zu Prügeleien zwischen Griechen und Franken. Die Griechen werden in die Flucht getrieben. Nun verlangt der Kephale von Mistra Bestrafung der Schuldigen und Schadenersatz. Die Franken verweigern jegliche Zahlung. Als man abermals handgemein wird und die Griechen wieder davongejagt werden, kommt ein Trupp griechischer Wachsoldaten und drängt die Franken vor die Tore von Nikli, dringt bei dem allgemeinen Durcheinander sogar in die Stadt ein und besetzt sie. Nun schickt der Fürst von Achaja einige hundert Mann, die Eindringlinge zu vertreiben – ohne Erfolg: ein Landstrich Arkadiens geht an die Griechen verloren.

Kaum, daß der vertraglich gesicherte Friede beendet ist, beginnt der Kleinkrieg zwischen Griechen und Franken aufs neue. Leon Mauropappas überfällt von Mistra aus mit hundert türkischen Söldnern 1296 das Kastell Saint-Georges in Arkadien und nimmt es den Franken weg. Erfolglos belagern ihn zweihundert Krieger, die der Fürst von Achaja hingeschickt hat. Florentius' Frau Isabella segelt sogar nach Italien hinüber und bringt fünfzig Fußsoldaten und eine Schiffsladung Korn mit, das genau so fehlt wie Waffen und Waffenträger. Darüber stirbt 1297 Florentius. Isabella ist wieder verwitwet und für einige Jahre Herrin der halben Morea. Papst Bonifaz VIII. rät ihr, Philipp von Savoyen zum Manne zu nehmen. Zur Hochzeit im Jahre 1301 schenkt sie ihm den Titel ihres zweiten Mannes – ›Fürst von Achaja‹ – und die Kastellanie von Korinth, die ihr gehört. Der Savoyarde ist ein energischer Herr, aber in dem Kleinkrieg mit den aufständischen Slawen und Griechen in Hocharkadien und mit dem byzantinischen Statthalter von Mistra verläßt ihn das Glück. Nach anfänglichen Erfolgen erleidet er 1309 eine Niederlage. Als Isabella von Villehardouin 1312 das Zeitliche segnet, enteignet König Karl II. ihren Mann und überträgt das Lehen seinem Sohn Philipp, dem Herzog von Tarent.* Der neue Vasall nimmt den Titel eines Despoten der Romania an und heiratet Katharina von Valois, die den Titel eines lateinischen Kaisers wie einen seltenen Schmuck mit sich herumträgt. Durch diese Ehe hat Philipp die ersten Rechte auf das Erbe Wilhelms von Villehardouin, als oberster Lehnsherr Moreas ist er Gebieter über Land und Leute, Ritter und Bauern. Trotz aller Not sind die Einkünfte, die aus dem Lande kommen, beträchtlich. Philipp bleibt in Neapel, am Hofe Roberts des Weisen lebt es sich leichter als in der Wirrnis und Wildnis der Lehnsprovinz. Jahr für Jahr schenkt Katharina von Valois ihrem Mann blonde Söhne, die als »principi giovanetti« am neapolitanischen Hof ein glänzendes Leben führen.** Einer von diesen sechs schönen Knaben heißt Robert, doch bevor er nach Achaja kommt, vergehen noch Jahre.

Titel- und Eigensucht sind es, die den inneren Frieden der

fränkischen Morea zerstören. Durch rechtsgültigen Erbgang zersplittert sich der Besitz. Weil Wilhelm von Villehardouin nur weibliche Nachkommen hat, verwirrt sich die Lage bis zur Unübersichtlichkeit. Eine Tochter Isabellas aus ihrer Ehe mit Florentius, Mathilde genannt, wurde noch als Kind mit Ludwig von Burgund vermählt, dem dadurch das Fürstentum lehnsrechtlich gehört, unbeschadet der Rechte Philipps von Tarent, denn Ludwig ist dessen Vasall. Aber weder Mathilde noch Ludwig befinden sich auf Morea, sondern Ferdinand von Mallorca, ein aragonesischer Prinz, der eine andere Tochter Isabellas aus ihrer Ehe mit Philipp von Savoyen, Margarite, geheiratet hat. Er will die Morea seinem Sohn Jaime sichern und hat Glarentza und Belvedere Pontiko an der Westküste an sich gerissen und die benachbarten Kantone unterworfen. Aber Ferdinands Schwägerin Mathilde, die Frau Ludwigs von Burgund, landet mit zwei venezianischen Galeeren in Modon. Ferdinand kommt herbei und belagert sie auf ihrem, ebenfalls Belvedere genannten Schloß. Er wird zum Abzug gezwungen, als Ludwig mit burgundischen Rittern bei Glarentza an Land geht und Mathilde in ihrem Belvedere bei Modon entsetzt. Die Barone im Inneren des Landes huldigen Ludwig, dessen Ansprüche ihnen die gerechtesten scheinen. Auch die Vasallen Achajas rebellieren gegen Ferdinand von Mallorca, als Ludwig und Mathilde, die der byzantinische Statthalter in Mistra unterstützt, erfolgreich sind. Ferdinand zieht gegen sie in den Kampf und wird getötet, Glarentza ergibt sich Ludwig von Burgund, den man am 2. August 1316 zur Feier der Huldigung Gift statt des gebotenen Kusses gibt. Ludwig ist tot. Nun geht das Lehen, ungeachtet der Trauer und der Ansprüche Mathildens, auf Ludwigs Bruder Odo von Burgund über, der sein Erbe, das er nicht kennt, für 40000

* *Sein Bildnis findet sich auf dem 1325/26 von Tino di Camaino geschaffenen Grabmal seiner Mutter, der Maria von Ungarn, in Sta. Maria di Donnaregina in Neapel.*
***Vgl. Giovanni Boccaccio, Die Klage der Dame Fiametta, übersetzt von Else von Hollander, München 1963, 88; das Ehepaar und die Söhne porträtierte Tino di Camaino 1331 auf dem Grabmal Philipps von Tarent in San Domenico Maggiore in Neapel.*

Pfund bei Philipp von Tarent an den Mann bringt, der als Despot von Romanien nun auch Fürst von Achaja wird, also sein eigener Vasall ist, aber keine Veranlassung hat, sein Land zu besuchen. Nach seinem Tode 1332 fällt das Erbe wieder Mathilde zu, doch sie weigert sich, einen jüngeren Bruder Roberts des Weisen, Johann von Anjou, zu ehelichen. Ihn zu verschmähen ist Mathildens Verhängnis. Denn Papst Johannes XXII., der in Avignon im ›Babylonischen Exil‹ der Kirche lebt, beschlagnahmt die Rechte Mathildens und überträgt sie kraft seines lehnsherrlichen Richterspruchs, der ihm über Neapel zusteht, gerade jenem Johann, dem Grafen von Gravina. Der läßt Mathilde ins Gefängnis werfen und landet 1334, unterstützt von Venedig, auf Morea, sammelt den Heerbann seines Lehens, belagert Karytaina, aber das Leben in Zelt und Burg ermüdet ihn bald. Er kehrt nach Italien zurück.

Niemand kann Gesetz und Frieden dem leidenden Lande bringen, Katharina, die Witwe Philipps von Tarent, versucht es. Sie ›herrscht‹ im Jahre 1338 über das Fürstentum Achaja. Und ihr Sohn Robert darf sich in stillen Stunden, die er in Patras verbringt, lateinischer Kaiser nennen und daran denken, es vielleicht einmal zu sein. Aber er wird es nie. Katharinas Politik gegenüber Byzanz ist zum Scheitern verurteilt. Der landsässige Adel ist ihr nicht gehorsam. Die Lehnsleute Moreas sind der Anarchie in ihrem Fürstentum überdrüssig und bieten 1341 Johannes Kantakouzenos, dem Großdomestikus des byzantinischen Reiches, Unterwerfung und Huldigung an. Sie wünschen ihn, den sie als einen leutseligen Herrn schon kennen, als Abgeordneten des Kaisers und als künftigen Statthalter in ihrer Mitte zu sehen. Doch Johannes Kantakouzenos kann diesem Wunsch nicht entsprechen, er kann den Franken nicht helfen, und sie nicht ihm. Im Reich der Rhomaier herrscht Bürgerkrieg.

Katharina zieht sich an den Hof von Neapel zurück, 1346 stirbt sie. Ihr Sohn Robert ist immer noch ›lateinischer‹ Kaiser und genießt die Tantiemen Moreas. Er heiratet Maria von Bourbon und schenkt ihr den Kanton Kalamata, den

Familienbesitz der Villehardouin. Maria kommt nie ins Land, sie vertraut es einem Statthalter an und verschenkt es oder verkauft es, wenn es geht, dem, der das nötige Geld hat. Doch Herr des zerstückten Landes nennt sich ein türkischer Emir: Morbassan, Pascha der Morea. Türkische Reiter durchstreifen das Land. Die Hörigen, die an die Scholle Gebundenen – sind es Griechen, Bulgaren, Slawen, Franken oder schon einzelne Mohammedaner? Volk tritt in der Geschichte nicht auf, es schweigt und leidet, betet, tanzt, bestellt die Felder und hütet die Schafe. Es weiß nichts vom Streit um das Land, es kennt nur die Steuerbeamten, die Pächter und Vögte und manchmal, wenn er vorüberreitet, den Grundbesitzer.

Nachwort zum ersten Teil
von
Jacob Philipp Fallmerayer

So ungefähr standen die Sachen in dem von den Franken beherrschten Anteile Moreas im Jahre eintausend dreihundert und vierundsechzig, in welchem Robert von Tarent, der letzte wirkliche Fürst und Besitzer Achaja's in seinem Palaste zu Neapel gestorben ist.

Es wird dem Leser nicht entgehen, daß der damalige Zustand der Halbinsel, so weit er nämlich die Staatenzahl betrifft, einige Ähnlichkeit mit dem Zustand in der alten Zeit griechischer Größe hatte, wo der Peloponnes, unter die Völker von Sparta, Argos, Korinth, Arkadia, Achaja und Elis verteilt, der ganzen Macht des Orients trotzte, das reiche Athen besiegte, den Makedoniern widerstand, und über vierhundert Jahre lang gegen Griechenland sowohl als gegen die Fremden die Freiheit bewahrte.

Wie unbedeutend, wie unmächtig, wie nichtig erscheint sie uns dagegen in der eben bezeichneten Epoche? Ein Spielball, ein willenloses Werkzeug, wird sie abwechselnd kühnen Seeräubern von Anatolien und Abendland zur Beute. Unbekannte Fürsten in Neapel, in Burgund, im Hennegau werfen unter Beobachtung barbarischer und abergläubischer Zeremonien die Lose von Lakonien und Korinth!

Aber warum wundert man sich? War es denn damals noch jener Peloponnes, in welchem Lakedaimon den Lykurgischen Gesetzen gehorchte, Korinth am Welthandel teilnahm, Männer, wie Leonidas, Agesilaos und Philopoimen an der Spitze einheimischer Heere standen, olympische Wettkämpfe gefeiert und Kolonien zur Zivilisierung fremder Länder ausgeführt wurden? Gewiß nicht! Gesetze, Tempel, Wohnhäuser, Götter und Menschen jener Vorzeit waren ja damals gleichmäßig verschwunden, selbst der Name des Landes vergessen; ein neues Geschlecht von Slawen, Illyriern und Kelten hatte sich mit den schwachen Überbleibseln hellenischer Einwohner verschmolzen und auf den Gräbern der alten Städte seine Hütten erbaut.

Müßige Spekulationen und eitles Gezänk über gleichgültige oder unbegreifliche Gegenstände der Theologie beschäftigte die eine Hälfte des Volkes, während Unwissenheit, sittliche Verwilderung und religiöser Fanatismus, mit stupider Ohnmacht gepaart, das Los der anderen war.

Während die alten Griechen ihre religiösen und bürgerlichen Einrichtungen auf das politische Wohl der Bürger berechneten, ward bei den Peloponnesiern der damaligen Zeit als profan, eitel, irdisch und sündhaft betrachtet, was sich nicht im Kreis dogmatischer Erörterungen bewegte oder mit Festsetzung irgend eines streitigen Punktes der Kirchendisziplin beschäftigte.

Zu dieser inneren Versunkenheit kam noch der Umstand hinzu, daß die Häupter der meisten Staaten Moreas Fremdlinge waren und in der Vorstellungsweise der Eingeborenen für Barbaren, Ketzer und Räuber galten, denen es nicht darum zu tun war, Blüte, Reichtum und Glück des Landes durch weise Gesetze zu fördern, sondern in kurzer Zeit große Reichtümer aufzuhäufen und sie nachher auf den Burgen des Abendlandes in barbarischer Pracht zu verschwenden. Morea ward einer ununterbrochenen, Jahrhunderte dauernden Plünderung preisgegeben; die Habsucht roher Sieger befriedigen sein einziges Gesetz; der Krieg zwischen Oberhaupt und Untertan bleibend. Wie hätte unter solchen Umständen die Verbesserung der bürgerlichen Einrichtungen, die Veredelung der Sitten, das Glück des Landes gemehrt und gefördert werden können?[147]

---

147 *Fallmerayer*, Bd. 2, 224 f.

ZWEITER TEIL

Die Byzantiner

Reichsprovinz

Nachdem Kaiser Michael VIII. Palaiologos im Jahre 1261 Konstantinopel zurückgewonnen hat, schickt er einen Beamten nach Mistra, Kephale betitelt, der sich im Palast des Villehardouin niederläßt. Mistra wird eine byzantinische Stadt, die sich im Laufe weniger Jahre bevölkert, weil die Bewohner des alten Lakedaimon und die Bauern aus dem Eurotas-Tal Schutz vor den Franken suchen und ihre Häuser am Berghang errichten. Bald werden Befestigungsanlagen aus dem Steinmaterial antiker Tempel aufgemauert, um vor den Angriffen der Ritter gesichert zu sein. Mehrmals stoßen die Franken noch bis Lakonien vor und verwüsten das Gebiet bis nach Monembasia hinüber, so daß der Verkehr mit der Hauptstadt der neuen Provinz erschwert ist. Uneinnehmbar als Festung auf dem Felsen im Meer, ist Monembasia aber von so entscheidender Bedeutung für den byzantinischen Besitz auf Morea, daß die Kaufleute der Stadt privilegiert werden müssen, da sie die Verbindung Mistras mit der Außenwelt aufrechterhalten. Der Nachschub aus Konstantinopel, vor allem Getreide aus Rußland, ist lebensnotwendig und muß ins Landesinnere gebracht werden. Ebenso soll der lakonische Wein, im Westen geschätzt als Malvasier, der über Monembasia ausgeführt wird, für Produzenten und Schiffsherren Gewinn abwerfen. Den Handel über See betreiben allerdings westliche Reedereien, Genuesen vor allem, die sich auf Rhodos unter der ›Oberhoheit‹ von Byzanz einen Handelsstützpunkt geschaffen haben. Doch im östlichen Mittelmeer droht den Frachtgaleeren ständig Gefahr. Piraten umschwärmen die zerklüftete Berghalbinsel Morea. Menschenraub ist an der Tagesordnung, selbst Venezianer beteiligen sich daran und verkaufen die Geraubten auf orientalischen Sklavenmärkten. Eines Tages entführen katalanische Seeräuber sogar den Metropoliten von Monembasia. Das byzantinische Reich ist ein Kleinstaat geworden, der in der gegebenen geographischen Lage seine Existenz kaum noch verteidigen kann. Schiffe besitzen die Byzantiner nicht mehr, nur ein paar tausend Soldaten stehen auf Morea im Waffendienst. Obgleich die ritterlichen Allüren der Franken für Lakonien der Vergangenheit angehören, entwickelt sich das System der Feudalgüter weiter. Die alten Familien haben auf ihren Gütern die ›lateinische‹ Zeit überlebt, freies Land wird an Aristokraten vergeben; aber weder Alteingesessene noch Neu-Belehnte haben den Ehrgeiz, das Geld, das sie von ihren Paroiken, den Pachtbauern und Hintersassen, als Steuer einziehen, dem Kaiser zur Verfügung zu stellen. Ihre Pflicht wäre es außerdem, Rekruten zu bewaffnen und auszubilden. Wenn sie es tun, dann für ihre persönliche Streitmacht, mit der sie ihre kleinen Kriege untereinander führen. Damit aber das Land bebaut wird, verlangen die Großgrundbesitzer Rechte und Privilegien, und das bedeutet Verzicht auf Einnahmen, die der Fiskus braucht, um Soldaten zu mieten. Und der Basileus muß großzügig sein, weil sonst der Adel sich gegen ihn auflehnt. Darum ist die neue Provinz für das Reich zunächst kein Gewinn. Erst als Kaiser Andronikos, um der ›Strategie‹ Mistra größeres Ansehen zu geben, bald nach 1290 ein Mitglied der peloponnesischen Familie der Kantakouzenen einsetzt und ihm den Titel Epitropos verleiht, bessern sich die Verhältnisse.*

---

*172 Nicol, Family, 28 f., berechnet für den Epitropos Kantakouzenos die Jahre 1286-1294, doch um 1290 wechseln die Kephalen in Mistra noch jährlich, vgl. 168 Heisenberg, 1, 69. Der Sohn Johannes – der spätere Kaiser – schreibt 1321, daß er durch den Tod seines Vaters früh verwaist gewesen sei, also kann der Epitropos nicht erst 1316, wie 187 Zakynthinos, Bd. 1, 68, meint, gestorben sein, da Johannes damals fast zwanzig Jahre alt war.

DIE GEISTLICHKEIT

Der Eigentümlichkeit des geistlich-weltlichen Reichs von Byzanz, das die Bezeichnung eines Römischen Reiches führt, entspricht es, daß die Besserung der Verhältnisse vor allem der Geistlichkeit zu verdanken ist. Metropoliten, Äbte und Archimandriten – letztere sind die Verwalter des kirchlichen Besitzes – bilden die Oberschicht eines Staates, der sich seiner Aufgabe als Lenker der Rechtgläubigen, der Orthodoxen, bewußt ist. Sie kennen den Zusammenhang leiblicher und geistlicher Bedürfnisse oder wollen doch jedenfalls den Menschen unter diesem einheitlichen und einigenden Standpunkt sehen. Sie sind zugleich die Gebildeten, und das heißt, daß sie außer in Glaubensdingen auch in Rechts- und Wirtschaftssachen vernünftige Entscheidungen treffen. Denn jenseitiges Heil und diesseitiges Wohl sind nicht voneinander zu trennen: wer ›hier‹ lebt, ist von dem, der ›dort‹ aufersteht, nicht verschieden, sondern ein und derselbe. Glaube, Wissen und Tun stehen nicht zueinander im Widerspruch.

Nikephoros Moschopoulos

Der Proedros Nikephoros Moschopoulos ordnet die geistlichen und gemeindlichen Angelegenheiten der Gläubigen. Er ist von Kreta herübergekommen. Den Titel eines Vorsitzenden seines Sprengels, Proedros, führt er, weil wahrscheinlich der geweihte Metropolit von Lakedaimon, Theodosios, noch lebt, der 1272 unter Kaiser Michael VIII. an einer Synode in Konstantinopel teilgenommen hat. Theodosios gilt als ›latinophron‹, denn als Parteigänger Michaels hat er die Verhandlungen mit dem Papst über ein Konzil in Lyon geführt. So ist er, wie der Kaiser, ein Ketzer. Als jedoch Nikephoros Metropolit von Lakedaimon geworden ist, mag er in der menschenverlassenen Stadt nicht mehr bleiben, zumal sein lateinischer ›Kollege‹, der Bischof Haymon, vor einigen Jahren in das venezianische Koron übergesiedelt ist.

Agios-Demetrios-Kathedrale

Darum baut sich Nikephoros 1291 eine Kirche in Mistra. Vorbild ist die damals dreihundert Jahre alte Metropolis von Sparta, die der Heilige Nikon gegründet hatte und die im alten Lakedaimon nicht weit vom römischen Theater errichtet worden war. Darum werden Reliefs und Ornamente der Mutterkirche – als künftige Zierde der Außenmauern – und von anderen verfallenen Kirchen Kapitele, die aus dem achten Jahrhundert stammen, zum Bauplatz nach Mistra gebracht. Wie die alte ist auch die neue Kirche eine dreischiffige Basilika ohne Emporen. Sie wiederholt die polygonalen Apsiden, die nun mit den Seitenschiffswänden fluchten und nicht mehr ausladen, wie es in Sparta der Fall gewesen. Dort standen Prothesis und Diakonikon, die Seitenchöre des Hieroteions, und, in größerem Maßstab, die Trapeza, der Hauptchor mit dem Halbrund der Priesterbank, vor ihren Apsiden über quadratischem Grund, um jeweils eine Kuppel zu tragen. Analog dazu war das dreischiffige Langhaus über einem Quadrat errichtet worden, so daß in altchristlicher Weise der Bau wie aus Kuben zusammengestellt schien. Die neue Kirche hat diese analoge Durchgliederung nicht mehr, vielleicht nicht einmal Kuppeln. Der Fußboden der Kirche erhält Ornamente aus Steinmosaik, die Seitenschiffe werden gewölbt, doch das Mittelschiff wird mit einer flachen Holzdecke geschlossen.

Nikephoros Moschopoulos weiht die Kirche dem Kriegerheiligen Demetrios, der in der Zeit des Kaisers Maximian Prokonsul Achajas gewesen war und, weil er für die Christen sich eingesetzt, seinen Märtyrertod fand. Man unterläßt es nicht, die Szenen seines Lebens und seiner Passion im Gewölbe des linken Seitenschiffes der Metropolis darzustellen. Nikephoros und sein Bruder Aaron versichern in metrischer Inschrift, daß sie dies Gotteshaus aufgebaut haben, damit diejenigen, die hier vorüberkommen, bezeugen, daß ihnen ihre Sünden vergeben sind und sie zur Herde der Schafe gehören, die sich zur Rechten Christi versammeln, wenn er, der Sohn Gottes, des Höchsten, zum

Letzten Gericht erscheint. Doch auch irdischer Güter kann sich der Metropolit erfreuen: die Belehnungen durch Kaiser Andronikos und dessen Sohn und Mitkaiser Michael IX. werden an einer Säule der Kirche eingemeißelt. Es sind Häuser, Gärten und Mühlen, aber auch größere Ländereien, die wieder bebaut werden müssen, und bäuerliche Freigüter, die keinen Besitzer mehr haben. Der Metropolit schenkt seiner Agios-Demetrios-Kathedrale ein kostbares Synodikon, das er aus Antiochien mitgebracht hat und das aus dem elften Jahrhundert stammt.* Darin sind alle Namen der Heiligen, der Kaiser und der Bischöfe eingetragen, derer in der Meßliturgie fürbittend gedacht werden soll. Dieser Liturgie des Heiligen Johannes Chrysostomos entspricht auch der Bilderschmuck der Metropolis.

Das Gebet der Messe wendet sich an die Dreieinigkeit, die im Diakonikon dargestellt wird. Im Gewölbe ist der Thron des himmlischen Richters bereitet, die Etimasia. Engel umschweben ihn in einer Mandorla. In der Apsis neigt sich der barmherzige Gott seinem Priester zu, und über dem Apsisbogen thront Christus als Herr des Himmels zwischen Seraph und Cherubim, die in den Farben des Paradieses – Hellblau, Rosa und Hellgrün – gemalt sind. Dreifach ist die Macht Gottes, der in Christus zum Bilde wird und in ihm erscheint, und seine Wesenheit sichtbar: als gnädiger, richtender und als herrschender Gott. Diesem Drei-Einen, Gott, Sohn und Heiligem Geist, wird in der Liturgie Bitte und Dank entgegengebracht und Ihm die Gemeinde der Gläubigen anbefohlen. Durch die Jungfrau Maria ist Gott Mensch geworden und hat seine zweite Natur erhalten, die, wie seine göttliche Natur wesensgleich dem Vater, wesensgleich allen Menschen ist. Also steht die Blacherniotissa, die Theotokos, als Gottesgebärerin in der großen Apsis des Allerheiligsten, des Hieroteions, und zeigt, herrschlich liebend, ihren Erstgeborenen vor. Am Bogen der Apsis begegnen sich der Erzengel Gabriel und die Maria der Verkündigung

---

* Wahrscheinlich zu Anfang des 18. Jahrhunderts aus Mistra nach Berlin gelangt, 1718 aus der Bibliothek Seidel an Thomas Coke, Earl of Leicester, verkauft, vgl. *266 Jenkins und Mango, 225.*

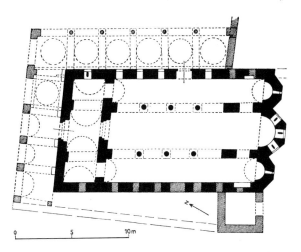

Die Metropolis in Mistra. Die dem Heiligen Demetrios geweihte Metropolis wurde 1291 von Nikephoros Moschopoulos, dem ersten in Mistra residierenden Metropoliten von Lakedaimon, als Bischofskirche gegründet. Als dreischiffige Basilika hat sie ihr Vorbild in der aus dem 9. Jahrhundert stammenden Metropolis von Sparta, die der Heilige Nikon errichtet hatte (Grundriß unten). Der Umbau in eine Kreuzkuppelkirche (vgl. den Grundriß des Emporengeschosses und den Längsschnitt in der Abb. auf S. 182) erfolgte im frühen 15. Jahrhundert, und aus dieser Zeit stammen Turm und Esonarthex sowie das Proaulion, die Vorhalle im Osten, die den Blick auf das Tal des Eurotas freigibt.

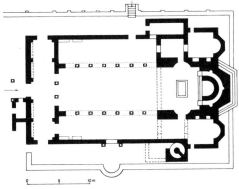

Die alte Metropolis von Sparta.

– Symbol der Inkarnation. So wird das Dogma der Orthodoxie zum Bilde. Das Allerheiligste ist die ›Seele‹ der Kirche, der Naos, das Schiff der Kirche, das zu ihr hinführt, ist der ›Körper‹, die Welt. Darin ist Kampf, aber auch Hoffnung, Hoffnung auf Erlösung aus aller Drangsal und allem Elend. In dieser Einheit von Seele und Körper, von Gott und Welt kann ›Kirche‹ als Gemeinde, als Körper Christi, bestehen. Das Gottesvolk ist in und durch diesen Kampf, so erlösungsbedürftig es ist, auch zur Erlösung fähig.

Da dem Kirchenpatron Demetrios Szenen im linken Seitenschiff nahe der Prothesis gewidmet sind, schmückt das Brustbild des heiligen Soldaten die Apsiswölbung des Raumes, in dem das liturgische Opfer vollzogen wird. Unterhalb der Legendenbilder bewachen andere Soldatenheilige, Märtyrer und Bischöfe die Kirche und ihre fromme Gemeinde – gilt es doch, den Kampf gegen Franken und Ketzer im Namen Gottes zu führen. Diese Fresken schließen sich wie die des Diakonikons und des Langhauses mit der Passion Christi in Stil, Gewandung und Farbenwahl und durch den Hintergrund aus eintönigen Felsen an die Kunst des elften Jahrhunderts an und ähneln einer illuminierten Handschrift, dem Menologion des Heiligen Basilios. An den Hochwänden des Mittelschiffes wird daher das Leben Christi von der Darbringung im Tempel bis zur Gefangennahme im Garten Gethsemane in einem durchgehenden Fries erzählt. Nicht nur die Darstellungsform ist altertümlich, sondern auch die Folge der Bilder des Neuen (und die des Alten?) Testaments im Langhaus, weil diejenigen, welche die Heiligen Schriften nicht lesen konnten, auf diese Weise teilhaben an den Segnungen des Himmels. So wird auch die Geschichte Mariens und ihrer Eltern, Joachims und Annas, ausführlich in den Fresken des rechten Seitenschiffes dargestellt.

Wie in ihnen sich Gottes Ratschluß, seinen Sohn den Menschen zu senden, vorbereitet, weist die Folge der Bilder mit den Heilungen und den Wundern Christi auf die Erlösung hin. Wie im Diakonikon die Szenen der heiligen Ärzte Cosmas und Damian, derer in der Liturgie gedacht wird, hinweisen auf die Heilung des Körpers auch durch den Glauben, entsprechen ihnen über den Toren zum Narthex die Heilungen, die Christus selber vollzieht.

Das Jüngste Gericht und die Konzilienbilder

Wer hinaustritt durch die Basilike Pyle, die ›Schöne Tür‹, erblickt die Apostel und den Propheten Ezechiel und die Engel mit dem großen Buch, darin die Taten der Menschen verzeichnet sind, die dem Höchsten Richter verlesen werden: In der Wölbung ist der Thron Christi errichtet, denn »es wird kommen der Menschensohn in seiner Herrlichkeit und alle heiligen Engel mit ihm, er wird sitzen auf dem Stuhl seiner Herrlichkeit, und werden vor ihm alle Völker versammelt werden« (Matthäus, Kap. 25, 31f.). Über der Schönen Tür, allen Büßenden zugewandt, spricht Christus, Daniel und einen Propheten-König zur Seite, im Kreis der ihm gegenübersitzenden Apostel das Urteil des Jüngsten Tages. Zu seiner Linken stürzen die Verdammten in die Hölle hinab, auf der anderen Seite kehren ein die Gerechten ins Paradies. Die Wiederkunft Christi ist unabdingbare Wahrheit: im Narthex wird das Totenoffizium für den Verstorbenen gehalten. Wem aber das Totenamt gilt und wer die Liturgie nicht mehr hört, der sieht, was hier nur gemalt, also nur Bild und nicht wirklich ist, als seine Wirklichkeit von Angesicht zu Angesicht. Er steht vor seinem Richter am Jüngsten Tag. Gleichwohl sind die Bilder ein Werk von Menschenhand, sie »rufen durch die weiche Eleganz der Figuren, durch die kühne Bewegung der Gesten und die männlich-kräftige Schönheit der volkstümlichen Gesichter einen einzigartigen Eindruck hervor«.[223]

Gegenüber der Schönen Tür werden dem Jüngsten Gericht die Bilder der Sieben Konzilien hinzugefügt. Wie es in altbyzantinischer Zeit üblich gewesen, die Erlasse des Basileus im Narthex bildlich und schriftlich anzuschlagen als geltendes Recht, geschah es auch mit den Beschlüssen der ökumenischen Konzilien, die, vom Heiligen Geist eingege-

---

223 Diehl, Manuel d'art, 745.

ben, ebenso als Kaiserrecht galten und an dieser Stelle veröffentlicht wurden. In dem Synodikon des Nikephoros Moschopoulos sind die Konzilien und die ihnen zu widmenden Gebete aufgezeichnet, insbesondere das Konzil von Chalcedon, dessen Fest am 16. Juli jeden Jahres gefeiert wird. An diesem Tage findet in Konstantinopel eine kaiserliche Prozession zur Agia Sophia statt. Hier in Mistra gelten die Bilder, wie die Weihung der Kirche an den Heiligen Demetrios, den Ketzern und Abtrünnigen, den Lateinern und Franken. Im Jahre 451 hatten sich die Bischöfe aus West und Ost in Chalcedon zur Synode versammelt, um die Lehre von der Dreieinigkeit zu beraten. Wie Papst Leo der Große es durch seine Legaten hatte vortragen lassen, wurde das Dogma von dem einen Christus in zwei Naturen, die unvermischt und wesensgleich in einer Person durch gegenseitige Anteilnahme vereinigt seien, beschlossen und verkündet. Um diese Lehre als von Gott und dem Heiligen Geiste eingegeben zu bestätigen, wünschte man das Urteil der Heiligen Eufemia zu erhalten, die in Chalcedon unter Kaiser Diokletian nach zahllosen Beweisen ihrer Unverletzbarkeit den Märtyrertod erlitten hatte. Man legte den Text des Eutychios, nach der Christi Leib nicht dem Körper anderer Menschen wesensgleich, sondern in der Natur des fleischgewordenen Logos aufgegangen sein sollte, und die Lehre der Orthodoxen, daß er zwei Naturen gehabt, in das Grab der Märtyrerin, beide nebeneinander ihr auf das Herz. Das Grab wurde versiegelt. Als man es nach einigen Tagen öffnete, fand man das ketzerische Dogma zu Füßen, dasjenige der Orthodoxen jedoch von der Hand der Heiligen fest umschlossen. Also waren die Ketzer verurteilt, die Monophysiten und die Nestorianer. Jene hatten die fleischgewordene Natur des Gott-Logos zu glauben gewagt, diese alles Menschliche in Christus als in Gott aufgegangen behauptet. Konnte ein Mensch Gott werden? Nein: Christus war seiner Göttlichkeit nach ewig vom Vater und zeitlich durch die Geburt der Jungfrau Maria. Darum konnte er sterben und wieder auferstehen. Diese Lehre wurde zur Zeit des Kaisers Justinian dahin erweitert, daß Christus trotz seiner ungeteilten und ungetrennten zwei Naturen nur am Fleische gelitten habe, denn es konnte nicht Gott selbst am Kreuze gestorben sein. Damit machte der Kaiser den Monophysiten ein Zugeständnis, um die politische Einheit des Reiches durch den Glauben zu retten. Und so soll auch jetzt gegen Lateiner und Unionisten – die Zeit Michaels VIII. ist fast noch Gegenwart – die Einheit der Kirche und des Reiches wiederhergestellt werden.

Auch die Vision des Heiligen Petrus von Alexandrien gehört in diesen Zusammenhang, in dem sich Gegenwart, Geschichte und Ewigkeit untrennbar miteinander verbinden. Petrus von Alexandrien war ein Märtyrer nicht durch die Heiden, sondern durch die Arianer geworden, die er und ihren Lehrer, den Einsiedler Arius, mit der Kraft seines Glaubens bekämpfte. Arius hatte behauptet, Gott habe seinen Sohn gezeugt, Christus sei also nur ein Gott geringeren Grades – und das war gegen die Orthodoxie geketzert! Endlich ist hier das Siebente Konzil, das im Jahre 787 in Nikaia stattfand, zu sehen. Es ist das letzte, das von den Orthodoxen als ›ökumenisch‹ anerkannt wird. Dieses Konzil setzte den Bilderdienst wieder ein, den die Ikonoklasten unter Kaiser Leon III., dem ›Isaurier‹, als Götzenanbetung verdammt und verurteilt hatten. Nun sollte wieder, wie vordem, die Verehrung und das Gebet, Kniefall und Räucherwerk, nicht dem Bilde, wie gotteslästerlich behauptet worden, sondern allein der dargestellten Person in ihrer Heiligkeit gelten. Auch diese Bestimmung richtete sich gegen die Monophysiten, weil sie die menschliche Natur Christi geleugnet hatten. Das Bild galt wieder als Symbol und als Mittler zwischen Gott und dem Menschen und war als Abbild und Ektypos durch das Dogma der Menschwerdung Christi begründet. Im Bilde Christi erscheint Gott, Er in Seiner Epiphanie, Ihm gilt Verehrung, Dankbarkeit und Gebet.

Die Bilder der Metropolis verweisen auf strenge Orthodoxie. Sie sind die Mahnung an alle, die mit den Lateinern und dem ketzerischen Papste in Rom eine Union eingehen wollen. Während an den Bildern gearbeitet wird, löscht der

Metropolit den Namen des Basileus Michael Palaiologos aus seinem Synodikon, denn diesem Häretiker war ein Begräbnis in geweihter Erde verweigert worden. Daß Mistra diesem Kaiser sein Leben verdankt, ist dabei ohne Belang. Denn das Reich Gottes ist nicht von dieser Welt, in der das Volk Gottes seiner Erlösung harrt.

Pachomios

Während noch an der Metropolis gebaut wird, entstehen etwas oberhalb die Gebäude des Brontochion-Klosters, damals wohl noch außerhalb des Mauerrings, der die Hangstadt umschließt. Abt des Klosters ist in den Jahren, in denen der Epitropos Kantakouzenos in Mistra als Statthalter des Kaisers eingesetzt ist, ein Mönch namens Daniel, dessen Bruder Pachomios die klösterlichen Liegenschaften verwaltet. Pachomios ist der Oberhirte, der Archimandrit. Ein kaiserliches Chrysobull befreit das vornehme Kloster von der Verpflichtung, die Steuereinnahmen aus den Abgaben der bäuerlichen Kleinpächter, der Paroiken, an den Fiskus weiterzuleiten. So kommen die Gelder dem Kloster zugute, und Pachomios kann als Bauherr und Stifter 1296 den Bau einer Kirche beginnen. Sein Kloster wird als kaiserliche Gründung anerkannt und dem Patriarchen von Konstantinopel unmittelbar unterstellt. Der Abt, der Egoumenos, ist unabsetzbar und wird von den Mönchen aus ihrer Mitte gewählt. Der Archimandrit empfängt vom Patriarchen das Siegel und vom Kaiser das Dikanikion, das seinen Rang bezeichnet: den Hirtenstab. Weil Pachomios sich Verdienste um die Wohlfahrt des Landes erworben hat, verleiht der Basileus Andronikos II. ihm den Titel eines Protosynkellos der Peloponnes, unterstellt seiner Aufsicht mehrere Klöster und bestätigt damit die herausragende Autorität des Archimandriten. Auf diese Weise kann er seiner Zufriedenheit Ausdruck geben, im fernen Mistra einen Mann seines Vertrauens zu wissen. Denn Andronikos, obgleich er ein Gegner jeder Union mit der katholischen Kirche ist, liegt noch

1 *Die südliche Peloponnes mit Mistra.* Ausschnitt aus einer Morea-Karte von Gerhard Mercator (Cremer) in dessen ›Atlas, sive geographicae meditationes‹, Duisburg 1585-1595.

5 *Mistra um 1700.* Stadtplan (Ausschnitt) von Vasieur aus einer von Francesco Grimani in Auftrag gegebenen Plansammlung. (Venedig, Biblioteca Nazionale Marciana; Raccolta delli Disegni della Pianta di tutte le piazze del regno di Morea e parte delli porti dello stesso)

← 2-4 *Mistra zur Zeit der venezianischen Verwaltung:* von Westen (oben), Osten (Mitte) und Norden (unten), um 1700. (Venedig, Biblioteca Nazionale Marciana; MS It. VII, 94 (= 10051), c. 85)

6 *Mistra um 1680: Ansicht von Osten.* Kupferstich von John Griffier aus ›The Prese

olim LACEDIMON.

te of the Morea‹ von Bernard Randolph, Oxford 1686. (Athen, Gennadion-Bibliothek)

7 *Niketas Akominatos, nach seinem Geburtsort Chonai in Phrygien auch Choniates genannt.* Byzantinischer Geschichtsschreiber, der als Augenzeuge die Eroberung Konstantinopels durch die Lateiner 1204 beschrieb und 1216 im Exil in Nikaia starb. Miniatur (Kopie nach einer Vorlage von 1204?) aus einem Codex der ersten Hälfte des 14. Jahrhunderts. (Wien, Österreichische Nationalbibliothek; Hist. Gr. 53, fol. 1r)

8 *Johannes VI. Kantakouzenos als Basileus und als Mönch Joasaph unter dem Zeichen der Hesychasten, den drei Engeln bei Abraham im Haine Mamre.* Miniatur aus einem Codex von 1370/75. (Paris, Bibliothèque Nationale; Cod. gr. 1242, fol. 123 v)

9 *Autograph des Georgios Gemistos Plethon aus einem Codex von etwa 1435.*
(Venedig, Biblioteca Nazionale Marciana; Gr. Z. 406, coll. 791, fol. 2). Der Philosoph
Plethon war Lehrer Bessarions, in dessen Nachlaß sich diese Handschrift fand. (Übersetzung des Textes auf S. 487)

Kardinal Johannes Bessarion empfängt von Guillaume Fichet ein Widmungsexemplar seines Werks über die Rhetorik von 1471. Illuminiertes Dedikationsblatt. (Exemplar der Biblioteca Nazionale Marciana zu Venedig; es segn. Membr. 53)

12 *Johannes VIII. Palaiologos.* Bildnis-Medaille von Antonio Pisanello auf den »Basileus und Autokrator der Rhomaier« von 1438. (Florenz, Museo Nazionale Medagliere Mediceo)

← 11 *Johannes Kantakouzenos, Sohn des Kaisers Matthäus und Enkel des Kaiser-Mönchs Johannes VI. Kantakouzenos.* Ausschnitt aus der silbergetriebenen und vergoldeten Riza der ›Muttergottes von Ortocosta‹ von 1361. (Venedig, San Samuele)

Während sich der ehemalige Kaiser Johannes VI. Kantakouzenos als Mönch Joasaph 1361 in Mistra aufhielt, widmeten Angehörige der Palaiologen-Familie seinem Enkel Johannes eine Ikone mit einer sogenannten ›Riza‹, einer die Darstellung der Malerei nachzeichnenden metallenen Zierauflage, die nur das gemalte Karnat ausspart. An der linken Rahmenleiste dieser Riza ist das hier wiedergegebene Reliefporträt des Bewidmeten eingelassen. Die in Mistra geschaffene Ikone gelangte nach Ortocosta, einem Ort an der Ostküste der Peloponnes, dann über Nauplia 1540 nach Venedig, wo sie seit dem 19. Jahrhundert in San Samuele zur Verehrung ausgesetzt ist.

13

14 *Konstantinopel mit den wichtigsten Bauwerken, wie es sich wenige Jahrzehnte vor der Eroberung durch Mehmed darstellte.* Miniatur von Cristoforo Buondelmonti aus dem ›Liber insularum Archipelagi‹ von 1422. (London, British Museum)

← 13 *Papst Pius II. (Enea Silvio Piccolomini) empfängt den Dogen Cristoforo Moro in Ancona, 1464.* Ausschnitt aus dem Fresko von Bernardino di Betto di Biagio, genannt Pinturicchio. (Libreria Piccolomini der Kathedrale zu Siena)

15 *Sultan Mehmed II. der Eroberer.* Porträtminiatur von etwa 1470. (Paris, Bibliothèque Nationale, Cabinet des Estampes)

ICONES GRAECORVM DOCTRINA ILLVSTRIVM QVI GRAECAS LITTERAS CAPTA CONSTANTINOPOLI IN ITALIAM TRANSQ. ALPES PRIMI INVEXERVNT.
Cum ELOGIIS *Pauli Iouij Episc. Nucerini editisq; eorum scriptis.*

BESSARION CARD. NICENVS PATR. CONSTANT. I
Graecia me genuit; fouet Italis ora; galero
Roma colit: vitâ sum Numa, et arte Plato.

EMANVEL CHRYSOLORAS GRAMM. GRAECVS. II
Patria, Roma Noua; est Vetus altera patria Roma:
In Latium per me Graecia ducta venit.

DEMETRIVS CHALCONDYLES GRAMMATICVS. III
Attica mella mihi, si non dat, Musa, Latina:
Scit Ligurum, florens ludus et Arne, tuus.

THEODORVS GAZA RHET. ET GRAMMAT. IIII
Altrix Roma, parens cui Graecia, Graecia Magna
Fit tumulus: linguâ Gaza vtrâq; vocor.

IOANNES ARGYROPYLVS PHILOSOPHVS. V
Magnus Aristoteles loquitur quòd in ore Latini
Post Gazam, meritum debet id omne mihi.

GEORGIVS TRAPEZVNTIVS RHET. ET PHILOS. VI
Rhetor eram, clarúsq; Sophus: non vile Platonis
Me, sed Aristotelis nobile dogma capit.

MARCVS MVSVRVS PHILOLOGVS. VII
Roma tuus doctor, tuus et Patauina, sed inde
Praesul purpureo dignus honore, cado.

MICHAEL MARVLVS POETA. IIX
Me studijs simul erudijt Dea Pallas, et armis
Carminibúsq; fauet Musa Charísq; meis.

IOANNES LASCARIS PHILOLOGVS. IX
Tot Latio reparo dum Graeca volumina Turcis
Rapta; colit ciuem me bene Roma suum.

R.^{DIS} IN CHRO PATRIBVS FRATRIBVSQ. SOCIETATIS IESV, QVOD IN GYMNASIIS
GRAECA CVM LATINIS, PIETATISQ. STVDIO MAGNO REIP. CHRIST. COMMODO CONIVNGANT
Theodorus Gallaeus Phil. F. a se sculptas Icones LIB. MER. *obseruantiae gratia* D.D.

16 (nebenstehende Abb.) Theodor Galle: Bilder der durch Gelehrsamkeit berühmten Griechen.

Die von dem niederländischen Kupferstecher Galle um 1610 nach älteren Vorlagen gefertigten Bildnisse zeigen Rhetoriker, Grammatiker und Philosophen, die nach der Einnahme von Konstantinopel 1453 die Kenntnis der antiken griechischen Bildung nach Italien brachten (vgl. S. 210 und S. 233). Das Blatt ist dem Jesuiten-Orden gewidmet, in deren Schulen, wie es in dem begleitenden Text heißt, neben Latein »mit großem Eifer« Griechisch gelernt wurde – als ›Wort ohne Volk‹ (vgl. S. 343) oder mit dem Ziel, die Mission der katholischen Kirche im Bereich der Orthodoxie voranzutreiben (vgl. S. 270).

Die Reihe führt *Johannes Kardinal Bessarion* (1403-72) an, der Schüler des Gemistos Plethon in Mistra (vgl. S. 179). Ihm hat der Bischof von Nocera, Paolo Giovio, den Vers gedichtet: »Griechenland hat mich hervorgebracht, Italiens Küste mich genährt, Rom mir den [Kardinals-]Hut verliehen; im Leben bin ich Numa, in der Kunst Plato«, also Gesetzgeber und Philosoph. *Manuel Chrysoloras* (1355-1415), einst ebenfalls ein Anhänger des Plethon, war Lehrer in Florenz (vgl. S. 180) und starb als Begleiter des Gegenpapstes Johannes XXIII. auf dem Konzil zu Konstanz. Sein berühmtester Schüler war Leonardo Bruni, der das Wort des Cicero von der ›Humanitas‹ erneuerte. *Theodoros Gaza* (1400-75) kam aus Thessalonike, war in Mantua, in Ferrara und Rom tätig und verfaßte die erste griechische Grammatik, die 1486 gedruckt wurde. Theodoros' Schüler war *Demetrios Chalkondylas* (1424-1511), ein Bruder des Nikolaos (Laonikos), der mit Gemistos in Mistra gelebt hatte (vgl. S. 219) und in Italien eine Geschichte des Byzantinischen Reiches schrieb. Demetrios besorgte die ›editio princeps‹ der Homerischen Epen (1488). *Johannes* (Janos) *Laskaris* (1445-1535) war als Kind noch mit seinem Vater in Mistra gewesen und dann nach 1460 über Kreta in den Westen geflohen, er betreute die Erstausgabe der Tragödien des Euripides (1494). *Johannes Argyropoulos* (1416-86) war Lehrer der griechischen Sprache in Florenz, von ihm stammen die Übersetzungen des Aristoteles, die, dem Piero de' Medici gewidmet, in Prachthandschriften in der Laurenziana zu Florenz aufbewahrt werden. *Georgios von Trapezunt* (1396-1486), gebürtig aus Kreta, war als Aristoteliker ein erklärter Feind des Platonikers Plethon und auch Bessarions, der den Streit zu schlichten versuchte. Aus Kreta kam ebenfalls *Markus Musurus* (1470-1517), der für den Verleger Aldus Manutius in Venedig die Drucklettern der griechischen Schrift entwarf. Der Dichter *Michael Marullus* lebte zwischen 1489 und 1494 am Hof des Lorenzo de' Medici. Georgios Gemistos Plethon fehlt in diesem Kompendium griechischen Geistes, vielleicht galt er den Jesuiten als Häretiker.

im Streit mit eifernden Zeloten und dogmatischen Arseniten. Die einen wollen ihn als Richter des Dogmas der Orthodoxie, der er als Kaiser ist, nicht gelten lassen, die anderen lehnen ihn ab, weil er von einem Patriarchen, der die Union mit dem Papste betrieb, zum Basileus und Herrn der Kirche, zum Stellvertreter Christi auf Erden, gekrönt worden ist.

Agioi Theodoroi

Pachomios ist kaisertreu und ein Magnat der Kirche, also vom Metropoliten von Lakedaimon unabhängig. Darum kann die 1296 von ihm gegründete Kirche des Brontochion-Klosters keine Basilika wie die Metropolis sein, sondern muß eine Kuppel haben, von der das Bild des Pantokrators, in dessen Namen der Kaiser herrscht, auf die Gemeinschaft der Mönche herabblickt. So war es in Daphni bei Athen gewesen und so im phokischen Osios Lukas, das Kaiser Romanos gegründet hatte, um den Seligen mit einer Kirche zu ehren, in der dieser Prophet der Wiedereroberung Kretas begraben wurde. Pachomios läßt eine Kreuzkirche bauen, deren Kuppelraum die Breite des Allerheiligsten, des Hieroteions, mit Trapeza, dem Raum des Altares, Prothesis und Diakonikon einnimmt. Von den kurzen Kreuzarmen geht man in die Seitenkapellen neben dem Chor, die für die Gräber der Äbte bestimmt sind. Vom Narthex aus erreicht man die vorderen Seitenräume. So entsteht ein geschlossener, kubischer Bau, dessen innere Gliederung die sich wölbenden Dächer des Querschiffs und die flach ansteigenden und sich neigenden Dächer der Nebenräume verdeutlichen. Sie alle überragt der Tambour der Kuppel mit seinem behäbigen Rund, seinen offenen und verblendeten Fenstern zwischen reichprofilierten Laibungen. Der Tambour trägt das gefällig geschweifte Dach der Kuppel. Den Narthex rahmen zwei niedere Turmbauten ein. Die Außenfront des Hieroteions wird großzügig in Haustein mit durchgehenden Backsteinschichten gegliedert und jedes Fenster mit über Eck gestellten Ziegeln verziert. Die Klarheit und Feinheit der Formen und der überschaubare Rhythmus des Bauwerks werden der Stolz der Bauleute gewesen sein. Und Pachomios, der Archimandrit, kann seine Stiftung der Öffentlichkeit, die ihn preist, als ein Beispiel bewahrender Tradition und als Hinweis auf die siegreiche Orthodoxie vor Augen führen. Denn die Kirche wird den beiden Kriegerheiligen, den Theodoren, geweiht: in lebensvollen Bildern umstehen später die heiligen Soldaten in Wehr und Waffen den Kirchenraum.

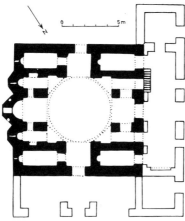

Agioi Theodoroi. Die den Kriegerheiligen, den beiden Theodoren, geweihte Kirche wurde von dem Archimandriten Pachomios nach 1296 als Katholikon des Brontochion-Klosters errichtet. Sie entspricht dem Typ einer kreuzförmigen Kuppelkirche mit achtseitigem Naos, dessen acht Pfeiler über Pendentifs die Last der Kuppel aufnehmen. Der Narthex im Westen und das Proaulion, die Vorhalle im Norden, sind zeichnerisch rekonstruiert. Die Wiederherstellung des im 19. Jahrhundert nur noch als Ruine bestehenden Baues (vgl. S. 442) ist die Leistung des Architekten Anastasios Orlandos.

Klösterlicher Besitz

Lakonien und das südliche Arkadien, soweit es dem Epitropos von Mistra zu Gebote steht, geht wirtschaftlichem Wohlstand entgegen. Drüben in der Achaja und in Elis sieht es trostlos aus, seitdem die fränkischen Ritter nicht mehr zuverlässig entscheiden können, wer eigentlich Herr ihres Landes ist. Grund genug für die dort lebenden Slawen und Griechen, sich die ›Lateiner‹ vom Halse zu wünschen. In Skorta, einer Landschaft in Hocharkadien bei Karytaina, bricht darum ein Aufstand aus, und die griechischen Archonten bitten den byzantinischen Statthalter von Mistra, ihnen gegen die Franken Beistand zu leisten. Die Stratioten, die Besitzer und Nutznießer der neuen Soldatengüter, ziehen mit ihren Kriegsknechten in den Kampf, doch die Eroberung einzelner Schlösser ist nur ein vorübergehender Erfolg. Ihr Gegner ist der wilde und kriegerische Philipp von Savoyen, der Isabella von Villehardouin geheiratet hat und Vasall des Königs von Neapel ist. 1309 werden die Truppen des Epitropos besiegt. Zahlreiche Festungen in Hocharkadien werden von den Franken besetzt. Da aber bald darauf die Franken ihrerseits eine Niederlage erleiden, kommen die verlorenen Kastelle und das bäuerliche Land ringsum wieder in den Besitz der Byzantiner zurück. Dank der Verwaltung des Pachomios ist die Landwirtschaft schon nach kurzer Zeit wieder in gutem Zustand. Der Archimandrit und Protosynkellos trägt dafür Sorge, daß auf den Wüstungen neue Siedler, Lateiner sowohl als Eingewanderte, heimisch und – was nicht weniger wichtig ist und die Abrechnung mit den Verwaltern, den Logotheten, erleichtert – zur Steuer veranlagt werden, von denen ein Teil wieder dem Kloster zufließt. Die Besitzungen des Brontochion-Klosters sind allerdings weit verstreut, in Lakonien und in der Maina, aber auch in der Gegend von Skorta in Hocharkadien sitzen die Vögte als Verwalter des Klosters auf den Gütern mit den Kolonendörfern. Dem Kloster gehören Meierhöfe, Weingärten und Weiden, Olivenhaine und Eichenwälder, Fruchtgärten und Mühlen. Es ist daher an der Zeit, beim Basileus in Konstantinopel darauf zu dringen, daß die neuen, aber auch noch einmal die alten Besitzungen rechtsverbindlich bestätigt werden. Der Kaiser läßt es 1314 durch ein Chrysobull – eine Goldene Bulle – feierlich kundtun. Boten überbringen die mit goldenen Siegeln versehene Urkunde des Basileus. Und der Archimandrit »verneigt sich tief vor ihr und küßt ehrfürchtig die Rolle, bevor er sie mit der Hand zu ergreifen wagt«.[163] Als er später die gnädigen Erlasse – in der Tat: Steuererlasse – seines Autokrators an die Wände einer Kapelle des Katholikons malen läßt, halten Engel als Boten des Pantokrators, der in der kleinen Kuppel dargestellt ist, die gemalten Chrysobullen. Denn was vom Kaiser kommt, ist Gnade des allwaltenden Gottes.

Panagia Odegetria

Die Stadt am Hang des Taygetos hat sich bevölkert, Handwerk und Gewerbe, geordnet in Zünfte, haben sich angesiedelt. Die Vornehmen richten sich ihre Paläste ein. Bald vermehrt sich auch der Stand der Mönche, die sich aus den gesellschaftlichen Bindungen gelöst haben, um ihrem Gott zu dienen. Sie verachten das geschäftliche und politische Leben, die pragmata, sie sind die theoretikoi, die Schauenden.

»Der Beschauliche hat sich ganz besonders und ausschließlich dem Logos verschrieben. Wer aber eines solchen Lebens gewürdigt ist, der hat Gott erreicht und schreitet auf den Berg der Gnade, auf jenes Sion zu; mit reinem Auge sieht er von dort herab auf das kleinliche Treiben der Menschen und auf ihre Plackereien ... Er ist der Gelassene. Der politikos aber, der Staatsmann und der Mensch im geschäftlichen Leben, bleibt meist dem niederen Teil seiner Seele verhaftet und findet nicht den Weg zum reinen Logos.«[257] Mönch-Sein ist höheres Dasein. »Selbst der Weltmensch, der Kaufmann, der Staatsmann, der Kaiser und General, tat gut daran, wenigstens auf dem Sterbebett noch das Mönchsgewand, das angelikon schema, anzuziehen und den Verzicht auf die Welt ... auszusprechen.«[257]

Den Mönchen werden im Brontochion-Kloster Zellen und Refektorium, Dormitorium und Kapitelsaal errichtet. Das Refektorium ist ein tonnengewölbter Raum mit apsidialem Abschluß zwischen zwei Nischen – Nachbildung der

---

163 Dölger, Kaiserurkunden, 14. 257 Josephos Philosophos nach Beck, Metochites, 32 f.

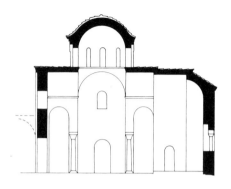

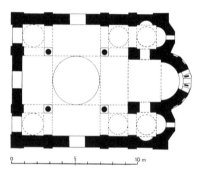

Panagia Odegetria, die Afendiko. Das der Allheiligen Wegführerin geweihte neue Katholikon des Brontochion-Klosters wurde 1311 als Kreuzkuppelkirche begonnen, deren Plan Horst Hallensleben (vgl. Nr. 238 der Bibliographie, S. 484) rekonstruiert hat. Der Stifter, Archimandrit Pachomios, änderte den Plan, um für den ersten Despoten von Mistra, Andronikos Asan, den erforderlichen liturgischen Raum einer Tribüne über dem Narthex zu gewinnen. Dadurch wurden nach Einzug eines mittleren Säulenpaares im anscheinend basilikalen Erdge-

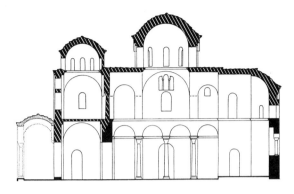

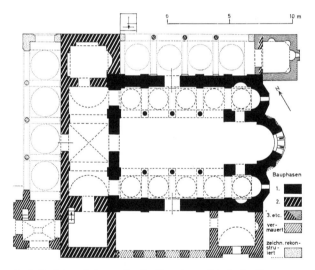

schoß die Substruktionen für die Kreuzkuppelkirche im Emporengeschoß geschaffen. Horst Hallensleben gibt als Zeitpunkt der Planänderung das Jahr 1308 an, weil damals – was aus chronologischen Gründen jedoch nicht wahrscheinlich ist (vgl. S. 109 und die Anmerkung auf S. 71) – Johannes Kantakouzenos als Despot eingesetzt worden sein soll. Für die erste Bauphase ergibt sich daher die Zeit zwischen 1311 und 1316, für die zweite die Jahre nach 1316. Danach erfolgte der Anbau des Turms neben dem Esonarthex für den Aufgang zur Tribüne.

heiligen Trapeza einer Kirche. Ein Eingangsraum davor vermittelt zwischen dem Eßsaal und der Küche, deren kleine Kuppel den Rauchabzug überwölbt. Die Klostergebäude umgeben einen weiten Hof, in dessen Mitte der Grundstein für die Kirche gelegt ist. Hier entsteht ein neues Katholikon, die allgemeine Kirche der Mönchsgemeinschaft. Die Agioi Theodoroi wird zur Stätte der Liturgien, die man den verstorbenen Mönchen hält. Vielleicht ist inzwischen die Rivalität zwischen Pachomios und dem Metropoliten Nikephoros Moschopoulos einer geistlichen Freundschaft gewichen, denn Nikephoros widmet dem herrschaftlichen Kloster ›der allmächtigen Gottesmutter der Brontochion‹ ein liturgisches Buch, das in die Moskauer Synodal-Bibliothek gelangt ist. Geweiht der Panagia Odegetria, der allheiligen Wegführerin, soll das Heiligtum eine Kreuzkuppelkirche geregelter Form sein: in der Mitte die Kuppel, vier Kuppeln an den Ecken des quadratischen Baues, in den die tonnengewölbten Kreuzarme ›einbeschrieben‹ sind. An diesem oben vielgliederigen Körper mit seinen geschweiften Dächern und der Hauptkuppel mit geschwungenem Dachkranz soll nur das Hieroteion mit seinen drei Apsiden die Strenge mildern. Die Bauleute sind 1311 erst am Anfang der Arbeit und setzen Bruchstein- und Ziegelschichten wechselnd übereinander, als Pachomios seine Pläne ändert.

Als einer kaiserlichen Gründung kommt dem Kloster das Recht zu, in seinem Katholikon, sollte der Kaiser die neue Provinz besuchen, die vorgeschriebenen Liturgien in Anwesenheit des Basileus zu begehen. Als 1316 Andronikos Asan im Range eines Despoten nach Mistra kommt, hat man um so mehr Grund, die Kirche nach neuen Plänen zu bauen. Andronikos Asan ist ein Sohn des Bulgaren-Czars Ivan-Asan und einer Tochter Michaels VIII. Mit seinen Eltern war er aus Bulgarien vertrieben worden und am Hof in Konstantinopel aufgewachsen. Ihm als einem Herrscher kaiserlichen Ranges steht in der Kirche eine Tribüne zu, um gegenüber dem Hieroteion von einem erhöhten Platz aus der Liturgie beizuwohnen und die Lobgesänge zu empfangen. Keine Kirche in Mistra bietet dafür den Raum. Also setzt man in die im Bau befindliche Odegetria zwischen den tragenden Säulen der Kuppel, die noch nicht gewölbt ist, zu den Kreuzarmen hin je eine weitere Säule. Man nimmt in Kauf, daß diese Säulen dem Eingang gleich gegenüberstehen. Nun werden die Emporen über den Arkaden des ›Langhauses‹ eingebaut und über dem Narthex ohne Rücksicht auf die Gliederung des Erdgeschosses die Kaiserloge errichtet, die in räumlichem Zusammenhang mit den Emporen steht. Um dem Despoten den Zugang zu erleichtern, wird ein Turm mit einer Treppe neben dem Proaulion angebaut. Von diesem Proaulion aus geht es zum Narthex, in dem sich die noch nicht in die Gemeinschaft aufgenommenen Katechoumenen versammeln. Sie schauen durch die ›Schöne Tür‹, die Basilike Pyle – über der Jesus unter den Schriftgelehrten dargestellt ist –, der heiligen Messe im Mesonaon zu: aus der ›Heiligen Tür‹ der Ikonostase tritt der Priester unter die Kuppel, aus der der Pantokrator auf die Mönchsgemeinschaft herabblickt. Weil aber der Pantokrator die Erscheinung Gottes in Christus ist, Epiphanie, ist der Tag der Taufe Christi im Jordan, der zu Anfang des Jahres, am 6. Januar, gefeiert wird, das höchste Fest. In Konstantinopel wird an diesem Tage der Kaiser auf seiner Tribüne – oder vor der Kirche auf einer hölzernen Prokypsis – als Erscheinung Christi in strahlendem Lichtglanz dem Volk gezeigt. Feierliche Hymnen erklingen. Und gilt dem Despoten nicht der gleiche Dienst? So hat die Tribüne erst ihren Sinn. Dort sitzt der Despot unter der Kuppel mit dem Bilde der heiligen Jungfrau, die von Seraphim und Propheten umgeben ist, denn er ist Bild und Epiphanie des Sohnes der Gottesmutter: der Kaiser hat ihm einen Teil seiner Macht, der er sich im Namen Christi entäußert, verliehen. Christfeier und Kaiserkult sind aber Analoga göttlichen Wirkens. Darum entfaltet sich im Narthex der Kirche, der die Tribüne des Herrschers trägt, die Reihe der Wunder Christi, belehrend für den, der in diesem Raum der Macht des Glaubens ausgesetzt ist, den Büßenden und den Katechoumenen. Den Werken des Kaisers sind diese Bilder ein Vorbild, die Taten des Kaisers sollen als Wunder begriffen werden. Die Bilder der Wundertaten sind in altchristlicher Strenge gemalt: die Hochzeit zu Kana, die Heilung des Gichtbrüchigen und die des Blinden, Christus und die Samariterin. Wie Christus im Himmel ist der Kaiser auf Erden wahrhaft Herr und Gebieter, dem sein Volk Heilung, Speisung und Lehre verdankt. Erst der unaufhebbare Zusammenhang von Bau, Bild und Kult enträtselt das Geheimnis byzantinischer Kunst.

Seinen Rang bezeichnet der kreuzüberkuppelte Raum auch dadurch, daß die Sockel der Wände in weiß, schwarz und rot ringsum marmorgetäfelt sind. Damit die Panagia Odegetria jedoch das ihr gemäße Kleid erhalte, wird sie mit Bildern geschmückt. Die Freskanten sind aus Konstantinopel herübergekommen, sie bieten Gewähr dafür, daß das Katholikon der kaiserlichen Mönchsgemeinschaft nach Form und Gehalt, nach Farbe, Komposition und Thema in rechter Weise geziert wird. Sie malen über dem Eingang, durch den man den Narthex betritt, die Blacherniotissa, die Gottesgebärerin, begleitet von ihren Eltern Joachim und Anna und von zwei Engeln, die das Schriftband halten: ›Quelle des Lebens‹. Im Hieroteion erscheint in der Apsis die Panagia Platytera, die mehr ist als die Schöpfung, denn sie hat den Schöpfer zur Welt gebracht. Sie wird von Engeln verehrt, weil sie alle Heiligkeit übersteigt. Von ihr als einem Zeichen der Inkarnation des Logos in Christo geht das liturgische Ereignis aus. Heilige Bischöfe, gerahmt in farbigem Marmormosaik, umstehen die Trapeza, den Raum des Altares. Das Abendmahl der Apostel, aufgeteilt, wie es das Herkommen vorschreibt, in die Kommunion mit Wein und die mit Brot, deutet auf diesen Altar und die Eucharistie, mit der die Mönchsgemeinde teilnimmt am Wirken Gottes in Christo. Im Gewölbe der Trapeza steigt der Auferstandene zum Himmel auf, Beweis seiner Göttlichkeit. Zu diesem Beweise dienen die Szenen mit dem ungläubigen Thomas und die Erscheinung Christi unter den elf Aposteln. Neben dieser göttlichen Natur in Christo wird die Menschwerdung des Logos in der Geburt Jesu verdeutlicht, während, dieser benachbart im rechten Kreuzarm, die Annahme Christi als Gottes Sohn in der Taufe im Jordan dargestellt wird. Es ist der Christus der zwei Naturen, der sichtbar gemacht werden soll: Der Taufe gegenüber ist die Verklärung auf dem Berge Tabor das entscheidende Bild, das die orthodoxe Lehre veranschaulicht.

Dem, der den Raum dieser liturgischen Einheit gestiftet hat, wird die Ehre der Andacht zuteil. Als man ihn, den Archimandriten Pachomios, zu Grabe trägt, nennt ihn das Trauerepigramm des Manuel Philes »das Wunder der Dorier«[187] – man weiß vom alten Lakonien, glaubt es wieder erstanden und verbindet die antike mit der christlichen Tradition. Lakedaimon, die Stadt der sagenhaften Spartaner, gilt als Ahnherrin des neuen Mistra, das aus den Trümmern der Vergangenheit auferstand. Und darum ist Pachomios auch ein Peloponnesier und kein Moreot. In dem Raum seines Grabes, den eine flache Altarnische zum liturgischen Orte macht, wird ein bildliches Epitaphion dem Kirchengründer gewidmet. Pachomios kniet vor der stehenden Gottesmutter und überreicht ihr, seine Gründung weihend, das Modell seiner vielkuppeligen Kirche. Engel überschweben als Zeugen der Weihung und Widmung den Bogen, der Stifter und Bewidmete rahmt. Und feierlich wird das Totenoffizium gehalten: Märtyrer kommen, als wären sie Senatoren des Himmelreiches, Maria und Johannes der Täufer bitten Christus als den Herrn des Jüngsten Gerichts, die Seele des Stifters zu retten. In dieser Kapelle werden seitdem die Begräbniszeremonien für die verstorbenen Äbte begangen.

Dem Despoten Andronikos Asan galt die Erweiterung und der Umbau des Katholikons im Brontochion-Kloster. Aus den zeitgeschichtlichen Bedingungen erklärt sich der Kirchentypus der Panagia Odegetria. Sie scheint eine Zusammenstellung von Basilika im Erdgeschoß und Kreuzkuppelkirche im Emporengeschoß zu sein. Aber als Verbindung von ›lateinischer‹ Basilika mit ›orthodoxem‹ Zentralbau ist sie nicht zu deuten. Wohl in Erinnerung an ihren

---

187 nach Zakynthinos, Bd. 2, 296.

Charakter als Hofkirche, wird die Odegetria bald die Aphendiko genannt: die Gebieterische, weil sie den liturgischen Raum für den Authenten der Peloponnes umschloß. Und so stellt sie sich nun in großartiger Schlichtheit dar. Die drei Apsiden mit ihren Rundbogenfriesen, darüber aufsteigend die kleinen Kuppeln und die alles beherrschende Mittelkuppel: sie sind Ausdruck gelassener Würde. Und die Säulenhallen zwischen den seitlichen Kapellen und vor dem Narthex laden den Kommenden ein. Sie öffnen die Stätte der gemeinschaftlich Frommen, die von der Welt frei sind: Betende, Glaubende, Schauende, denen das Leben geschäftiger Tätigkeit als ein Reich der Schatten versinkt, gottfern und wesenlos.

Aber die politischen Verhältnisse, die sich in Konstantinopel zu einer Krise verdichten, zwingen Andronikos Asan 1321, die Stadt am Taygetos zu verlassen. Ehe er Abschied nimmt, um mit Johannes Kantakouzenos die Partei des Kaiser-Enkels Andronikos zu ergreifen, schenkt er dem Brontochion-Kloster den Konvent Metochion in Skorta und zwei Dörfer mit ihren Paroiken, die nach Recht und Brauch – bis dahin unter fränkischer Botmäßigkeit – mit dem Grund und Boden an den neuen Besitzer übergehen. Kaiser Andronikos II. bestätigt die Schenkung im nächsten Jahr und sichert dem Kloster zu, daß er ihm auch diejenigen Äcker der beiden Dörfer, die noch von den Franken besetzt sind, übereignen werde, sobald das Gebiet von Skorta in seiner Gewalt sich befände. Die Mönche nehmen es dankbar an.

DER KAISER JOHANNES VI. KANTAKOUZENOS

Der Kaiser Andronikos II. Palaiologos ernennt 1321 den Johannes Kantakouzenos zum Epitropos der Peloponnes. Aber der Kantakouzene hat zu diesem Amt keine Neigung. Was er weiß, sagt er nicht, was er will, muß er verschweigen. Denn fern der mütterlichen Güter zu leben, noch dazu aus der Hauptstadt ›verbannt‹, ist für einen Mann seiner Art wenig erfreulich. Es steht zu befürchten, daß es am Hofe in Konstantinopel zu einem Konflikt kommt: der Kaiser-Enkel Andronikos führt ein waghalsiges Jugendleben, und mit ihm ist Kantakouzenos in Vertrauen und Freundschaft verbunden. Da ist es besser, auf seinen Besitzungen in Thrakien zu sein und hinter sich eine beträchtliche Hausmacht, eine Gefolgschaft, zu haben. Also schreibt Johannes Kantakouzenos an den Basileus, daß sein Vater nach achtjähriger Tätigkeit als Kephale im Alter von 29 Jahren in der Peloponnes verstorben sei. Er habe deshalb keine glücklichen Erinnerungen an dieses Land. Auch seine Mutter rate ihm ab, dieses Amt zu übernehmen, das der Grund gewesen, weshalb er so früh verwaist sei. Und die Mutter, Theodora Palaiologina, wird gewußt haben, warum es besser ist, nicht nach Mistra zu gehen. Sie kennt die Intrigen bei Hofe. So übernimmt Johannes Kantakouzenos im gleichen Jahre die Statthalterschaft in Thessalien.

Ein Bruder des jungen Andronikos wird ermordet. Man beschuldigt den Kaiserenkel, in die Sache verwickelt zu sein, womöglich die Täter angestiftet zu haben. Der alte Andronikos schließt ihn von der Thronfolge aus. Damit ist die Ursache für den dreißigjährigen Verwandtenkrieg, der kein Bürgerkrieg war, gegeben. Der junge Andronikos sammelt ein Heer, der Basileus gibt nach. Aber der Streit schwelt weiter, Andronikos erzwingt seine Krönung zum Mitkaiser des alten Basileus, dessen Sohn Michael IX. inzwischen gestorben ist. Helfer und Freund des jungen Andronikos bleibt Johannes Kantakouzenos, dessen Vermögen die Macht jetzt sichert. Er wird Großdomestikus. Aber das schwankende Reich wird das Opfer seiner begehrlichen

Nachbarn. Serben und Bulgaren mischen sich ein. Die Türken erobern Brussa in Kleinasien. Abermals bricht der Zwist offen aus. Andronikos und Johannes Kantakouzenos bemächtigen sich der Hauptstadt. Der alte Andronikos wird entmachtet. Andronikos III. ist Basileus, Johannes Kantakouzenos Leiter des Staates, er ordnet Recht und Verwaltung, aber Wirtschaft und Handel des Landes sind ruiniert. Die Magnaten bezahlen aus ihrem Vermögen den Bau einer Flotte. In der Ägäis sind die byzantinischen Schiffe im Bunde mit den Galeeren des seldschukischen Emirs von Aydin gegen osmanische Türken und lateinische Franken erfolgreich. Gemeinsame Feinde machen ungleiche Freundschaft. Die Serben führen Krieg gegen die nördlichen Nachbarn des Reiches, die Bulgaren, bringen ihnen eine vernichtende Niederlage bei und entreißen den Byzantinern Städte in Makedonien. Aber Kaiser Andronikos und sein Großdomestikus Johannes Kantakouzenos unterwerfen Thessalien und Epirus wieder dem Reich: die Folgen des Vierten Kreuzzugs scheinen beseitigt. Nun wenden sich, 1341, auch die fränkischen Barone Moreas an Kantakouzenos, sie sind ihres anarchischen Lehnsstaates überdrüssig geworden.

»Gelingt es uns mit Gottes Hilfe«, erklärt Johannes Kantakouzenos im Reichskriegsrat, »die in der Peloponnes wohnenden Lateiner dem Reiche zu unterstellen..., wird sich die Macht der Rhomaier, wie in alten Zeiten, von der Peloponnes bis Byzantion erstrecken, und es ist offensichtlich, daß es dann ein leichtes sein wird, von den Serben und den anderen benachbarten Barbarenvölkern Genugtuung zu verlangen für all den Schimpf, den sie uns im Laufe so langer Zeit zugefügt haben.«[174]

Der Großdomestikus schickt vorläufig einen Unterhändler zu den Franken, um die für das kommende Jahr vorgesehenen Verhandlungen vorzubereiten. Die Serben fallen wieder in Makedonien ein ... Aber die Katastrophe hat schon begonnen: Andronikos III. ist tot, sein Sohn Johannes aber erst neun Jahre alt.

Johannes Kantakouzenos verlangt die Regentschaft für

den unmündigen Erben des Throns. Aber die Basilissa, die Mutter des Knaben, Anna von Savoyen, und der Patriarch verweigern sie ihm. Die Verhältnisse verwirren sich zum Krieg des mächtigen Großdomestikus mit der Basilissa und ihrer Regentschaft in Konstantinopel. Junge Adelige rebellieren in der Hauptstadt für Johannes Kantakouzenos, der beschuldigt wird, Anstifter des Aufstands zu sein. Also wird gegen ihn die Volksmenge in Bewegung gesetzt, er selbst zum Feind des Vaterlandes erklärt, seine Güter werden geplündert, Mitglieder seiner Familie unter Arrest gestellt. Johannes Kantakouzenos läßt sich in Didymoteichos in Thrakien zum Kaiser ausrufen, doch er achtet die Legitimität Johannes v.: er will nur gegen die Regentschaft der Basilissa kämpfen. Er ist der Führer des Latifundienadels, streng orthodox und Hesychast, seine Gegner sind die Zeloten, sie wollen die soziale Revolution, ihr Kaiser ist Johannes v. Palaiologos. Sie siegen in Thessalonike. Der Kaiser-Krieg wird zum Klassenkampf religiöser Parteien. Das Reich droht zugrundezugehen.

Kantakouzenos ist erst mit den Serben, dann mit dem Emir von Aydin, Umur, verbündet, er steht in einem Kampf, der nahezu aussichtslos ist. Die seldschukischen Schiffe landen plündernde Türken auf Euböa und an den Küsten Moreas. Der Emir fordert als Bundesgenosse des Usurpators Tribut. Er nennt sich Morbassianus Hebeneri und Herr von Achaja, und vielleicht hat er, der erste Pascha der Morea, einen Brief an Papst Clemens VI. geschrieben. Dann hilft dem Kantakouzenos der Emir von Bithynien, Orchan, und der Osmane fordert vom Usurpator dessen Tochter Theodora: Sie wird die erste byzantinische Prinzessin in einem türkischen Harem. Johannes Kantakouzenos läßt sich in Adrianopel vom Patriarchen von Jerusalem zum Kaiser krönen, Stephan Dusan von Serbien macht sich zum Kaiser der Serben und Griechen und nennt sich »Herr fast des ganzen Römischen Reiches«.[174] Die Basilissa verpfändet die Kronjuwelen an die Republik Venedig. Der Emir von Aydin verwüstet die Gegend von Konstantinopel. Endlich

---

174 nach Ostrogorsky, Geschichte, 441 und 456

öffnen im Februar 1347 Parteigänger des Kantakouzenos einen Durchlaß am Goldenen Tor, der Usurpator ist in der Stadt, er verlangt sein Recht. Die Basilissa verhandelt mit ihm, der nun für zehn Jahre als Kaiser anerkannt wird. Danach soll Johannes v. Palaiologos Alleinherrscher sein. Kantakouzenos wird abermals zum Kaiser gekrönt, er ist Johannes VI. Johannes v., der ihm folgen wird, heiratet Helena, die Tochter des Usurpators. Die großen Familien der Kantakouzenen und der Palaiologen leisten den Friedensschwur. Die Zeit der strengen Orthodoxie beginnt, die Hesychasten haben gesiegt, aber das Reich ist ein Torso, die Wirtschaft, der Handel, und so auch die Finanzen des einst so mächtigen Staates Byzanz – sie sind zusammengebrochen. 1348 kommt mit genuesischen Schiffen aus Rußland die Pest, Europa scheint dem Tode verfallen.

In diesem Jahre setzt Johannes VI. seinen Sohn Manuel, der vorher Präfekt der Hauptstadt gewesen, im Range eines Despoten in Mistra ein. Die griechische Morea wird ein selbständiges ›Fürstentum‹, das kleine Rhomaier-Reich teilt sich in einzelne Herrschaften auf, die zur Apanage der verzweigten kaiserlichen Verwandtschaft werden.

»Die Peloponnes«, so erinnert sich später Johannes Kantakouzenos, »war vollständig verwüstet, nicht allein durch die Türken, die Streifzüge gegen das Land unternahmen, und durch die Lateiner, die in dem von den Griechen so benannten Kanton Achaja wohnen und einem Fürsten untertan sind, sondern von den Bewohnern selbst, die sich in einem unaufhörlichen Krieg befanden, ihren Besitz plünderten und sich gegenseitig töteten ... Alles dieses verpflichtete den Kaiser, in dieser Hinsicht Entscheidungen zu treffen. Er konnte nichts besseres tun, als seinen Sohn Manuel mit Schiffen dahin zu schicken, um die Peloponnes zu verwalten und alle erforderlichen Maßnahmen zu ergreifen.«[187]

Nach den Jahren schrecklicher Wirren in der Provinz wieder Ordnung zu schaffen, ist schwierig genug. Die Archonten legen mehr als zuvor ihre Eigensucht an den Tag.

»Weder Unglück noch Glück, noch auch die Zeit, die

alles besiegt, haben den Haß überwunden, den die einen gegen die anderen schürten. Während ihres ganzen Lebens blieben sie Feinde und selbst auf ihrem Totenbett übertrugen sie ihren Kindern ihre Feindseligkeiten wie eine Erbschaft.«[187]

Als Manuel von den Grundherren Abgaben verlangt, um den türkischen Piraten entgegenzutreten, erklären die Archonten den Krieg gegen ihren Despoten in Mistra. Doch die wenig disziplinierten Truppen der Aufbegehrenden zerstreuen sich ohne Kampf, als Manuel mit ein paar hundert Soldaten und seinen albanesischen Söldnern ihnen entgegenzieht. Denn um das Land zu bevölkern, die zerstörten Dörfer neu zu besiedeln, hat Manuel viele tausend Familien aus Albanien herübergeholt, so daß die Peloponnes, vorher eine größere Wüste als Rußland – damals Skythien genannt – wieder bebaut wird.

Manuels Vater führt Krieg in Konstantinopel gegen das genuesische Galata am Goldenen Horn, er gewinnt ihn nicht, obgleich Venedig ihm hilft. Die Republik verständigt sich mit Johannes V., der auf der Insel Tenedos auf die Gelegenheit wartet, seinen Schwiegervater Johannes VI. vom Thron zu verjagen. Der letzte Akt des Verwandten- und Kaiserkrieges beginnt. Serben und Bulgaren unterstützen den Palaiologen, Osmanen den Kantakouzenen. Die Türken siegen über die Serben und über Johannes V., der nun von Johannes VI. entmachtet wird: man schließt ihn aus den liturgischen Gebeten in der Agia Sophia aus. Matthäus, der ältere Bruder des Manuel, wird zum Mitkaiser gekrönt. Aber 1354 dringen Verschwörer mit Johannes V. in die Hauptstadt ein, man verhandelt einige Tage, man einigt sich. Dann tauscht Johannes VI. Kantakouzenos in feierlicher und öffentlicher Zeremonie das Gewand und die Insignien eines Kaisers, für die er Jahrzehnte seines Lebens gekämpft, mit der Kutte eines Mönches und nimmt den Namen Joasaph an. So stellte ihn ein Buchmaler dar: die beiden, die ein und derselbe sind, stehen unter dem Zeichen

---

187 nach Zakynthinos, Bd. 1, 95. 187 Johannes Kantakouzenos, nach Zakynthinos, Bd. 2, 219.

der Hesychasten, den drei Engeln als Symbol der Heiligen Dreifaltigkeit. Johannes-Joasaph geht in das Kloster der Manganen in Konstantinopel, später in das Batopedi-Kloster auf dem Berge Athos und wird der Historiker und Mystiker, aber auch der geduldige Berater in Angelegenheiten des Reiches.

DIE GÖTTLICHE LITURGIE DER HESYCHASTEN

Mistra ist eine byzantinische Stadt geworden. Der weithin sich streckende Hang, der zum Vorberg des Taygetos aufsteigt, ist mit Häusern locker bedeckt. Hoch thront darüber die Frankenfeste. Oben um den alten Palast, in den Manuel einzieht, erhebt sich auf halber Höhe das Viertel der Hofbeamten und Würdenträger. Zum Tal hin, um die Metropolis, breitet sich das Stadtgebiet der Handwerker und Gewerbetreibenden aus. Weiter nördlich liegt das Brontochion-Kloster in mönchischer Stille. Doch die Bauern, die damals in den Bereich der schützenden Mauern zogen und ihre einfachen Häuser bauten, leben im Süden der Stadt, wo vielleicht nur eine kleine Kirche ihrem Seelenheil dient.

Dort ist eine berühmte Höhle, in der einst Demeter, die Göttin der Saaten und Felder, kultische Ehren genoß. Mysten waren aus dem weiten Lande zu ihrem Eleusinion gekommen und hatten Mysterium und Offenbarung erfahren. Und aus Helos brachten sie an bestimmten Tagen ein Holzbild der Kore, Demeters Tochter, dorthin. Demeter war die Beschützerin der im Tal ackernden, erntenden Bauern gewesen, sie, die »blonde«, die selbst »im wehenden Blasen der Winde die Spreu von den Körnern gesondert« (Homer, Ilias, v, 500f.). Jetzt ist es die Jungfrau und Mutter Maria. Ihr zu Ehren wird alljährlich am 15. August ein Dankfest begangen. Ein altes Weinlesefest war mit dem Heimgang der Gottesmutter verbunden worden, als wäre an diesem Tage Persephone, von Hades geraubt, in die Welt der Schatten hinabgesunken. Älter als die Kirche ist sicher das Erntefest, und das mag Anlaß gewesen sein, das neue Gotteshaus der allheiligen Jungfrau und Mutter – als wären Persephone und Demeter, die um ihre Tochter trauert, eine einzige Göttin geworden – zu weihen, der Maria, die da ist ehrenvoller als Cherubim, unvergleichlich ruhmvoller als Seraphim, weil sie das Wort Gottes zur Welt gebracht hat.[15]

---

15 Kabasilas, XI, 10, nach Salaville, 105.

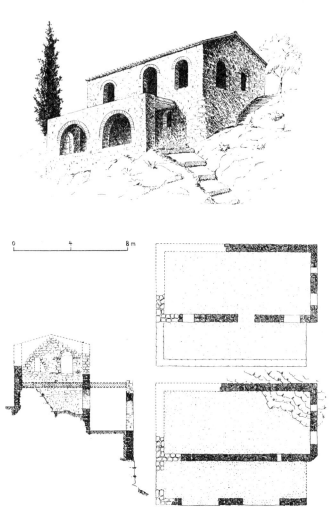

Bäuerliches Haus in Mistra. Grundriß, Schnitt und rekonstruierte Ansicht des einfachen Hauses geben Einblick in die Lebensweise der bäuerlichen Bevölkerung Mistras, die hauptsächlich den Südteil der Stadt bewohnte. Unter den offenen Arkaden ist der Eingang des Hauses, durch den Vorratsraum erreicht man über eine innere Treppe den

Panagia Peribleptos

In die alt-ehrwürdige Demeter-Höhle hatten schon in früheren Jahren Gläubige eine Andachtsstätte hineingemauert. In Quaderschichtung und Bogenkonstruktion weicht dieser kleine rechteckige Raum mit seitlicher Apsis von der Bauweise der jüngeren Kirche entschieden ab. In der Apsis steht ein steinerner Altartisch, der als Prothesis zur Vorbereitung des Opfers gedient haben wird. In der rechteckigen Nische und in dem schmalen Raumabschnitt gegenüber der Apsis befindet sich eine niedrige Steinbank. Ein marmorner frühbyzantinischer Tragbalken an der Apsis weist hin auf eine ältere Kirche, die vielleicht an dieser Stelle gestanden hat. In die Höhle wie in den Schoß einer Mutter geschmiegt, ist die Kapelle der heilige Ort, vor den nun die Kirche der Peribleptos gebaut wird, doch – durch das Gelände bedingt – über einem unregelmäßigen Rechteck. Es ist eine ›Zwei-Säulen-Kreuzkuppel-Kirche‹: die Pendentifs der Kuppel erheben sich über den Trennwänden des Hieroteions und den zwei Säulen, die das Mesonaon in ein Hauptjoch und zwei seitliche Joche teilen. Zum Kuppelraum öffnet sich über dem winkeligen Eingangsraum eine Empore, durch die von der Kirche aus der nackte Höhlenfels sichtbar ist. In das äußere Quaderwerk der mittleren Apsis ist eine Lilie zwischen zwei Rosetten eingefügt, sie stammen von einem Bau aus der Zeit Wilhelms von Villehardouin. In unmittelbarer Nähe steht ein Turm aus fränkischen Tagen mit einem gotischen Dreipaßfenster, mit Blendarkaden und Zinnen. Er wird als Refektorium eingerichtet, mit einer ›Apsis‹ versehen und mit seitlichen Nischen, auch ein Dach wird noch eingezogen. Und kühn stellen die Werkleute einen Glockenturm auf den Felsen, der die Demeter-Höhle bedeckt. Leon Mauropappas, der einst mit hundert türkischen Söldnern gegen die

einzigen Wohnraum, in dem sich das Leben der Familie abspielt, und von dort aus die zum Tal hin offene Terrasse. Das entspricht, wenn auch im kleineren Maßstab, den Adelspalästen (vgl. Abb. auf S. 154) und läßt auf eine wenig sich wandelnde, aber ausgeglichene Schichtung der Gesellschaft schließen.

Franken in den Kampf um Arkadien gezogen war, oder ein anderer Aristokrat gleichen Namens gilt, wie eine sehr viel spätere Inschrift berichtet, als Gründer und Stifter des Peribleptos-Klosters. Man hat ein in Stein gemeißeltes Monogramm der Isabella von Lusignan, des Despoten Manuel Gattin, im Gelände des Klosters gefunden. Zwei unsichere Zeugnisse zwar, aber ausreichend, um festzustellen, daß die Agia Peribleptos als Bauwerk vor 1350 entstanden sein muß und daß die malerische Ausstattung nicht nur in die Zeit des Manuel Kantakouzenos gehört, sondern auch der damals herrschenden Mystik entspricht.

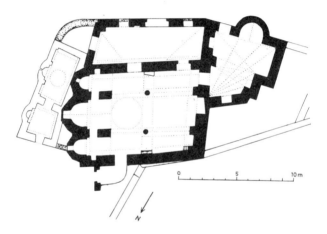

Panagia Peribleptos. Die der Allheiligen Jungfrau und Mutter geweihte Kirche, das Katholikon eines von Leon Mauropappas gestifteten Klosters, entstand vor 1350 neben einer in die Höhle hineingebauten älteren Kapelle. Der Bau ist eine Zwei-Säulen-Kreuzkuppelkirche, in der die Kuppel von Pendentifs über den Trennwänden des Hieroteions und den zwei Säulen des Naos getragen wird. Ungewöhnlicherweise befindet sich der Eingang neben dem Hieroteion, unmittelbar neben einer zweiten Höhle, in die man aus dem Kuppelraum durch eine emporenartige Öffnung blickt. Der gut erhaltene Bilderschmuck der Kirche verweist auf die Strenge hesychastischer Mystik, die in diesem Kloster geübt und gelebt wurde.

Mystik

Mystik gehört zur Orthodoxie. Sie ist das Wesen dieser religiösen Kultur, rein und unverfälscht bewahrt in Jahrhunderten der Bedrohung, der Anfechtung und der fremden Gewalt. In diesem unaufhebbaren Ineinander, in dem Durchdrungensein göttlichen und menschlich-gemeinschaftlichen Lebens, in dem sich orthodoxes Dasein erfüllt, tritt das Volk dieses Reichs der Rhomaier, geführt von den Mönchen, den Weg zur Erlösung an. Und so lebt es in seiner Geschichte.

Die Anachoreten der ersten Zeit versenkten sich in ihr Gebet. Basilios von Kaisarea gab ihnen die Regel, nach der sie in Andacht und Beschaulichkeit lebten, aber über »Gott Vater, den Sohn und den Heiligen Geist keine Untersuchungen anstellen, sondern sich freimütig zur ewigen, wesensgleichen Dreifaltigkeit bekennen und an sie glauben« sollten.[6] Denn der Glaube ist mehr als das Dogma. Johannes Chrysostomos predigte, welcher Vorteil wohl aus der Lehre der Orthodoxie zu ziehen wäre, wenn nicht der, ein Leben zu führen, das Gott wohlgefalle, ein Leben, das auf die Erde einzupflanzen der Herr selbst zu den Menschen gekommen sei.[16]

Seit dem zehnten Jahrhundert bewahrten die Mönche die Lehre in Gebet und in der Stille, der Hesycheia, und ließen die Welt und die Wirren der Städte mit ihrem Tumult der Kriege allein. Als Gegner der Union mit der Kirche des Papstes blieben sie Lehrer des einfachen Volkes, das von seiner Orthodoxie nicht ließ. Deshalb verbannte Michael VIII. die Hesychasten aus Konstantinopel. Und die Klöster auf dem Berge Athos wurden zum Hort der Mystik.

»Als höchstes Ziel galt den Hesychasten die Schau des göttlichen Lichtes. Den Weg dazu bot ihnen eine besondere asketische Praxis. In einsamer Zurückgezogenheit hatte der Hesychast das sog. Jesus-Gebet herzusagen (›Herr Jesus Christus, Sohn Gottes, sei mir gnädig‹) und während des Hersagens der Gebetsformel den Atem anzuhalten; nach

6 nach Hunger, 128. 16 nach Palamas, I, 1, 9, bei Meyendorf, 28.

und nach überkomme dann den Betenden das Gefühl einer unsagbaren Seligkeit und er sehe sich umgeben von den Strahlen eines überirdischen Lichtes, jenes ungeschaffenen Lichtes, das die Jünger Jesu auf dem Taborberge geschaut.«[174]

Da trat dann unter die Mönche von Thessalonike der griechische Mönch Barlaam aus Kalabrien und machte die Gebetsmethode der asketisch sich Übenden, Atmenden, Schauenden – lächerlich! So begann der Streit um die Mystik in den gleichen Jahren, in denen der Kampf um das Reich zwischen den Kaisern entbrannt war. Johannes Kantakouzenos war Hesychast. Doch seine Freunde waren untereinander Feind: Nikephoras Gregoras schrieb gegen Gregorios Palamas, der die Lehre der Hesychasten und die Mönche vom Berge Athos, zu denen er selbst gehörte, gegen die Angriffe Barlaams ausführlich verteidigte.

»Gegenstand der Kontroverse war bald nicht mehr die hesychastische Methode, um zur Gottesschau zu gelangen, sondern die Schau selbst. Ein ungeschaffenes Licht konnte nach Barlaam nur mit Gott identisch sein. Das Taborlicht aber, dessen Nicht-Identität mit Gott außer Frage stand, wäre demnach etwas Geschaffenes, aber dann auch zeitlich begrenzt und den Hesychasten nicht mehr sichtbar. Für Palamas war das Taborlicht weder mit Gottes Wesen (ousia) identisch noch deswegen unbedingt geschaffen, sondern eine der ewigen Wirkungen (energeia, dynameis) Gottes in der Welt, durch welche dieser sich offenbare.«[17]

Barlaam klagte Palamas vor dem Patriarchen von Konstantinopel der Ketzerei an. Kaiser Andronikos III. berief eine Synode ein, Barlaam wurde verurteilt und Palamas' Lehre für orthodox erklärt. Palamas war ein Parteigänger des Johannes Kantakouzenos, und als dieser gegen die Basilissa Anna zu Felde zog, wurde Palamas verbannt und gefangengesetzt. Denn die Palaiologen-Partei hielt es mit den Zeloten. Mit Johannes Kantakouzenos, der 1347 als Usurpator in die Hauptstadt eindrang, triumphierte der Hesychasmus. Auch Gregoras, der Anti-Palamit, glaubte mit dem neuen Kaiser gesiegt zu haben. Doch die Lehre des

Palamas ward abermals in aller Form auf einer Synode bestätigt. Gregoras lebte im Kloster in Drangsal und Angst, weltabgeschieden, und schrieb die Geschichte des Reiches. Der Palamit Isidor, derzeit Metropolit von Monembasia, wurde vom Kaiser zum Patriarchen erhoben, der seinerseits den Palamas zum Metropoliten von Makedonien, mit dem Sitz in Thessalonike, weihte. Mit dem jungen Laien Nikolaos Kabasilas ging Palamas nach Thessalien, um die Gegner des Kantakouzenos, die Zeloten, die eine soziale Revolution gegen den Adel entfesselt hatten, zu unterwerfen. Das Reich war gerettet.

Nikolaos Kabasilas war wie Palamas ein Vertrauter Johannes VI. Kantakouzenos, aber ein Kritiker des Gregoras. Er verfaßte die Lobrede auf den Kaiser-Sohn Matthäus, als dieser zum Mitregenten gekrönt worden war. Auch mit Manuel, dem zweiten Sohn des Kaisers und nunmehrigen Despoten der Peloponnes, war Kabasilas persönlich bekannt. Als jedoch Johannes VI. in die Kutte des Mönches gekleidet wurde, zog auch er sich aus dem öffentlichen Leben zurück. Als Mystiker glaubte Kabasilas an die Vereinigung des Glaubenden mit dem eingeborenen Sohn, denn sie war Inhalt und Sinn der Eucharistie. Das unterscheidet ihn von den Hesychasten der strengen Lehre, Kabasilas' Mystik bezieht sich allein auf die Liturgie. Seine Abhandlung über die Göttliche Liturgie hat die Messe zum Thema, das unterscheidet ihn von den Mystikern des katholischen Westens. Der Wunsch nach Vereinigung mit dem Geopferten verbindet sich bei Kabasilas mit einer eindringlichen Realistik des Opfer- und Meßgebets: alles hat eine entschiedene Wirklichkeit. Und weil er die Dreifaltigkeit als etwas zu Schauendes beschrieb und die Mystik auf die alte Orthodoxie zurückgriff, war auch in der Kunst, in der Malerei vor allem, eine Wiederbelebung möglich. Zum Vorbild wurden antike, hellenistische Kunstmittel genommen. Lebendiger wird nun der Ausdruck des Gezeigten, erregter das, was den Ausdruck des Bildes ausmacht. Schmerz, Trauer und Andacht wurden verinnerlicht, eine Wirklichkeit, wie von in-

174 Ostrogorsky, Geschichte, 443. 17 van Dieten, 17 f.

nen gesehen, wird anschaubar. Über alles Wirkliche hinaus geht das Glück des Glaubenden in Schönheit auf.

In einer Sammlung theologischer Schriften des Johannes Kantakouzenos, um 1370 angefertigt,* wird die Verklärung Christi auf dem Berge Tabor gezeigt. Christus steht in der Glorie hoch auf dem Gipfel des Berges, ihm zur Seite schweben Moses und Elias, entgegen früheren Darstellungen bleiben sie außerhalb des göttlichen Glanzes, denn sie sind die Geschaffenen. Am Fuße des Berges liegen als verzückt Schauende die Jünger Jesu und erleben das Leuchten, von den Strahlen, den Energien Gottes, getroffen. So sind sie die mystischen Teilhaber an den Kräften Gottes, erfahren im Lichtglanz die Wesenheit und werden durch die Schau – die theoreia – mit Christi Göttlichkeit eins.

»Sahen doch auch«, erklärt Gregorios Palamas, »die Propheten die Absicht voraus, die in Gott schon da war, Jahrhunderte vorher, ehe sie denn vollendet war. So ist es auch, daß die auserwählten Jünger – wie Du es in der Kirche singen hörst (zum wenigsten, wenn Deine Ohren nicht taub sind) – am Tabor die wesenhafte und ewige Schönheit Gottes sahen, nicht etwa den Glanz, den Gott – wie Du nach schlichtem Verstande meinst – dem Geschaffenen entnimmt, sondern den überleuchtenden Schein der Schönheit des Archetypus selbst, die unsichtbare Vision der göttlichen Erscheinung selber, die den Menschen gottgleich macht und ihn würdig sein läßt der persönlichen Vereinigung mit Gott, selbst mit dem Königreich Gottes, das ewig und ohne Ende ist, das selbige Licht, das erhaben ist über jeden Verstand, das himmlische Licht, ohne Grenze, ohne Zeit, ewig, das Licht, das diejenigen göttlich macht, die sich darein versenken. Sie sahen in der Tat die Gnade des Heiligen Geistes selbst, der später in ihnen herbergen sollte.«[16]

Dieses mystische Wesen und die Wahrheit der Göttlichen Liturgie, vor allem aber die Deutung des Kabasilas sind in der Panagia Peribleptos zu Mistra Ereignis und Wirklichkeit. Hier erscheint die Verklärung Christi auf dem Berge Tabor im Gewölbe des Mitteljoches: Jesus Christus ist von unvergleichlicher Schönheit, braunrotes Haar umrahmt das

Gesicht, auf dem weißen Gewand gibt rotgelber Widerschein Schatten an. Christus steht im Lichtglanz vor tiefblauem Grund. Königliche Einfachheit geht von ihm aus, in einer nahezu klassischen Haltung steht der Erscheinende da. Hoheit und Natürlichkeit sind der Gestalt durch den Maler verliehen. Die Gestaltung des Bildes erwächst aus religiös-mystischer Innerlichkeit, der eine Empfindsamkeit eigen ist, der alles Gleichzeitige – westlich-›lateinische‹ – und selbst die Malerei der Sienesen nachsteht.

Passion und Himmlische Liturgie

Die Szene des Taborlichtes ist einbezogen in die Liturgie der Karwoche, dem Pentekostarion. Darum wird daneben die Auferweckung des Lazarus dargestellt. Diesen Bildern gegenüber stehen der Einzug Christi in Jerusalem, vielfigurig und viel erzählend, und das Abendmahl, das in altchristlicher Weise die Jünger um einen halbkreisförmigen Tisch versammelt: links sitzt Christus. Hinter dieser feierlich-ernsten Gemeinschaft des Letzten Mahles wird eine phantasievolle Architektur hellenistischen Stiles errichtet, vor der König David und der Prophet Jesaia zu sehen sind. Und Jesaias Worte an Israel wirken wie eine Prophezeiung dem Reich des Rhomaier-Volkes:

»Euer Land ist wüst, eure Städte sind mit Feuer verbrannt; Fremde verzehren eure Äcker vor euren Augen, und es ist wüst wie das, so durch Fremde verheert ist. Was aber noch übrig ist von der Tochter Zion, ist wie ein Häuslein am Weinberge, wie eine Nachthütte in den Kürbisgärten, wie eine verheerte Stadt. Wenn uns der Herr Zebaoth nicht ein weniges ließe übrigbleiben, so wären wir wie Sodom und gleich wie Gomorra.« (Kap. 1, 7-9)

»Waschet, reiniget euch, tut euer böses Wesen von meinen Augen, laßt ab vom Bösen; lernet Gutes tun, trachtet nach Recht, führet der Witwe Sache. So kommt denn und laßt uns miteinander rechten, spricht der Herr. Wenn eure

* Paris, Bibliothèque Nationale. 16 nach Meyendorff, 710ff.

Sünde gleich blutrot ist, soll sie doch schneeweiß werden; und wenn sie gleich ist wie Scharlach, soll sie doch wie Wolle werden. Wollt ihr mir gehorchen, so sollt ihr des Landes Gut genießen.« (Kap. 1, 16-19)

Denn der Gott Jesaias will sein Volk von den falschen Göttern fort und in sein Haus führen. Darum ist der Kuppelbau im Hintergrunde des Bildes vom Abendmahl der Tempel, den König David durch seinen Sohn Salomo erbauen lassen will. Gott hat es befohlen:

»Dein Sohn Salomo soll mein Haus und meine Vorhöfe bauen; denn ich habe ihn mir erwählt zum Sohn, und ich will sein Vater sein und will sein Königreich bestätigen ewiglich, so er wird anhalten, daß er tue nach meinen Geboten und Rechten, wie es heute steht.« (1. Buch der Chronik, Kap. 28, 6-7)

So ist das Bild vom Vorabend der Passion Mahnung und Hoffnung, Mahnung dem Volk der Rhomaier und Hoffnung auf die Wahrung des Reiches. Christfeier und Kaiserkult sind Analoga göttlichen Wirkens.

Zu den liturgischen Bildern, und zwar noch über den Arkaden des einen Joches, das den Mesonaon bildet, gehören die Bilder der schlafenden Wächter und ihnen gegenüber das der Frauen am Grabe: Karfreitag-Abend. Die Szenen der vorangegangenen Passion sind in das Nebenjoch verwiesen und stehen in Beziehung zum Diakonikon, in dem Emmanuel im Paradiese schläft. In der Kreuzabnahme und der Beweinung sind mit erregender Empfindung Trauer und Schmerz um den Menschensohn zu lautloser Schönheit gedämpft. Passion und Auferstehung zeigen den menschlich-leidenden und göttlich-triumphierenden Christus. Darum sind auch die Beweise seiner zwei Naturen im Gewölbe des Querschiffs zu sehen: die Taufe – ein Bild hellenistischen Genres mit Badenden und Fischen in einem Fluß zwischen zerklüfteter Landschaft, und groß und nackt im Wasser stehend der Gottessohn – und die Begegnung Jesu mit dem ungläubigen Thomas. Denn Christus hat, fleischgewordener Logos, seine Wunden auch nach der Auferstehung als Merkmale seines Leidens bewahrt. Er ist der wahrhaft Auferstandene, er, der von Gott in der Taufe Angenommene, er, Mensch und Gott.

Er aber fuhr nieder zur Hölle: Auf der Wand gegenüber dem Hieroteion sieht man die Anastasis, das Ereignis zwischen Grablegung und Auferstehung, zwischen Freitag und Ostersonntag, an dem Christus die Tore der Hölle zerbrach, um Adam und Eva, aber auch die Bekenner des Alten Bundes und die Könige David und Salomo aus dem Limbus heraufzuholen, damit sie mit ihm im Paradiese dem Jüngsten Tage entgegenleben. Wie die Erlösungsszene dem Herkommen entspricht, so auch die Darstellung der Stifter unterhalb dieser Anastasis. Sie befindet sich, umgeben von Heiligen, in der Nische der Westwand: die beiden Stifter, Mann und Frau, weisen das Modell ihrer Kirche der Blacherniotissa vor, der siegreichen Gottesmutter. Den Gründern dieses einen heiligen Ortes sind die Gründer der ganzen Kirche als eines Volkes, das Gott sich erschaffen, zugesellt: Petrus und Paulus, aber auch die Gründer des christlich-orthodoxen Reiches, Konstantin der Große und seine Mutter Helena, die das Kreuz Christi wiederfand.

Das ist das Werk Gottes in der Welt, in der die Gemeinde Christi der Erlösung harrt, und zugleich Gottes Weisung, daß die Welt erlöst werden kann. Er, der Herr und Herrscher der Welten, erscheint im Bilde Christi unter der Kuppel, dem Abbild seines himmlischen Reiches.

»Länglichen Gesichts, mit schmaler Nase und großen Augen, hat er einen Ausdruck von Weichheit, der anzeigt, daß der Maler ... nicht mehr die Feinheiten des Sinnes verstand, welche die Kunst der vorangegangenen Epoche ausdrückte. Er verbindet das Bild des geschichtlichen Christus mit dem des Pantokrators.«[237]

Hier in der Kuppel vollzieht sich die himmlische Liturgie, Engel und Propheten umgeben das Medaillon des Christus-Bildes, vierzehn Propheten sind Zeugen Jahwes und des Alten Testaments. Maria aber nimmt teil an dieser Liturgie, sie, die in den Himmel nach ihrem Tode Aufgenommene. Zwischen Engeln thronend weist sie hin auf das Neue Te-

---

236 Dufrenne, 21.

stament, auf das Zeitalter der Gnade, das jetzt anbricht. Darum wird hier der Thron des künftigen Herrschers bereitet, die Etimasia, denn Christi Herrschaft wird ewig dauern, weil sie von Ewigkeit her schon ist. Das neue Zeitalter wird verkündet: die Evangelisten sind als Lehrer des Wortes, das aller Welt gilt, auf den Pendentifs der Kuppel als den vier Enden des Kosmos zu sehen.

Meßliturgie

Auf dem Wege zu dieser Herrschaft der Gnade Gottes, auf dem das Volk der Gemeinde Christi dahinzieht, wird die Meßliturgie gefeiert. Dreifach spiegelt sie sich in den Bildern des Hieroteions und wird im Meßopfer sinnbildhaft wiederholt. Es ist das Drama der Eucharistie, das angesichts der thronenden Jungfrau als eines Zeichens der Inkarnation, der Fleischwerdung des Logos, des Heiligen Geistes, als Große Vesper der Orthodoxie gefeiert wird. An den Pfeilern des Hieroteions, die auf der Seite der ›Seele‹ der Kirche mit den gegenüberstehenden Säulen des ›Körpers‹ der Kirche den heiligen Kosmos der Kuppel tragen, sind der Engel und die Maria der Verkündigung dargestellt. Es ist die Ankündigung der Inkarnation Christi als des die Welt erlösenden Gottessohnes, geboren von einer Jungfrau, die »alle Heiligkeit übersteigt«.[15] Darum stehen darunter noch einmal Christus und seine Mutter. Johannes Chrysostomos nannte sie erhabener denn Cherubim. Er und der Heilige Basilios stehen im Bilde unter dem Thron der Jungfrau-Mutter. Diese beiden Heiligen der Orthodoxie aber waren es auch, die das Kind als ein Zeichen des Opfers, das Gott selbst dargebracht hat, in einer Schüssel auf den Altar gelegt dachten, denn, so sagt es Nikolaos Kabasilas, »das Opfer ist nicht wie ein Bild oder eine Figur des Opfers, sondern ein wahrhaftes Opfer, es ist nicht das Brot, das darin geheiligt wird, sondern der Leib Christi selbst: und überdies gibt es nur ein einziges und einiges Opfer des Lammes Gottes, und das hat sich ein einziges Mal erfüllt«.[15]

Also stehen die beiden Heiligen im Bilde da und feiern die Kommunion mit dem leiblichen Zeichen des Opfers, dem Kind in der Schüssel. Da aber dieses Opfer von dem Geopferten und sich selbst Opfernden gestiftet wird, erscheint die Kommunion Christi mit den Aposteln zu beiden Seiten der Trapeza, dem Ort des Altares und der Eucharistie: links die Einsetzung des Brotes: ›Dies ist mein Leib!‹ – rechts die des Weines: ›Dies ist mein Blut!‹ Das Abendmahl wird in beiderlei Gestalt gereicht, wird doch auch in der Meßliturgie keine Verwandlung der Hostie und der sakramentalen Gaben vollzogen: »Das Brot ist mein Leib.« Im Kelch werden Wein und Wasser gemischt, und das Brot wird darin getaucht. Der Priester hat das Opfer vollzogen, aber Brot und Wein werden von allen verzehrt. Denn Priester und Gläubige sind eine Gemeinschaft in Gott. Die Bilder zeugen von der unverwandelten und wesensgleichen Substanz der Opfergabe.

Den Altar bezeichnen dann in der nächst niederen Zone Abrahams Opfer und die drei Jünglinge im feurigen Ofen, Sinnbild der im Opfer unvergänglichen Trinität. Bischöfe sichern das priesterliche Amt, mit dem die Sakramente verwaltet werden. Weil aber die Sakramente Wiederholungen des einen unwiederholbaren Opfers sind, also das Opfer selbst, das der Erlösung vorangeht, wird im Gewölbe der Trapeza die Himmelfahrt Christi gemalt, bei der die Jungfrau-Mutter Maria und die Apostel anwesende Zeugen sind. Die mystische Einheit des Sohnes mit seinem Vater ist unter Beweis gestellt, seine zwei Naturen sind anschaubar. Darum wird auf der Seite des Hieroteions in den Querarmen der Kirche die Menschlichkeit und die Göttlichkeit noch einmal allen, die Teilnehmer des Opfers sind, vor Augen geführt: die Geburt Christi mit der nymphenhaft-jungfräulich verhüllten Maria und das Pfingstfest mit der Herabkunft des Heiligen Geistes. Wie hier Menschwerdung und Geistwirklichkeit nebeneinanderstehen, so ihnen gegenüber, wie erinnerlich, die Taufe im Jordan und die Be-

---

15 Kabasilas, XXXIII, 7, und XXXII, 10, nach Salaville, 211 und 205

gegnung Christi mit dem ungläubigen Thomas: Annahme an Sohnes Statt und Wahrheit des Auferstandenen.

Das Gebet der Messe, die Epiklese, gilt nicht Christus allein sondern dem Drei-Einen in seinem allheiligen Wesen und Ganzen. Darum wird die Dreifaltigkeit in der Prothesis, dem Orte des Opfers dargestellt. Das eucharistische Gebet ist an den Vater gerichtet, es erinnert an das Werk des Sohnes und besonders an die Einsetzung der Eucharistie, an die Passion, an Auferstehung und Himmelfahrt, endlich an das Wirken des Heiligen Geistes, an Pfingsten. Es schließt die Mutter Gottes mit ein:

»Zu Ehren und zum Gedächtnis unserer seligsten und ruhmreichen Gebieterin, der Gottesgebärerin und beständigen Jungfrau Maria; durch ihre Fürbitte, o Herr, nimm dieses Opfer auf Deinem überhimmlischen Altare an.«[259]

Ist dieses unaufhebbare Ineinander von Gebet und Vorstellung göttlicher Heiligkeit die Sophia, die heilige Weisheit? Dies aber ist das Mysterium: Christus waltet als Priester seines Amtes, denn er ist, wie es in der ›Göttlichen Liturgie‹ heißt, in seiner »unaussprechlichen und unendlichen Menschenliebe, unwandelbar und unveränderlich, Mensch geworden und unser Hoherpriester gewesen und hat die priesterliche Verrichtung dieses gottesdienstlichen Opfers uns übergeben. Und er ist der Darbringer und der Dargebrachte, der Empfänger und der Hingegebene selbst und in einer Person.«[15]

Darum ist ihm, dem Priester Christus, er noch einmal als ein Gekreuzigter beigegeben, mitleiderregend: er ist sich selbst ein Opfer. So wird er dargestellt in der Prothesis, so dient ihm der Priester, der ein Ektypus Christi ist und das Opfer vollzieht, er, ein Mensch an seinem Gott. Jetzt beginnt im Bilde die Messe, in der Christus sich selbst zum Opfer bringt, Gott seinen Sohn. Gegenwart und Ewigkeit werden dasselbe. In feierlichem Rhythmus, als wäre es eine Szene aus einer anderen Welt, kommen von rechts die Engel als Offizianten heran, bringen die Gaben für die Göttliche Liturgie und ziehen auf der anderen Seite in ihre Ewigkeit

---

[259] nach Bornert, 227. [15] Kabasilas, XLIX, 15, nach Salaville, 281.

11 *Kriegerheilige*

Fresko von etwa 1300
in Agioi Theodoroi
zu Mistra

ein: »Auf dem klarblauen Grund gehen sie mit leichter und rascher Bewegung, weiß gekleidet in weiten Dalmatiken, deren Falten ihre Hüften zeichnen, ein weißes Band umschließt ihre braunroten Haare; ihre grünen Flügel mit blauen Federrücken sind weit gefaltet; die einen, bedeckt mit einer Mitra, in der Hand Kerzen oder ein Rauchfaß, die anderen in ihren Händen Gaben bringend ... Der klare Farbton der Gewänder und der warme Fleischton mit den grünlichen Schatten bilden einen leuchtenden Glanz; die geschmeidige Weichheit der Zeichnung, die Wahrheit der Bewegungen, die Anmut der Formen sind nicht weniger bemerkenswert.«[223]

In diesem Bilde – ein inniger, würdiger Nachklang der großen ravennatischen Prozessionen – vereinigen sich Religion und Kunst, Gottes Gegenwart und Bildlichkeit unübertroffen und unnachahmlich. Wahrheit und Wirklichkeit werden ein und dasselbe. Diese Göttliche Liturgie ist das entscheidende Bild mistriotischer Kunst, ein Bild der Mystik, wie es sonst nicht vorkommt. Die Messe ist, wo immer sie auch gefeiert wird, eine Wirklichkeit des Glaubens und des Glaubenden, der sich in sie versenkt und des Geistes teilhaftig wird. Das erfordert im Bilde eine vergeistigte Weise des Realismus, der nicht Welterfahrung wiedergibt und Diesseitigkeit ›spiegelt‹, sondern Weltdurchdringung erreicht, die aus dem unveränderlichen Sein, dem ›ens realissimus‹ herkommt. Nur eine Kunst auf hellenischem Boden war dazu imstande. Nur ein Byzantiner konnte diese Mystik in Worte fassen, denn für ihn ist die Vorstellung Gottes erhabene Wirklichkeit. Nikolaos Kabasilas war bei aller Mystik aber kein weltfremder Mensch. Gott war für ihn überall. Die Gesellschaft, in der er lebte, Gott zuzuordnen, war das Ziel dieses Mystikers, für den Beten, Schauen und Denken zu einer Einheit des Wirklichen geworden waren.

---

223 Diehl, Manuel d'art, 747.

Gottes Sohn und Muttergottes

Im Diakonikon endlich, dem dritten Raum des Hieroteions, der ›Seele‹ der Kirche, ist Emmanuel dargestellt. Er, der mit offenen Augen schläft, ist ein Zeichen der Inkarnation. Er ist der Messias im Paradiese und von Ewigkeit her auf ein Leben als Mensch vorherbestimmt. Als einer der Drei-Einen und als der Drei-Eine allein hat er ein Schicksal, wie Gott und er selbst es gewollt. Und darum ist Jesaias Prophezeiung Gegenwart:

»Siehe, eine Jungfrau ist schwanger und wird einen Sohn gebären, den wird sie heißen Immanuel. Butter und Honig wird er essen, wann er weiß, Böses zu verwerfen und Gutes zu erwählen. Denn ehe der Knabe lernt, Böses verwerfen und Gutes erwählen, wird das Land verödet sein, vor dessen zwei Königen dir graut. Aber der Herr wird über dich, über dein Volk und über deines Vaters Haus Tage kommen lassen, die nicht gekommen sind, seit der Zeit, da Ephraim von Juda geschieden ist, durch den König von Assyrien.« (Kap. 7, 14-17)

Und die Zukunft beginnt mit dem Strafgericht, das der Herr über Israel durch König Sanherib von Assyrien sendet. Denn das Volk Gottes hat sich versündigt, Recht und Gerechtigkeit hat es verachtet und nur an sein Wohlleben gedacht.

»Denn es wird zu der Zeit geschehen, daß, wo jetzt tausend Weinstöcke stehen, tausend Silberlinge wert, da werden Dornen und Hecken sein, daß man mit Pfeilen und Bogen dahin gehen muß. Denn im ganzen Lande werden Dornen und Hecken sein, daß man auch zu allen den Bergen, die man mit Hauen pflegt umzuhacken, nicht kann kommen vor Scheu der Dornen und Hecken; sondern man wird Ochsen daselbst gehen und Schafe darauf treten lassen.« (Kap. 7, 23-25)

Und das Volk Israel, der Weinberg des Herrn, wird dumm sein wie Ochs und Schaf. Das Land wird wüst sein, wie nach einem Raubzug der Türken duch Thessalien und Makedonien. Ist es dann nicht eine Anspielung auf den

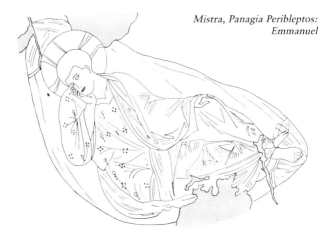

Mistra, Panagia Peribleptos: Emmanuel

›purpurentsprossenen‹ Despoten Manuel, daß er komme, bereit sei und fähig, das Land und das Reich zu retten? Denn nach dem Strafgericht über Israel wird

»ein Kind geboren, ein Sohn ist uns gegeben, und die Herrschaft ist auf seiner Schulter; und er heißt Wunderbar, Rat, Kraft, Held, Ewig-Vater, Friedefürst...«. (Kap. 9,5)

Wer aber auf ihn, den Emmanuel hinblickt – und nun wird die Raumbeziehung der Bilder erst deutlich –, sieht über sich die Szene der Geburt in Bethlehem: Emmanuel wird, wie Jesaia sprach, als ein Mensch geboren, ihm ist schon gewiß, was erst noch sein wird, ihm ist Gottes Ratschluß bekannt. Es selbst aber schaut hinüber auf seine Taufe und am anderen Ende des Nebenjoches auf seine Bestattung: Ihm ist die Göttlichkeit eigen, sein Vater wird ihn bekennen und opfern, das Grab wird ihm gewiß sein. Weil ihm Menschliches nicht erspart werden kann, sind Bilder ihm zugeordnet, die zeigen, was ihm als Mensch widerfahren wird: die Leugnung Petri, Kreuzweg und Kreuzigung. Doch die Erlösung ist gerade in seiner Menschlichkeit und durch den Menschen möglich, darum sind hier die Szenen der Geschichte Joachims und Annas zu sehen.

Sie entsprechen den erzählenden Bildern des gleichen Themenkreises vor der Prothesis. Dort verweisen sie auf den sich Opfernden und den die Liturgie seines Opfers Vollziehenden, hier auf den Ewigen im Paradiese. Und nur durch menschliches Schicksal in Zweifel und Hoffnung wird Göttliches für den Glaubenden wirklich, Gnade wirksam und Erlösung möglich. Ohne den Menschen kann Gott nicht erlösen.

Wer die Kirche der Peribleptos verläßt, hinter sich den Kosmos einer heiligen Welt, blickt auf die Entschlafung Mariens, die Koimesis tes Theotokou. Christus ist an das Sterbelager seiner Mutter getreten, nun nimmt er in Gestalt der kleinen Maria ihre Seele auf seinen Arm und trägt sie hinauf zum Vater, um ihr die Krone des ewigen Lebens auf

Mistra, Panagia Peribleptos: Kreuzabnahme

das jungfräuliche Haupt zu setzen. Sie ist aufgenommen im Himmel. Die Apostel umstehen das Totenbett, Bischöfe kommen herzu, den Tag zu begehen, an dem die Gottesgebärerin durch ihre Fürbitte bewirkt, daß das Opfer der Messe von Gott angenommen wird. Tod heißt, ewiges Leben haben, ewiges Leben setzt Sterben voraus. Das ist der Sinn des fünfzehnten August, an dem man den Tod der Muttergottes und – das Dankfest für Saat und Ernte begeht.

DIE DESPOTEN

Manuel Kantakouzenos

Kaiser Johannes v., 1354 Alleinherrscher auf dem Thron Konstantins des Großen und Justinians, ernennt die Söhne des Isaak Asan, Michael und Andreas, zu Statthaltern in Mistra. Die Archonten sind immer noch unzufrieden mit dem strengen Despoten Manuel, sie werden Parteigänger der Palaiologen. Der Streit nimmt kein Ende, der Aufstand ist allgemein. Nur Monembasia bleibt den Kantakouzenen treu, Manuel flieht in die Felsenstadt, schließlich ist jedoch er gegen den Kaiser und gegen die Archonten im Vorteil, Venedig ist mit ihm im Bunde, weil die Palaiologen-Partei Koron und Modon bedroht. Dann wird gar noch behauptet, Manuel solle mit Lemnos entschädigt werden und Matthäus, weil ehedem Kaiser, mit Mistra.[4] Tatsächlich hatte man sich auf einer Konferenz der Kaiser und Kaiserinnen geeinigt und das Reich unter Palaiologen und Kantakouzenen aufgeteilt. Um den Frieden zwischen Manuel und Matthäus zu stiften, kommt Joasaph 1361 mit seiner Frau, der Nonne Eugenia, und seiner übrigen Familie nach Mistra. Manuel ist bereit, sich der Entscheidung des Vater-Mönches zu unterwerfen oder mit seinem Bruder die Herrschaft zu teilen. Joasaph genießt uneingeschränktes Vertrauen und stellt die Eintracht unter den Brüdern her. Matthäus bleibt auf der Peloponnes, wahrscheinlich ohne Amt. Manuel, der Despot, stiftet seinen Eltern an der Agios Zoodotos eine Inschrift, um für immer an diesen Frieden erinnert zu werden.

Mit ihren Großeltern sind auch die Söhne des Ex-Kaisers Matthäus, Demetrios und Johannes, nach Mistra gekommen. Wie alle Kantakouzenen ist auch Johannes ein Mann der Stille, der Hesycheia. Archonten und Despoten aus dem Hause der Palaiologen schenken ihm eine in Mistra gemalte Ikone, die des Bewidmeten Bildnis zeigt, und legen damit Zeugnis ab für die Achtung, die sie diesem Mann schuldig

---

4 *Dölger, Regesten, v, 38f.*

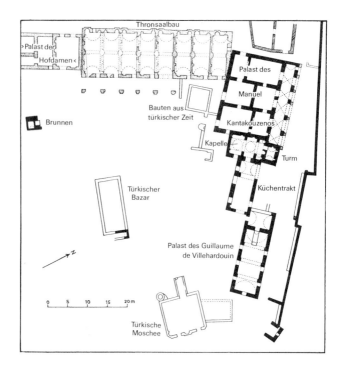

Der Despotenpalast. Die Geschichte des vielteiligen Palastes – er ist der größte byzantinische Palast im griechischen Raum außerhalb Konstantinopels – geht auf den ›Stadtpalast‹ des Guillaume de Villehardouin zurück, der ihn um 1250 errichten ließ. Nach dem Einzug des Despoten Manuel Kantakouzenos im Jahre 1348 entstanden der Küchentrakt, die Kapelle mit dem Turm und der Wohnpalast, dessen Terrasse über sechs Arkaden sich zum Tal hin öffnet (Abb. auf S. 137). Anschließend wurde bis 1383 der Thronsaalbau, Chrysotriklinon genannt, aufgeführt, dessen Fassade den Platz beherrscht (Abb. auf S. 139). Wohl erst nach 1421 wurde ein Wohnflügel angefügt, um den Hofdamen der Despoina Cleopa Malatesta ein ihrem Rang entsprechendes Unterkommen zu geben. – Während der türkischen Zeit entstanden die Moschee und andere Bauten auf dem Platz, der wie der Thronsaalbau als Bazar (und Hinrichtungsstätte) genutzt wurde. In dem Palast des Kantakouzenos residierte der türkische Aga, der Gouverneur von Mistra.

zu sein glaubten. Nach einem Jahr heiliger Eintracht innerhalb der Familie und mit den Palaiologen der Peloponnes zieht Joasaph, als ein Pilger alternd, wieder nach Konstantinopel. 1367 leitet er die Unionsverhandlungen mit den Abgesandten des Papstes. Aber wohl kaum hat er, Johannes-Joasaph, seinem Kaiser Johannes V. geraten, sich zwei Jahre später in Rom Papst Urban V. zu unterwerfen und den katholischen Glauben anzunehmen. Denn Joasaph wollte ein ökumenisches Konzil in Konstantinopel. Und der Beistand des Westens im Kampf gegen die Türken blieb ohnehin aus.

Manuel, der Despot, residiert im Alten Palast, der mit dem Frankenbau durch einen Küchen- und Vorratstrakt verbunden wird. Die Wohnungen für die herrscherliche Familie werden hergerichtet. Denn Manuels Frau, Isabella von Lusignan, die Königstochter aus Klein-Armenien, muß eine standesgemäße Umgebung haben. Der Despot hatte sich mit der französischen Prinzessin 1341 verlobt, doch

Der ›Prinzessinnen‹-Flügel. Diese Bezeichnung (griech.: Peripatos Basilopoulas) führte der von dem Despoten Manuel Kantakouzenos um 1350 errichtete Wohnpalast wohl deshalb, weil die große, auf sechs Arkaden über kräftigen Pfeilern sich erstreckende Terrasse den Damen des Hofes Erholung bot und ihnen Aussicht auf das weite lakonische Tal gewährte.

damals untersagte Andronikos III. die Eheschließung. Als
Manuels Vater Johannes Kantakouzenos rechtmäßiger
Kaiser geworden war, konnte die Hochzeit gefeiert werden.
Isabella war katholisch geblieben, sie brachte den Geist
orient-lateinischer Kultur in die Stadt am Taygetos. So wird
der Palast zum Tal des Eurotas hin mit hohen Arkaden und
einer Terrasse darüber verschönert. Hier finden sich an den
Nachmittagen, wenn es kühler wird, die Damen des Hofes
ein und genießen den Blick über die lakonische Ebene.

Thronsaal

Dann gibt der Despot den Auftrag, einen großartigen Anbau zu errichten, der rechtwinklig zu dem schon bestehenden Flügel den Thronsaal umschließen soll. Als Vorbild dient der Palast des Konstantin Porphyrogenetos in Konstantinopel. So entsteht ein breitgelagerter Bau, einer westeuropäischen Pfalz vergleichbar. Auf dem Platz vor dem Palast – Manuel läßt einen Brunnen anlegen, dem erfrischendes Wasser von jenseits des Berges zugeführt wird – finden die öffentlichen Versammlungen statt. Denn die Mistrioten bilden das Volk einer Hauptstadt und wissen von ihrem Recht, und sei es auch nur fiktiv, über ihr Schicksal und das ihres Herrschers mitzubestimmen. Zum Namenstag des Despoten kommen sie hier zusammen und wünschen ihrem Despoten Glück. Vielleicht an dieser Stelle, wenn nicht auf dem Zeremonien-Balkon, der sich vor dem Thronsaal entlangstreckt, wird die Prokypsis errichtet, ein hölzernes Schaugerüst, auf dem in der frühen Nacht des Epiphanien-Festes der Despot und Autokrator seinem Volke lichtüberglänzt gezeigt wird. Dann bildet den Hintergrund die breite Fassade des kaiserlichen Palastes. Hoheitsvoll überwacht den Platz der Doppeladler, das Zeichen des erneuerten Reiches der Palaiologen. Hinter den übereinander aufragenden Arkaden befinden sich im unteren Geschoß die Vorratskeller, darüber die einräumigen und tonnengewölbten Wohnungen des Hofgesindes. Jede Behausung hat eine Feuerstelle, deren Esse an der Nordwand emporgeführt ist und den Saal beheizt. Dieser zweistöckige

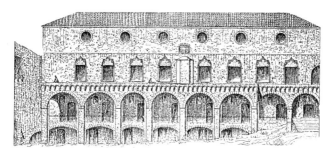

Die Fassade des Despotenpalastes. Der großzügige Bau mit seinen doppelten Arkaden, den der Despot Manuel Kantakouzenos errichten ließ, barg im Untergeschoß Vorratskeller und darüber Wohnungen aus einem einzigen, schlecht beleuchteten, aber mit Kamin versehenen Raum, in denen die niederen Hofbeamten mit ihren Familien lebten. Über den Arkaden befindet sich der Zeremonienbalkon. Das Obergeschoß bildet der Thronsaal in einer Länge von mehr als 35 Metern. Wie die Fenster des Wohnpalastes (Abb. auf S. 137) sind die rechteckigen Fenster des Thronsaales mit einer wohl aus Italien importierten Kalksteinrahmung in gotischen Zierformen versehen, so daß auch der Thronsaalbau wohl vor 1383 vollendet gewesen ist. An der Stelle des Despoten-Thrones tritt ein Polygon erkerartig an der Fassade hervor, darüber war der Doppeladler, das Symbol des Reiches der Palaiologen, eingefügt. Die zeichnerische Rekonstruktion des bis zu den Rundfenstern erhaltenen Baues – seine Arkaden sind abgetragen – ist dem Architekten Anastasios Orlandos zu danken.

Unterbau trägt in seiner ganzen Ausdehnung den Thronsaal mit seinen großen Fenstern, über denen noch sogenannte Ochsenaugen angebracht sind. Bemerkenswert ist die Achsenverschiebung der Öffnungen untereinander und zu den Arkaden des Erdgeschosses. Die Fenster werden zum Palasthof hin mit »dekorativer Kalksteinverkleidung« versehen, und diese läuft oben »jedesmal zu einem stilisierten Spitzbogen der italienischen Spätgotik zusammen.«[249] In der Sprache des Volkes wird dieser Bau, der seinesgleichen in der Peloponnes nicht hat, alsbald der Palast der Königstochter genannt, vielleicht ein Hinweis auf Isabella von Lusignan, Manuels Frau. Ihr gilt die Verschönerung des Palastes. Die Despoten des fünfzehnten Jahrhunderts hät-

249 Struck, 132.

ten zu diesem Bauunternehmen wohl kaum noch das Geld gehabt.

Der Saal, den dieser Bau umschließt, der Chrysotriklinos, ist die Mitte autokratischer Herrschaft. Erst als Sohn des regierenden Basileus, dann von Johannes V. Palaiologos anerkannt, hat der Despot bei den Ratsversammlungen Anspruch auf einen baldachinüberdeckten Thron. Den Herrschersitz mit den adlergeschmückten Kissen rahmt eine Apsis ein, die an der Außenwand als Erker hervortritt. Eine steinerne Bank zieht sich an den Wänden des Saales entlang, auf der die Hofbeamten und Würdenträger und, als Gleichberechtigte des Despoten geladen, die Archonten sitzen, ferner der Metropolit von Lakedaimon und die Äbte der großen Klöster. Gelegentlich wird diese Zusammenkunft der Magnaten und Prälaten des Landes Gerusia genannt, doch eine staatsrechtliche Bedeutung kommt dieser Versammlung nicht zu. Sie ist der feierliche Rahmen für den Despoten, vor dessen Thron Besucher und Abgesandte der auswärtigen Mächte erscheinen, um ihre Botschaft zu überbringen. Ein Kaufmann aus Venedig – schon 1343 war ein gewisser Marino Viadro hier – beschwert sich zum Beispiel darüber, daß er beim Einkauf von Eicheln für die Lohgerberei seiner Inselstadt oder von Getreide durch kaiserliche Beamte belästigt wird. Man nimmt es zur Kenntnis. Die Republik von San Marco erkühnt sich sogar, mit Repressalien zu drohen, falls ihren Forderungen nicht Folge geleistet würde und ihr, der Serenissima, nicht Genugtuung geschehe. Es gibt immer Streit um Landparzellen an der Grenze zum Gebiet der Venezianer um Koron und Modon.[9] Man weist solche Beschwerden an den Hof in Konstantinopel, der die Außenpolitik bestimmt. Bei dem Streit der Lateiner untereinander muß allerdings Partei ergriffen werden, auch der alte Kampf gegen die Franken flammt wieder auf. Dann verläßt der Despot höchstselbst seinen Palast, sammelt sein Heer im Eurotas-Tal und zieht mit seinen Spartiaten, den Stratioten, denen er Land verliehen, und mit seinen albanesischen Söldnern in den Krieg. Gegen den neapolitanischen Bail der Morea, der Gardiki belagert, verliert er zwar eine

Schlacht, aber, als wäre er Sieger, kehrt der Despot durch das Nauplia-Tor in seinen Palast zurück, als er, den Franken diesmal ein Bundesgenosse, einen Feldzug gegen die Katalanen in Böotien unternommen hat. Bei den Ratsversammlungen nimmt er dann wieder auf seinem Thronsitz unter dem Baldachin Platz. Papst Gregor XI. hat ihm aus Avignon geschrieben, doch mit dem Katholiken und lateinischen Ketzer über eine Union der Kirchen das Gespräch aufzunehmen, hat der Despot keinen Grund. Nur die politische Klugheit verlangt, daß man den diplomatischen Verkehr nicht abbricht. Denn Griechen und Lateiner werden in gleicher Weise von den Osmanen bedroht, die den Balkan erobern. Das Serbische Reich ist in tödlicher Gefahr, Manuel wird es nicht mehr erleben, daß es 1389 nach der Schlacht auf dem Amselfelde ausgelöscht wird.

Im Thronsaal zu Mistra sind ernste Sorgen zur Sprache gekommen und haben den gelehrten und frommen Despoten von seinen Gebeten und Studien abgelenkt. Manuel Tzykandyles tritt vor seinen Thron und überreicht dem Despoten des Thukydides ›Peloponnesischen Krieg‹, den er nach einer alten Handschrift kopiert hat. Das ist das politische Lehrbuch gebildeter Byzantiner. Der Despot ist erfreut. Und selbstredend ist es ihm angenehm, in einem Brief des Demetrios Kydones Lobsprüche auf ihn als einen gerechten Herrscher zu lesen:

»Für Dich ist nichts von größerem Wert als die Gesetze und nichts höher als die Gerechtigkeit. Deine Klugheit macht Deiner Herrschaft Ehre. Was Du auch unternimmst, Du hast die Weisheit zur Lenkerin, und Du schätzt sie um so mehr, weil Du sie als die einzige dem Menschen eigene Tugend ansiehst.«[187]

Oder ist Kydones etwa ein Schmeichler? Nennt er doch auch den Bruder Matthäus, der als entmachteter Kaiser in Mistra lebt, einen neuen Lykurg!

---

9 Thiriet, Bd. 1, Nr. 156, Nr. 294 und Nr. 578. 187 nach Zakynthinos, Bd. 1, 113.

Agios Zoodotos

Zum Palast gehört eine Kirche. Zwar enthält der ältere Trakt bei den Wohnräumen des Despoten eine Kapelle, mit Fresken geschmückt, und auch unterhalb des Palastes steht eine weitere Kapelle, in der die heiligen Soldaten des Glaubens dargestellt sind, vielleicht der Ort des Gebetes vor dem Aufbruch des Heeres. Aber als Stationen der despotischen Liturgie, vor allem für die Prozessionen am Sonntag vor Ostern, sind beide zu klein. Vom Ölberg her war dereinst der Heiland, auf einer Eselin reitend, durch das Goldene Tor in die Stadt Davids und Salomos eingezogen, um sein geistliches Reich über dem weltlichen aufzurichten. In der Prozession am Palmsonntag ahmt in Konstantinopel – dem neuen Jerusalem – der Kaiser, in Mistra der Despot als Typus Christi diesen Einzug in Jerusalem nach. Denn auch ihr Reich will mehr sein als nur ein Weltreich. In feierlichem Peripatos vom Palast zur Kirche und von der Kirche in den Palast wird diese Prozession zelebriert. Daher ist es erforderlich, auf der nahen Anhöhe oberhalb des Palastes eine Kirche zu bauen. Manuel weiht sie dem Geber allen Lebens, dem Agios Zoodotos. In der Panagia Peribleptos war die Form der Kirche schon vorgeprägt. Der Grundkreis der Kuppel ruht auf den Pendentifs, die von den Enden der Trennwände des Hieroteions und den beiden Säulen des Naos getragen werden: es ist der Typ der Zwei-Säulen-Kreuzkuppel-Kirche. Eine der tragenden Säulen zeigt das Monogramm Manuels mit dem Doppeladler. Über den Pendentifs erhebt sich der achtseitige Tambour und trägt die Kuppel. Sie ist das Abbild des Himmels, das Bild Gottes, das in der Wölbung zu sehen ist. Die Kirche darunter ist das Abbild der Welt, die nach Erlösung strebt. Unter der Kuppel bezeichnet ein farbiges Mosaik-Ornament den Nabel der Welt, den Omphalos Ges: in einen mittleren Ring sind vier Bänder geschlungen, die zu den Ecken eines Quadrats als den vier Enden der Welt geordnet sind – Symbol der Unendlichkeit, die von der Kuppel als dem Raum des ewigen Lichtes ausgeht. Um diesen Nabel der Welt ist die Gemeinschaft der Mönche während der heiligen Messe versammelt. Sie ist die Verwirklichung des Leibes Christi, dessen steinernes Symbol die Kirche ist. Hier ist die Mitte des Kosmos, hier ist im Leibe Christi der Nabel der Welt. So offenbaren die Hesychasten ihre Mystik in Zeichen, sie sind die in sich Ruhenden, sind die Omphaloipsychoi, die in Betrachtung ihres Nabels als der Mitte des Leibes, betend und den Atem hindernd, die Ruhe in Gott erlangen.

Durch seinen Leidensweg und seine Auferstehung hat

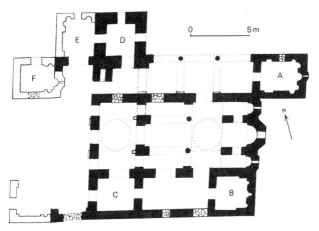

Agia Sophia. Die ursprünglich dem Leben spendenden Gott, Agios Zoodotos, später der Heiligen Weisheit geweihte Kirche wurde während der Herrschaft des Manuel Kantakouzenos nach 1350 erbaut. Sie ist das Katholikon eines Klosters. Von dem nördlichen Proaulion, der Vorhalle, die zum Despotenpalast gerichtet ist, erreicht man das Parekklesion (A), eine Muttergotteskapelle. Sie hat ihr Gegenstück in dem Raum südlich des Hieroteions (B). Der abgebrochene Esonarthex öffnet sich zu einer weiteren Kapelle (E), was auf vielfache Liturgien in dieser Hofkirche des Despoten schließen läßt. Vom Narthex ist die Taufkapelle (C) zugänglich. Die Kirche war der Begräbnisplatz der Despoten und ihrer Familien. In dem Raum neben dem wiederhergestellten Turm (D) befanden sich die Grabkammern, hier war die letzte Ruhestätte der Cleopa Malatesta, der Frau Theodors II., und der Theodora Tocco, die in kurzer Ehe mit Konstantin verheiratet war. Die Agia Sophia ist die einzige Kirche Mistras, die während der türkischen Herrschaft in eine Moschee verwandelt wurde.

Christus den mystischen Lebensweg jedes Rechtgläubigen vorgezeichnet. Darum wird in der neuen Kirche die Apsis zum Ort, an dem er, Gottes eingeborener Sohn, im Bilde erscheint. Hoch thront er über dem heiligen Raum des Altares, Gott, dem das Opfer gilt. Aber er ist auch das Lamm, das sich opfert. Zeichen dafür ist das Kind auf der Opferschüssel, mit der zwei heilige Bischöfe, Johannes Chrysostomos und der Heilige Basilios, das Meßopfer vollziehen. Wie Christus das Opfer ist, das vom Altare geheiligt wird, ist er der Priester, der den Aposteln Wein und Brot als Sinnbild seines Opfers reicht. Die beiden Apostelkommunionen sind beiderseits des Altares dargestellt. Und darüber steigt Christus in einer von Engeln gehaltenen Mandorla zum Himmel auf: Triumph seiner Göttlichkeit. Im Hieroteion der Agios Zoodotos ist – wie in der Peribleptos – die Mystik der eucharistischen Liturgie des Nikolaos Kabasilas zum Bilde geworden.

Der Omphalos in der Agia Sophia. Unter der Kuppel befindet sich aus verschiedenfarbigem Marmor ein Ornament, das als ›Nabel der Welt‹, als Omphalos Ges, zu deuten ist. Der Naos ist der ›Körper der Kirche‹, der vom Kuppelrund als ›Himmel‹ überragt wird. Die gebaute Kirche ist das Symbol der versammelten Mönchsgemeinde, in der sich der Leib Christi verkörpert. So ist in der Gemeinde als dem Leibe Christi die Mitte der Welt, der Nabel: er ist das mystische Ziel der hesychastischen Versenkung in das Jesus-Gebet. Die Hesychasten sind die Omphaloipsychoi, die Mystiker der orthodoxen Kirche (vgl. S. 119). Ein Mönch dieses Klosters hieß Joasaph, er war als Johannes VI. byzantinischer Kaiser gewesen und verbrachte seine letzten Lebensjahre in Mistra.

An der Basilike Pyle, dem Ausgangstor dieses heiligen Raumes, sind beiderseits noch einmal Rang und Name des Despoten Manuel eingemeißelt. Davor breitet sich der Narthex, den im mittleren Joch eine Kuppel überwölbt. Die Außenwände der Kirche zeigen ungegliedertes Quaderwerk. Nur das Hieroteion hat Fenster und nur die Apsis der Trapeza ein gekuppeltes Rundbogenfenster, eingeblendet in einen übergreifenden Bogen. Reicher sind die Fenster des Tambours mit ihren getreppten Arkaden. Dem seitlichen Proaulion, das hinausführt zum Palast des Despoten, ist ein Glockenturm angefügt, dessen oberes Geschoß sich in großen Dreibogenfenstern öffnet. Vom Proaulion aus betritt man, dem Turm gegenüber, eine kleine Kapelle. Ihre sieben Nischen deuten auf die wochentäglichen Andachten zu Ehren der Gottesmutter hin. Hier ist das Parekklesion. In der Apsis ist die Panagia Platytera, gerahmt von dem Engel und der Maria der Verkündigung – Zeichen der Inkarnation –, an der rechten Wand aber der Marientod, die Koimesis tes Theotokou, dargestellt, an der Kuppel der Pantakrator mit Seraph und Cherubim: Epiphanie Gottes in Christus. Kreuzigung und Anastasis deuten auf Leiden und Auferstehung, sie sind Zeichen der zwei Naturen in Christo. In der Kapelle auf der anderen Seite des Hieroteions wird ebenfalls die Marienlegende gezeigt. Die Geburt der Gottesmutter ist eine fast familiäre Szene, in der Mutter Anna auf einem Prunkbett ruht, Frauen Geschenke bringen und die Ammen die Neugeborene in die Wiege betten. Häuser, eins mit Balkon, umstehen den Raum, als wäre es ein Platz in der Stadt, man könnte sie Mistra nennen. Im übrigen beherrscht das Thema der Göttlichen Liturgie diesen kleinen Raum, denn Manuel, der diese Kirche gestiftet hat, ist wie alle Kantakouzenen Hesychast.

Bei dieser Kirche ist ein Kloster für Mönche eingerichtet, die sich aus den Wirren des Lebens in die Stille des Gebetes und die Schau Gottes zurückgezogen haben. Für das Kloster, das als kaiserliche Gründung dem Patriarchen unmittelbar unterstellt ist, wird 1364 im Manganen-Kloster zu Konstantinopel, in dem der Mönch Joasaph Jahre seines

Lebens verbrachte, eine Meßliturgie abgeschrieben und von Nikephoros Kannavos dem »erhabenen Kloster« geschenkt.* Im Kloster Agios Zoodotos zu Mistra kann man sich den greisen Mönch Joasaph denken, den ehemaligen Basileus Johannes VI., der die Hesycheia, die Stille, sucht und als Mystiker lebt. Nach dem Tode seines Sohnes Manuel war er in die Stadt am Taygetos gekommen. Er hat die Stadt nicht mehr verlassen. Hier ist er gestorben, die Stätte seines Grabes ist nicht bekannt. Später ist die Agios Zoodotos der Agia Sophia gewidmet worden, der Heiligen Weisheit, denn Mistra sollte das Abbild Konstantinopels sein.

Theodor I. Palaiologos

Frau Isabella von Lusignan war nach dem Tode ihres Mannes, des Despoten Manuel, im Jahre 1380 nach Zypern zurückgekehrt. Ihre Ehe scheint kinderlos geblieben zu sein. Der ältere Bruder des Toten, Matthäus, übernahm die Despotie. Er war gekrönter Kaiser gewesen, Johannes V. hatte ihn des Purpurs beraubt, sein Vater ihm zum Verzicht geraten. Eine hochgeachtete Persönlichkeit, aber bald seines Amtes müde, verzichtete Matthäus 1383 auf die Despotenwürde und überließ sich seinen philosophischen und theologischen Betrachtungen. Despot wurde sein Sohn Demetrios. Doch Johannes V. erhob seinen Sohn Theodor zum Despoten der Peloponnes. Ein Krieg zwischen Kantakouzenen und Palaiologen schien unvermeidlich. Doch 1384 stirbt Demetrios, danach ist Theodor Palaiologos Despot.

Wie kann bei solchen Verhältnissen das Land gedeihen? Hoffnungslos ist die Staatsmacht zerrüttet. Piraten und Türken, Navarresen und Griechen – einer ist des anderen erbitterter Feind, einer dem andern verhaßt. Das Land ist im Besitz weniger reicher Familien. Die Archonten, westlichen Grafen vergleichbar, herrschen über ihre ausgedehnten Besitzungen und machen es fast unmöglich, von ihnen die Steuern, die sie von ihren Paroiken erheben, einzuziehen und dem Staate nutzbar zu machen. Jeder weist irgendein

Privilegium vor. Schlimmer noch: die Herren des hohen peloponnesischen Adels sind über den Despoten empört, sie trachten ihm nach dem Leben!

»Die Leute des Landes sind ungehorsam, feindselig, bösartig, betrügerisch, erfinderisch in allem Schlechten. Von abscheulichen Sitten, geben sie sich dem Mord, der Lüge, den Raufereien, dem Töten hin. Sie treten ihre Eide mit Füßen. Sie rauben dem Nächsten die Habe. Sie lieben nur die Uneinigkeit, sie tauchen alles in Blut. Sie wollen den Despoten vom Throne stoßen, ihn aus dem Lande jagen, ihn töten, um ohne Herrscher selbst Herrscher zu sein. Sie verwandeln den Ruhm ihrer Väter in Hohn und gehen – gerechter Himmel! – sogar zu den Lateinern über.«[187]

So klagt eine Inschrift, die an einer Säule der Kirche zu Parori, einem Dorfe bei Mistra, angebracht war und die Untaten der Menschen geißelt.

Theodor ist Politiker, trotz allem Unglück, das ihn noch treffen sollte, eine Herrschernatur, ähnlich den ›Tyrannen‹ Oberitaliens in gleicher Zeit. Er verfolgt sein Ziel, die Herrschaft der Palaiologen auf der Halbinsel zu festigen, unbeirrbar, jedoch mit wechselndem Geschick. Um Bauern und Soldaten zu haben, holt er – wie vordem schon Manuel Kantakouzenos – zehntausend Albanesen mit ihren Familien und ihren Herden ins Land, gibt ihnen Äcker und Weide und hält, wenn er die Tapferen zu den Waffen ruft, seine Archonten in Schach. Um den Frieden mit seinem nördlichen Nachbarn zu sichern, heiratet er die Tochter des Herzogs Nerio von Athen, Bartolommea Acciaiuoli. Man nennt sie die Schönste im Lande.[161] Theodor regiert über ein armes Volk, die Acciaiuoli sind reich, alte Florentiner Bankiersfamilie, die sich am Hofe der Anjou in Neapel Rang und Ansehen erworben haben. Um Venedig für sich zu gewinnen, überläßt Theodor Stadt und Hafen Monembasia – Napoli di Malvasia nennen es die Italiener – der Republik, weil sie seinem Vater Johannes V. seinerzeit gegen Johan-

---

* Paris, Bibliothèque National. *187* nach Zakynthinos, Bd. 2, 220.
161 Diehl, Figures byzantines, Bd. 2, 284, nach Demetrios Chalkondylas.

nes VI. Kantakouzenos geholfen hatte. Piero Grimani, Kastellan von Modon und Koron, der dies dem Senate der Serenissima mitteilt, wird ermächtigt, die Stadt in Besitz zu nehmen. Die Archonten der Felsenstadt, voran der allmächtige Manomas, reich durch die Ausfuhr des im Westen so gern getrunkenen Malvasiers, leisten entscheidenden Widerstand und verhindern die Übergabe.

Ohne die Seemacht Venedigs kann der Despot seine Politik nicht treiben, gegen sie sich zu wenden, bringt ihm kein Glück. Nachdem die Serenissima di San Marco 1389 Argos und Nauplia der Maria von Enghien, verwitwete Cornaro, abgekauft hat, besetzt Theodor mit seinem Schwiegervater Nerio Acciaiuoli die Landstadt Argos. Der Capitano del Golfo kommt, nachdem er mit den Provveditoren von Nauplia Besprechungen geführt, nach Mistra und legt die einwandfreien Rechtsansprüche seiner Republik dar. Aber er berichtet nicht, daß Venedig mit den Mainoten, die doch Untertanen des Despoten sind, rebellischer noch als die Magnaten, ein Bündnis geschlossen hat und für seine agents provocateurs klingende Münze in Umlauf bringt. Venedig besetzt als Repressalie Burg und Stadt Basilipotamos. Der Fürst von Achaja, derzeit Amadeus von Savoyen, belagert das von Theodor besetzte und befestigte Archangeli am Golf von Lakonien. Venedig schlägt vor, den Hafenort Basilipotamos zum Preis von fünftausend Golddukaten gegen Argos zu tauschen.[9] Im Nordosten wie im Süden bedrängt, muß Theodor in die vorgeschlagenen Verhandlungen willigen, aber er nimmt nicht daran teil. Nerio Acciaiuoli ist bereit, Argos herauszugeben. Theodor weigert sich und ist geneigt, eine türkische Streitmacht gegen Venedig ins Land zu holen. Endlich gibt er dann doch nach und schließt im Mai 1394 in Modon einen Vertrag mit der Seerepublik, der gute Nachbarschaft und Frieden gewährleisten soll. Umständlich werden die finanziellen Belange beider Seiten – natürlich zugunsten der Republik – geregelt. Elf Tage nach der Ratifizierung des Vertrages räumt die byzantinische Besatzung Argos und das benachbarte Land. Venedig hat seine Salzfelder wieder.

Theodors Schwiegervater stirbt im Herbst des gleichen Jahres. Bei der Eröffnung des Testaments, dessen Vollstrekker der lateinische Bischof von Argos ist, erlebt Theodor eine große Enttäuschung. Nerio hat seiner Tochter Bartolommea, der Frau Theodors, der Basilissa, nicht, wie erwartet, die Kastellanie von Korinth vermacht, sondern tilgt nur die Schuld Theodors bei der Republik Venedig. Er hat die 9700 Golddukaten in Venedig schon hinterlegt.[2] Mit der Republik steht Theodor wegen der Wiederherstellung der Hexamilion-Mauer am Isthmus von Korinth in Verhandlung. Kurzerhand besetzt er die Kastellanie und belagert die Stadt, nimmt sie ein: Endlich ist auch Korinth, lange Zeit Mittelpunkt der lateinischen Kirche in Griechenland, wieder mit dem byzantinischen Reiche vereint. Den Sieger zu ehren, stellt man sein Standbild auf. Als Triumphator kehrt Theodor nach Mistra zurück.

Auf seinem Thronsitz unter dem Baldachin, umfangen vom teppichgeschmückten Apsisrund, seine purpurbeschuhten Füße auf einem Schemel, den Doppeladler verzieren, empfängt der Despot den Gesandten der Republik Venedig. Fantino Giorgio legt ihm die immer noch nicht bereinigten Unstimmigkeiten zwischen seiner Republik und dem Despotat der Peloponnes dar. Er fordert, und das liegt im Interesse Venedigs, ein Bündnis gegen die Türken, sofern die Hexamilion-Mauer befestigt würde. Aber er verlangt auch für seine Erlauchte Serenissima Städte in Messenien, die inzwischen den Franken genommen und von den Byzantinern besetzt worden sind.[9] Ein solches Ansinnen ist fast eine Nötigung, auf den geschützten Hafen von Navarino kann der Despot nicht verzichten. Dabei wäre ein Bündnis mit Venedig, auch unter Opfern, die Rettung vor der osmanischen Übermacht. Das Schicksal scheint unabwendbar zu sein. Denn auch durch die Zusammenkunft Kaiser Manuels II. mit Sultan Bajezit, bei der Theodor selbst und Herren des hohen Adels zugegen waren, sind die Beziehungen zu den

---

9 Zu Vorstehendem vgl. Thiriet, Bd. 1, Nr. 668, Nr. 748, Nr. 753, Nr. 790, Nr. 879 und Nr. 882. 2 Buchon, Nouvelles recherches, Bd. 1, 151.

Türken nicht besser geworden. Der Kaiser zahlt den Osmanen Tribut. Trotzdem pflanzen die Janitscharen 1395 in Akova und Veligosti, mitten im Hochland Arkadiens, ihre roßschweifgeschmückten Standarten auf. 1396 wird ein großes Kreuzfahrerheer unter König Sigismund von Ungarn von den Osmanen vernichtet. Eingeengt zwischen der Landmacht des Sultans und der Seemacht Venedigs schickt Theodor seinen Gesandten in die Lagunenstadt und fordert den Bau der Hexamilion-Mauer.[9] Venedig baut – aber es ist der Dogenpalast, der, dem Despoten-Palast in Mistra ähnlich und darum vergleichbar, mit seinen doppelten Arkaden und dem großen Ratssaal darüber dem Mistrioten jedoch nur die Macht der Kaufherren-Republik und seine eigene Schwäche vor Augen führt. Es ist schon viel, daß Venedig verspricht, sich an dem Bau der Mauer finanziell zu beteiligen, natürlich unter Bedingungen, die erst noch erfüllt werden müssen.

In Mistra wird auch gebaut, aber kein Palast: die Befestigungen werden erneuert. Der Zusammenbruch der byzantinischen Herrschaft scheint unmittelbar bevorzustehen. 1397 besiegen die türkischen Janitscharen die griechischen und albanesischen Söldner Theodors. Sie besetzen Argos, das in Schutt und Asche gelegt wird, verschleppen Tausende in die Sklaverei und dringen, Brandfeuer hinter sich lassend, plündernd und mordend durch die Peloponnes bis nach Kalamata vor. Venedig tut nichts oder fast nichts. Theodor schickt einen Mönch in die Lagunenstadt der Händler mit Gewürzen und Edelsteinen: er bittet um politisches Asyl. Der Senat willigt ein, verlangt aber zuvor Entschädigung für die Verwüstungen, die Theodors Söldner bei Koron und Modon verursacht haben.[9] Gleiches von den Türken zu fordern, versucht Venedig allerdings nicht, verzichtet dann aber auf Schadenersatz durch den Despoten und bietet sogar dem Basileus Manuel II. Palaiologos Asyl an, als er durch die Hauptstädte Europas reist, allenthalben geehrt, aber ohne Hoffnung auf Hilfe im Kampf gegen den Sultan.

In dieser ausweglosen Lage muß Theodor, will er das Land vor den Mohammedanern retten, einen Entschluß der

Verzweiflung fassen: er verhandelt mit den bösen Lateinern, den Rittern des Johanniter-Ordens, die auf Rhodos ein Bollwerk gegen die Türken besitzen. Der Großmeister ist bereit, Korinth zu kaufen. Im Frühjahr 1400 kommen die waffenklirrenden Ordensbrüder mit dem Kreuz auf der Brust in die Peloponnes, als wären die Barone Wilhelms von Villehardouin wieder erstanden. Der Orden verlangt noch den Verkauf von Kalabryta, und selbst Mistra ist dem Despoten feil. Theodor zieht sich nach Monembasia zurück. Hätte Theodor damals auch nur daran denken können, in Mistra einen Palast zu bauen? Nein – er flieht nach Rhodos. Der Verkauf ihrer Stadt ist jedoch für die Mistrioten untragbar. Das Volk haßt diese bartlosen Westler und fühlt sich seiner spartanischen Ehre beraubt. Es nimmt sich das Recht eines Hauptstadt-Volkes, wie es in alten Zeiten die Demoi und Rennbahn-Parteien in Konstantinopel gehabt. Ist es nationalhellenisch gesonnen, entschlossen, Fremdherrschaft nicht zu erdulden? Der Metropolit – oder etwa der Oberste Richter Georgios Gemistos, der Philosoph – schürt die Mistrioten zur Rebellion gegen »diese verfluchten Ketzer des Abendlandes, diese unversöhnlichen Feinde ihres Glaubens und ihrer Kirche«.[187] In einer »stürmischen Volksversammlung« wählen die Bürger Mistras ihren Metropoliten zum Staatsoberhaupt. Sie haben eine Revolution gemacht.

»Als sich nun, unter solchen Umständen, die Rhodesier der Feste näherten, da fanden sie, anstatt der offenen Tore, auf den Mauern derselben den empörten Haufen, welcher sie mit wildem Geschrei und Steinwürfen empfing und ihnen nur zu deutlich zu erkennen gab, daß man sie, wenn sie nicht auf der Stelle das Land wieder verlassen würden, als Feinde behandeln werde.«[209]

Ihr Leben verdanken die Ritter dennoch dem Metropoliten. Unverrichteterdinge reisen sie wieder ab. Das Volk läßt sich mit Theodor wieder versöhnen. Der Despot muß, nach Mistra zurückgekehrt, dem auf dem Platz versammelten

9 Thiriet, Bd. 1, Nr. 897. 9 Thiriet, Bd. 1, Nr. 972 und Nr. 978.
187 Zakynthinos, Bd. 1, 159f. 209 Zinkeisen, Bd. 1, 336.

Volk – also vom Zeremonien-Balkon seines Palastes aus? – einen Eid leisten, nicht noch einmal eine derartige Politik zu betreiben. Gemistos wird daraus die Folgerung ziehen, daß ein Herrscher sich niemals mit Geschäften befassen darf. Für Sultan Bajezit ist dieser Schwur ein politischer Erfolg und ein Anlaß, eine Gesandtschaft an den Despoten-Hof nach Mistra zu schicken. Denn ihm sind die Rhodesier ein Pfahl in seinem Fleische. Der Sultan bietet einen Freundschafts- und Friedensvertrag an, wofür die Peloponnes auch weiterhin Tribut zahlen muß. Das alles kostet Geld, Geld! Kann Theodor jetzt einen Palast und einen Thronsaal bauen? Der Orden verlangt sein Kaufgeld zurück, wenn er das Land schon nicht verwalten und verteidigen soll: 43 000 Dukaten in Gold zuzüglich der inzwischen vom Orden in Korinth geleisteten Investitionen im Werte von 3 500 Dukaten. Der Basileus, der inzwischen von seiner ergebnislosen Reise in den Westen nach Konstantinopel zurückgekehrt ist, streckt 6 000 Dukaten vor und überweist sie nach Rhodos, der Rest wird in jährlichen Raten gezahlt, so daß die Schuld 1408 gänzlich getilgt ist.

Die Niederlage Sultan Bajezits bei Ankara, die der Mongole Timur den Osmanen 1402 bereitet, verzögert den jährlich erwarteten Todesstoß. Die letzten Bastionen des byzantinischen Staates sind vorübergehend entlastet. Theodor kann gegen den Fürsten von Achaja, Centurione Zaccaria, zu Felde ziehen. Aber dadurch entsteht wieder Streit mit den Venezianern in Modon und Koron, weil die albanesischen Söldner des Despoten verwüsten, was ihnen unter die Hände kommt. Venedig bringt durch seinen Gesandten in Konstantinopel, Giovanni Loredan, diese Mißhelligkeiten beim Basileus Manuel II. zur Sprache. Zum Despoten schickt es einen Syndikus, der in der Versammlung der Räte einen Schaden von 100 000 Hyperpyr berechnet. Der ständige Gesandte der Republik in Mistra, Niccolò Foscolo, verlangt vom Despoten Reparationen, andernfalls... Aber Theodor kann nichts zahlen. Sitzt vielleicht in der Ratsversammlung der Oberste Richter der Peloponnes, Georgios Gemistos – und das ist doch anzunehmen –, und erklärt seinem Despoten, daß Venedig ebenso auf ihn wie er auf Venedig angewiesen ist? Denn Gemistos kennt die Türken und weiß, falls Morea bedroht ist, sind auch Venedigs Häfen nicht oder doch kaum noch zu halten. Foscolo erhält vom Senat seiner Serenissima weitere Anweisung: Sollte sich der Despot weigern – und das scheint vorgekommen zu sein –, ihm, dem Gesandten der Republik, Audienz zu erteilen, um diese Angelegenheit zu bereinigen, dann soll er »durch ein ihm zweckmäßig erscheinendes Mittel gegen die fortgesetzten Schäden, welche die Soldaten des Despoten im venezianischen Gebiet verursachen, protestieren«.[9] Das heißt doch, daß Foscolo bei den nachgeordneten Instanzen Entschädigung verlangen soll oder von den Archonten, die unsicher sind, ob sie unter den Türken, die sicherlich wieder kommen, ihre Latifundien behalten können oder im Bunde mit Venedig verteidigen müssen, das überdies selbst zur Abwehr bereit zu sein scheint. Und offensichtlich hat Venedig auch zu den »anderen moreotischen Fürsten«[9] politische Fäden gesponnen – unter Skrupeln hat es noch nie gelitten. Aber Foscolo findet in Mistra den Despoten schon auf dem Sterbebett. Theodor wird in die Kutte eines Mönches gekleidet. Er stirbt im Brontochion-Kloster, dort wird ihm sein Grab bereitet und in der Aphendiko, in der Kapelle des Kirchengründers Pachomios, ein Epitaphion gemalt: im Bilde steht er in all seiner despotischen Würde und neben ihm er selbst noch einmal als Mönch Theoderet, ein würdiges Haupt, das Gesicht vom Schicksal gezeichnet. Eine Inschrift wird ihm gewidmet. Als Kaiser Manuel II. 1407 in Mistra weilt, verfaßt er eine Lob- und Leichenrede auf seinen verstorbenen Bruder.

---

9 *Thiriet, Bd. 1, Nr. 1260 und Nr. 882.*

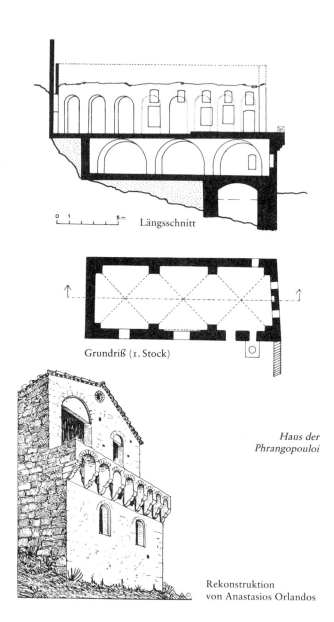

Längsschnitt

Grundriß (1. Stock)

Haus der Phrangopouloi

Rekonstruktion von Anastasios Orlandos

ADEL UND VOLK

Den Vornehmen und Vermögenden sind Reichtum und Ansehen selbstverständlich. Wer einmal eine Urkunde aus der Hand eines kaiserlichen Boten empfangen hat oder gar aus kaiserlicher Gnade ein Kleidungsstück – Zeichen, daß der Autokrator sich seiner Macht entäußert –, ist ausgezeichnet, privilegiert, genießt seinen Besitz, zahlt keine Steuern, ihn umgibt ein Schimmer des Heiligseins. Die Familien, miteinander versippt und verschwägert – die Laskaris und Philanthropenen, die Eudaimonoiannis und Phrangopouloi –, wissen sich vom Despoten unabhängig, aber die hohen Staatsämter übernehmen sie doch. Sie beschränken dadurch die den Kaiser vertretende Gewalt des Despoten. Darum muß nach dem Tode Theodors I. Kaiser Manuel 1407 persönlich die Verhältnisse auf der Halbinsel ordnen. Er kommt nach Mistra. Sein Sohn Theodor ist zwar schon seit einigen Jahren in der Peloponnes, um Land und Leute kennenzulernen, ist auch als Nachfolger seines verstorbenen Onkels ausersehen, aber noch nicht erwachsen. So muß einer aus den großen Familien die Regentschaft übernehmen. Der Protostrator Manuel Phrangopoulos wird auserwählt. Er hatte sich schon 1394 im Auftrage Theodors I. als geschickter Diplomat erwiesen, als er in Modon mit den Venezianern verhandeln mußte. Er gehört einer verzweigten Familie an, die wahrscheinlich fränkischer Herkunft ist. Sein Bruder war damals Epitropos von Grevenon, ein Leon Phrangopoulos ist 1427 Statthalter in Messenien. 1430 wird ein Megastratopedarches dieses Namens genannt, er ist Befehlshaber der despotischen Leibwache. Venedig gibt vor, ihn nicht zu kennen.[9] Also kann es weder der Protostrator noch der Mesazon sein, denn mit beiden hatte Venedig verhandelt. Nur dieser Mesazon, der Ministerpräsident Johannes Phrangopoulos, hat sich Nachruhm erworben: er ist der Stifter des Pantanassa-Klosters.

Nicht weit von der Panagia Peribleptos, zwischen steilen und engen Gassen erbaut, entfaltet das Haus der Phrango-

---
9 Thiriet, Bd. 2, Nr. 2174.

pouloi keine äußere Pracht. Die Fassade ist zum Tal hin gewandt. Die Abhanglage – und das ist für die Stadthäuser typisch – gibt dem Hause im Winter die Wärme der niedrig stehenden Sonne, die den Wohnraum erhellt. Im Sommer entsteht jedoch nachmittags an der kühleren Nordseite ein leichter Aufwind, der an den offenen Fenstern entlangstreicht. Von der seitlichen Gasse aus geht man in die Keller- und Wirtschaftsräume, die, tonnengewölbt, eine Regenwasserzisterne und den Vorrat an Öl in Reihen tönerner Krüge enthalten. Darunter befindet sich, zur unteren Gasse durch eine große Arkade offen, der Stall für ein oder zwei Esel, deren Treiber daneben sein Nachtlager hat. Über die Außentreppe erreicht man den Eingang zum Wohnsaal, der das ganze Geviert des Hauses einnimmt und in dem sich das Leben der Familie abspielt: man nennt ihn Triklinon. Hier wird gekocht und gebacken, gegessen (ein kleiner Alkoven dient danach als Abtritt), geschlafen, hier werden die Kinder geboren, erzogen und unterrichtet. Nur eine ›spanische Wand‹ trennt nachts das Matrinikion, den Schlafplatz des hausherrlichen Ehepaares, vom Hauptraum ab. Tags wird alle Stunden gebetet: Die Ikone mit ihrem ewigen Lämpchen davor ist in eine Nische gestellt. Den Damen ist ein Sitzplatz am Fenster gegönnt. Und der Altan, der zur Talseite auf Steinbalken oder kleinen Rundbogen vorkragt, bietet Erholung in der Sonne des frühen Jahres oder nach der Hitze des Tages in der Nacht unter den Sternen Lakoniens.

Die Laskaris besitzen in Mistra einen gleichartigen zweistöckigen Palast unterhalb der Pantanassa. Und die Gleichartigkeit dieser Häuser deutet auf gleichbleibende gesellschaftliche Zustände in der Stadt. Darum hat jede Familie auch in der Nähe ihres Palastes eine Kapelle, in der oft nicht mehr als vier oder fünf Personen sich zur Andacht versammeln können: Agios Christophoros und Agios Georgios sind noch erhalten und zu benennen. Die Agios Joannis ist wahrscheinlich eine Stiftung der Laskariden, genannt wird Kyra Kale Kabalasea Laskarina. Das Leben der Familie wird unter die heiligen Zeichen und Bilder gestellt, nur von dort her erhält es seine Wahrheit und seinen Sinn.

Haus der Laskariden

Großartiger als das Haus der Laskariden ist der Palast, den man Palataki genannt hat, weil er aus zwei Häusern entstanden ist und – was sonst nicht vorkommt – einen Innenhof über einer großen gewölbten Zisterne umschließt. Turmartig, zinnengekrönt, mit prachtvoller Fensterpartie an der Schauseite zum Tal, erhebt sich der Eckbau, dessen Eingangsraum überkuppelt ist. Von ihm aus gelangt man über eine Treppe in einen langgestreckten Wohnsaal, in der die Familie Tage und Nächte ihres Lebens verbringt. Vielleicht war dieser Palast mit seinen repräsentativen Räumen, die sich auf zwei Stockwerke verteilen, der Witwensitz der Kaiserin Helena, die sich nach dem Tode ihres Mannes, Manuels II., nach Mistra zurückzog.

Zahlreich ist die Verwandtschaft des Theodor Palaiologos, der unter der Regentschaft des Manuel Phrangopoulos zum Despoten heranwächst. Selbst in der Tätigkeit eines Arztes findet sich ein Palaiologe. Seit 1415 lebt in Mistra Nikephoros Dukas Palaiologos Malakes, der aus Konstantinopel herübergekommen ist und als der »beste und berühmteste« Mann seines Faches, als »trefflichster der

Asklepiaden« bezeichnet wird. Er besitzt ein stattliches
Grundstück, erzielt ein beachtliches Einkommen, vergräbt
aber sicherheitshalber sein Geld, das er bei den Genuesen
verdient hat – in Galata, gegenüber von Konstantinopel.[130]
In Pylos ist 1428 ein Johannes Palaiologos Festungs- und
Wachkommandant, ›Phouarchos‹, also in nicht sehr geho-
bener Stellung. Doch 1447 ist er ›Präfekt des Fürsten Kon-
stantin von Sparta‹ in Oitylos und zeigt dem Cyriacus von
Ancona, der aus antiquarisch-archäologischem Eifer durch
Griechenland reist, die alten Steine, die man zum Bau der
Festung verwendet hat. Auch in Mouchli, einer Kleinstadt
in Arkadien, finden sich jüngere Mitglieder der Familie. In
Mistra liegt in der Agioi Theodoroi ein Manuel Palaiologos
begraben. Wer er war, weiß man nicht mehr.

Immer noch gibt es unter den großen Familien, den Dynatoi, den Antagonismus zwischen Palaiologen und Kantakouzenen. Vielleicht haben deshalb die Kantakouzenen
draußen im Lande, im Bereich ihrer Latifundien, ihre Residenz aufgeschlagen und sich dort ihren Palast gebaut. Über
Land und Menschen unabhängig gebietend, lebt Georgios
Kantakouzenos in Kalabryta, das seit einigen Jahren Sitz
des Despoten Konstantin ist. Er arbeitet in seiner Bibliothek. In der Ruhe der kleinen Provinzstadt hat er die Zeit,
wenn schon die Gegenwart keine erfreuliche Zukunft ver-
heißt, aus alten Folianten den Ruhm der Vergangenheit zu
erlesen. Als ein »in alten griechischen Schriften gelehrter
Mann« ist er über die Peloponnes hinaus bekannt. Im April
1436 hat er Besuch aus Italien. Sein Gast ist »über die
verschneiten Saturnischen Berge und über schwierige Wege«[258] von Korinth heraufgekommen und hat sich ihm als
Handelsreisender und als Liebhaber antiker Inschriften vorgestellt: Cyriacus von Ancona, ein »aufdringlicher Schwät-
zer und lächerlicher Renommist«,[278] aber das sagt er natürlich nicht. Cyriacus war auf Zypern und Rhodos gewesen,
hatte Handschriften der homerischen Epen gefunden und
solche der Tragödien des Euripides. Jetzt legt er dem hohen

*130 Mazaris, nach Ellissen, 311. 258 Cyriacus von Ancona,
nach Bodnar, 42. 278 Voigt, Bd. 1, 283.*

Herrn seine Zeichnungen vor, die er von den Tempeln in Athen gemacht hat. Auch in Delphi ist er gewesen, aber auf der heiligen Stätte Apollons steht nur noch ein ärmliches Dorf. Bei solchem Eifer, eine alte Welt zu entdecken, ist es

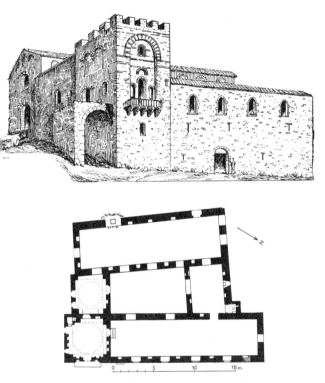

Palataki. Der sogenannte Kleine Palast ist aus zwei Familienhäusern durch Einfügung kurzer Flügel – im nördlichen befindet sich der Kamin – und durch Anbau eines zinnengekrönten Turmes entstanden. Er umschließt – in Mistra ein Sonderfall – einen Hof, unter dem sich eine Zisterne befindet. Mit dem prächtigen Balkon- und Fenstermotiv des Turmes, dessen Eingangsraum überkuppelt war, macht der Palast einen herrscherlichen Eindruck, so daß die Annahme berechtigt ist, er sei der Witwensitz der Kaiserin Helena gewesen, die nach dem Tode ihres Mannes, des Kaiser Manuel II. Palaiologos, in Mistra ihre letzten Lebensjahrzehnte verbrachte und 1450 starb.

dem Dynasten Kantakouzenos eine besondere Freude, seinem Gast einige »sorgfältig geschriebene griechische Bücher, sowie einen Herodot... und anderes mehr« mit auf die Reise zu geben. Cyriacus nimmt Abschied und wandert nach Patras weiter.[258]

Der Besitz des Kantakouzenos besteht aus einer Anzahl kleinerer Güter. Auf jedem steht ein Palation für die Wohnung des Vogts, des Oikonomos, der das Land verwaltet und die Zinsen einzieht, doch die Tagelöhner, die er zur Arbeit einteilt, wohnen in einer Kaserne, als wäre die Zeit Kaiser Diokletians noch gegenwärtig. Den Reichtum der grundbesitzenden Klasse machen die Herden aus, Albanesen sind ihre Hirten. Schafwolle ist das Rohmaterial für die Textilwebereien. Die Spindel zum Ziehen der wollenen Fäden ist die unentbehrliche Begleiterin der Frauen und Mädchen, die zu dieser Arbeit besondere Geschicklichkeit haben. Gelegentlich kommt aus der Stadt ein Krämer vorbei, der die aufbereitete Wolle abholt. Die hörigen Bauern, die Paroiken, leben in kleinen Dörfern, haben ein oder zwei Ochsengespanne und zinsen dem Grundherrn. Die an die Scholle Gebundenen, die Leibeigenen, wie man sie nennt, sind bei aller Abhängigkeit in ihrem Dasein gesicherter als die freien Bauern, die mit Ochs und Esel, Karren und Pflug ihr eigenes Feld bestellen, aber als Dorfgemeinschaft für die Steuern jedes einzelnen einstehen müssen. Solche Freibauern leben noch in der Maina. Im übrigen Reiche sind sie

»eine immer größere Seltenheit.... Und deren Untergang hat gewiß auf den Verfall des Reichs einen nicht gering anzuschlagenden Einfluß geübt. Für die ländliche Bevölkerung handelte es sich während der letzten Agonien des Reichs nur um die Vertauschung des einen Herrn gegen einen anderen: wie sollten die armen gedrückten Bauern statt mit Furcht nicht vielmehr mit der Hoffnung auf bessere Zustände einem neuen Herrn entgegengesehen haben?«[186]

Auch die Herren des hohen Adels hoffen wie ihre Zinsbauern sich den Folgen eines Machtwechsels entziehen zu können. Es kam nur darauf an, daß ihnen Besitz und Rechte

ADEL UND VOLK

erhalten blieben. Ist es vor Jahrzehnten in Anatolien und jetzt in Thessalien anders gewesen?

»Während der Grundbesitzer ohne Verhältnis zu seinem Grund und Boden die reiche Rente in den Städten und mit Vorliebe in der Hauptstadt zum Genusse aller erdenklichen Kulturgüter zu verwenden pflegt, führt der byzantinische Kleinbauer fern aller Bildungsmöglichkeit, fern allem technischen Fortschritt (vgl. die Anwendung einer unwirtschaftlichen, im Abendlande längst aufgegebenen [Sielenzugunsten der Kumt-] Schirrung der Zugtiere), bedrückt von bestechlichen und unersättlichen Beamten, ohne staatliche Fürsorge für den Absatz seiner Produkte, ein trübes, kümmerliches Dasein. Zwischen der Lage des freien und des hörigen Bauern dürfte in spätbyzantinischer Zeit kein wesentlicher Unterschied gewesen sein... Zuweilen hat sich auch die Unzufriedenheit der Bauern in bedrohlichen Aufständen Luft gemacht: umsonst. Der kleine Bauer hatte nicht nur in mühevoller Arbeit für die Ernährung des weiten Reiches zu sorgen, sondern auch sein Blut für dessen Bestand zu vergießen. Er hat es getan und das ist sein Ruhmestitel...«[162]

Es ist nur eine dünne Oberschicht, welche den Reichtum des Landes an sich gezogen hat, Ämter und Besitz unter sich aufteilt und Bildung für sich in Anspruch nimmt. Das hat zwei Gründe:

»...die Art der Bewirtschaftung [des Landes] und die Unzulänglichkeit der Zentralverwaltung. Ungeachtet gewisser Handelsbeziehungen und eines verhältnismäßig blühenden Handwerks ist das byzantinische Morea durch die ›geschlossene Wirtschaft‹ gekennzeichnet und gleichzeitig gehemmt. Das [anbaufähige] Land macht seinen Reichtum aus und begrenzt die gesellschaftliche Aufgliederung. Es gibt nur wenige Städte, die eine wirklich urbane Funktion ausüben. Auch hatte die Gesellschaft des Despotats weder eine starke bürgerliche Schicht schaffen können noch eine zahlreiche Arbeiterschaft. Sie bleibt bis zum Ende erstarrt in

258 Cyriacus von Ancona, nach Bodnar, 42. 186 Zachariä von Lingenthal, 271. 162 Dölger, Grundeigentum, 228.

überalterten Formen und war folglich unfähig, ihre Struktur zu erneuern.«[187]

Der Abstand zwischen den Dynatoi und dem Epithymetikon, der »begehrlichen Menge«, dem Volk, das kein Demos ist, scheint unüberbrückbar. Für die, die »da unten« sind, ist die Idee des Rhomaier-Reiches unfaßbar, sie kennen nur ihre Popen, ihre Ikone und die Hoffnung auf ein Seelenheil, das ihnen die Bilder in den Kirchen versprechen. Die Legenden der Heiligen sind ihre einzige geistige Nahrung, lesen lernen sie noch, schreiben kaum. Wer auch immer in der Peloponnes regiert und verwaltet, besitzt und das Leben genießt, blickt auf eine Bevölkerung herab, in der »mancherlei Völkerschaften bunt durcheinander (leben), deren Abgrenzungen jetzt aufzufinden weder leicht noch dringend nötig ist; diejenigen aber, welche jedes Ohr nach der Sprache leicht unterscheidet, und überhaupt die bedeutendsten sind folgende: Lakedaimonier, Italiener, Peloponnesier, Slawinen, Illyrer, Ägyptier« – und diese beiden sind die Albanesen und die Zigeuner – »und Juden (darunter nicht wenige Mischlinge), zusammen also sieben...«. Die »Mischlinge« sind die Gasmulen. Sie gelten als tapfere Krieger und als geschickte Matrosen, sind aber nur schwer zu disziplinieren, denn als Nachkommen fränkisch-griechischer Beziehungen – so kann man es nennen – bilden sie fast ein Volk für sich.

Der Satiriker Mazaris fährt dann in seinem ›Sendschreiben‹ an den Holobolos im Hades fort:

»Wenn es ein Volksstamm wäre und ein Gemeinwesen sie alle in sich begriffe, so würden die Übel leichter sein... Da alle zusammen aber ein buntes Gemengsel bilden, kann es nicht anders sein, als daß immer einer des anderen Sitten, Gesetze, Naturell, Zustand, insbesondere jedoch jede Schlechtigkeit, die ein Volk vor dem anderen voraushat, nachahmt.«

Und dann folgt eine lange Litanei über die Untugenden dieser Völker, unter denen weder Griechen noch Hellenen genannt werden. »Herrschsucht« zeichne sie aus, »Geldgier und Krämersinn« und »Lug und Trug, Ungerechtigkeit...,

Neigung zu Meutereien«, ferner »Wildheit, Mordlust, Gesetz- und Gottlosigkeit«.

»Dann gibt es solche, die nach dem Beispiel anderer sich auf's Lügen und Spionieren legen, die den reißenden Tieren es gleich tun, auf Betrügereien förmlich erpicht sind, der Kleiderpracht und der Schlemmerei frönen, zudem auch den ärgsten Diebereien und Schelmenstücken, Tücken und Listen.«

Ähnlich waren die Menschen um Mistra schon in der Inschrift in Parori beschrieben worden. Und der Maler dieses ›Spiegelbildes‹ des Volks und der Völker der Peloponnes, Mazaris – er findet kein Ende und will doch nur »mit einem Worte ihr ganzes Wesen und ihr Treiben bezeichnen. Die Tugenden selbst werden... durch böses Geschwätze verdorben. Wenn nun das Gute durch das Böse verdorben wird, was soll wohl aus dem von Haus aus Schlechten werden, wenn es mit noch Schlechterem lebt und verkehrt, ja sich damit vermischt und durchdringt, sich darin um und um wälzt, wie die Sau in Schlamm und Kot.«[130]

---

187 Zakynthinos, Bd. 2, 225. 130 Mazaris, nach Ellissen, 311 und Anmerkung 190 auf 357 f.

GEORGIOS GEMISTOS

> *Ein politischer Moralist jener Zeit schlug mit der Kühnheit, welche spekulative Politiker charakterisiert, Pläne vor für die Wiedergeburt des Volkes, die in ihrer Ausführung so unpraktisch waren, wie die tollsten Projekte irgendeines modernen Sozialisten.*
> George Finlay

Der Basileus Manuel II. setzt im Einvernehmen mit dem Patriarchen über dies Volk als Obersten Richter – katholikos krites – einen Philosophen ein: Georgios Gemistos, gebürtig aus Konstantinopel. Seine Studienjahre hatte Gemistos in der Hauptstadt verbracht, sich in die Schriften der antiken Philosophen vertieft und kritischen Sinnes Platon und Aristoteles, Geist und Methode verglichen. Seine Bildung vervollständigte er am Hofe Sultan Murads II. in Brussa, wo Gelehrte, Christen wie Mohammedaner, eine Oase der Wissenschaften in der orientalischen Weite bildeten. Die dem Osmanen wie allen Islamiten selbstverständliche Einheit von Religion und Recht, die Mystik des Derwisch-Ordens und die soziale Wirksamkeit der Futuwwa-Bünde, »die sich anständige Gesinnung, ehrenhaften Lebenswandel, kultiviertes Benehmen und gegenseitige Unterstützung ... zum Ziele« setzten,[276] fanden in Gemistos ihren nachdenklichen Beobachter. Vor allem die Lehren des Juden Ellisaios, aus denen er die Religion des ›Zoroaster‹ aufgenommen haben soll, scheinen den Geist des jungen Gelehrten der Jurisprudenz geprägt zu haben. Orient, Alt-Israel, Hellas: über die einzelnen Religionen hinaus mußte es ein Gemeinsames geben, das den Menschen erst wahrhaft zum Menschen macht: Toleranz, Gerechtigkeit, Tugend. Zurück in Konstantinopel, sucht er in der Stadt-Welt des untergehenden Reiches, das vom Ruhm vergangener Größe zehrt, den Weg in das Weltreich des Geistes. Ihn beschäftigt das Heil des Menschengeschlechts in dieser – und nicht erst in einer anderen Welt. Anti-Mystiker und Feind des Mönchtums, ist Gemistos ein Realist und Sozialist im Sinne der utopischen Staatslehre Platons. Von dort her muß, seiner Meinung nach, die Erneuerung der Gesellschaft und die Verwandlung von Staat und Welt in Angriff genommen werden. Gemistos schreibt eine Geschichte Griechenlands seit der Schlacht bei Mantineia. Ist nicht die Lage des Staates die gleiche wie vor Jahrhunderten, als Makedoner und Römer die griechische Freiheit zerrütteten? Türken, wie einst die Perser – und so nennt man die Türken jetzt –, ziehen durch das griechische Reich, sie plündern in der Peloponnes. Und Rom wartet auf die geistliche Unterwerfung! Als sei er Platon, der nach Syrakus auf Sizilien ging, seinen Staat zu verwirklichen, mag Gemistos sich fühlen, als ihn Kaiser Manuel 1395 in die Morea sendet – war doch Platons utopischer Staat der Verfassung des alten Sparta am ähnlichsten. Mistra ist das neue Sparta! Doch Demetrios Kydones schreibt voll Bedauern an Georgios Gemistos:

»Was Du für die Inseln der Seligen hältst, ist nur der Schatten der alten Peloponnes; dort sind die Städte und die Gesetze verschwunden, und die Tugend ist zum Spott geworden. Aber Du, ein eingefleischter Philhellene, bildest Dir ein, daß der bloße Anblick von Sparta Dir Lykurg wiederbringt, wie er seine weisen Gesetze diktiert. Die Täuschung wird aber bald verschwinden.«[150]

Kann das neue Griechenland Wirklichkeit werden? Theodor, der Despot, muß mit den Venezianern verhandeln, Gemistos gibt seinen Rat. Theodor verkauft seine Despotie, Gemistos tritt auf die Seite des Volkes, und es wird schon so sein, daß er es gewesen, der von dem zurückgekehrten Despoten den Schwur verlangt hat, nicht noch einmal den Staat zu verkaufen. Denn Herrschaft, die von einem allein ausgeübt wird, ist Verantwortung vor den Beherrschten, daher der Versöhnungsschwur zwischen Volk und Despot.

Das Amt, dem Gemistos vorsteht, ist eine Art Appellationsinstanz für die niedere Gerichtsbarkeit und wird von einem Kollegium von Juristen gebildet. Als Oberster Richter ist Gemistos untadelhaft.

»Eine solche Liebe zur Gerechtigkeit wohnte diesem

276 Taeschner, 106f. 150 nach Gregorovius, 486.

Manne bei, daß Minos und Rhadamantis, mit ihm verglichen, schwächlich erscheinen. Kein Mensch fühlte sich jemals durch seine Entscheidung gekränkt, sein Beschluß war wie ein göttliches Urteil. Voller Liebe und Verehrung zu ihm verließen ihn beide, der im Prozeß Besiegte sowohl wie der Sieger, was bei anderen Richtern nicht der Fall zu sein pflegt... Denn allein dieser, oder gewiß nur wenige außer ihm, besaß ein vollkommenes Verständnis der Gesetze, und wenn irgend einer, so erforschte er sie von Grund auf. Hätte es sich zugetragen, daß eines Tages alle verlorengegangen wären, er würde sie trefflicher als jeder Solon oder Lykurg von neuem verfaßt haben.«[275]

Er weiß, wie die Welt ist, aber die Welt weiß nicht, wie sie sein soll. Darum überreicht er seinem Kaiser Manuel, als dieser auf seiner Reise durch das Reich in Mistra weilt, eine Denkschrift über die Verhältnisse auf der Peloponnes. Mit Bajezit II. hat der Kaiser einen Friedens- und Freundschaftsvertrag geschlossen. Dem Konzil in Konstanz am Bodensee hat er seine Bereitschaft zu erkennen gegeben, über eine Union der Kirchen zu verhandeln. Dem König Ferdinand von Aragon hat Manuel einen Brief geschrieben und ihn gebeten, Theodor, dem Despoten, mit großer Streitmacht zu Hilfe zu kommen. Er hofft, den Spanier in der Morea zu sehen.[4] Er hat den Wiederaufbau der Hexamilion-Mauer ins Werk gesetzt und sitzt nun seinem katholikos krites Georgios Gemistos gegenüber, der ihm Vortrag über die Reform des Staates hält. Aus diesen Erörterungen erfährt der Basileus, welche Bedeutung das Land hat, in dem er sich aufhält. Stolz bekennt sich der Philosoph zu seinem Hellenentum, denn nur Hellenen hatten dies Land in Besitz und haben es, trotz aller Wechselfälle, auch noch. Und Gemistos müßte doch wissen, daß ›Hellenen‹ vordem die Bezeichnung für Heiden gewesen und daß das Staatsvolk des Reiches die Rhomaioi sind, die in der Orthodoxeia leben. Ungeachtet des Einwands führt Gemistos fernerhin aus: Diese Peloponnes ist unter allen griechischen Ländern berühmt wegen der Helden des Altertums und ist das Mutterland von Byzantion, auf dessen Boden Konstantinopel erbaut ist. Nicht weniger ist die Roma aeterna eine Tochter dieses dorischen Landes. Jetzt aber ist dies Land fruchtbar, bietet alles in Fülle und ist zudem sicher vor dem Angriff der Feinde. Also bedarf es der besonderen Pflege, die ihm der Kaiser schon durch die Befestigung des Isthmus habe angedeihen lassen. Mit Genugtuung hört es der Kaiser. Um den Vorschlägen für eine Reform des Staates den nötigen Nachdruck zu geben, legt Gemistos seinem erhabenen Kaiser das Ergebnis seiner Untersuchungen vor. Er erklärt,

»daß ein großer Teil... der Bevölkerung Ackerbau, viele auch Viehzucht treiben. Aus dieser Beschäftigung ziehen sie ihren Lebensbedarf, müssen davon zu den Staatslasten beisteuern und überdies selbst Kriegsdienst leisten. Die Steuern belaufen sich gerade nicht hoch, werden aber häufig und von zahlreichen Beamten eingetrieben, und zwar müssen sie meistens in barem Gelde, selten in Naturalien entrichtet werden.«[275]

Die Bauern seien deshalb für den Dienst mit der Waffe nicht geeignet, da sie, kaum zu den Fahnen gerufen, wieder nach Hause gehen müssen, um ihren Unterhalt zu bestreiten und Steuern zu zahlen. Aber von den Steuern Söldner zu mieten, ist ebenso falsch, weil die dann erforderliche höhere Besteuerung die Bauern auf andere Weise zugrunde richtet. Schlimm ist es für ihn, den Richter und Philosophen, daß so viele von Steuern leben, die nichts für das Gemeinwohl täten: das sind »jene geistlich beschaulichen Leute«, die sich von jeder Beschäftigung fern halten, die Mönche.

»Nach ihren Grundsätzen sollte vielmehr ein jeder nach Kräften arbeiten, um so möglichst seinen Lebensunterhalt zu gewinnen, keineswegs aber auf Erpressungen angewiesen zu sein. Es kann nicht fehlen, daß es übel um das Gemeinwesen steht, wenn bei der Bereitwilligkeit zu solchen ungehörigen Ausgaben auf der einen Seite andererseits Ansprüche auf derartige Verleihungen aus dem Staatsschatz von Menschen erhoben werden, die nichts dafür leisten, nur den Staat schädigen und sich selbst ein müßiges, drohnenar-

---

275 Hieronymos Charitonymos, *Nekrolog auf Gemistos*, nach Schultze, 50. 4 Dölger, *Regesten* V, 100. 275 nach Schultze, 77.

tiges Leben bereiten, ohne auch nur die geringste Scham darüber zu empfinden.«[275]

Und dann entwirft der Platoniker seine neue Gesellschaftsordnung, die er in den Nomoi, den ›Gesetzen‹, ausführlich darstellen will. Platon hatte den Makrokosmos der gesellschaftlichen Schichtungen dem Mikrokosmos der Seele entsprechend geordnet und den Philosophen zum Lehrer des Volkes erhoben, unter dem der Wehrstand der Wächter – das sind die Beamten und Krieger – den Staat, aber auch den Nährstand, die Menge der Erwerbenden, lenken und schützen sollte. Gemistos ist Sozialreformer, er denkt an den unmittelbaren Zweck des Staates. Die Grundlage seiner Staatsgesellschaft ist das Bauerntum, dazu kommen Industrie und Handel. Das erfordert Verwaltung, Rechtsprechung und Verteidigung. An der Spitze des Staates soll ein König stehen, ein Staatsrat jedoch dessen Macht beschränken. Beamte und Richter bilden den ersten Stand. Als Jurist liegt ihm vor allem an der Ordnung der Gerichtsverfassung und an der eindeutigen Begründung von Urteil und Strafmaß, von Vergehen und Strafart. Die Todesstrafe wird abgeschafft, auch Verstümmelungen sind untersagt. Weil aber »die Fortpflanzung ... dem Menschen gewissermaßen zur Unsterblichmachung dieses sterblichen Geschlechts gegeben« ist, sollen Inzucht und Ehebruch, Knabenliebe und Notzucht unerbittlich geahndet werden. Diese Verbrechen, aber auch die Leugnung der göttlichen Weltordnung, können nur durch den Tod des Verbrechers auf dem Scheiterhaufen vergolten werden.[275] Gemistos ist in dieser Frage strenger als das geltende Gesetz der Kaiser, nach dem nur Blutschande mit dem Schwerte bestraft werden konnte. Um das Leben zu erhalten, kommt es ebenso darauf an, den Staat dieser neuen Gesellschaft mit der Waffe zu schützen, und daher gehören zum ersten Stand auch die Krieger. Der Kern des Heeres soll aus den Stammesgenossen bestehen. Frei von jeder Abgabe sollen die Söhne des Landes entweder im Heer, in der Marine oder bei den Reitertruppen dienen, aber nur zur Verteidigung, nie zur Eroberung die Waffen ergreifen.

Den zweiten Stand der utopischen Gesellschaft bilden die Handwerker und Kaufleute. Großhändler betreiben Ein- und Ausfuhr, die Krämer hingegen sollen »von den Produzenten und den Großhändlern die Warenvorräte im Ganzen einkaufen und sie den einzelnen auf Verlangen, wann und in welchen Mengen es je nach Bedürfnis erfordert wird, wieder verkaufen«.[275] Gemistos dringt darauf, daß einheimische Erzeugnisse den ausländischen vorgezogen werden. Gegen Baumwolle sollen im Wege des Außenhandels Rohstoffe, Eisen vor allem, aber auch Waffen eingeführt werden. Waren, die nötig oder vorteilhaft sind, sollen ohne Abgaben ins Land kommen, dagegen Produkte, die besser im Lande blieben, mit hohen Zöllen für das Ausland verteuert werden. Der dritte Stand setzt sich aus den Rohproduzenten, den Bauern und Arbeitern, zusammen, Gemistos nennt sie Heloten. Ihnen liefert der zweite Stand der Handwerker durch Vermittlung der Krämer das erforderliche Gerät, und zwar unentgeltlich. Dafür sorgen die Heloten für den Lebensunterhalt der übrigen und tragen durch ihre Steuern die Lasten des Staates für Verteidigung und Verwaltung, dienen aber selbst nicht im Heere. Nach Abzug des Saatguts und des Futters für die Zugtiere liefern die Bauern den dritten Teil ihrer Ernte an den ersten, ein weiteres Drittel an den zweiten Stand und behalten den Rest als Arbeitslohn. Obgleich sie nichts für das Gemeinwohl leisten, brauchen die Mönche keine Steuern zu zahlen, haben aber auch keinen Anspruch auf Anteile des Staatsvermögens. Sie sollen zur Arbeit verpflichtet werden. Priester, für die der Zölibat empfohlen wird, sind allerdings wichtig, weil sie den öffentlichen Kult ausüben. Angesichts der engen Verbindung von Religion, Recht und Kultur kommt es dem Staate zu, und nur ihm, über den Kultus, die Festtage und den Kalender Bestimmungen zu erlassen. Selbst die Tonarten der liturgischen Hymnen, die den altgriechischen gleichen sollen, werden vom Staate festgesetzt.

Manuel, der Basileus, hat nach diesem Vortrag seines katholikos krites den Eindruck, daß sein Staat der Rho-

275 Schultze, 77f. 275 nach Schultze, 273 ff., 278 und 286.

maier diesem Ideal nahe kommt. Wenn nur diese Ordnung unter den Menschen sich durchsetzen ließe und jeder, von gleichem Sinne beseelt, am gemeinschaftlichen Werke dieses utopischen Aufbaus beteiligt sein würde oder – im Sinne Platons – das Seine täte! Aber das ist es: die Menschen, für die man das Beste will, wollen das Beste nicht. So muß Manuel darum bemüht sein, daß er mit Venedig in gutem Verhältnis bleibt und ein Verteidigungsbündnis mit dieser Republik von Händlern schließt, die dafür niedrige Zölle verlangen und das Reich wirtschaftlich abhängig machen, – daß er die Navarresen und die Lateiner unter dem Fürsten Centurione angreift und sie aus dem Lande treibt, – daß er die zentrale Gewalt des Despoten gegen die Dynatoi und die Archonten stärkt, – daß er der Flucht der ländlichen Bevölkerung sowie der Entwertung des Geldes Einhalt gebietet und – daß er die Magnaten daran hindert, ihr Vermögen im Ausland zu hinterlegen, wie es Georgios Eudaimonoiannis getan... und daß er, – daß er.... Und es bleibt über allem die quälende Frage: Was kann gegen die Ungläubigen unternommen werden, denen er Tribut zahlen muß.

»Das sind die Sorgen«, schreibt der Kaiser seinem Patriarchen Euthymos nach Konstantinopel, »die mich oft nicht haben essen lassen und die mich an geruhsamem Schlafe gehindert haben. Ich habe darüber die notwendigsten Dinge vergessen.«[187] Gemistos hat dem Kaiser ein Ideal vorgezeichnet, Manuel Chrysoloras, kaiserlicher Gesandter in Florenz und dort Professor der griechischen Sprache, zeigt ihm die Wirklichkeit:

»Die Bewohner dieser Ortschaften, dem Anschein nach fromm, sind in Wahrheit gottlos und wilder als die reißenden Tiere. Sie gehorchen weder Gott noch dem Gesetz der Natur. Die Begierde, die Räubereien, das Blut ihrer Landsleute macht ihnen Freude. Sie wetteifern nach Kräften mit den Sklavenhändlern, tragen über jene auch noch den Sieg davon und erwerben sich die Krone der Gottlosigkeit. Aber die Sklavenhändler ziehen gegen die Fremden aus, während jene gegen die Menschen ihres eigenen Volkes und – mehr noch – gegen die verwandten und ihre aufrichtigsten

Freunde, ja endlich – eine unglaubliche Sache – gegen die Menschen, die ihnen die liebsten sind«[187], ihr grausames Handwerk treiben. Damit hat Chrysoloras die Mainoten beschrieben, die sich keiner Ordnung, weder der bestehenden schlechten noch der utopischen, die es nicht gibt, unterwerfen. Und was die Archonten betrifft, so weiß jedenfalls der Satiriker Mazaris ein Gebet zu sprechen, mit dem er seinen Zeitgenossen ins Gewissen redet.

»Darum nun flehe ich zu dem Allmächtigen, der alles aus dem Nichts ins Dasein gerufen, daß die Festungen der verruchten, falschen, heimtückischen, gottlosen, nichtswürdigen Archonten mit leichter Mühe und in kurzer Frist von dem durchlauchtigsten Kaiser genommen werden, sie aber wie Wachs am Feuer zerschmelzen mögen und wie der Rauhreif am Strahl der Sonne, damit sie unter seiner Herrschaft und Botmäßigkeit hart gebeugt und gedemütigt werden, so wie auch unter das Joch des allervortrefflichsten und gnadenreichsten purpurentsprossenen Despoten.«[130]

Die Welt will nicht besser sein, Gemistos wird sie nicht ändern. Mit dieser Einsicht überläßt Manuel seinem Sohn, dem Despoten Theodor II. Palaiologos, die Peloponnes und fährt 1416 enttäuscht nach fast einjährigem Aufenthalt nach Konstantinopel zurück.

---

187 nach Zakynthinos, Bd. 1, 174 und 173. 130 Mazaris, nach Ellissen, 309. 187 Laonikos Chalkondylas, nach Zakynthinos, Bd. 2, 106.

CLEOPATRA MALATESTA

Um die Mächte des Westens zum tätigen Beistand für das bedrohte Reich zu gewinnen, beginnt Kaiser Manuel eine verzweigte Heiratspolitik. Er hat sechs Söhne. Sein Ältester, der Mitkaiser Johannes, hat seine Gattin, die Tochter des Großfürsten Wassili von Moskau, Anna genannt, schon an den Tod verloren. Die anderen Söhne haben das Heiratsalter erreicht. Im Jahre 1418 geht daher eine kaiserliche Gesandtschaft nach Italien, um die dynastischen Verbindungen mit italienischen Fürstenhäusern zu knüpfen.[4] Johannes wirbt um die Prinzessin Sophie von Montferrat. Für den Despoten Theodor ist die junge Cleopatra Malatesta ausersehen. Auch Papst Martin V. läßt sich für diese Heiratspläne gewinnen, nur verlangt er, daß der katholische Glaube der Frauen geachtet werde. Der Despot Theodor erläßt 1419 eine Silberne Bulle, die es seiner künftigen Gattin gestattet, einen Kaplan in ihrem Gefolge mitzubringen, Gottesdienst nach katholischem Ritus zu halten und nach italienischer Sitte zu leben. Auch gibt er ihr das Recht, im Falle er vor ihr sterben sollte, bei seinen Verwandten zu bleiben oder in ihre Heimat zurückzukehren. Die Verhandlungen in Italien hat Nikolaos Eudaimonoiannis geführt, nun erlaubt ihm der Senat der Republik von San Marco, die Braut Cleopa auf einer venezianischen Galeere von Fano nach Chioggia zu holen. Hier wartet sie mit ihrer neuen Schwägerin noch über einen Monat, bis sie mit der inzwischen aus Alexandrien gekommenen Galeere Ende August 1420 nach Griechenland hinüberfahren kann.[9]

An ein und demselben Tage, dem 19. Januar 1421, fanden die Hochzeitsfeierlichkeiten statt, die des Johannes in Konstantinopel, die des Theodor und der Cleopa in Mistra. Die ermüdenden Zeremonien, das Erscheinen des neuen Paares vor allem Volk auf der Tribüne, der hölzernen Prokypsis, die vor dem Palast errichtet war, die nochmalige Ausstellung der Vermählten im Thronsaal vor der Hofgesellschaft, die endlosen Hymnen, der Einzug der Geistlichkeit und der Würdenträger, das Umhergehen in gemessener

Feierlichkeit – und das am Tage danach abgehaltene Prunkmahl: Für die junge Prinzessin und jetzige Despoina war es eher ein Grund geheimer Unlust als freudigen Glücks. Aber Gemistos sah in Cleopa »die schöne und gute«, die »unseren schönen und guten Fürsten geheiratet« hatte. Ihr Körper schien »das Bild der Schönheit ihrer Seele« zu sein, war sie doch »unter allen Frauen eine bewunderungswürdige Gestalt«.[161] Es war platonische Stimmung, die diesen Lobpreis hervorrief, weil ihre Klugheit gefiel und sie sich den Gewohnheiten ihrer Untertanen anzupassen geneigt war. Freiwillig trat die Despoina zum Glauben der Orthodoxen über. Vielleicht hatte Johannes Phrangopoulos ihr geraten, diesen Schritt zu vollziehen, um Mißverständnissen unter den Griechen vorzubeugen. Denn er hatte als Minister und Ratspräsident, als Mesazon, der die Außenpolitik zu betreiben hatte, mit Venedig diplomatischen Streit wegen des lateinischen Erzbistums Patras, wo ein Verwandter der Cleopa seines geistlichen Amtes waltete. Venedig hatte ihn höflich, aber bestimmt darauf hingewiesen, daß ein Angriff auf Patras einem Angriff auf Venedig gleichkommen würde.[9] So unterwarf sich Cleopa der Staatsraison und fügte sich in Frömmigkeit den Riten der griechischen Kirche. Damit legte sie die »trägen und schlaffen« Sitten Italiens ab, »um die Strenge und die Zurückhaltung unserer Lebensweise anzunehmen«, wie aus ihrer Umgebung verlautete, »so gut, daß sie keiner der Frauen bei uns nachstand«. Sie befleißigte sich, den Griechen Wohlwollen zu erweisen, und war mildtätig stets gegen jeden. Sie sah ihre Aufgabe vor allem darin,

»die Armen zu versorgen, nicht nur mit Worten und wie es einer solchen Herrin geziemt hätte, nämlich durch andere, sondern ihre Hände verrichteten auch die Arbeit der Köche, sammelten das Holz je nach Bedarf, zündeten das Feuer an, brieten darauf die Nahrung der Armen und überreichten sie ihnen täglich, speisten sie und beachteten dabei

---

4 Dölger, Regesten, V, 105. 9 Thiriet, Bd. 2, Nr. 1782 und Nr. 1791.
161 Diehl, Figures byzantines, Bd. 2, 285 f. 9 Thiriet, Bd. 2, Nr. 2049 und Nr. 2093.

weder die Hitze des Feuers noch den kräftigen Zug des Rauches oder die unvermeidliche Dauer des Dienstes«.[179]

Inzwischen wird neben dem Thronsaal ein dreistöckiges Gebäude errichtet und zur Gasse, die an der Nordseite des Despotenpalastes vorbeiführt, mit einer großen Spitzbogenblende versehen, wie sie sonst in Mistra nicht vorkommt, vergleichbar aber den gotischen Bögen der Pantanassa ist. Es wird dieser Anbau den Damen Cleopas vorbehalten gewesen sein, denn die Despoina hat außer ihrem Kaplan Gefolge und Dienerschaft aus Italien mitgebracht. Ihnen und anderen Katholiken muß eine Kapelle eingerichtet werden. Auch ein anderer Bau hinter dem Despotenpalast hat Spitzbogenfenster aus vorgefertigten Hausteineinrahmungen, die wohl kaum einheimische Steinmetzen hergestellt haben. Vielleicht ist für diese Bauten Cleopa Bauherrin gewesen. Da nun derzeit der Mesazon Johannes Phrangopoulos die Agia Pantanassa bauen läßt, wird Cleopa Malatesta Palaiologina mitgewirkt haben, den Nonnen eine Loggia an ihrer Kirche, wie es schon vordem in Mistra geschehen, so anzulegen, daß sie, bei ihnen zu Gast, auf den Steinbänken sitzend, ins Tal schauen und den Frieden der heiligen Einsiedlerinnen mit dem Frieden in der Natur zugleich erlebt. Sie trägt seit langem das den Nonnen übliche Gewand unter dem Kleid der Despoina. Denn sie leidet in dieser fremden Welt.

Eine Ehrendame ihres Gefolges, die Battista Malatesta de Montefeltre, schrieb 1431 an Papst Martin V., der sich an den Despoten und an Cleopa selbst, seine in Christo geliebte Tochter wandte. Sie solle sich, empfahl ihr der oberste Hirte der Seelen, dem geistlichen Rat des Augustiner-Mönchs und Theologie-Professors Luca d'Offida anvertrauen, der damals päpstlicher Legat in Mistra war, um mit den Prälaten am Hof des Despoten das Schisma der Kirche zu erörtern.[187] Cleopa befand sich in innerer Seelennot und in familiärer Bedrängnis. Ihre Ehe mit Theodor war nicht glücklich. Der Despot hatte eine unerklärliche Abneigung gegen sie. Er war nahe daran, ins Kloster zu gehen. Der Despot änderte seine Absicht, doch die beiderseitige Fremdheit blieb.

CLEOPATRA MALATESTA

Darum hätte Cleopa, wie man sich später in Mistra erzählte, »edle Kämpfe« in der Sorge um ihre Ehe ausgetragen, die oft über ihre Kräfte gegangen wären. Plötzlich und unerwartet starb sie im Jahre 1433.

»Bei ihrer Bestattung wurde ihr Leichnam von den Händen der Menge getragen, mitten zwischen den Seufzern und Klagen und dem tiefen Schmerz unseres göttlichen Despoten. Unter den Tränen aller Vornehmen und ihres ganzen Gesindes. Denn sie wurde von allen geliebt, und keiner war hier, der ohne Tränen diesen schrecklichen Schlag des Schicksals beklagte.«[161]

Man bettete die Italienerin aus Rimini in der Agia Sophia zur letzten Ruhe. Gemistos hielt ihr die Trauerrede, sein Schüler Bessarion bedichtete die Tote, und Demetrios Papagomenos, der Arzt, vielleicht ihr Vertrauter in den letzten Tagen und Stunden, sah in dem Hinscheiden der Despoina und Basilissa ein schlimmes Zeichen kommenden Unheils, denn »nicht nur die Gegenwart der Rhomaier, sondern auch die Zukunft drängt uns, noch Schlimmeres über uns zu prophezeien und kein Ende des Schreckens zu erwarten.«[179]

---

179 Demetrios Papagomenos, nach Schmalzbauer, 234.
187 Die Briefe sind abgedruckt bei Zakynthinos, Bd. 1, 299 ff.
161 Georgios Gemistos, nach Diehl, Figures byzantines, Bd. 2, 286.
179 nach Schmalzbauer, 230.

Agia ophia

Palast der Despoten

Brontochion-Kloster
mit Agia Odegetria

Evangelistria

Metropolis mit
Agios Demetrios
und Episkopion

Befestigungsturm

III *Ansicht von Mistra*

Ausschnitt aus einer Bleistiftzeichnung
von Karl Rottmann, 1835,
mit Eintragung der wichtigsten Gebäude

München, Staatliche Graphische Sammlung

BLÜTE IN DEN RUINEN
DES REICHS DER PALAIOLOGEN

Während der Zeit, in der Johannes Phrangopulos die Politik des kleinen Despoten-Reiches bestimmte, entfaltete sich in Mistra die Blüte des spätbyzantinischen Humanismus. Das Leben des Alltags, in Haus und Gasse, ging ohne Bildung und Philosophie dahin, zumal das menschliche Bedürfnis, damals auf seine einfachsten Befriedigungen angewiesen, allzeit ohne hohe Gedanken auskommt. Aber für den geschichtlichen Rückblick bestimmen Gelehrsamkeit und Kunst den Charakter der Stadt. Während die Kunst die Orthodoxie, die Lehre von Gott, in Bauten und Bildern bewahrte, erneuerten die Gebildeten die klassische griechische Überlieferung und legten die Keime einer philosophischen Bildung, die zu Früchten allerdings nicht mehr reifen konnten. In der Zeit der Bedrohung, im Kampf gegen den Islam und gegen die ›lateinische‹ Kultur bildete sich mit der Bewahrung der Tradition, der antiken sowohl als der orthodoxen, ein Zwischenreich aus, dessen Eigenständigkeit unbezweifelbar ist und das nur äußerlich eine abgelegene Provinz europäischen Geistes darstellt, denn durch Gemistos und seinen Schüler Bessarion wirkte diese etwas spröde griechische Geistigkeit nachhaltig auf den italienischen Westen.

Gelehrsamkeit und Kunst

Am Orte selbst hielt man von den Humanisten nicht viel. Der Satiriker Mazaris, allzu vertraut mit den Verhältnissen auf der Peloponnes, nannte den Johannes Moschos »steinalt und lendenlahm« und »bei den Lakedaimoniern nur noch eine unnütze Last«.[130] Daß Johannes Moschos Schule hielt und zu ihm Italiener herangereist kamen, um die Sprache Homers und Platons zu lernen, kümmerte den Kritiker der mistriotischen Gesellschaft offenbar nicht. Geistesgelehrtheit wurde anscheinend wenig geschätzt. Darum begann Gemistos, ›Eingeweihte‹, Laien, aber auch Mönche, wie den späteren Metropoliten von Kiew, Isidor, und den jungen Bessarion, um sich zu sammeln, denn nicht auf die Öffentlichkeit, sondern auf den Geist seiner Schüler wollte er wirken. Das brachte ihn dann ins Gerede und trug ihm Verleumdungen ein, er hätte eine Sekte gegründet und den Heidengöttern geopfert. Seinen Adepten vermittelte er über politische Utopien hinaus die Lehren Platons, den er von allen Denkern besonders verehrte, und polemisierte in Wort und Schrift gegen Aristoteles, der bei den Theologen des Westens als Stütze des christlichen Dogmas in hohem Ansehen stand. Und so mochte man ihn denn wohl reden hören:

»... Aristoteles schätzt aber das Sinnliche und Materielle viel zu hoch. Deshalb gilt ihm die Materie für das Allgemeine, die Form für das Besondere. Deshalb behauptet er, das Sinnliche sei vor dem sinnlichen Wahrnehmungsvermögen und ohne dasselbe, während Sinnliches und Sinn doch nur miteinander und im Verhältnis zueinander gedacht werden können. Und was hat er zur Erklärung der Dinge, nachdem er die Ideen geleugnet, an deren Stelle zu setzen? Nur das Gesetz und die Kraft der ewigen Bewegung! Solche Irrtümer über die Prinzipien der Dinge machen sich auf das verderblichste in allen anderen Gebieten der Philosophie geltend, zumal in der Theologie.

Wie niedrig ist hier die Anschauung, welche Aristoteles von Gott hat! Platon sieht in Gott den Schöpfer aller Dinge. Aristoteles dagegen spricht ihm alle schöpferische Tätigkeit ab, denn er sagt, die ewigen Wesen seien nicht entstanden und haben also keine Ursache ihrer Entstehung. Alles, was eine Ursache habe, sei in der Zeit und zeitlich. Die Welt aber gilt ihm für ewig; sie hat also keinen Entstehungsgrund; also ist Gott auch nicht ihre Ursache, nicht ihr Schöpfer. Was soll man aber von einem Manne denken, der ›dieses schönste Dogma nicht bloß der Philosophie, sondern aller verständigen Menschen‹ leugnet? Bei ihm ist Gott nicht der Schöpfer der Dinge, sondern nur ihr Beweger. Aber auch hier beschränkt er die Macht Gottes noch. Denn der höchste Gott bewegt nach ihm nur einen einzigen Himmelskreis,

---

130 Mazaris, nach Ellissen, 298.

während die übrigen Himmelskreise von anderen Göttern bewegt werden. Also ist der höchste Gott in Wahrheit gar nicht in jeder Weise erhaben über alle anderen, sondern ihnen gleich und höchstens so weit vortrefflicher denn jene, als der von ihm bewegte Kreis vorzüglicher ist, denn die übrigen Kreise... Darum heißt auch Gott bei ihm niemals, wie bei Platon, der Bildner und Baumeister der Welt...«[275]

Solches geschah unter der Obhut der Phrangopouloi und des Sophianos Eudaimonoiannis, die Mazaris »die Glücklichen« nannte und deren Klientel, aller Geistigkeit offensichtlich abhold, sich »den Bauch mit Fleisch und Oliven, mit Polenta und Nektar, meinetwegen auch mit Schinken und Fastensuppe« füllte. Bei solchen Leuten konnte man sich, selbst wenn man in Konstantinopel mit all seiner Gelehrsamkeit keinen Erfolg gehabt hatte, »noch in Respekt setzen, ja wer weiß, wie hoch in Ansehen bringen, ihnen auch obendrein wohl noch ein erkleckliches Sümmchen Geldes abnehmen«.[130] Waren diese Humanisten von Mistra Sophisten, die sich für ihre selbstgefällige Klugheit bezahlen ließen? Bezieht sich diese Bemerkung etwa auf Georgios Gemistos? Man kehre die Ironie um: Geist galt dortzulande nicht viel. Und um nicht denken zu müssen, zumal Jagd und Polospiel unterhaltsamer waren, lud man die Philosophen oder sonstwie gelehrte Männer zu Gastmahl und Trinkgelage, gab ihnen Geld, damit sie nicht redeten oder es heimlich taten, und lästerte dann über solche Geheimnistuerei, über Mystagogie und ›Zoroaster‹, weil man, was unbehaglich ist, auch nicht gern ernst nimmt. Doch Mistra war nahe daran, ein Mittelpunkt gelehrter Bildung im Wettstreit mit den Städten Italiens zu werden. Venezianische Gesandte, Geistliche und Damen im Gefolge der Cleopa Malatesta, hin und wieder ein päpstlicher Legat und ein Reisender, wie einige Jahre später Cyriacus von Ancona, waren es, die den geistigen Austausch mit dem fernen Westen vorbereiteten, der dann auf dem Konzil zu Florenz eine Epoche der europäischen Geistesgeschichte einleiten sollte. In Florenz war schon Manuel Chrysoloras, ein Schüler des Gemistos, als

Lehrer der griechischen Sprache und als kaiserlicher Gesandter tätig.

Aber mit den Bauleistungen des Westens konnte sich Mistra, das byzantinische Sparta, nicht messen, wollte es wohl auch nicht. Jetzt kann der Despotenpalast nicht mehr gebaut worden sein. Hier und da errichtete man noch Häuser und besserte die alten aus, wenn es nicht wichtiger war, die Mauern der Stadt zu erneuern. Gegenüber der Florentiner Domkuppel, dem Dogenpalast in Venedig, dem Mailänder Dom und der Kathedrale von Sevilla ist die gleichzeitige Bautätigkeit in Mistra bescheiden, aber von einer nach innen gewandten Größe, die jenen anderen Werken, gerade weil sie alles bis dahin Vollbrachte in den Schatten stellten, nicht eigen ist. Die Kanoniker von Sevilla wollten als Wahnsinnige bei denen gelten, die ihre Kathedrale vollendet sähen. Brunelleschi griff mit der Pazzi-Kapelle bei Santa Croce in Florenz zwar byzantinische Anregungen auf, aber mit der Domkuppel wollte er die Antike weit übertreffen und tat es: sein ingeniöser Geist gab ihm die konstruktive Idee. Und in Nürnberg, wohin Bessarion als ein römischer Kardinal noch kommen sollte, entstand damals die ›Gute Stube‹ der Lorenzkirche, ein Werk bürgerlicher Kunst, die es in Byzanz nie gab. Denn Bau und Bild dienten dem Reich und der Liturgie.

Umbau der Metropolis

Während der Anwesenheit des Kaisers Manuel war die Agios-Demetrios-Kathedrale die Hofkirche der Palaiologen geworden. Bei der auf halbem Wege zum Brontochion-Kloster errichteten Friedhofskapelle, der Evangelistria – einem Bau ähnlich der Peribleptos – lagen die Gräber der zwei kleinen Kinder des Kaisers, die in Mistra einige Jahre zuvor verstorben waren. Damals muß die Absicht aufgekommen sein, der dreischiffigen Bischofskirche des seligen Nikephoros Moschopoulos ein zweites Geschoß aufzusetzen. Man riß das Dach ab und schonte dabei die Fresken des Mittel-

275 nach Schultze, 85 f. 130 Mazaris, nach Ellissen, 298.

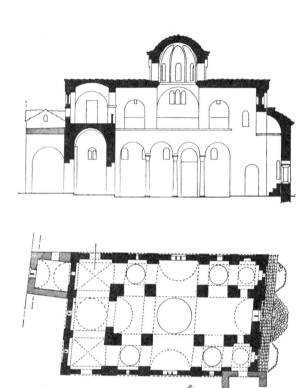

Die umgebaute Metropolis. Die aus den letzten Jahren des 13. Jahrhunderts stammende Metropolis (vgl. Abb. auf S. 75) wurde bald nach 1400 durch den Metropoliten Matthäos umgebaut. Über dem basikalen Langhaus ließ der Bauherr ein Emporengeschoß als Kreuzkuppelkirche errichten, so daß nun, obgleich in anderer baugeschichtlicher Folge, ein Raum ähnlich der Panagia Odegetria entstand. Der Grund dieses Umbaus war, auch in der erzbischöflichen Kirche für die kaiserlichen oder despotischen Liturgien eine Tribüne über dem Narthex zu erhalten und den Damen des Hofes im Emporengeschoß, dem Gynaikeion, die Teilnahme an der Liturgie zu ermöglichen.

schiffs nicht. Teile der Leben-Christi-Szenen wurden am oberen Rande beschädigt. Mit diesem Umbau entstand eine Kreuzkuppelkirche, deren Mittelkuppel die Eckkuppeln überragt. Im Unterschied zum Quaderwerk des älteren Baues bestehen die neu aufgeführten Mauern aus rasch vermörtelten Bruchsteinen, Material, das der Felsenberg hergab. Aber durch die Tribüne gegenüber dem Hieroteion und durch die seitlichen Emporen, dem Gynaikeion, war Raum für die kaiserliche Liturgie geschaffen, an der in Begleitung des Kaisers oder des hohen Despoten die Damen des Hofes teilnehmen konnten. So war, wenn auch in anderer baugeschichtlicher Folge, dem Typ nach eine der Aphendiko ähnliche Kirche entstanden. Zum Tal hin wurde ein offener Säulenhof angelegt und die Metropolis und das Episkopion, die Wohnung des Metropoliten, mit einer Mauer umfriedet. Bilder würdiger Erzbischöfe ließ man an die Außenwand des seitlichen Schiffes malen, als sollte der Andächtige in einem Geschichtsbuch des christlichen Lakedamion lesen. Sicherlich sind die Gestalten in ihren strengen Gewändern die gleichen, die in der Meßliturgie des Nikephoros Moschopoulos mit Namen bezeichnet werden. In diesem Hof kamen täglich – und noch bis in die spätesten Zeiten – die Kranken zusammen, um von den Popen Heilung und Segen durch die Ärzte Cosmas und Damian zu empfangen, die im Diakonikon bildhaft anwesend waren. Als nach dem Tode ihres Mannes im Jahre 1425 die Kaiserin Helena am Despotenhofe zu Mistra ihre Witwenjahre verbrachte und ihrem späten Tode entgegenlebte, war allen Erfordernissen der Zeremonien Rechnung getragen: die Kirche war umgebaut. Und der Metropolit Matthäos ließ seinen Namen am mittleren Giebel verewigen: sein war das Werk.

In Marmor meißelte ein Steinmetz für die Metropolis eine Christusfigur.* Thronend, segnend, in der Linken das Buch der Bücher, sitzt Gottes Sohn unter einem von Säulchen getragenen Bogen und blickt den Betenden unverwandt an.

* Mistra, Museum; vgl. R. Lange: Die byzantinische Reliefikone, Recklinghausen 1964, 129 ff.

Das Relief ist flach, die Falten des hehren Gewandes sind nur in den Stein geritzt. Flechtband ziert den niederen Sokkel. Der Stein wurde bemalt. Diese Ikone ist kein Werk der Kunst wie die stolzen Heiligen aus den Bildhauerwerkstätten am Arno. Das Steinbild soll nur ein Zeichen sein, ein Gegenstand des Gebets, in das der Glaubende sich versenkt, umgeben von der singenden Monotonie der liturgischen Rezitation. Es schränkt sich auf seine Bedeutung ein und empfängt von dort her seinen heiligen Sinn.

Agia Pantanassa

Noch in den Ruinen des Reiches lebte man aus den Wurzeln des Glaubens, und von dorther muß auch die Agia Pantanassa erklärt und verstanden werden, ein Bau, der 1428 in Mistra errichtet wurde und in dem die Bildwelt der Orthodoxie noch Gegenwart ist, wie sie es damals war.

Die akathystische Hymne

In die Frühzeit des byzantinischen Reiches und des Gottesvolks der Rhomaier reicht die Tradition einer Hymne zurück, die am Tage der Verkündigung des Erzengels Gabriel an Maria erklang und stehend – daher die Bezeichnung: akathystos – gesungen wurde. Preis und Lob galt der Inkarnation des Logos durch die allheilige Gottesmutter. Es wird erzählt, wie der Engel der Maria erscheint und zur gebenedeiten Jungfrau spricht: »Die Kraft des Höchsten wird dich überschatten!« Maria begegnet Elisabeth, Joseph mißtraut Maria. Dann aber kommt der Tag der Geburt des Gottessohnes, und die Hirten gehen, zu schauen, was ihnen der Engel verkündet. Fern aus dem Orient nahen die Söhne der Chaldäer, sie erblicken den Stern, beten das Kind in der Krippe an und erzählen nach ihrer Rückkehr, was sie erlebt. Aber der Glanz, den Gott der Welt gesandt, wird nach Ägypten getragen, erst dann wird Jesus von seiner Mutter im Tempel dargebracht. Der zweite Teil der vielstrophigen

Hymne umschreibt die Natur des Gottessohnes, denn Gott hat eine neue Schöpfung gezeugt: die Geburt des Heilands und seine Fahrt in die Hölle – Menschwerdung und Auferstehung – sind die Beweise seiner zwei Naturen und der Dreifaltigkeit. Engel übernehmen das Lob der Glaubenden, tragen es hinauf zu Gott, denn Gott will die Welt und die Menschen von ihren Sünden erlösen. Maria aber, die »Mauer der Jungfrauen« und »lichtempfangene Lampe« – sie ist bei Gott und bei ihrem Sohn, den himmlische und irdische Chöre umgeben. Christus zerreißt das Schuldbuch der Menschheit.

Einst war Konstantinopel – im Jahre 626 des Heils – von Awaren und Persern bedroht. Da sangen die Bedrängten in der Agia Sophia die akathystische Hymne, und die Belagerer ließen ab von der Stadt am Goldenen Horn. Das Reich war gerettet. Jetzt ist es wieder bedroht, die Osmanen haben die Peloponnes durchtobt, Mistra belagert, beraubt und geplündert, Lakonien war ihnen preisgegeben und ward gerettet – ein Wunder war es zu nennen. Darum wird in der Kirche der Pantanassa, der Allherrscherlichen, dem Hymnus ein Zyklus von Bildern gewidmet: Hoffnung auf Rettung und Bewahrung des Reichs. Die Hoffnung bestärken zahllose Märtyrer unter den Bildern der Hymne, sie sind Zeugen des Glaubens, ihr Tod macht das Volk zum letzten Opfer bereit! ... macht es zum Opfer bereit? Oder lesen die Gebildeten unter den Frommen während der Liturgie Romane, wie sie das Volk liebt, in Gebetbuchformat? Denn sie wissen nicht, ob sie dem Kaiser die Treue, »um die es dermalen gar falsch, trügerisch und chamäleontisch aussieht, unerschüttert erhalten oder ob sie dem von anderen Archonten gegebenen Beispiel der Widerspenstigkeit und Untreue folgen sollen«.[130]

Die Bilderwelt

Also stehen Glaube und Hoffnung nicht mehr im Einklang. Die Hoffnung richtet sich schon auf den Großherrn der Türken, der vielleicht eher den Besitz der Latifundien si-

---
130 Mazaris, nach Ellissen, 298.

chert als der machtlose Kaiser und sein schwacher Despot. Adel und Volk trennen sich auf dem Wege des Schicksals, den das Reich geht. Denn das Volk lebt in seiner Orthodoxie. Dem Glauben die heilige Wahrheit und der Gottesfurcht die liturgische Wirklichkeit gegenüberzustellen, werden die Themen der Bilder in der neuen Kirche erwählt. Zwischen Erzengeln thront die Theotokos Platytera in der Wölbung der Apsis, im Gewölbe des Hieroteions schwebt Christus zum Himmel auf. Johannes Chrysostomos und der Heilige Basilios umstehen die geweihte Trapeza. Die himmlische Liturgie und darunter die Kommunion der Apostel werden beiderseits der Bema gefeiert und deuten auf die Eucharistie und das in ihr sich wiederholende, stets gleiche Opfer. Unter der Kuppel mit dem Pantokrator verkünden die vier Evangelisten das Wort und die Geschichte des Herrn. Zum Hieroteion, als der Seele der Kirche, zieht Christus, viel Volk der Juden umgibt ihn, in Jerusalem ein. Hier vollzieht sich die Auferstehung, die Anastasis Christou. Zum Naos als dem Körper der Kirche, wird Jesus im Tempel dargestellt, hier wird er im Jordan getauft: Menschen- und Gottessohn. Im Querschiff verkündet der Engel die Gnade des Herrn an Maria, hier bringt ihn die Gottesmutter zur Welt. Christus weckt den Lazarus aus den Banden des Todes auf und erscheint den Jüngern verklärt am Taborberge. So offenbart sich im Wechselgesang der Bilder Christus als Mensch und Gott.

Tritt man in den heiligen Bilderraum, steht man unter der kleinen Kuppel des seitlichen Schiffes und erblickt darin die Blacherniotissa, die betende Gottesgebärerin mit dem Emmanuel-Medaillon auf der Brust. Ihr entspricht auf der anderen Seite, im gegenüberliegenden Seitenschiff, die Dreifaltigkeit, umgeben von den Symbolen der Apokalypse. Gottvater, Sohn und Heiliger Geist erscheinen zwischen Abraham und Johannes dem Täufer, beide im schriftumzogenen Medaillon in den benachbarten Kuppeln, jener, der in das Land der Verheißung zog, dieser, der vom Gottessohn kündete. Denn von der Trinität gehen von Ewigkeiten zu Ewigkeiten das Gesetz des Alten und die Gnade des

Neuen Testamentes aus. Isaak, den Abraham zu opfern bereit war, und Jakob, der letzte der alttestamentlichen Patriarchen, haben ihren Ort unter den Jochkuppeln nahe dem Narthex. Darunter zieht sich die Reihe der Bilder als Strophen der akathystischen Hymne entlang. Moses und Aaron, den Stiftern des Jahwe-Glaubens, werden die Nischen in den Tribünen gewidmet, jener über der Prothesis, dieser über dem Diakonikon. In den Kuppeln davor neigen sich Zacharias und Melchisedek, in den durchfensterten Kuppeln jedoch Patriarchen den Gläubigen zu. Alles im Kirchenraum ist der herrschenden Platytera zugeordnet. Doch auch sie, die mehr als die Schöpfung ist, weil sie den Schöpfer gebar, erleidet das Los jedes Menschen. Dem Hieroteion gegenüber stirbt sie den Tod in Christus.

Geht man hinaus zum Narthex, an der Wand zur Linken den Tod Mariens, an den Gewändern der Tür die Maria Egyptiaca, die Sünderin, und Zosimos, der sie am Jordan bestattete, darüber die Zeichen der Passion, über sich den schlafend-wachenden Emmanuel und die von allen Heiligen verehrte Maria: dann wird die Macht des Glaubens zur beängstigenden Gewalt. Der Priester tritt zu den Katechoumenen hinaus und sieht vor sich den bethlehemitischen Kindermord, das Massaker der Unschuldigen, die auf Befehl des Herodes, um das Heilskind zu töten, umgebracht wurden. Die Katechoumenen jedoch sehen vor sich über der Basilike Pyle, der ›Schönen Tür‹, den Baum Jesse, der auf die Hoffnung zukünftigen Heiles deutet. Und die Wunder Christi, dann aber Soldatenheilige, Märtyrerszenen und eine Belagerung, im Gewölbe ein bewaffneter Engel – sie alle weisen auf die Pflicht zur Verteidigung des Glaubens hin. Oben auf der Tribüne, unter der Kuppel mit der von Seraphim umgebenen Jungfrau Maria, der Orantin mit dem segnenden Christus im Acht-Stern des Welt-Symbols, thront der Despot und Autokrator Theodor II. Palaiologos während der Liturgien zwischen Propheten, Asketen und Heiligen. Es klingt der Hymnus der Bilder schon wie ein Schrei der Angst.

So ist denn auch der Stil ein Synologion vieler Stimmen

und Klangfiguren. Eine unübersehbare Menge von Gestalten ist dargestellt, die lebt und bewegt ist, handelt und sich erregt. Wildbergiges Land umgibt sie, gediegen türmen sich Bauwerk und Architektur.

»Die Suche nach dem Malerischen steigert sich dabei bis zum Übermaß, bis es alle Tiefen und Hintergründe und die phantasievollen Bauten füllt; die Suche nach Bewegung und Ausdruck bringt dabei, zum Beispiel in der Himmelfahrt, die das Gewölbe der Bema einnimmt, ein Zuviel an Aufregung hervor, die im Gegensatz zur Einfachheit in der Peribleptos steht; die Suche nach dem Pathetischen endlich, obschon sie einige erstaunliche Gestalten hervorbringt, die wahrhaft im Ausdruck sind, entstellt doch etwas die edle und reine Schönheit.«[223]

Eine außerweltliche, nur bildliche Wirklichkeit wird in der freien Vielfalt des Kompositionellen und Räumlichen sichtbar. Bei aller Deutlichkeit im einzelnen geht diese Wirklichkeit weit über Erfahrbares hinaus, ohne doch in Mystisch-Unwägbares auszuweichen. In den Bildern der Pantanassa, der gerühmten Auferweckung des Lazarus insbesondere, wird Malen zum entscheidenden Zeigen, zum bestimmten und bestimmenden Befehl: Du siehst es, so ist es – Du mußt büßen und Deine Seele hinwenden zu Gott, ohne Ihn bist Du verloren, durch Ihn aber vom Tode frei. Und doch: Hier ist ein Ende gesetzt, über das hinaus es keine Entwicklung gibt. Die Fresken der Pantanassa, mit eiligem, aber sicherem Pinsel auf den frischen Putz gemalt, machen deutlich, daß die Wandmalerei ihre Eigenständigkeit eingebüßt hat und die erzählende Malerei der volkstümlichen Ikonen vorherrscht. In der Pantanassa werden fast zu viele Worte gemacht. Der innere Zweifel wird übertönt und ist doch unüberhörbar.

Das Bauwerk

Dieses Weltbild der kämpfenden Orthodoxie, diese Welt der Bilder wird von einem Bauwerk umhüllt, das in seiner ruhigen Vornehmheit wie eine Synthese verschiedener Tra-

[223] Diehl, Manuel d'art, 751.

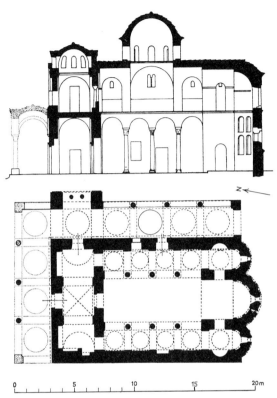

Die Pantanassa. Die im Jahre 1428 errichtete Kirche der Allherrscherlichen Gottesmutter, eine Stiftung des Johannes Phrangopoulos, ist das Katholikon eines Nonnenklosters. Trotz des steil ansteigenden Geländes ist ein Bau strenger Regel errichtet worden, und zwar, im Unterschied zur Panagia Odegetria und der kurz vorher umgebauten Metropolis (vgl. Abb. auf S. 75 und 182), von Grund auf dem sogenannten Mistra-Typus entsprechend: über basilikalem Erdgeschoß erhebt sich das Emporengeschoß als Kreuzkuppelkirche. Der Turm an der Ostseite neben dem Narthex ist das ›Gelenk‹ zwischen den beiden Loggien, die an der Nord- und an der Ostseite die Kirche begleiten. Die vornehmste Schwester der Nonnen der Pantanassa war die Despoina Cleopa Malatesta aus Rimini. Die Pantanassa zu Mistra ist das letzte Kirchengebäude, das vor der Katastrophe von 1453 in dem kleinen Rest-Reich von Byzanz entstand.

ditionen wirkt. Das Übereinander von ›Basilika‹ und ›Kreuzkuppelkirche‹ war als Raumform in der Agia Odegetria, der Aphendiko, nach geändertem Plan, in der Metropolis durch Umbau entstanden. In der Pantanassa ist sie von Grund auf ins Werk gesetzt. Langraum und Hochraum, ›Erde‹ und ›Himmel‹ durchdringen sich sinnvoll und liturgiegemäß. Äußeres und Inneres stehen in Analogie, sind eine Einheit, vom heiligen Raum her bestimmt. In streng byzantinischer Logik entsprechen sich die Folge der Bilder und die Gruppierung der architektonischen Elemente. Dem Gleichmaß der kleinen Kuppeln der Seitenschiffe wird im oberen Geschoß, dem Gynaikeion, mit seinen Eckkuppeln und den zwischen ihnen sich wölbenden Querschiffarmen ein gesteigerter Rhythmus entgegen-, besser: darübergesetzt, der in der Hauptkuppel die Mitte betont. Denn trotz des steil abfallenden Hanges herrscht Regel und Ebenmaß: genau in der Mitte der Länge und Quere erhebt sich die beherrschende Kuppel. Die begleitenden Kuppeln an den Ecken verdichten den Rhythmus der geschweiften Dächer, welche die Giebel bedecken, und ergeben mit den Kuppeln über dem Narthex und dem östlichen Proaulion, der Loggia, einen vielstimmigen Chor abwechslungsreicher Akkorde. Die Bogen der Loggia – der dem Narthex vorgelagerte Teil ist abgebrochen – bilden nicht ganz einen Halbkreis, sind offen und lichtgewährend. Die Kuppeldächer und Giebelbogen und die Reihe der Fensterarkaden im Kranz um das Hieroteion, die Licht nur dem Inneren geben, schließen den Raum in sich ein. Da verlangte die Steigerung dieser Bogenkünste im Glockenturm eine Form, die hierzulande sonst unbekannt ist, bekannt nur durch die Baukunst der Franken: den Bogen der Gotik. Die Baumeister der Pantanassa haben den spitzen Bogen ihrem Geiste anzuverwandeln gewußt. Die gotischen Formen klingen schon an in den Blendarkaturen, mit denen das Hieroteion – als sei es die Krone der im Inneren thronenden Platytera – weit in die Landschaft hinauswirkt. In farbig-plastischer Dekoration wird die Bogenfolge in Girlanden ornamental umgedeutet: es wirkt orientalisch. Aber der einmal angeschlagene Klang der spitzen Bogen mußte über der Zone der runden Bogen, die das Hieroteion im oberen Geschoß umstellen, aufgenommen und analog weitergeführt werden. An den beiden oberen Geschossen des Glockenturms stehen die Spitzbogen offen, wie die niederen Bogen der Loggien, doch jetzt, das mittlere höher, je zu Dritt in einer übergreifenden Bogenblende. Darüber steigen an den Ecken, kontrapunktisch zu den geschweiften Kuppeldächern der Kirche selbst, kantige Eckfialen auf, zwischen sich das gestreckte Dreieck des Giebels. Das konisch geschwungene Turmdach krönt in seiner meisterlichen Silhouette das Werk. Der Turm, der neben dem Narthex aufragt, gibt der gesetzgebenden Symmetrie eines Körpers, der lagert, die erforderliche Asymmetrie, die Beweis und Zeichen empfindsamer Formphantasie ist und, dissonantische Fügung in Harmonie auflösend, den Kunstgeist spätbyzantinischer Liturgie offenbart.

Als sollte die älteste Tradition orthodoxer Klöster auch bei der letzten Gründung in Mistra unabänderbar gelten, wurde den Nonnen die umfriedende Mauer in strengem Rechteck gesetzt, wie es schon das Katharinen-Kloster auf dem Sinai umschloß und hier den steilen Berghang emporklimmt. Weit in die Landschaft hinein blickt die Agia Pantanassa, von weither grüßt sie den Wandernden. Zypressen umstehen den Turm, Zeichen des Friedens und melancholischer Meditation. Bauherr und Stifter des Klosters ist Johannes Phrangopoulos. Er macht der Gottesgebärerin und Allherrscherlichen – der Pantanassa – »dieses kleine Geschenk«. In der Bescheidenheit liegt sein Stolz. Seinen Namen und seine Titel – Protostrator und Mesazon – ließ er an den Giebeln der Nordseite der Kirche verewigen, auch an einem Kapitell im Inneren ist sein Name zu lesen. Doch seine Bauleute bleiben für immer unerkannt namenlos. Die Maler, die aus Konstantinopel kamen, aus der Stadt, die erst vor wenigen Jahren von den Osmanen belagert und bestürmt worden war, gaben der Kirche die Bilder der Hoffnung und des Glaubens, der Gottesfurcht und der Erregung des frommen Gebets.

Aber Hoffnung gab es nicht mehr.

EIN KAPITEL
EUROPÄISCHER GEISTESGESCHICHTE

Während der Kleinkrieg in der Peloponnes fortgesetzt wird und die Türken das Land verheeren, bereitet sich eine Epoche vor. Zwischen Bodensee, Tiber, Eurotas und Bosporus verknüpfen sich die Lebensfäden ganz unterschiedlicher Menschen zu einem Netz. Und doch verfolgen alle Beteiligten nur die nächstgelegenen Zwecke und urteilen nach dem Maß ihrer Einsicht: ein Kaiser, dessen Reich nur noch Bruchstück und Stückwerk ist, Theologen, die sich über das Hervorgehen des Heiligen Geistes streiten, ein Papst, der mit seinen Bischöfen uneins ist und seine Tiara verkauft... Und dann die Geschäftigen, denen es um Zoll und Handelsprozente geht, und die Bedächtigen, Zögernden, Ängstlichen und die Frommen. Aber unter ihnen finden sich die Klugen und die Nachdenklichen zusammen, die das Heil dieser Welt, und seit eh und je schon vergeblich, in der Duldung sehen, und genötigt sind, monatelang auf knarrenden, schwankenden, übel nach Teer und Kot riechenden Galeeren auszuharren. Sie dulden es klaglos.

Griechischer Hintergrund

Der Hintergrund dieser Epoche ist ohne Gold. Die Ereignisse auf der Peloponnes sind damals nicht viel bedeutender als anderswo, überall werden Festungen belagert, Besiegte verschleppt, Dörfer verwüstet: alltägliches Spätmittelalter. Nachdem er vergeblich die Hauptstadt Konstantinopel belagert hat, schickt Sultan Murad II. seine Janitscharen in die Morea. Die Mauern der Kaiserstadt sind zu mächtig gewesen, aber die Hexamilion-Mauer wird überwunden. In der Argolis und in Arkadien brandschatzen die Türken. In Lakonien berennen sie Mistra und plündern es. Doch dann werden sie, was kaum zu erwarten gewesen, von den Griechen in offener Feldschlacht besiegt. In Korinth zwar setzt sich, als Freund des Sultans, Antonio Acciaiuoli fest. Aber im Jahre 1427 ist mit Ausnahme der venezianischen Besitzungen die Peloponnes in byzantinischer Gewalt. Die Halbinsel wird unter die Brüder des Kaisers Johannes aufgeteilt. Jeder erhält seine Apanage: Konstantin genießt die Einnahmen von Messenien und der Maina, von Achaja und Elis – Patras allerdings muß noch erobert werden –, Theodor, der kurz zuvor noch wegen seiner unglücklichen Ehe in ein Kloster sich hat zurückziehen wollen, behält Lakonien, Arkadien und die Argolis. Um mit dem Despoten von Epirus, Carlo Tocco, der auf Befehl des Sultans Krieg gegen Theodor angefangen und in Elis gewütet hat, in Frieden zu leben, heiratet Konstantin im Sommer 1428 dessen Nichte Magdalena, die den Namen Theodora annimmt, in Glarentza wohnt, aber schon nach einem Jahr im Kindbett stirbt. Auch Thomas, der jüngste unter den Brüdern, wird mit einer Apanage ausgestattet. Er bekommt Kalabryta, nimmt sich Chalandritza, das noch dem Fürsten Centurione gehört, und heiratet, um das Erworbene auch zu besitzen, dessen Tochter Caterina, die als Erbin des letzten lateinischen Lehnsstaats den Titel ›Fürst von Achaja‹ ihm mit in die Ehe bringt.

Verwaltungsrechtlich bleibt die Peloponnes eine Einheit. Ministerpräsident – Mesazon – ist Johannes Phrangopoulos. Die Außenpolitik bestimmt der Kaiser, aber der Weg nach Konstantinopel ist weit. Eigene Schiffe besitzen die Byzantiner nicht, den Seeverkehr führen italienische Schiffe durch. Die Despoten treiben Politik auf eigene Faust. Mit Venedig gibt es, wie schon seit Jahren, immer wieder Grenzstreitigkeiten. Um seine Ansprüche auf Festungen in Hocharkadien, die der Fürst Centurione der Republik überlassen hat, durchzusetzen, verhängt der Senat von Venedig Sanktionen, erschwert die Ausfuhr griechischer Waren in sein Gebiet, beschränkt die Freiheit der Griechen in Koron und Modon und – weist den orthodoxen Bischof von Koron aus: das kleine Byzanz soll sich der Serenissima fügen.[9] Doch die Osmanen sind das unabwendbare Verhängnis, das die Zahlung von Tributen noch verzögern, aber nicht

9 Thiriet, Bd. 2, Nr. 2195; vgl. Nr. 1697, Nr. 1906 und Nr. 2202.

aufhalten kann. Rettung könnte die Union mit der katholischen Kirche sein. Johannes VIII., durch seine militärischen Erfolge auf der Peloponnes voll Zuversicht, spricht 1428 in Mistra mit Georgios Gemistos, von dem man sagt, er habe eine geheime Sekte um sich versammelt und leugne Christus – für den Basileus der Rhomaier ist das bedeutungslos. Ihm geht es um das Urteil des Philosophen über die Lage der Kirchen. Gemistos legt seine Ansicht dar: sollte es zu einer ökumenischen Synode kommen, müßten die Delegierten beider Seiten die gleiche Stimmenzahl haben, sonst wären die Orthodoxen im Nachteil. Im übrigen träte er für die Beibehaltung der Trennung beider Kirchen ein. Offensichtlich mit solchem Rat erlangt Gemistos das volle Vertrauen nicht nur des Kaisers, sondern auch das des Patriarchen Joseph von Konstantinopel. Johannes VIII. bestimmt ihn zum Mitglied der Delegation. Seinen Dank abzustatten, bestätigt er die Belehnung seines Obersten Richters mit dem ›Städtchen‹ Phanarion in der Argolis und mit dem Orte Brysis, die im vorangegangenen Jahr der Despot Theodor vorgenommen hatte.[4] Der Kaiser reist nach Konstantinopel zurück.

Im gleichen Jahr verheeren die Türken das venezianische Gebiet um Koron und Modon. 1431 greifen sie die Hexamilion-Mauer abermals an, die zu befestigen sich sogar Venedig mit Übernahme eines Teils der Kosten bereit gefunden. Dann geraten die Palaiologen-Brüder darüber in Streit, wer von ihnen den Thron in Konstantinopel besteigen wird, falls Johannes kinderlos, was anzunehmen ist, stirbt. Thomas schlägt seine Residenz in Glarentza auf, dafür geht Konstantin 1432 nach Kalabryta. Theodor residiert in Mistra. Er ist entschlossen, gegen Konstantin Krieg zu führen, um die zwischen seinen Brüdern getroffenen Vereinbarungen über die Nachfolge zu hintertreiben. Er ist kein Freund der Union, nicht einmal verhandlungsbereit. Also fällt Konstantin, im Einverständnis mit Sultan Murad, 1436 in die ›Strategie‹ Mistra ein. Er will seinen Bruder vertreiben. Johannes VIII. muß zwischen den sich zankenden Brüdern vermitteln. Erfolg auf die Dauer hat er nicht gehabt.

Vorbereitung

Jahrelang wurde auf diplomatischen Wegen über ein ökumenisches Konzil verhandelt. Griechische Gesandte waren nach Konstanz gereist, hatten sogar Beziehungen zum Deutschen Reichstag aufgenommen. Kaiser Sigismund hatte Manuel II., dem Basileus, geschrieben. Als nun das Baseler Konzil den Anspruch erhob, die Leitung der Kirche als ein Kollegium von Bischöfen zu verkörpern, und der Papst – und seine Gegenpäpste – dadurch ›entmachtet‹ schienen, war ein Wetteifer zwischen Papst Eugen IV. und dem Konzil entstanden, wer denn nun die Verhandlungen mit den ›Schismatikern‹ führen sollte. Für die Katholiken war die Frage einer Union das Machtmittel zwischen Papst und Konzil geworden. Aber die Autorität des Papstes festigte sich. Den Baseler Bischöfen unterbreitete Johannes VIII. durch seinen Bruder Demetrios, den Despoten, den Vorschlag, das Konzil nach Konstantinopel einzuberufen. Doch das Konzil mit all seinen Annehmlichkeiten vom Rhein an den Bosporus zu verlegen, war zu beschwerlich und mit Gefahren verbunden. Endlich einigten sich Gesandte des Basileus mit Eugen IV. auf eine Stadt in Italien als Tagungsort der Synode. Den Unterhalt sollte der Papst bestreiten. Während der Abwesenheit des Kaisers würde der Despot Konstantin seinen Bruder vertreten. Zur Vorbereitung der Synode reiste er deshalb im Herbst 1437 mit Georgios Sphrantzes, dem Freunde, und Georgios Gemistos nach Konstantinopel. Cyriacus von Ancona mußte es dann bedauern, den Philosophen bei seinem Besuch in Mistra nicht angetroffen zu haben.

Nikolaus Chryppfs aus Kues an der Mosel, genannt Cusanus, war auf seiten des Baseler Konzils ein Gegner der Suprematie des Papstes gewesen. Jetzt unterstützt er die päpstliche Unionspolitik. Eugen IV. schickt ihn nach Konstantinopel, um den Kaiser nach Italien zu begleiten. Er hat ihm Geld mitgegeben, dreihundert kretische Bogenschützen zu mieten, die den Wachdienst auf den langen Mauern

4 Dölger, Regesten, v, 113.

Konstantinopels verstärken sollen. Venedig stellt die Galeeren für die Überfahrt bereit. In der Hauptstadt am Goldenen Horn, die halb verfallen, entvölkert und allen Glanzes beraubt ist, lernt Nikolaus Cusanus Gemistos und dessen Schüler Bessarion, damals Titular-Bischof von Nikaia, kennen. Während er sich in die Schriften Platons vertieft, liefern sich die Galeeren des Papstes und die des Konzils, die auch den Kaiser abholen wollen, fast eine Seeschlacht im Bosporus. Aber auch die Beratungen beim Kaiser, die mit den Geistlichen gepflogen werden, machen die unterschiedlichen Standpunkte bei den Orthodoxen offensichtlich. Bessarion trat für eine Verständigung mit dem römischen Papste ein, Gemistos und Markos Eugenikos, ein anderer Schüler des Philosophen, sahen darin eine Schwächung der Kirche und ihres Reiches.

Die Reise nach Italien

Am 27. November 1437 stach die Flotte venezianischer Galeeren, mit dem Kaiser an Bord, in See. Und es reisten mit der Patriarch Joseph von Konstantinopel, alt, schwach und krank, der Despot Demetrios, damit er nicht, wie schon geschehen, mit dem Sultan gemeinsame Sache mache, und der Metropolit Methodios von Lakedaimon aus Mistra, ferner der Metropolit Dositheos von Monembasia, der den Lateinern wenig freundlich gesonnen war, sowie der Metropolit von Ephesos, Markos Eugenikos, und weitere zwanzig Bischöfe, dazu Mönche und Würdenträger, Sänger, Diener, Speisebereiter, Köche: mehr als siebenhundert Personen – und Bessarion, Gemistos und Nikolaus Cusanus. Auf der Seefahrt befanden sich Kaiser und Patriarch und die anderen betagten Prälaten nicht wohl. Der Kaiser konnte während der Reise, die deshalb über zehn Wochen dauerte, auf dem Schiff weder essen noch schlafen. »Und darum, wenn es nicht so viele Inseln mit Häfen unter der Herrschaft Venedigs gegeben hätte oder unter den Griechen selbst: sicherlich hätten wir niemals den Hafen Venedigs erreicht.«[262] Cusanus hat also Zeit, darüber nachzudenken, was eigentlich Wissen ist, wenn es über ein und dieselbe Tatsache so viele Meinungen gibt. Hat diese platonisch-sokratische Frage ihm Gemistos gestellt? Cusanus faßt den Plan zu seiner ›Docta ignorantia‹, vom Wissen des Nichtwissens, und kommt zu der Einsicht in die coincidentia oppositorum: der Streit um die Wahrheit im Religiösen muß philosophisch entschieden werden. Nicht die Theologie soll weiterhin die Lenkerin der philosophischen Einsicht sein, sondern die Wahrheit der Philosophie muß die Aussagen der Theologie beweisen oder verwerfen. Cusanus will daher die Toleranz als eine religiöse Tugend begründen. Gemistos hat ihm sicherlich auch vom Koran, von den Türken und den Arabern erzählt, denn er hat eine Geschichte des frühen Islam geschrieben, um die Gefährdung des Reiches, damals zur Zeit des Kaisers Heraklios, jetzt durch die Türken, deutlich zu machen. Schon denkt Cusanus daran, eine Untersuchung über den Koran zu schreiben, die ›Cribratio Alchorani‹, um die Vergleichbarkeit der beiden Religionen aufzuzeigen, die in verbitterter Feindschaft gegeneinander kämpfen. Und auf dem Schiff war Zeit genug, Gespräche über theologische Fragen zu führen. Cusanus fand dabei die Formel für die eine Religion bei unterschiedlichen Riten: »Una religione in rituum varietate.« Trieb er den Ökumenismus, den Wunsch nach einer Union beider Kirchen, bis an die Grenze der Häresie?

»Und als der Kaiser weggereist war, beriet sich der Sultan, ob er die Stadt [Konstantinopel] angreifen und ein Heer gegen sie entsenden solle. Alle im Rate waren dafür, außer dem einzigen Halil Pascha, der sagte: ›Wenn Du die Stadt bekriegst, besteht die Gefahr, daß der Kaiser in seiner Bedrängnis, wenn er Hilfe von den Lateinern erbittet, auch ihre Lehre annimmt und sie so in Eintracht sich verbünden. Laß es lieber jetzt und siehe zu, was sie tun. Wenn sie zur Einigung kommen, dann vertrage Dich mit ihnen und verlängere die Friedensverträge. Kommen sie aber zu keinem Einverständnis, dann wird dein Vorhaben um so besser

262 Pierre de Versailles, nach Gill, 17.

gelingen, und Du kannst, was Du tun willst, mit um so
größerer Zuversicht tun.‹« Dieser Ratschlag brachte den
Sultan von seinem ursprünglichen Vorhaben ab. »Wir er-
fuhren«, berichtet Georgios Sphrantzes weiter, »von anderen, was Halil Pascha im Rate gesprochen hatte. Mein Herr,
der Despot Konstantin, und seine Räte sandten den Prinzen
Thomas« – der in Glarentza residierte, wo die Flotte des
Kaisers Rast gemacht haben wird – »zum Kaiser. Es war
lange Überlegung und große Unentschlossenheit in der
Hauptstadt« – ob vielleicht der Kaiser zurückkehren müßte
– »bis man erfuhr, daß Halil Pascha mit seiner Meinung
durchgedrungen war.«[19]

Am 8. Februar 1438 wurde, lange erwartet, endlich die
Flotte des Kaisers vom Lido aus gesichtet. »Aus der Stadt
Venedig kamen viele Fahrzeuge dem Kaiser entgegen, eine
solche Menge, daß man das Meer beinahe nicht sehen
konnte vor der Masse von Booten.«[19] Der Kaiser empfing
den Dogen Francesco Foscari und die Würdenträger der
Republik San Marco auf seiner Galeere. Er thronte erhöht,
rechts von ihm saß Demetrios, links von ihm nahm der
Doge Platz. Der Empfang in der Lagunenstadt ward auf den
folgenden Tag festgesetzt. Nachdem man noch höfliche
Reden gewechselt hatte, zogen sich Doge und Nobili zurück. Am nächsten Tage kamen Doge und Senat auf dem
Bucentoro, dem Staatsschiff, den Kaiser in ihre Stadt zu
holen. Das Schiff »war geschmückt und mit roten Decken
behängt und hatte am Vorderdeck goldene Löwen und
golddurchwirkte Gewebe und war ringsum mit allerlei bunten und schönen Bildern bemalt... Auf einem anderen
Schiff hatten die Matrosen lange goldbestickte Gewänder
an und auf ihren Mützen als Abzeichen das Symbol des
heiligen Evangelisten Markus, den Löwen, und dahinter das
Zeichen des Kaisers, den Doppeladler.« Die Pracht des
Aufzugs, die Menge der Menschen und der Boote, »zahllos
wie die Sterne am Himmel«, erfüllte die Gäste mit Begeisterung. »Die ganze Stadt geriet in Bewegung, um den Kaiser
zu begrüßen, und es entstand großes Lärmen und Jubelge-
schrei. Da konnte man mit Staunen erblicken die noch nie

gesehenen Wunder, den berühmten Tempel des Heiligen Markus« – Sylvester Syropoulos machte den Kaiser darauf aufmerksam, daß die Säulen der Fassade gestohlen waren – »und den hehren Palast des Dogen und die anderen prachtvollen Häuser der Vornehmen, rötlichen Gesteins und mit Gold verziert, schön und schöner noch als schön ... Wie herrlich all das ist! Wie wohlgelegen und trefflich erbaut, und wie verständig die Männer und die Frauen sind, und welche Menge des Volks da wohnt! Und sie standen alle und freuten sich und frohlockten über die Ankunft des Kaisers.«[19]

So bedeutend war dieses Ereignis, daß Antonio Averlino Filarete den Empfang des Kaisers in Venedig später in einem Relief an der Tür zur alten Peterskirche in Rom darstellen mußte – Papst Eugen gab dazu den Auftrag. Denn fast wäre es nicht mehr zu einem Treffen zwischen Papst und Kaiser gekommen. Die griechische Delegation war in Venedig noch unentschlossen, ob sie nach Basel oder nach Ferrara reisen sollte. Kaiser und Patriarch waren nach der langen Seefahrt mehrere Tage krank. Als erster machte sich der Patriarch, gestützt von Geistlichen, wieder auf den Weg, besichtigte San Marco und den Schatz dieser Kirche und besuchte dann den Kaiser. Seitdem stand fest: man wird nach Ferrara reisen.

Theologen

Der Empfang in Ferrara ist weit weniger prunkvoll als der in Venedig. Bei der Begrüßung, die in den Gemächern des Papstes erfolgt, will der Kaiser vor dem römischen Bischof knien. Eugen IV. läßt es nicht zu, verlangt aber vom Patriarchen von Konstantinopel den Fußkuß, den dieser mit Empörung verweigert. Am 8. April wird das Konzil feierlich in San Francesco eröffnet und vertagt, weil der Kaiser noch andere Fürsten aus dem Westen erwartet. Niccolò d'Este von Ferrara betrachtet sich als Gastgeber, der Papst wird das Geld schon beschaffen. Der Kaiser wohnt in einem

19 *Sphrantzes*, 20 und 21 f.

Landhaus und geht gern auf die Jagd, der russische Kaviar darf für ihn zollfrei über Venedig eingeführt werden.[9] Antonio Pisanello entwarf eine Medaille auf den Basileus und Autokrator der Rhomaier: mit Hut und hoher Krone fremdländisch genug bedeckt, blickt Johannes streng nach rechts. Die Synodalen streiten sich über Sitzordnung und Vorsitz. Als schon die Lebensmittelpreise in Ferrara steigen und der Papst kaum noch Geld auftreiben kann, beginnen endlich am 8. Oktober die Beratungen.

»Wir gehen hier«, erklärt Bessarion, »auf keine Vergleiche ein, wir wollen die Wahrheit. Mit ihr muß die Einigung von selber kommen.«[271]

Was ist Wahrheit? Entscheidend ist in diesem Streit der Worte das ›Filioque‹ und das Gleich- und Anderssein von ›dia‹ – vom Vater durch den Sohn – oder ›ek‹ – vom Vater und dem Sohne – ob also ›ex Patre per Filium‹ oder ›ex Patre Filioque‹ der Heilige Geist ausgehaucht werde und durch oder aber auch aus dem Sohn hervorgehen könne oder müsse. Bessarion überbrückt die Gegensätze und die unterschiedliche Auslegung der Worte und Silben: der Heilige Geist ist »die sich offenbarende Macht der verborgenen Gottheit des Vaters, die aus dem Vater durch den Sohn hervorgeht«.[271] Bessarions Standpunkt nähert sich dem der Lateiner, er und sein katholischer Partner, der Kardinal Cesarini, stimmen in Inhalt und Absicht ihrer Beweise mehr und mehr überein.

Um so weniger einig ist sich die griechische Delegation. Der Aufenthalt in Italien ist den Prälaten und Metropoliten schon unbehaglich, die Beköstigung läßt zu wünschen übrig, oft leiden sie in unfreiwilliger Askese Hunger. Manchmal bricht der Zorn aus ihnen hervor, aber die Lateiner bleiben auch dann noch freundlich und warten geduldig. Und die Griechen kämpfen verzweifelt um ihre theologische Existenz. Markos Eugenikos wird zum entschiedenen Feind der Union. Der Kaiser schließt ihn von den Beratungen aus. Er will die Union, hofft auf die Rettung des Reiches und

[9] Thiriet, Bd. 3, Nr. 2462. [271] nach Mohler, Bd. 1, 115 und 162

bedrängt seine Metropoliten. Gemistos steht auf der Seite des Markos, aber Georgios Scholarios, ein Schüler des Markos, nimmt das ›Filioque‹ an und verneint die Argumente des Philosophen. Es bildet sich, geführt von Bessarion, eine Unionspartei unter den Griechen, Methodios von Lakedaimon schließt sich ihr an und wird ein Gegner des Philosophen Gemistos. Und dieser sieht ein, daß die Christen, die auf dem Konzil disputieren, Sophisten sind, nicht – wie Bessarion wünschte – auf der Suche nach Wahrheit, sondern nur bestrebt, ihre Gegner zu überreden, um daraus politischen Vorteil zu ziehen. Für ihn sind nicht überlieferte, vielleicht gar gefälschte Texte oder Meinungen von Belang, für ihn ist Platon das unwandelbare Gestirn seines Urteils. Im Christentum sieht er die Entartung des Denkens und fordert von der Philosophie, zu den Quellen zurückzukehren, um aus ihnen eine allgemeine Religion zu schöpfen. Also wirft man Gemistos »heidnisches Christentum« vor: Scholarios muß ihn loben, weil er die gute Sache, aber

Papst Eugen IV. ließ für Sankt Peter in Rom 1438 bis 1447 durch Antonio Filarete eine Bronzetür gießen. Unter dem Bilde Christi ist die Ankunft des Kaisers Johannes VIII. in Venedig dargestellt, unter dem der Maria das Konzil zu Florenz: hinter dem Kaiser steht Johannes Bessarion, der Papst thront erhöht.

Neben dem auf S. 201 wiedergegebenen Relief wird die Abreise Johannes VIII. aus Italien in zwei Szenen geschildert. Der Ausritt des Kaisers aus Florenz geht, als wäre es derselbe Vorgang, über in die Einschiffung

tadeln, weil er sie schlecht verteidigt habe. Der Streit der Theologen hat historische Größe.

Als die Pest in Ferrara ausbricht und keiner mehr die Kosten für die Wortstreiterei aufbringen kann, wird das Konzil nach Florenz verlegt. Die Kommune ist bereit, die geistlichen Würdenträger der beiden Kirchen gastfreundlich aufzunehmen. Cosimo de' Medici zahlt's, der Papst wird sein Schuldner. Das Konzil erhöht das politische Ansehen des Gonfalionere Cosimo, der vor wenigen Jahren erst den Ruhmestitel ›Vater des Vaterlandes‹ von seinen Zünftlern erhalten hatte. Bei Sturm und strömenden Regen ziehen die griechisch-bärtigen Synodalen und die rotbehüteten Kardinäle in die Stadt der Pazzi, der Strozzi, der Tornabuoni und Medici ein. Die Begrüßungsfanfaren verweht der Wind. Der Kaiser wohnt im Palazzo Peruzzi – Cosimo hat die Familie aus Florenz verbannt und ihr Vermögen beschlagnahmt. Derzeit arbeitet Lorenzo Ghiberti an der zweiten Tür zum Baptisterium, die Michelangelo später die

in Venedig: in gebückter Haltung besteigt der Kaiser seine Galeere, auf der das adlergeschmückte Zelt mit dem Thronsitz aufgeschlagen ist. Es scheint, als hätte sich Johannes dem Papst unterworfen.

Türen des Paradieses nennen wird. Donatellos weich-elegischer David entsetzt Cosimos griechische Gäste, vielleicht ist nur Gemistos über diesen Ephebenkörper freudig gestimmt. Die Mühe um Worte wird allmählich zur Last, doch Gemistos strömt von Worten der Wahrheit über: er sammelt um sich Jünger platonischen Philosophierens. Er nimmt den Namen ›Plethon‹ an, und das bedeutet ›der Erfüllte‹, im Grunde nur die altgriechische Form seines Vaternamens ›Gemistos‹, aber im Anklang an Platon ein Ausdruck seines Selbstbewußtseins. Die Theologen einigen sich nach acht öffentlichen Sitzungen auch im März 1439 noch nicht. Erst nach einem persönlichen Gespräch zwischen Papst und Kaiser unter vier Augen findet man eine Formel in bezug auf das leidige ›Filioque‹: Was die Griechen eine Ursache nennen, nennen die Lateiner ein Prinzip. Danach ist, wie es im Dekret des Konzils heißen wird,

»der Sohn ebenso wie der Vater nach den Griechen die Ursache, nach den Lateinern der Ursprung der Existenz des

Heiligen Geistes... Und da nun alles, was des Vaters ist, der Vater selbst seinem eingeborenen Sohn bei der Geburt verliehen hat – außer dem Vatersein -, so hat die Tatsache, daß der Heilige Geist vom Sohn ausgeht, der Sohn selbst für ewige Zeiten vom Vater, von dem er für ewige Zeiten stammt.«[6]

Während man noch über den Primat des Papstes verhandelt und endlich anerkennt, daß die Gebräuche der beiden Kirchen, wie sie bestehen, weiterhin gelten sollen, stirbt am 10. Juni 1439 der Patriarch Joseph von Konstantinopel. Man bestattet ihn in Santa Maria Novella. Das Bild des Verstorbenen malte ein der Delegation beigegebener Maler. Einen neuen Patriarchen zu wählen, lehnen die Griechen ab: der Papst hätte ihn dann durch Handauflegen geweiht! Am 25. Juni wird ›Gabriel Condulmer‹ – so der venezianische Name Eugens IV. – vom Baseler Konzil für abgesetzt erklärt. Es scheint alles vergeblich gewesen zu sein.

Schon einmal war der Despot Demetrios nach Venedig zurückgereist. Man hatte ihn und seine Begleitung mit sanfter Gewalt zur Umkehr gezwungen. Jetzt fuhr er endgültig mit Gemistos und Scholarios wieder nach Griechenland. Die Abgereisten wären als Laien auch nicht berechtigt gewesen, das ausgefertigte Dekret zu unterzeichnen. Die Unterschrift leisten von griechischer Seite der Kaiser und seine Metropoliten. Nur Markos Eugenikos und Dositheos von Monembasia – er erklärt, lieber sterben als Lateiner werden zu wollen – weigern sich und bleiben bei ihrem ›Nein‹. In der feierlichen Schlußsitzung des Konzils in Santa Maria del Fiore zu Florenz verliest Giuliano Kardinal Cesarini den lateinischen, Bessarion den griechischen Text. Für die ausgefertigte Urkunde schenkte Cesarini der Laurenziana ein kostbares Behältnis. Nikolaus Cusanus widmete ihm seine Abhandlung über die ›Docta ignorantia‹. Lorenzo Ghiberti fertigte für Papst Eugen eine neue Tiara an. Die Griechen jedoch nannten dieses Konzil eine Räubersynode. »Wie konnte auch dies um Geld erkaufte, simonistische Konzil ökumenisch sein? Nicht durch die Worte der Heiligen, sondern durch die Gewalt und die Drohungen des Kaisers

ließen sich ihre Anhänger in die Irre führen«, erklärte Georgios Amiroutzes.²⁷¹ Ebenso bestritt Georgios Gemistos den ökumenischen Charakter der Synode, die zudem nur ein Teil des Baseler Konzils sein sollte.
So war die Welt uneinig wie zuvor.

Philosophen

Mit Gemistos kamen auf dem Konzil die Philosophen zu Wort, das ihnen die Theologen von nun an nicht mehr entreißen sollten. Während sich Ursachen- und Prinzipienlehre an dem metaphysischen Problem des Heiligen Geistes bewähren mußten, begann man Sein und Wesen, Idee und Erscheinung wieder als eine philosophische Frage zu stellen und das Unbegriffliche zu definieren, und das heißt: aus den Grenzen des Erkennbaren und Wahrnehmbaren zu verweisen. Sonst hatte man sich mit dem Unbegreiflichen abgefunden. Wurde Offenbarung schon Menschenwort, weil das Wort Gottes nicht mehr eindeutig war? Da es aber auch darum ging, textkritisch einen Gedanken in seiner Entwicklung zu verfolgen, also philologisch-historisch zu argumentieren, stand man vor der Notwendigkeit, die überlieferten Worte genauer als bisher zu untersuchen und ihren Bedeutungswandel zu verstehen. Also hatte der menschliche Geist eine Geschichte, aber der Geist Gottes doch nicht!

Weil Unterschiede in der Auffassung unüberbrückbar schienen, mußten sie auf Grund je andersgearteten Denkens entstanden sein. Also entscheidet die Persönlichkeit über das Urteil, das gefällt wird, und der Charakter, der seine Zwecke verfolgt. Die Suche nach Wahrheit wurde durch Feindseligkeit und wechselseitig zugeschobene Beweise und deren Gegenrede verdunkelt. Weil so viele Ansichten zu Tage traten, lernte man Meinungen von Einsichten, die sich auf unbestechliche Wahrheit beziehen, zu unterscheiden. War etwa Wahrheit nur in bezug auf den Menschen möglich? Gab es dann noch religiöse Wahrheit und Offenbar-

6 nach Hunger, 210. 271 nach Mohler, Bd. 1, 202.

sein des Wortes Gottes? Glaube und Wissen, vordem vermischt, trennten sich voneinander. Gab es Wissen in Glaubensfragen? Nicht die Union, bald nicht mehr wert als der Schall der dekretierten Worte, war das geschichtliche Ergebnis dieser Synode, sondern die Säkularisierung des Geistes, dessen Träger und Ausleger der Mensch in einem bestimmten geschichtlichen Augenblick geworden war. Seitdem begann europäisches Denken auf zwei Ebenen zugleich sich zu entfalten. Auf der einen entwickelte es die nur durch Sprache möglichen Einsichten in das, was über alle Erfahrung hinausgeht, auf der anderen wurde in mühsamer Erforschung der Wirklichkeit alles gesammelt, was der Natur und den Sinnen entspricht. Nikolaus Cusanus war daher wohl der bedeutendste ›Schüler‹ dieses Philosophenkongresses. Erst nach und nach konnte das Rätsel der Wirklichkeit als eines unendlichen Kontinuums von Kausalität in Raum und Zeit aufgelöst werden. Kausalität wurde die Fähigkeit des Verstandes. Noch ferner lag die Zeit, in der die Abstraktion in Begriffe als Leistung der Vernunft anerkannt werden sollte. Damals, in Ferrara und in Florenz, stellte sich der Mensch in den Mittelpunkt seiner Welt. Einer von denen, die diesen Schritt gewagt, war Gemistos Plethon aus Mistra.

Seine Wirkung war ungewöhnlich. Er wußte es, er wollte es selbst. Seinen Einfluß zu ermessen, ist schwierig. Wer von den Schülern Plethons zu den Synodalen der griechischen Delegation gehörte, wurde durch ihn zum selbständigen und unabhängigen Denken geführt. Die philosophische Lehre zwang ihn, sich im theologischen Bereich auf Grund seiner persönlichen Einsicht zu entscheiden. Bessarion hatte auf dem Konzil als glänzender und überzeugender Rhetor und als ein Bekenner des wahren Glaubens den Weg zur Einheit der Kirche gewiesen. Bei aller Wahrheitssuche war er der Vermittelnde zwischen Platon und Aristoteles, er wollte Lateiner und Rhomaier versöhnen. Das unterscheidet ihn deutlich von Plethon, der als entschiedener Platonist sich aus der Zeitbefangenheit lösen wollte, um mit der Wahrheit seines überzeitlichen Meisters eine neue Gesellschaft, einen neuen Menschen und eine neue Religion zu erschaffen. Aber dadurch wurde Plethon nicht der Entscheidende in seiner Gegenwart, was er wollte, war unerreichbarer als ein Kreuzzug gegen den Islam, in dem Bessarion seine Lebensaufgabe sah. Auch der Metropolit Isidor von Kiew und All-Rußland war nach Ferrara gekommen. Als Mönch im Kloster des Heiligen Michael zu Monembasia war er vor Jahren mit Gemistos freundschaftlich verbunden gewesen, vielleicht einer der »Eingeweihten«. Als Platonist und Anti-Aristoteliker war er ein Gelehrter von Rang, dessen Studien sich auch auf mathematisches Gebiet erstreckten. In Florenz schloß er sich den Unionisten an und büßte seine Unterschrift unter das Dekret in einem moskowitischen Kloster, aus dem er nach Rom entkam. Jeder Schüler Plethons hatte sein eigenes Schicksal. Markos Eugenikos war ein Gegner Bessarions, auf dessen Seite Markos' Bruder Johannes stand. Johannes lebte nach dem Konzil einige Zeit wie ein Verbannter in der Nähe von Mistra auf einem Dorf und wurde nach dem Fall Konstantinopels Mohammedaner, Bessarion, durch Eugen IV. katholischer Kardinal, wäre fast Bischof auf dem Stuhle Petri geworden: Papst. Nur Georgios Scholarios – nicht unmittelbar ein Schüler des Gemistos zu nennen – war ein entschiedener Gegner des Philosophen. Er war und blieb Aristoteliker und trat auf dem Konzil für die Union ein. Er verfolgte Gemistos mit Schimpf:

»Wer diese Platonschwärmer sind, wissen wir wohl, viele haben wir dort [in Florenz] im Verkehr mit dem Plethon gesehen. Von der Philosophie verstehen sie soviel wie Platon von der Tanzkunst.«[275]

Und Gemistos antwortete nicht weniger scharf: »So mußten auch diese Männer, welche doch in jeder Art der Weisheit beschlagener und von schärferem Verstande sind als Du, unter dem Neide leiden, den Du gegen mich hegst ... Mit wem von den weisen Männern des Abendlandes hast Du denn aber verkehrt? Alle, die mit uns dort gewesen sind, wissen ja, daß Du ihre Gesellschaft gemieden hast. Wes-

275 nach Schultze, 73.

halb, ist ganz klar: damit es nämlich nicht an den Tag käme, daß Du viel unbedeutender bist, als Du zu erscheinen wünschtest... Ich aber bin mit ihnen im Verkehr gewesen und weiß, wie es mit ihrer Weisheit steht.«[275]

Plethons Persönlichkeit, sein Charakter und seine philosophische Weisheit, verbunden mit dem wachen Greisentum des Achtzigjährigen, hatten auf die Zeitgenossen eine entschiedene Wirkung.

»So sehr staunten die Besten der Römer die unwiderlegbaren Beweise jenes Mannes an, daß sie, obgleich sie zuerst wünschten, ihn widerlegen zu können und auch viele Anstrengungen dazu machten, endlich doch ihren lieben Eigendünkel und die damit verbundenen Spitzfindigkeiten« – des Aristotelismus, wird man ergänzen dürfen – »gänzlich aufgaben und ihm ausdrücklich eingestanden, daß sie nichts wüßten. Von ihm aber wünschten sie zu erlernen, was sie vorher nicht wußten. Und er in seiner Freundlichkeit war auch bereit, ihnen seinen Beistand zu gewähren.«[275]

Und so trat er »als Lehrer und Wohltäter« auf, als »Platon und Sokrates«.[275] Er sammelte Hörer um sich, denn ein ›Erfüllter‹ will sich anderen mitteilen. Mit ihm schien Platons Akademie wiedererstanden. Doch in Florenz gab es schon eine Tradition griechischer Gelehrsamkeit seit Jahrzehnten. Manuel Chrysoloras hatte bis 1415, seinem Todesjahr, dort gelehrt. Francesco Filelfo war 1419 nach Konstantinopel gereist, um bei dem Neffen des Manuel, Johannes Chrysoloras, Griechisch zu lernen. Er heiratete eine Tochter seines Professors und lehrte erst in Venedig, dann seit 1429 in Florenz die beiden klassischen Sprachen. Auch er, an Beredsamkeit und Kindersegen aus drei Ehen reich, erlebte den mistriotischen Philosophen. Noch ein anderer griff begierig die Lehre des neuen Platon auf: Pomponius Laetus, der ›Petrus aus Kalabrien‹. Pomponius bekannte sich offen zum Heidentum, trug bei seinen Vorlesungen klassisches Gewand, um wie ein Cicero auf die Hörer zu wirken, und gründete in Rom eine Akademie, deren Ponti-

---

275 nach Schultze, 71. 275 Gregorios Monachus, nach Schultze, 71. 275 Hieronymus Charitonymos, nach Schultze, 71.

IV *Der Tod Mariä (Koimesis)*

Gemälde von Konstantinos Artemis, um 1910,
nach dem Fresko von etwa 1360
in der Peribleptos-Kirche zu Mistra

Athen, Nationalgalerie

Mit dem Maler dieser Fresken-Kopie, Konstantinos Artemis (1878-1972), endet die von den Nazarenern beeinflußte Kirchenmalerei Griechenlands, die mit Ludwig Thiersch begonnen hatte. Artemis studierte zuerst in Athen bei Nikiphoros Lytras – der selbst noch unter Thiersch in Athen und anschließend bei Karl Theodor von Piloty in München 1860-66 gelernt hatte –, schloß seine Ausbildung 1901-05 in Sankt Petersburg ab und wirkte ausschließlich als Hagiograph.

fex maximus er sich nannte und die den Genius Roms als einen Gott verehrte.

In Florenz stiftete Cosimo de' Medici eine ›Platonische Akademie‹. Es sollte das geistige Erbe, das Plethon aus Griechenland herübergebracht hatte, in Italien eine Pflanzstätte haben. Cosimo ließ den Sohn seines Leibarztes, den Marsilio Ficino, die Philosophie Platons und dessen Sprache erlernen. Auf andere Weise als bei den Synodalen entwickelte sich der Gedanke der Einheit und die Vorstellung der Trinität. Die Lehren der Platoniker und der Aristoteliker, der Christen und Juden, nicht weniger der Lateiner und Griechen sollten, als spiegelten sie einander, zur Übereinstimmung kommen. Schöngeistigkeit tat sich hervor. Florenz war eine Kunststadt. Leben verschönern, Geist zu versinnlichen war die Sehnsucht einer romantischen, weltflüchtigen Klugheit. Geist zu vertiefen zum Opfer, zur Hingabe an ein Jenseits war die Maßregel der Orthodoxie. Ficino und sein Freund, der Graf Giovanni Pico della Mirandola, aber übersetzten die religiösen Hypostasen in die Concordia, die Eintracht, und die drei Grazien. Pico della Mirandola wurde der ›Dux de Concordia honoris causa‹. Für Ficino war die Dreiheit der Götter – Merkur, Venus, Apollo – der dreifältige Weg der Seele, die vom Göttlichen ausgeht und dorthin zurückkehrt, und das Symbol der neun Möglichkeiten, zu denen die Drei sich verbinden. Sie sind das Eine, das Alle, sind in sich selbst ein und alles. Sandro Botticelli stellte die Neun in seiner ›Primavera‹ dar.* »Venus bedeutet soviel wie Humanität«, schrieb Marsilio Ficino an Lorenzo de' Medici, der das Bild in Auftrag gegeben hatte, und »die Schönheit ist nichts anderes als eine Grazie, eine Grazie, sage ich, die aus drei Grazien besteht.« Schönheit, Liebe, Genuß waren zur paganen Trinität geworden. Da aber Anfang und Ende zusammen das Eine, also die Dreiheit sind, so sind es auch Liebe und Tod, Leda sowohl als die Nacht, die Michelangelo zu einem und allem gemacht hat. Bartolommeo Ammanati bildete die ›Nacht‹ zurück in die dem Schwan sich liebend-neigende Zeus-Geliebte Leda, ein Steinbild des Unmöglichen, des – Mythischen. Noch Goethe dichtete in Erinnerung an das Bild Corregios ›Leda mit dem Schwan‹ den Mythos in seiner ›Klassischen Walpurgisnacht‹, aber auch als Phantasie des künstlichen Homunculus, der in seiner Glasphiole das Wunschbild Fausts voraussieht:

> *Die Königin, sie blickt gelassen drein*
> *Und sieht mit stolzem weiblichem Vergnügen*
> *Der Schwäne Fürsten ihrem Knie sich schmiegen,*
> *Zudringlich-zahm. Er scheint sich zu gewöhnen.*
> *Auf einmal aber steigt ein Dunst empor*
> *Und deckt mit dichtgewebtem Flor*
> *Die lieblichste von allen Szenen.*
>   *(Goethe, Faust II, Vers 6913 ff.)*

Wie das Schöne aber aus dem Ungeheuren der ›Walpurgisnacht‹ rein und ohne Zeit hervorgeht, so entstammt es auch dem ›Allgeheimnis‹ der Ideenwelt. Eros ist es, »der alles begonnen«[131] – »Es bleibt Idee und Liebe.«[132] Mit diesem Wort aus dem ›West-östlichen Divan‹ zeigt sich Goethe als Platoniker. Er kannte jedoch Gemistos Plethon nicht, der in Florenz gewesen war, als Cosimo de' Medicis »tiefe Natur in der auflebenden platonischen Philosophie den Aufschluß manchen Rätsels« erhoffte.** Damals erklang das Loblied auf die Schönheit und die Lust. Doch daß der Philosoph am »Talgebirg, das hinter Sparta nordwärts in die Höhe steigt, Taygetos im Rücken«,[131] in einer Stadt gelebt, deren Kastron er zur Faust-Burg wählte, blieb Goethe, während er die Schwanen-Verse schrieb, bedeutungslos und unbewußt.

---

* Vgl. *E. H. Gombrich: Symbolic Images, Studies in the Art of the Renaissance*, Edinburgh 1972, 31 ff. ** Goethe: Anhang zur Lebensbeschreibung des Benvenuti Cellini, Artemis-Ausgabe Bd. 15, 890. 131 Faust II, Vers 8479 und Vers 8994-96. 132 West-östlicher Divan, Buch der Betrachtungen, Artemis-Ausgabe Bd. 3, 321.

KONSTANTIN PALAIOLOGOS

Nach der Rückkehr seines Kaiser-Bruders Johannes aus Italien hatte Konstantin die Statthalterschaft in Selymbria am Marmara-Meer erhalten. 1441 heiratete er Katharina Gattilusio, die Italienerin aus Lesbos, die aber schon nach kurzer Zeit starb. Das mag der Grund gewesen sein, daß Konstantin 1443 seine Residenz gegen Mistra tauschte und dadurch anstelle seines Bruders Theodor für einige Jahre Despot der östlichen Peloponnes war. Die Brüder hatten das Reich geteilt, Thomas lebte als ›Fürst der Achaja‹ in Glarentza, Demetrios am Schwarzen Meer. Johannes war Kaiser.

Reichsreform

In der Meinung der Öffentlichkeit ist Konstantin ein Freund der Union mit dem römischen Papst. Für ihn aber ist Mistra fern des bitteren Glaubensstreits in Konstantinopel die letzte Hoffnung, das Reich vor dem Untergang zu bewahren. Denn die Orthodoxen halten es, wie sein Bruder Demetrios, mit den Osmanen. Kardinal Bessarion setzt in Konstantin sein ganzes Vertrauen. In der Sorge um die Zukunft des Reiches, das er durch die Union mit den Katholiken zu retten glaubt, wendet er sich aus Italien an den neuen Despoten. Er mahnt und gibt Rat. Zwar weiß er, daß die Peloponnesier tapfer und klug sind, aber er bedauert es doch, daß sie sich nicht im Waffendienst üben. Er kennt die Gründe für diesen Mißstand: einerseits ist es die Grausamkeit der Beamten, die mit ihren Steuerforderungen die Bauern, Handwerker und Gewerbetreibenden über Gebühr beschweren, andererseits ist es die in diesem Volk herrschende Weichheit und Trägheit. Darum solle Konstantin eine disziplinierte Armee aufstellen und die Bevölkerung, wie es schon Gemistos Plethon vorschlug, in zwei Klassen teilen, in Arbeiter und Soldaten. Besonders müßten die Siedler begünstigt werden, die als Kolonen im Lande sich niedergelassen hätten oder noch hereinkommen würden. Ferner müsse der Despot den Luxus bekämpfen, aber die Landwirtschaft fördern, Maßnahmen zur Verbesserung des Handels ergreifen und Manufakturen einrichten. Die Begabten unter der moreotischen Jugend möge er doch nach Italien schicken, damit sie, in die Heimat zurückgekehrt, eine Elite bilden könnten, um die technischen Künste, die Eisengießerei, die Waffenfabrikation und die Schiffsbaukunst in der Peloponnes zu entwickeln. Am besten wäre es, um dies alles ins Werk zu setzen, die Hauptstadt nach Korinth zu verlegen. Schließlich müsse Konstantin die alten Gesetze erneuern, sobald es die Umstände erfordern sollten, und sie ergänzen, um den schlechten Sitten und der Verderbtheit, die sich ausgebreitet hätten, mit Entschiedenheit entgegenzutreten.

Konstantin nimmt die Mahnung ernst, er ordnet sein kleines Reich. Verwandte und Vertraute werden mit der Verwaltung einzelner Landesteile beauftragt. Georgios Sphrantzes, aus Monembasia gebürtig und im Hofdienst herangebildet, erhält Sparta. Eine hohe Auszeichnung ist es, wie er schreibt, für ihn, denn er gehört nicht den alteingesessenen Archontenfamilien an. Aus Anlaß der feierlichen Amtsübergabe hält Konstantin eine Rede und spricht seinen Freund folgendermaßen an:

»Um Dich für Deinen rechtschaffenen Dienst und für die Geneigtheit, die Du Meinerseits genießt, zu belohnen, habe Ich Dir die Statthalterschaft von Sparta verliehen. Ich will, daß diese von der gleichen Art sei wie die Statthalterschaften von Korinth und von Patras, die Johannes Kantakouzenos und Alexis Laskaris* verwalten. Du sollst auch wissen, daß Ich keinen anderen Mesazon, Meinen ersten Diener im Staate, erhoben habe als Sophianos Eudaimonoiannis, den Ich ernannt habe. Ich werde nicht immer hier anwesend sein, denn Ich will Mein Land durchreisen, das daraus Vorteil ziehen wird. Und weiterhin: sobald Ich in Korinth sein werde, will Ich dort Meine Angelegenheiten ordnen,

---

* *Alexis Laskaris war vorher Statthalter in Ooitylos, Johannes Kantakouzenos Gerichtspräsident in Patras gewesen, er blieb auch nach dem Fortgang des Despoten Konstantin in Korinth, wo Cyriacus von Ancona ihn 1448 besuchte.*

und zwar mit Kantakouzenos und Eudaimonoiannis. Andererseits, wenn Ich in Patras sein werde, werde Ich sie mit Laskaris und Eudaimonoiannis erledigen und Kantakouzenos in seiner Statthalterschaft allein lassen, und endlich, wenn Ich hier sein werde, werde Ich die Geschäfte mit Dir und Eudaimonoiannis und den anderen führen.«[187]

Und die »anderen« sind die Mitglieder des Senats, der Gerusia, die regelmäßig im Thronsaal des Palastes zusammenkommt, um die Entscheidungen für das ganze Land zu beraten. Die danach erforderlichen Anweisungen erläßt der Mesazon Sophianos Eudaimonoiannis. Verwaltung und Rechtsprechung sind offensichtlich nicht getrennt. Denn bei der Überreichung des Diploms an Georgios Sphrantzes richtet der Despot an seinen Statthalter die Mahnung:

»Mache ein Ende den Ungerechtigkeiten und der Anarchie, und zwar so, daß niemand eine andere Gewalt anerkenne außer Deiner – eine Gewalt, die in meinem Namen ausgeübt wird, wie sie keinen anderen Herrn anerkennen sollen außer mir. Wenn Du Dich nicht in Ungerechtigkeiten einläßt, wenn Du Dich als unparteiisch erweist und Du das Gesetz beachtest, wirst Du Deine Belohnung von Gott und meine Zufriedenheit erlangen. Enthalte Dich jeder Schwäche der höchsten Gewalt, der Autorität, weil die Verderbtheit das Recht übersteigt und zu solcher Verblendung hinreißt, daß Unschuldige der Verdammung ausgeliefert werden. Und überdies, der Richter, der berufen ist, das Volk des Herrn und die Christen dieses Volkes« – das sind die Rhomaier – »zu richten, soll drei Tugenden haben: den unverletzlichen Glauben an Gott und die Treue zu Dem, der ihm diese Würde verliehen hat, ferner die Wahrheit des Wortes und die Weisheit seines Standes und Amtes.«[187]

Zum Amtsbereich des Georgios Sphrantzes, der ihm mit so hohen Erwartungen übergeben wird, als wäre es ein Reich zwischen Euphrat und Kaukasus und nicht vom Eurotas zum Taygetos, gehört nur die engste Umgebung Mistras und die Stadt Slawochorion, sowie die zahlreichen Dörfer des lakonischen Tales. Mehrere Jahre haben die Türken das Land erobernd durchzogen, jetzt scheint der

Friede gesichert. Während der Herrschaft Konstantins befindet sich die südliche Peloponnes wieder in blühendem Zustand. Was das Land hervorbringt, kaufen allerdings venezianische Händler zu niedrigen Preisen auf. Das ist kein Ausgleich für die unermüdliche Arbeit der Bauern und Tagelöhner. Wolle wird ausgeführt und Getreide, Öl, Wachs, Honig und Wein, Seide vor allem, aber auch Schlachtvieh. Fremde Kaufleute kommen mit ihren Schiffen und laden Stoffe und Manufakturwaren, Eisen und Waffen im Hafen von Monembasia aus. Geld kommt nicht ins Land, mit dem man Manufakturen einrichten könnte, um die Produkte des Landes, das selbst keine Rohstoffe hat, nutzbar zu machen. Weil der Despot keine eigenen Münzen prägen läßt, allenfalls gefälschte Dukaten, ist das Land arm, treibt selbst keinen Handel und sichert dadurch den Bauern auch nicht die Verwertung ihrer Arbeit zu – ein Zustand, der sich seit Jahrhunderten nicht mehr geändert hat. Der Reichtum des Landes ist die Armut des Staates. Die Morea ist ein ›unterentwickeltes Land‹, das politisch von den Großmächten abhängt.

Türkenkrieg

Noch einmal wollen die christlichen Mächte des Westens alle Anstrengung machen, um die Mohammedaner über den Hellespont nach Asien zurückzudrängen. Papst Eugen IV. schickt seinen Legaten Giuliano Kardinal Cesarini zum König Ladislaus nach Ungarn. Das Unternehmen wird großzügig geplant. Man steht mit dem Despoten Konstantin in Verbindung, Georgios Sphrantzes ist in diplomatischer Mission unterwegs. Der Held Hunyadi ist der Führer des ungarischen Heeres. Selbst Venedig ist zum Kriege entschlossen, Neapel und Aragon treten dem Bündnis bei. Konstantin zieht gegen Böotien und Phokis. Johannes Kantakouzenos kämpft westlich von Delphi, streift durch Ätolien und Lokris, erobert Euanthia, das, als seien die Tage

187 nach Zakynthinos, Bd. 2, 102. 187 nach Zakynthinos, Bd. 2, 108.

Alexanders des Großen wiedergekommen, in Kantakouzenopolis umbenannt wird. Hunyadi treibt die Türken über das Balkangebirge zurück. Das Glück des Krieges scheint mit den christlichen Fahnen zu sein. Albaner und Wlachen anerkennen die Oberhoheit des byzantinischen Despoten, dem selbst Attika, schon dem Sultan untertan, tributpflichtig wird. Die Erneuerung des griechischen, eines hellenischen Reiches steht unmittelbar bevor. Der Philosoph Gemistos hat es vorhergesehen. Würde er recht behalten? Noch lebt er in Mistra. Weil aber der verhängnisvolle Grundsatz lautet, daß heilige Eide, Ungläubigen geschworen, nicht gelten und ungestraft gebrochen werden dürfen, wird der mit den Türken vereinbarte Friede von den Christen mißachtet. Auf Anstiften Cesarinis setzen die christlichen Heere im nördlichen Balkan ihren Vormarsch fort. Als danach die Türken das ungarische Heer bei Varna vernichtet haben und Giuliano Cesarini auf der Flucht ermordet ist, verfliegt auch die letzte Hoffnung, das Verhängnis noch abzuwenden. Nur der Albanerfürst Skanderbeg kämpft um die Freiheit gegen osmanische Übermacht.

Konstantin sieht sich von allen verlassen. Murad marschiert gegen Morea und fordert von den Despoten der Peloponnes Unterwerfung und Huldigung. Laonikos Chalkondylas wird zum Sultan geschickt, aber Konstantins Angebote befriedigen den Großherrn der Türken nicht. Der Diplomat wird ins Gefängnis geworfen. Dann greifen die Osmanen die Hexamilion-Mauer mit Kanonen an, Griechen und Albaner fliehen, erschreckt vom Knall und vom Lärm. Murad dringt in Achaja ein. Die Bewohner von Patras setzen nach Lepanto über, das den Venezianern gehört. Die Akropolis von Patras wird allerdings mit Mut und Entschlossenheit gegen alle Angriffe verteidigt. Murad rückt gegen Glarentza vor. Und mit einer Beute von sechzigtausend Gefangenen zieht er über die Landenge von Korinth nach Thessalien ab.

Venedig hatte seinen Frieden mit dem Sultan gemacht, nun sucht es Gelegenheit, mit Konstantin eine dynastische Verbindung zu knüpfen. Es ist die Absicht der Republik, die

Morea enger an das Seereich der Serenissima anzuschließen. Darum kommt Alviso Diedo als Gesandter Venedigs nach Mistra, um den Vorschlag zu machen, Konstantin möge eine Tochter des Dogen Francesco Foscari zur Despoina und Basilissa erheben und ehelichen. Aber als künftigem Kaiser ist Konstantin diese Verbindung doch zu gewagt, das Reich ist dem Sultan längst tributär, und der Großtürke würde eine solche Ehe nicht dulden. Und das Reich ist arm, ist krank, siecht ohne Kraft dahin. Kaiser Johannes VIII., von gehässigen Stimmen im Westen als ›Bürgermeister‹ von Konstantinopel bezeichnet, stirbt 1448, müde seines Amtes und dieses Lebens. Zum letzten Mal wird in Konstantinopel das althergebrachte Zeremoniell der Trauer um den verstorbenen Basileus begangen. Dann reisen zwei Herren des höchsten Adels, Alexios Philanthropenos und Manuel Palaiologos, nach Mistra, um Konstantin als Kaiser der Rhomaier nach Konstantinopel zu holen. Die Krönung Konstantins XII. Palaiologos Dragazes vollzieht am 9. Januar 1449 der Metropolit von Lakedaimon. Der neue Basileus soll bei dieser Zeremonie an der Stelle gestanden haben, an der im Mesonaon der Metropolis das Relief eines Doppeladlers in den Fußboden eingelassen ist. Der Stein ist geborsten.

Konstantin verläßt die Stadt am Taygetos, reitet nach Monembasia. Dort besteigt er ein katalanisches Schiff, um als letzter Autokrator Byzanz zu beherrschen. Als er nach Konstantinopel kommt, hält man das zeremonielle Prunkmahl ab. Doch auf der Speisetafel stehen tönerne Teller und Schüsseln, das kaiserliche Goldgeschirr ist längst verpfändet.

Humanisten

Noch vor dem Ende des Konzils in Florenz war Gemistos Plethon als Begleiter des Despoten Demetrios nach Mistra zurückgekehrt. Mit ihm war auch Georgios Scholarios gekommen, der dann nach Konstantinopel weiterfuhr, um, wie vordem, die Tätigkeit eines Obersten Richters auszuüben. Unter dem Einfluß seines Lehrers Markos Eugenikos wurde er nach einiger Zeit, was Gemistos immer war, ein Gegner der Union und des Florentinums, blieb aber ein Feind des Gemistos. Dieser hatte bald nach der Rückkehr aus Italien über den Ausgang des Heiligen Geistes eine Schrift verfaßt und der Öffentlichkeit übergeben, in der er sich gegen Bessarions Abhandlung zu dem gleichen Thema, das die Synodalen in Florenz beraten hatten, mit Entschiedenheit aussprach. Der Geist der Uneinigkeit kam nicht zur Ruhe.

Gemistos scheint ein Verächter des christlichen Glaubens geworden zu sein. Seine Feinde nennen ihn den Mystagogen der hohen uranischen Dogmen und den Führer zum hyperuranischen Gott, den auch Platon verehrt haben soll. Zwar ist Gemistos 1441, wie aus einem Brief des Filelfo hervorgeht, obgleich alt, im Amt eines Magistraten tätig. Doch als katholikos krites wird 1447 Nikolaos Boullotas genannt.[10]

Den Frieden seiner hohen Jahre genießend, empfängt Gemistos Plethon in Mistra Besuch aus Italien. Schon längere Zeit hat sich Cyriacus von Ancona, zeitweilig Sekretär Papst Eugens IV., in der Peloponnes aufgehalten, als er im Sommer 1447 von Leondari aus, wo er mit dem Despoten Thomas zusammengetroffen ist, das Tal des Eurotas erreicht und die Gassen des Palaiologen-Sparta heraufkommt. Nach einer Audienz beim Despoten Konstantin geht er zum alten Philosophen vom Taygetos, der »in diesem unseren Zeitalter der Gelehrteste unter den Griechen ist, in Leben, Sitten und in der platonischen Lehre unter den Philosophen berühmt«.[258] Mit dem Sohn des Georgios Chalkondylas, Nikolaos, der als guter Humanist seinen Namen in Laonikos hellenisiert, besucht er das in Trümmern liegende Sparta des Altertums, um Inschriften aufzuspüren. In Mistra lernt er auch Johannes (= Charitonymos) Hermonymos kennen und dessen noch nicht erwachsenen Sohn Georgios. Ehe er sich jedoch, einer freundlichen Einladung folgend, entschließt, im Kreise der mistriotischen Gelehrten die kältere Jahreszeit zu verbringen, geht er noch nach Messenien. Im Oktober ist er in Ithome, dann in Oitylos beim Präfekten Johannes Palaiologos. Über Kyparissia am Ionischen Meer und Gythion bei Megalopolis wandert Cyriacus nach Mistra zurück. Gemeinsame Studien mit Gemistos füllen die Wintertage aus. Cyriacus macht Auszüge aus den Schriften des Hippokrates und des Diodor, die Gemistos besitzt, schreibt über Thukydides, stellt für den Despoten einen kurzgefaßten römischen Kalender auf und läßt sich geduldig das nicht sehr klassische Griechisch, das er sich angelernt, durch den alten Platoniker Plethon verbessern. Er dichtet eine Ode auf Sparta, auf die Seele der Stadt Lakoniens, die dermaleinst der Tummelplatz der Waffen und Krieger gewesen war und der Tugend Tempel, Griechenlands Ruhm und ein Vorbild der Welt. Begeistert preist der Anconite an den Ufern des altheiligen Flusses Eurotas Diana als Göttin Spartas und läßt die Helden alter Zeit an sich vorüberziehen. Doch alles gipfelt in der Gegenwart, in diesem Mistra unter Konstantin.[187] Laonikos Chalkondylas übersetzt die wenig guten Verse noch ins Griechische, und es sieht so aus, als habe das Sonett abendlichen Sprachübungen gedient. Vergangenheit ist Gegenwart geworden, und deutlich steht Mistras griechischen Gelehrten und ihrem Gast das Bild unvergänglichen Hellenentums vor Augen.

> ... sie wollten stiften
> Ein Reich der Kunst. Dabei ward aber
> Das Vaterländische von ihnen
> Versäumet, und erbärmlich ging
> Das Griechenland, das schönste, zu Grund...
> (Hölderlin)

Keiner mahnte die, welche im Geiste der Wahrheit waren und die in den letzten halkyonischen Tagen Lakoniens lebten. Gemistos hatte umsonst gewarnt.

Doch die ruhlose Uneinigkeit ging wieder um. Scholarios schrieb Gemistos einen langen Brief, in dem er sich darüber beschwerte, daß ihm die Schrift Plethons über Aristoteles,

---

10 Vogel und Gardthausen, 426. 258 Cyriacus von Ancona, nach Bodnar, 57. 187 Italienischer Text der Ode bei Zakynthinos, Bd. 2, 170.

nachdem der Kaiser, damals noch Johannes VIII., sie erhalten hatte, nicht ausgehändigt worden war. Scholarios hatte selbst eine Abhandlung über dieses Thema geschrieben und setzte, nunmehr in Kenntnis der plethonischen Ausführungen, die Polemik mit Eifer und Heftigkeit fort. Ihm mißfalle, erklärt er, insbesondere die heidnische Beweisführung, die in der Schrift des Gemistos zu Tage träte, und fährt dann in streng orthodoxem Geiste fort:

»Sollten aber einige den Wunsch haben, jetzt noch jene verrotteten Possen der Hellenen zu erneuern, so befinden sie sich in einer Verblendung, für die es, wie die Heiligen Schriften sagen, keine Verzeihung gibt.«

Und so schmeichlerisch der Brief in seinem Ton auch ist, gerichtet an den »besten und weisesten der Freunde«, so sehr legt es Scholarios doch darauf an, Gemistos der Häresie zu verdächtigen:

»...und sollte ich jemals einen Kampf dagegen beginnen müssen, so würde ich zwar nicht mit Feuer, aber mit Gründen der Wahrheit gegen diese Schriften zu Felde ziehen, da das Feuer sich mehr für die Schreiber passen würde.«[275]

Als Konstantin Kaiser geworden war und mit ihm ein Freund, wendete sich Gemistos wieder an Scholarios, der als Mönch Gennadios ins Kloster gegangen war. Doch diese neueste polemische Schrift beantwortete Gennadios, »verhindert durch das Unglück des Vaterlandes«, vorerst noch nicht. Der Grund wird sein, daß das Ansehen Plethons während der Zeit Konstantins zugenommen hatte, allerdings auch der heimliche Unwille über eine Philosophie, die über den Glauben der Orthodoxen hinausging. Konstantin hatte dem Lehrer und ihm Ergebenen öffentlich seinen Dank abgestattet. Er übereignete den Erben des Gemistos Plethon, den Söhnen Demetrios und Andronikos, das Städtchen Phanarion in der Argolis mit allen Abgaben und Steuern in Geld und Naturalien sowie den Ort Brysis unter den gleichen Bedingungen. Dafür sollten beide Dienste dem Despoten Demetrios leisten. Besitz und Dienste wurden ihnen erbeigentümlich zugesichert, doch sollte jeweils der älteste Sohn Erbe des ganzen Besitzes sein. Wenn sich allerdings einer aus der Nachkommenschaft unwürdig dieses Gutes erweisen würde also etwa aufsässig wäre, fiele dessen Anteil dem anderen Erben zu.⁴

Als Gemistos Plethon im Jahre 1452 gestorben war, schrieb aus dem fernen Italien Bessarion den beiden Söhnen des Toten, aber mit keinem Worte des Beileids:

»Ich habe gehört, daß der gemeinsame Vater und Führer, alles Irdische hinter sich lassend, in den lauteren Ort des Himmels gewandert ist, um mit den olympischen Göttern den mystischen Reigen zu tanzen... Wenn daher jemand die Lehren des Pythagoras und Platons über die endlose Wanderung der Seele annähme, so würde ich kein Bedenken tragen, noch dieses hinzuzufügen, daß Platons Seele, als sie den unabänderlichen Satzungen des Verhängnisses unterliegen und sich der notwendigen Wanderung unterziehen mußte, auf die Erde herabsteigend sich Gemistos Hülle als Wohnung und sein Leben erwählt habe. Ein großer Ruhm für ganz Hellas war jener Mann, ein großer Schmuck wird er ihm für die Zukunft sein. Sein Gedächtnis wird nicht untergehen, und sein Name und sein Ruf mit immerwährendem Preise der Nachwelt überliefert werden.«²⁷⁵

Schon im nächsten Jahr kam über das Reich der Rhomaier, das Gemistos erneuern wollte, die Katastrophe. Und ›Hellas‹ wurde eine Vergangenheit, die den Geist Europas veränderte.

---

275 nach Schultze, 101 und 103. 4 Dölger, Regesten, v, 132.
275 nach Schulze, 107.

DEMETRIOS PALAIOLOGOS

Als eminent unglücklich gelten natürlich alle Zeiten großer Zerstörung, indem man das Glücksgefühl des Siegers (und zwar mit Recht) nicht zu rechnen pflegt.   Jacob Burckhardt

Das Ende des byzantinischen Reiches war nur noch eine Frage der Zeit. Rückblickend mag man sagen, es war ein weltgeschichtliches Ereignis, das zwangsläufig eintreten mußte. Weltgeschichte ist aber nicht immer das Ergebnis weithinwirkender Taten, sondern manchmal nur die Folge von Entschlußlosigkeit oder Schwäche, die der Stärkere mit Entschiedenheit nutzt. Die Mitlebenden sahen die Vorgänge nur aus der eingeschränkten Sicht ihrer Gegenwart: was für den einen der Untergang einer Kultur sein mochte, war für den anderen nur der Wechsel von Steuerbeamten und für den Dritten die Hoffnung, in seinem Besitz gesichert zu werden oder seinen Handel gewinnbringender als bisher zu treiben. Machtwille erzwang den Wechsel der Herrschaft ebenso wie die Ohnmacht sie vielleicht herbeigewünscht hatte, sicher aber zu erleiden genötigt war. Wer den Untergang des Reiches als ein Schicksal erlebte und überlebte, konnte ihn als das Ergebnis menschlichen Tuns und Versagens oder als Sühne für die Sünde wider den Heiligen Geist der Orthodoxie ansehen und danach über die Zeitgenossen sein Urteil fällen. Weltgeschichtlich wird dieses Bild, dessen Farben für den einen düstere Leuchtkraft, für den anderen strahlende Helligkeit haben, erst durch den Rahmen, den ihm der nachdenkende Historiker gibt. Denn für ihn, wie Jacob Burckhardt in seinen ›Weltgeschichtlichen Betrachtungen‹ schreibt, ist es »wahrscheinlich, daß das Zurückweichen der Weltkultur« – und dies auch nur für den, der die europäische Zivilisation dafür hält – »aus dem östlichen Becken des Mittelmeeres im 15. Jahrhundert äußerlich und innerlich kompensiert wurde durch die ozeanische Ausbreitung der westeuropäischen Völker; der Weltakzent rückte nur auf eine andere Stelle«. Wer aber dachte so – damals, als die Osmanen entschlossen waren, Europa zu unterwerfen?

Mit seinem Bruder, dem Basileus Johannes VIII., war Demetrios in Italien gewesen. Gemistos hatte ihn damals darüber belehrt, er würde als Ketzer gelten, falls er dem Dekret des Konzils seine Zustimmung gäbe. »Lieber den Turban als die Mitra!« war auch sein Wahlspruch geworden.[187] Demetrios hatte neben dem Dogen Francesco Foscari in San Marco in Venedig gekniet, als dort eine Messe nach orthodoxem Ritus gehalten wurde. Der Papst war während der Liturgie nicht in das Gebet eingeschlossen worden, der Kaiser, obgleich er noch in Venedig weilte, war der Zeremonie ferngeblieben. Die Union sollte es niemals geben. Als ein Feind des Florentinums zog Demetrios 1442 mit Sultan Murad im Bunde gegen Konstantinopel ... Nachdem Konstantin Kaiser geworden war, saß er, vordem Despot in Selymbria, auf dem Thron im Chrysotriklinon des Palastes zu Mistra. Er hätte diesen Saal nicht mehr gebaut. Eine eigene Politik zu treiben, war ihm unmöglich. Venedig galt, wie Kaiser Sigismund an Theodor II. geschrieben hatte, als der gemeinsame Feind beider Römischer Reiche. Die Erlauchte Republik beschlagnahmte, um sich schadlos zu halten für die Verwüstungen albanesischer Söldner im Dienst des Despoten, die Gelder, die von den Griechen Mistras nach Koron und Modon verbracht worden waren. Der Despot mußte den Angriff seines Bruders Thomas erleben, der Skorta in Arkadien besetzte. Tourakhan, der schon so oft in die Peloponnes eingefallen war, kam und schlichtete den Streit. Mit Sultan Murad schlossen die Brüder, auch Kaiser Konstantin, einen Friedens- und Freundschaftsvertrag, den einzuhalten niemand den Willen hatte. Die Lage des byzantinischen Reiches war aussichtslos.

Demetrios unterhielt durch Athanasios Laskaris diplomatische Beziehungen zu Cosimo de' Medici, mit dem er vor Jahren in Florenz beim festlichen Mahle gesessen hatte. Cosimo wollte in der Kapelle seines Palastes, den ihm Michelozzo errichtet hatte, das Ereignis des Florentinums durch ein Sinnbild feiern: die Heiligen Drei Könige – der Kaiser Johannes, der Patriarch Joseph und der Enkel Loren-

187 Laonikos Chalkondylas, nach Zakynthinos, Bd. 2, S. 106.

zo de' Medici – wallfahren in festlichem Zuge nach Bethlehem. Bethlehem aber ist das reiche Florenz, das alles Geld dieser Welt in seine Mauern zieht. Benozzo Gozzoli wird der Meister dieser Fresken sein.* Doch zum Zuge gegen die Mohammedaner Cosimo zu bewegen, blieb vergebliche Hoffnung. Handelsvorteile für die Einfuhr von Rosinen konnten den Herrn der Republik nicht zu einem Entschluß, schon gar nicht zu einem Kriege gegen die Türken bestimmen. Später war ein Gesandter des Despoten Thomas in der Stadt am Arno. Ein größerer Erfolg war auch ihm nicht vergönnt, erklärte die Kommune doch nur die kostenlose Bereitschaft, jederzeit zu Hilfe zu kommen, sobald die westlichen Großmächte das Kreuz auf sich nähmen. Athanasios Laskaris war als Gesandter des Demetrios in Venedig. Im Dogenpalast mußte er mit einem Senat verhandeln, der sich seiner Macht durchaus bewußt war, im September 1450 jedoch versprach, die beschlagnahmten Vermögen, bis auf das des Georgios Eudaimonoiannis, herauszugeben, falls der Despot Schadenersatz für die Verwüstungen seiner Soldateska leisten würde. Im übrigen, so bedeutete man dem Athanasios Laskaris, wäre die Republik neutral. Festungen allerdings könnte sie wohl besetzen, sollte der Despot, aus welchen Gründen auch immer, das Land verlassen oder gestorben sein. Doch Demetrios überlebte das Reich.

Die italienischen Städte, in denen die Humanisten aus Griechenland, die Byzantinoi, eine Heimat gefunden hatten: weltpolitisch dachten sie nicht. Den Gebildeten und Gelehrten war Griechentum etwas Vergangenes, ein Reich der Ideale, denen die wirkliche Welt, darin Haß und Hader regierten, nicht entsprach. In der Stunde seines geistigen Aufbruchs war Europa schwach. Man erkannte wohl die Gefahr, aber schlaflose Nächte bereitete man sich nur, um Feste zu feiern. Philipp der Gute, der Herzog von Burgund, hatte vom Despoten Theodor eine kostbare Reliquie erhalten, der Patriarch sie beglaubigt. Denn Theodor wollte mit dem fernen Burgunderfürsten eine wahrhafte Freundschaft pflegen. Darum veranstaltete Philipp der Gute mit seinem Adel eine Reihe von großen Banketten, um das Gelübde zur

DEMETRIOS PALAIOLOGOS

Kreuzfahrt gegen die Türken vorzubereiten, »dieweil große und ehrenvolle Werke langen Ruhm und dauerndes Gedenken erheischen«.** Und der deutsche Kaiser Friedrich III. mitsamt seinen Fürsten und den anderen Ständen im Heiligen Römischen Reich deutscher Nation verschob die lästige Türkensache von einem Reichstag zum andern. Seine Autorität war besonders in den Ländern geschwächt, die dem Zugriff der Osmanen am nächsten lagen, in Ungarn und Böhmen. England hatte seinen Hundertjährigen Krieg, den Frankreich gewann und bald darauf seine ›Rosenkriege‹, Spanien seine Feindschaft zwischen Kastilien und Aragon, Italien seinen Krieg aller gegen alle. In den Jahren, in denen das heilige Griechenland unterging, war Europa zerstritten.

Mehmed der Eroberer wußte es. Hoffnung für die Stadt am Goldenen Horn gab es nicht mehr. Nachdem Isidor von Kiew als päpstlicher Legat nach Konstantinopel gekommen war – zweihundert Bogenschützen aus Chios, die er selber bezahlte, mit ihm – schloß am 12. Dezember 1452 die Verlesung des Florentinums in der Agia Sophia auch den lateinischen Papst Nikolaus V. in das liturgische Gebet mit ein. Es war der letzte christliche Gottesdienst in der Kirche Justinians. Doch die Union, endlich erreicht, das Volk wollte sie nicht. Der Mönch Gennadios war die Hoffnung des Widerstands. Zu ihm in die Klosterzelle wallfahrteten die Verzweifelten und die Empörten und lasen an seiner Tür:

»O ihr elenden Rhomaier! Warum wollt ihr die Wahrheit verlassen? Warum wollt ihr euer Vertrauen anstatt auf Gott auf die Lateiner setzen? Indem ihr euren Glauben verliert, verliert ihr eure Stadt. Erbarme dich meiner, o Herr! ... ich bin unschuldig an diesem Verbrechen. O ihr elenden Rhomaier! Überlegt, haltet ein, bereut! In dem Augenblick, in dem ihr der Religion eurer Väter abschwört und die Gottlosigkeit annehmt, unterwerfet ihr euch fremder Knechtschaft.«[262]

---

* *1459-61; vgl. Piero Bargellini: Il concilio di Firenze e gli affreschi di Benozzo, Firenze 1961.* ** *Jan Huyzinga: Herbst des Mittelalters, 10. Auflage, Stuttgart 1969, 371.* 262 *nach Gill, 79 ff.*

Und heimlich ließ Gennadios in allen Palästen, auf den Märkten und in allen Klöstern der Stadt Flugschriften verteilen.

Wo aber soll Rettung sein? Kaiser Konstantin wird auf offener Straße verhöhnt. Der Winter ist öde und kalt. Im April kommen mit Sultan Mehmed die osmanischen Heere. Während sie Konstantinopel belagern und jeder voraussieht, daß die Stadt nicht überleben wird, wollen Thomas und Demetrios aus der Peloponnes nach Italien fliehen, Hilfe für ihren Bruder haben sie nicht. Am 29. Mai wird die Stadt am Goldenen Horn von den Türken erobert. Konstantin XII. Palaiologos Dragazes fällt kämpfend auf den Mauern der Stadt. Das Reich der Rhomaier besteht nicht mehr. Die Unglücksnachricht erreicht Rom erst im Juli 1453. Papst Nikolaus V. läßt fünf Triremen in Venedig bauen, stiftet endlich Frieden zwischen den italienischen Stadt- und Tyrannenstaaten und gibt kein Geld mehr her für die Bauten der Ewigen Stadt. Wider Erwarten siegen die Griechen der Peloponnes über die Türken, der Archont Matthäos Palaiologos Asan, ein Schwager des Demetrios, treibt sie, die er in den Hohlwegen bei Mykene überfallen hat, über den Isthmus zurück. So erlaubt der Sultan den beiden Despoten, dem Demetrios und dem Thomas, ihre Apanage zu behalten, und verlangt, ihn als Oberherrn anzuerkennen.

Doch nun machen die Albaner eine Revolution. Als Halbnomaden oder als freie Bauern leben sie noch in ihrer Stammesgemeinschaft unter Häuptlingen, die sie wählen. Untertanen eines schwachen Despoten wollen sie nicht mehr sein. Darum erheben sie – noch immer gibt es den alten Streit – einen Feind der Palaiologen, den Manuel Kantakouzenos, einen Enkel Kaiser Johannes VI., zum Führer in ihre Freiheit. Manuel nimmt den Titel Despotes an. Die Albaner belagern Mistra und – bitten den Sultan um Hilfe. Der kommt, um die »rechtmäßigen« Herrscher zu schützen, und bekämpft die Rebellen. Anfangs hat Venedig den Aufstand nur mit Aufmerksamkeit verfolgt, dann unterstützt. Auf Grund der unübersichtlichen Lage und angesichts der türkischen Intervention vertagt der Senat dann die Entsendung von zwei Provveditoren und bietet sich an, zwischen den Parteien Frieden zu stiften. Vittorio Capello wird ausgesandt, mit Thomas und Demetrios zu verhandeln. Er soll das Beileid der Republik über den Fall von Konstantinopel zum Ausdruck bringen, eines ehrlichen Maklers Dienste leisten, vor allem aber darauf dringen, daß der Despot die widerrechtlich besetzten Plätze an Venedig herausgibt. Auch mit Manuel Kantakouzenos tritt der Senat in Verbindung.[9] Aber der Aufstand der Albanesen bricht unter der Übermacht der türkischen Janitscharen zusammen. Flüchtlinge wandern nach Sizilien aus, die Piana degli Albanesi bei Palermo ist ihre Heimat geworden. Manuel entkommt nach Ragusa, wird dort bald wegen Aufruhrs ausgewiesen, kämpft 1458 sogar noch im Dienste Sultan Mehmeds gegen die Palaiologen. Am Ende lebt er dann in Venedig.

Die Herren vom hohen Adel, die Dynatoi, lassen ihr Volk im Stich. Sie treiben Verräterei, damit sie, wie einst nur dem Kaiser untertan, wenn auch nicht treu, auch jetzt nur von Konstantinopel abhängig sind und so ihre Latifundien über die Zeiten retten. Der Sultan gewährt diese Bitte gern. Dem Despoten verweigern Griechen und Albaner jegliche Steuer. Demetrios kann den vom Sultan auferlegten Tribut nicht mehr entrichten. Das Geld einzufordern, schlagen die Türken ihre Zelte am Isthmus auf. Unübersehbar ist die Menge des Heeres, aber Korinth ergibt sich nicht. Mit der Hälfte seiner Armee muß der Sultan die Stadt und Akrokorinth belagern. Im Lande ringsum werden Festungen und Dörfer besetzt. Wer nicht fliehen kann, wird gefangengenommen, gefoltert, versklavt, getötet oder muß sich im entvölkerten Konstantinopel ein neues Haus bauen. Der Sultan zieht durch Arkadien. Demetrios flieht nach Monembasia. Die Türken lagern bei Tegea und Nikli, marschieren hinüber nach Patras – Mistra bleibt noch verschont. Korinth ist nicht zu bezwingen, die Besatzung schlägt einen türkischen Sturmangriff mit großem Erfolge zurück. Ausgehungert,

9 Thiriet, Bd. 3, Nr. 2944, Nr. 2973 und Nr. 2981.

verlangt die Bevölkerung jedoch die Übergabe, Matthäus Asan vollzieht sie. Nun schließen Sultan und Despot einen Friedensvertrag: Korinth, Patras und Kalabryta muß Demetrios den Türken überlassen. Eine große Gesandtschaft des Sultans begibt sich nach Mistra, zieht turbangekrönt und prächtig in die Felsenstadt ein und – verlangt vom Despoten die Tochter Helena. Mehmed will sie in seinem Harem zur Frau. Demetrios gibt sie heraus.

Seit August 1458 ist der Humanist und Komödiendichter Enea Silvio Piccolomini als Pius II. Nachfolger Petri auf dem Heiligen Stuhl. Er und sein Kardinal Bessarion versuchen, das Schicksal zu wenden. Pius lädt die christlichen Fürsten Europas zum Kongreß nach Mantua ein. Außer einer Gesandtschaft des Despoten Thomas, theatralisch-orientalisch wirkend und sechzehn türkische Gefangene im Gefolge, ist bei der Ankunft des Papstes, die festlich begangen wird, niemand erschienen. Das Sumpfklima ist ungesund. Man vertreibt sich die Zeit mit Liedern und Gondelfahrten. Bianca-Maria Sforza von Mailand hat hundert Soldaten geschickt, der Papst gibt zweihundert dazu. Der Trupp, in Griechenland angekommen, nimmt Patras den Türken weg und verstreut sich im Lande. Erst nach Monaten kann der Kongreß beginnen. Der Papst mahnt bei der Eröffnungsfeier im Dom zu Mantua eindringlich die Christen der Welt. Bessarion hält langatmig und weitausholend eine Rede über die Peloponnes. Schön und naiv ist das Bild, das Francesco Pinturricchio 1502 von einer Sitzung des Mantuaner ›Fürsten‹-Kongresses gemalt hat. Es gehört zu einer Folge von Fresken, in denen das Leben des Papstes Pius erzählt wird und die sich in der Libreria Piccolomini am Dom zu Siena befindet. Hoch thront der Papst auf dem Bild unter dem Baldachin, ein Geistlicher weist auf Bessarion hin. Im Vordergrund steht ein Türke, und jeder beträgt sich gesittet. In Wirklichkeit ist es anders gewesen. Der Beauftragte des Deutschen Reichstags verhöhnt den Papst, nimmt seinen Hut nicht ab und ist gegen den Kreuzzug. Man verhandelt monatelang. Venedig verlangt den Oberbefehl über die Seestreitkräfte, und außerdem verlangt es noch Geld. Der Papst wird wütend. Für den Zehnten, der den Geistlichen auferlegt wird, soll der Kaiser 32000 Soldaten und 10000 Reiter in Deutschland zu den Fahnen und Fähnlein rufen, bewaffnen und gegen die Türken in Ungarn in Bewegung setzen. Darüber kann nur der Reichstag entscheiden. Bessarion wird als Legat des Papstes nach Deutschland geschickt, er soll in Nürnberg vor den Vertretern aller Stände des Reiches sprechen. Der wegen seines Bartes verspottete Kardinal der römischen Kirche und Titular-Patriarch von Konstantinopel reist wochenlang durch das südliche Deutschland, der Reichstag tritt nicht zusammen. Als Bessarion endlich in Wien ist, aber kein einziger Fürst des Heiligen Römischen Reiches Deutscher Nation sich eingefunden hat, da haben die Gesandten keine Weisungen ihrer Landesherren zwischen ihren Papieren. Bessarion erlebt den größten Mißerfolg seines Lebens.

In der Peloponnes streiten sich bis zuletzt die Despoten. Thomas – Unionist und Lateiner – holt sich von den Türken Kalabryta zurück, macht es zu seiner Residenz, nimmt Karytaina seinem Bruder weg und dazu noch Teile Messeniens. Die Türken bekämpfen ihn im Bunde mit dem Despoten Demetrios. Ein letztes Mal versöhnen sich die Palaiologen-Brüder und feiern gemeinsam den Gottesdienst und das Abendmahl. Der Metropolit von Lakedaimon zelebriert diese Messe in Kastranitza. Statt im liturgischen Priestergewand ist er wie ein Büßender in Sack und Asche gekommen. Die Brüder schwören heilige Eide, aber Frieden untereinander halten sie nicht. Mehmed fällt in die Morea ein, um mit diesem Gespenst vom Reich der Rhomaier ein Ende zu machen, ehe ein Kreuzzug, den der Kongreß von Mantua doch noch beschlossen hat, in die Tat umgesetzt wird. Matthäus Asan versucht, den Sultan noch umzustimmen. Doch der Großwesir Mahmud Pascha wird mit einer Armee nach Lakonien entsandt, er belagert Mistra. Gesandte des Sultans, darunter der Grieche Thomas Katavolenos, gehen zum Despoten hinauf. Die Stadt hält den Atem an. Demetrios zögert. Dann ist er bereit, vor dem Sultan in den Staub zu fallen. Am 30. Mai 1460 besetzen die Osmanen Stadt und Festung am Taygetos, sieben Jahre und einen Tag nach der Eroberung Konstantinopels. Demetrios, aufgefordert, vor dem Sultan zu erscheinen, kommt von der Felsentreppe seines Palastes zeremoniellen Schritts herunter, durchschreitet das Monembasia-Tor, geht durch die Vorstadt, kommt in das hundertzeltige Lager der Türken.

»Als Demetrios das Zelt des Großherrn betrat, erhob sich dieser von seinem Sitz, streckte ihm die Rechte hin und hieß ihn Platz zu nehmen. Dann besprach er sich mit ihm über den zwischen ihnen bestehenden Frieden, behandelte ihn mit zärtlichen und freundlichen Worten und beruhigte ihn, als er seine Angst und Bestürzung gewahrte. Er gab ihm Hoffnungen für die Zukunft und die Überzeugung, daß er von ihm alles, wonach ihn gelüste, erhalten könne. Dann machte er ihm reiche Geschenke von Silber, Ehrenkleidern, Pferden, Maultieren und vielen anderen Dingen, die ihm dann von großem Nutzen waren.«[188]

Demetrios wurde nicht – wie man später erzählte – in zwei Stücke zerschnitten,[24] aber Sultan Mehmed machte ihm deutlich, daß er ihn als seinen Gefangenen betrachte. Er ließ Demetrios' Gattin und eine Tochter, die nach Monembasia geflohen waren, in das türkische Lager holen. Dann zog Mehmed mit Demetrios durch das eroberte, für die Griechen verlorene Land. Nur Konstantin Palaiologos Graitzes leistete in der Festung Salmenikon bei Vostitza monatelang unüberwindlichen Widerstand. Noch im Oktober 1460 sandte er einen verzweifelten Hilferuf an Bianca-Maria Sforza nach Mailand, die Festung »im Namen Gottes und der Christenheit« vor den Türken zu retten. Erst im Juli des nächsten Jahres übergab er die Festung dem Großwesir. Und Mahmud Pascha erklärte, daß er in diesem Land, das er erobert, sonst nur Sklaven gefunden habe, Konstantin Palaiologos, der Verteidiger von Salmenikon, aber der einzige Mensch sei, den er getroffen. Der letzte Rhomaier rettete die von den Despoten verlorene Ehre, jedoch kein Reich.

Nach seiner Gefangennahme war Demetrios mit einer Ehreneskorte des Sultans nach Böotien hinübergeschickt worden. Dort traf er noch einmal mit dem Eroberer Konstantinopels und seines Reiches zusammen. Dann ging die Reise nach Adrianopel. Der Sultan übergab ihm eine fürstliche Apanage: die Inseln Lemnos und Imbros und Teile von Thasos und Samothrake, sowie die Einkünfte der Salzminen von Aenos. Demetrios hatte ein Einkommen von 600 000 Aspern in Silber, zuzüglich 100 000 Aspern aus der Münze von Adrianopel – mehr als er jemals in Mistra gehabt. Er führte ein ruhiges Leben, ging gern auf die Jagd und verbrachte den größten Teil des Tages an seiner gutbesetzten Tafel. Er erließ sogar noch eine Stiftung zugunsten des Batopedi-Klosters auf dem heiligen Athos-Berge. 1467 kam es allerdings zum Bruch mit dem Sultan. Man beschuldigte ihn, Gelder veruntreut zu haben. Sein Schwager Matthäos Asan war in die Affäre verwickelt. Demetrios ging als Mönch David ins Kloster. Als er einmal mühselig des Weges zog, erkannte ihn, vorüberreitend, Mehmed, der Sultan. Der Türke war gerührt von dem Bilde des Jammers, das von dem einst so mächtigen Reiche noch übrig war. Er wies dem verarmten Mönch 50 000 Aspern im Jahre an, die durch Verkauf von Mehl aufgebracht wurden.* 1469 mußte Demetrios den Tod seiner Tochter Helena beklagen. Es heißt, der Sultan habe sie niemals zu sich geholt. Kleider und Schmuck der Verstorbenen wurden dem Patriarchen von Konstantinopel überbracht. Demetrios Palaiologos starb 1470, wenig später, vom Gram zermürbt, seine Frau Zoe. Das war das Ende der Byzantiner von Mistra.

---

188 Kritoboulos, nach Babinger, 185. 24 Coronelli, 73.
* *Ein Asper, die Benennung wird vom griechischen Aspron abgeleitet, ist gleich einem Drittel Para, 40 Para sind 1 Piaster, und dieser ist etwa so viel wert wie ein Taler, demnach erhielt Demetrios etwas mehr als 400 Taler Rente.*

DIESSEITS DER KATASTROPHE

Patriarch von Sultans Gnaden

Nach dem Fall Konstantinopels war Gennadios einige Monate Sklave bei den Türken in Adrianopel, wurde aber im Herbst 1453 in sein Kloster zurückgebracht und im Januar 1454 der erste Patriarch unter Sultan Mehmed dem Eroberer. Trotz des Wandels, den seine kirchenpolitische Haltung durchgemacht hatte und trotz des weltgeschichtlichen Sieges des türkischen Großherrn: Scholarios sah in dem nun verstorbenen Philosophen vom Taygetos, Georgios Gemistos, seinen persönlichen Feind und einen Verleumder der Orthodoxie. Der Nachlaß Plethons war in die Hände des Despoten Demetrios gelangt, der das Hauptwerk des Platonikers, ›Die Gesetze‹, nach 1460 mit in die Gefangenschaft nahm. Dadurch erhielt Gennadios ein Exemplar der noch nicht veröffentlichten Schrift. Sobald er das Buch zu lesen begann, empfand er Schmerz über das Unglück des Vaterlandes. Alle Kapitel seines Werkes, erklärte der Patriarch in einem Sendschreiben an die Metropoliten der rechtgläubigen Kirche, habe Gemistos

»mit Haß gegen die Christen angefüllt, indem er unsere Lehre schalt, doch nicht widerlegte, ebenso wie er die seinige gab, doch nicht bewies. Deshalb glaubte ich, keinen Teil des Buches den Gläubigen zu Gesicht kommen lassen zu dürfen, da es ihnen keinen Nutzen, wohl aber ihrer Seele Ärgernis bereiten könnte ... Darum nun, weil er einerseits nicht im Glauben standhaft, sondern abtrünnig war, und weil andererseits unser Volk sich jetzt in einer schrecklichen Verwilderung befindet, habe ich, nicht nur um es zu vernichten, sondern auch als Strafe, sein Buch dem Feuer überantworten lassen.«[275]

Gennadios befahl kraft seines hohen geistlichen Amtes und im Namen Gottes, alle Abschriften dieses Buches zu verbrennen und, falls ein Besitzer dieses ketzerischen Werkes es selbst nach zweimaliger Aufforderung nicht täte, diesen aus der Gemeinschaft der Christen auszuschließen.

Gennadios war ein eifriger und eifernder Orthodox. Gemistos wurde durch ihn zum Apostaten, obgleich auch dies nicht ausgemacht ist. Er aber ist die tragische Gestalt zwischen Morgen und Abend, zwischen dem Erwachen des neuzeitlichen westlichen Denkens und der Dämmerung, in der der kalte Halbmond aufging. Gennadios bewahrte die Orthodoxie, dereinst die Hoffnung, die Freiheit zu wagen. Sie beide waren Gegner aus Grundsatz und Überzeugung.

Auf der Flucht vor dem Halbmond

Venedig hatte beim Einmarsch Mehmeds des Eroberers in die Peloponnes 1460 seine Besitzungen auf dieser Halbinsel, aber auch die Insel Negroponte (Euböa) mit Soldaten und Verpflegung, mit Pulver und Geld versorgt und in Verteidigungszustand versetzt. Im Juli schien festzustehen, daß die Osmanen Venedig als Feind betrachteten. Aber die Gefahr ging vorüber, Venedig rüstete wieder ab.[9] Zahllose Flüchtlinge kamen in die Lagunenstadt. Sie fanden Landes- und Glaubensgenossen in der griechischen Gemeinde, die damals die Erlaubnis erhielt, sich zu einer Bruderschaft zusammenzuschließen und ihren Ritus öffentlich auszuüben. Viele wanderten weiter. Die Vertriebenen mußten heimat- und mittellos mit ein paar Brocken italienischer Sprache von Stadt zu Stadt ihres Weges ziehen. Auskommen fanden sie als Hauslehrer an Fürstenhöfen oder als Kopisten griechischer Handschriften, die zu haben und vielleicht auch zu lesen in Mode war. Ihre Klagen setzten sie, die »von den Erinnyen« Getriebenen, an das Ende ihrer Kärrnerarbeit, einer Abschrift des Herodot oder des Euripides. Nicht immer waren sie gern gesehen, man warf ihnen anmaßendes Verhalten vor. Und die Hofbeamten und Camerlenghi, die ihnen die aus Bildungslaune oder aus Mitleid gewährten Pensionen auszahlen mußten, werden über sie nur gespottet haben – Flüchtlingselend.

275 nach Schultze, 111. **9** *Thiriet, Bd. 3, Nr. 3092, Nr. 3093, Nr. 3116 und Nr. 3118.*

So lebte und arbeitete auch einer der jüngsten Schüler des Gemistos Plethon: Georgios Hermonymos, Sohn oder doch Verwandter des Charitonymos aus Mistra. Er war in den Westen geflüchtet, Bessarion sorgte für ihn, wie für viele geflohene Griechen. 1471 war Hermonymos in Rom und lehrte dann seit 1476 an der Pariser Sorbonne die griechische Sprache. Er kopierte, solange noch keine griechischen Bücher gedruckt werden konnten, Handschriften für französische Humanisten. Stolz nannte er sich im Kolophon seiner Schreiberarbeit einen Spartaner. Er übersetzte die Werke des Gennadios Scholarios ins Lateinische und verfaßte eine kurze Geschichte Mehmeds des Eroberers. Er wurde der Lehrer des Guillaume Budé und des Johannes Reuchlin, mit dem er eine Zeitlang im Briefwechsel blieb. Dadurch kam Reuchlin in Verbindung mit Pico della Mirandola in Florenz. Auch Ficino kann als Lehrer des deutschen Humanisten, der seinen Namen in Kapnion hellenisierte, angesehen werden. Angeregt durch Pico della Mirandola lernte Reuchlin als erster Hebräisch. Vor Jahren war auf einer venezianischen Galeere von Konstantinopel nach Venedig der Gedanke der Toleranz zwischen den Religionen nach Europa gekommen, damals, als Nikolaus Cusanus und Georgios Gemistos nach Italien fuhren. Mit Reuchlin wurde die Toleranz zur entschlossenen Tat. Reuchlin befreite die Juden aus ihrem geistigen Getto – die ›Dunkelmänner-Briefe‹ verteidigten ihn – und lehrte die Kabbala, die Mystik des Judentums, kennen. Er geißelte die Pfaffenwirtschaft in einem metrischen Lustspiel. Das Netz der europäischen Geistesgeschichte verdichtete sich zur Reformation. Welche Fäden gehen von Gemistos zu Reuchlin? ... und welche zu Erasmus von Rotterdam, dem Lehrer Melanchthons?

Aber auch hochvornehme Herren hatten die Peloponnes verlassen. Ein Johannes Dukas Angelos Palaiologos Raoul Laskaris Tornikos Philanthropenos nannte sich ›Herr von Arkadien‹ und zog den Schweif seiner kaiserlichen Namen noch bis Rußland hinter sich her. Der ›Fürst der Morea‹ Georgios Palaiologos Kantakouzenos ging mit seinen Verwandten nach Nauplia, wohin auch ein Georgios Kantakouzenos kam. Der Verteidiger von Salmenikon, Konstantin Palaiologos Graitzes, siedelte in das venezianische Lepanto über. Janos Laskaris, der mit seinem Vater 1453 aus Konstantinopel entkommen war und auf der Peloponnes bis 1460 lebte, flüchtete nach Kreta. Er hatte das Glück, Bibliothekar der Laurenziana in Florenz zu werden, und reiste später für Lorenzo de' Medici nach Griechenland, Handschriften zu kaufen. Einen Verwandten, Konstantin Laskaris, traf man am Hof zu Mailand. Aber mancher kehrte auch, wie Manuel, ein Sohn des nach Italien geflohenen Despoten Thomas, in die Heimat zurück, wurde Pensionär des türkischen Großherrn oder des besseren Fortkommens halber Mohammedaner.

Die nach Kreta gekommenen Flüchtlinge beunruhigen den Senat von Venedig. Ein Johannes Argyropoulos ist dort aufgetaucht, der vorgibt, aus Morea geflohen zu sein, und die Griechen gegen die Venezianer aufhetzt. Vordem war er in Mailand als ›Gesandter‹ des Despoten Demetrios und als Lehrer der Battista Sforza, also für den in Venedig bestgehaßten Francesco Sforza, tätig gewesen. Und diesen Sforza hatte Sultan Mehmed, der den Streit im Westen nur allzu gut kannte, gegen die Republik aufgestachelt. Also ist Vorsicht geboten, damit nicht in Kreta ein Aufstand ausbricht. Die Überwachung der Griechen wird angeordnet, über die aus Morea Gekommenen wünscht der Senat Bericht. Popen und Einsiedlern wird das Recht bestritten, sich auf Kreta niederzulassen, denn sie als die Anti-Lateiner und Orthodoxen wollen lieber den Turban als die Mitra in den Städten und Dörfern sehen. Besonders in Rhetymno sind zahlreiche Flüchtlinge eingetroffen, »Adlige und Bürger aus Konstantinopel und aus Teilen Moreas«, auch solche »von guter Reputation, griechische Popen, Einsiedler und Presbyter«. Dort bricht tatsächlich 1461 ein Aufstand aus. Der Senat verfügt, daß bis zu einem noch festzusetzenden Zeitpunkt die Griechen »zur Vermeidung einer Strafe wegen Aufruhrs« wieder in die Morea zurückgeschickt werden.[7] Als

7 Lamansky, Bd. 2, 047.

dann aber der Krieg gegen die Osmanen eröffnet wird, erhalten »die nach Kreta Geflohenen und Verurteilten« ihre Freiheit wieder. Sie stellen viertausend Mann unter Waffen, um in der Morea zu kämpfen.[35]

Sigismondo Pandolfo Malatesta

Im Mai 1462 stirbt der Doge Pasquale Malepiero. Mit seinem Tode schwindet der Einfluß der Friedenspartei im Großen Rat der venezianischen Republik. Schon vordem Mitglied dieser Versammlung der Nobili, wird Kardinal Bessarion jetzt zum Ehrenbürger erhoben. Als Legat des Papstes kommt er im Juli 1463 nach Venedig, wird mit dem Bucentoro zur Piazzetta geholt, wo er vom Dogen Cristoforo Moro persönlich begrüßt wird, der ihn zum Dogenpalast geleitet. Er legt dem Senat mit aller Ausführlichkeit dar, welche Anstrengungen gemacht werden müssen, um eine »expeditio generalis« gegen die Türken in Gang zu bringen.[9] Der Senat verlangt vor der Kriegserklärung, daß man das Einverständnis Frankreichs erhalte und Friede in Italien herrsche. Der Papst wünscht Venedigs Hilfe, um den treulosen, gewalttätigen und gotteslästerlichen Tyrannen von Rimini, Sigismondo Pandolfo Malatesta, in die Vasallenschaft des Heiligen Stuhles zu zwingen. Denn dieser droht, die Türken ins Land zu holen, wenn man ihn noch weiter in seinem Besitztum belästigt. Trotzdem beschließt die Republik nach wenigen Tagen den Krieg. Nur der Papst und der Herzog von Burgund, Philipp der Gute, treten der Liga bei.[9] Hier in Venedig hat Kardinal Bessarion mit seinem Reden und Drängen Erfolg. Für ihn ist der Kampf gegen die Ungläubigen das Ziel seines Denkens und Handelns. Als eifriger Prediger eines neuen Kreuzzugs reist er nun im Auftrag Papst Pius II. durch halb Europa. Seine Sache jedoch ist aussichtslos, der Kreuzzug verlief beklagenswert. Es war wahrscheinlich der dreizehnte, den die Christenheit unternahm.

Damals war Alvise Loredano venezianischer Capitano

generale da Mar und Bertoldo d'Este von Ferrara Feldhauptmann der in Griechenland stationierten Truppen im Dienste der Republik. Die Türken mußten Argos räumen. Die venezianischen Söldner besetzten darauf die Hexamilion-Mauer, die in aller Eile wiederhergestellt wurde. Aber der Angriff auf Korinth blieb erfolglos. Bertoldo d'Este wurde tödlich verwundet. Alvise Loredano erkrankte, seine Flotte von 32 Galeeren lag untätig im Saronischen Golf. Die Landtruppen wurden vom Fieber zermürbt. Jetzt aber, nach der entscheidenden Allianz mit dem Papst, dem sich der wilde Malatesta doch noch als ›Sünder‹ zu Füßen wirft – allerdings nur durch einen Stellvertreter – soll das Jahr 1464 erfolgreich werden. Der Doge Cristoforo Moro will selbst die militärischen Unternehmungen leiten, der gichtkranke Pius II. den Kreuzzug führen. Und Francesco Filelfo, der begeisterte Platoniker und Schüler des Johannes Chrysoloras, fürchtete, der Papst werde einen seiner Neffen, einen Piccolomini aus Siena, zum Kaiser in Konstantinopel krönen. Erst im Sommer kann der Papst die beschwerliche Reise von Rom nach Ancona auf sich nehmen. Mit großem Zeremoniell verabschiedet, sticht der Doge von Venedig mit der Kreuzfahrerflotte in See. Am 13. August kommen die Galeeren vor Ancona in Sicht, sehnlich erwartet vom Papst, der oben beim Dom des Heiligen Cyriacus auf dem Sterbebett liegt. Cristoforo Moro ist noch nicht gelandet, als er die Nachricht erhält, der Papst sei tot. Francesco Pinturricchio malte die Szene in seiner Freskenfolge der Libreria Piccolomini zu Siena: im Bilde begrüßt der leidende Papst den vor ihm knieenden Dogen. Doch in Wirklichkeit ritt Moro, nachdem er an Land gestiegen, auf einem Pferd mit goldenem Zaumzeug zum Dom hinauf, zwei Kardinäle gingen ihm voraus, zwei zu seiner Seite, und erwies dem Dahingeschiedenen die letzte Ehre. Der Kreuzzug war damit beendet. Der Doge kehrte nach Venedig zurück, wo er mit großem Jubel empfangen wurde.

Pandolfo Malatesta ist derzeit schon drüben in Griechenland. Die Republik hat ihn zum Befehlshaber der Landtrup-

35 *Curiositäten*, 221. 9 Thiriet, Bd. 3, Nr. 3185, Nr. 3190 und Nr. 3192.

pen und zum Gouverneur der Morea ernannt. Seine Isotta degli Atti, die ›neue Sappho‹, und den von Leon Battista Alberti noch nicht vollendeten Tempio Malatestiano hat er in Rimini zurückgelassen, aber auch den Neid seiner Verwandten und seiner Nachbarn. Das Heer, das er auf Morea befehligt, ist kaum geeignet, einen Feldzug zu wagen, und der Nachschub ist unzureichend, den ihm Venedig bringt. Doch unter den Griechen haben sich Angehörige des Adels, auch ein Protostrator Isaak, für die Republik erklärt. Albanerhäuptlinge mit ihren Katunen und mehrere hundert Stratioten, die noch auf ihren Lehngütern sitzen, stoßen zu den Truppen des bewunderten Condottiere. Der Sieg muß mit dem Banner des Löwen sein! Mistra wird vom Malatesta belagert, ein Angriff auf die Stadt allerdings mißlingt. Erst im Herbst trifft die Nachricht ein, daß der Papst tot ist, daß der Doge nicht kommt und kein Kreuzzugsheer. Papst Paul II. will den Kreuzzug nicht weiterführen. So gibt es nur kleine Kriege auf der Peloponnes, aber Leiden und Not sind groß. Vor Mistras Mauern liegt im Norden das Viertel der Juden, die Soldaten Malatestas brennen es nieder, um näher an die türkischen Stellungen heranzukommen. Juden, die verdächtig sind, mit den Türken im Bunde zu sein, werden von den Griechen getötet. Mit dem venezianischen Provveditore Andrea Dandolo hat Malatesta fast täglich Streit, denn er ist von heftigem Temperament, aber ein gebildeter Mann und ein Mäzen seinen Poeten, Philologen und Humanisten. Von ihnen hatte Isotta degli Atti Griechisch gelernt und Malatesta den Platonismus. Darum hat er vor Mistra anderes noch im Sinn. Er glaubt, der berühmte Philosoph Gemistos Plethon sei noch am Leben und schmachte als ein Gefangener der Barbaren in der Stadt am Taygetos.

»Und in der Tat, während des ganzen Feldzuges dachten und sprachen wir«, berichtet der Geheimsekretär Malatestas, Pietro Sanseverino*, »kaum über etwas anderes als über ihn. In diesem rauhen und windigen Platz zwischen den Bergen ... Nach unendlichen Mühen und Entbehrungen drangen wir in die Stadt ein, natürlich war Sigismondo nicht der letzte, der sie betrat; doch wir fanden keinen

Gemistos. Da das Schloß noch verteidigt wurde, fürchteten wir um sein Leben. Und Nacht und Tag suchten wir in Erfahrung zu bringen, wo wir ihn fänden. Als ich eines Tages über ungeerntetem und zertrampeltem Korn durch die Felder außerhalb der Stadt wanderte und ihn, der in seinem Herzen das wahre Geheimnis der Welt trug, suchte, dort in der Öde, die sich abseits des Weges streckte, oder dort zwischen Verwundeten und Geflohenen, fand ich einen alten Mann, der seinen Sohn verloren hatte und ihn schon seit Tagen vergeblich zu finden hoffte. Ziellos lief er auf dem zertretenen Getreide umher und rief den Namen des Kindes. Ihn faßte ich, da ich an ihm nicht vorbeigehen konnte, freundlich am Arm und dachte, ihn trösten zu können. Obgleich kaum bekleidet, war er ein Grieche von edler Abkunft. Während ich längere Zeit mit ihm sprach, um seine Gedanken abzulenken – denn gewiß würde er den Sohn nicht wiedersehen –, erwähnte ich auch Gemistos und erzählte von unserer Suche, die auch vergeblich gewesen sei. – ›Ihr sprecht von dem Philosophen?‹ fragte er. – ›Von wem sonst‹, erwiderte ich. ›Wen außer ihm sollte ich sonst an diesem Ort suchen – ich, ein alter Mann und ohne Familie und ohne Freunde?‹ – ›Er ist tot‹, versicherte der Grieche, ›er starb vor einigen Jahren. Da drüben ist sein Grab.‹ Und er führte mich an den Platz. – In der Nacht, heimlich, aus Angst, gesehen zu werden, gingen Sigismondo und ich mit einigen Vertrauten zu dem schmucklosen Grab, das schon durch den Krieg zerstört und beraubt war, und sammelten die Asche in eine goldene Schale. Mit diesem Schatz unter dem Mantel unseres Feldherrn kehrten wir in das Lager zurück.

Nicht einen Tag zu früh hatten wir Gemistos gefunden, denn noch in dieser Nacht wurde gemeldet, daß die Ungläubigen sich mit einer Armee von ungefähr 25 000 Mann uns näherten. Schon waren Verstärkungen in die Stadt verlegt worden. Doch unser Heer war wegen der Strapazen und der Schrecken des Feldzuges ungehorsam und empört, bereit zu meutern, so daß viele Hauptleute schon ihre Posten verlas-

* *Ihn erfand 196 Hutton.*

sen hatten. Als ihm dies zugetragen wurde, wollte Sigismondo sie bestrafen, aber der Provveditore der Republik, Dandolo, war damit nicht einverstanden. So entstanden Mißhelligkeiten und keiner stimmte mehr mit dem anderen überein, außer daß die Belagerung aufgehoben werden müßte. Dann das Land verwüstend, durch das er ging, ließ uns unser Herr ins Winterquartier nach Napoli di Romania ziehen. Dort überfiel uns die Pest, so daß wir zuletzt wie ein geschlagenes Heer nach Lakonien gingen. Umsonst, das ist wahr, denn wir verloren die Hälfte unserer Leute, so daß wir, endlich in Mantineia« – am Golf von Messenien – »angekommen, nur noch 2800 Mann stark waren.« Sigismondo erkrankte lebensgefährlich, zwei Tage lag er wie tot. »Nur der wertvolle Staub des Gemistos verließ nie sein Lager. Und in der Tat: ich denke, es war die Absicht, die er damals faßte, ihn in dem Tempel von Rimini beizusetzen, was ihn am Leben erhielt, so daß er von seiner Krankheit geheilt wurde.«[196]

Malatesta hatte erfolglos um Mistra gekämpft. Venedig ließ ihn nach Hause gehen, 1466 ist er wieder in Rimini. In großer Feierlichkeit »und mit Musik« – wie Pietro Sanseverino berichtet, wurde die Asche des Philosophen in einem der Sarkophage am Tempio Malatestiano niedergelegt. Roberto Orsi trug ein Distichon vor. Eine Grabschrift wurde dem Mistrioten gewidmet, ihm, dem Verächter des Christentums und wiedergekehrten Platon. Plethon fand seine letzte Ruhestätte an einem Tempel, der als Grabbau für Isotta degli Atti errichtet worden und, wie Papst Pius II. meinte, »so voll heidnischer Symbole [war], daß es als ein Heiligtum nicht von gläubigen Christen, sondern von ungläubigen Verehrern heidnischer Gottheiten erschien«. Als man 1756 den Deckel des Sarkophages hob, war keine Asche darin. Man fand ein Bündel von Knochen, ungeordnet in ein Tuch aus roter Wolle gelegt, und einen Schädel von ungewöhnlicher Größe, noch mit allen Zähnen geschmückt. Dabei lagen Fetzen von dunkler Farbe, die zur Kopfbedeckung des Verstorbenen gehört haben konnten.*

Venedig verlor seinen Krieg, der wie ein Kreuzzug begonnen hatte. Einzelne Festungen besaß es noch 1467, sogar im Inneren des Landes, in Arkadien. Koron und Modon waren ihm noch geblieben, auch die Maina. Nauplia hatte es fest in seiner Gewalt, dieser Hafen, Napoli di Romania, war für die Türken uneinnehmbar, ebenso Monembasia, dessen Phrouarch sich weigerte, die Stadt dem Sultan zu übergeben. Vier Jahre nach dem Fall des Despotats der Peloponnes überließ er die Felsenstadt den Venezianern. Die Bürger wählten einen Podestà aus Venedig. Aber Negroponte (Euböa) war endgültig verloren, die von dort vertriebenen Flüchtlinge wurden in Napoli di Romania angesiedelt und für sie Häuser im Wasser gebaut. Alles Gewonnene mußte Venedig im Frieden, den es 1479 mit dem Großtürken abschloß, zurückerstatten und zahlte obendrein noch Reparationen. Im Jahre darauf kam Gentile Bellini auf Wunsch des Sultans nach Konstantinopel und malte das Porträt des schon leidenden Eroberers* und ›cose di lussuria‹, Obszönitäten, ihn aufzumuntern, für den Serail. Mistra sank zur Bedeutungslosigkeit herab. Im Jahre 1500, als Koron und Modon den Venezianern genommen wurden, kamen aus Monembasia die letzten Stratioten und drangen bis Mistra vor, legten die Stadt in Brand. Aber der Sandschakbeg der Morea überredete sie, für ihn zu kämpfen. Sie behielten ihr Landgut und wurden Sipahis und Mohammedaner.

Epitaph für einen Kardinal

Von Frankreich kommend, reiste Johannes Kardinal Bessarion im Oktober 1472 schwerkrank über Turin nach Ferrara, wo er Gast des venezianischen Gouverneurs Dandolo war. Er kam nach Ravenna, dort reichte der Tod ihm die Hand. Man bestattete ihn in Rom, in der Kirche der Zwölf Apostel. Damit ging eine Epoche zu Ende, die eine ihrer Wurzeln in Mistra eingesenkt hatte, als zur Zeit Theodors II. Palaiologos Plethon und Bessarion die Widersprü-

---

196 Hutton, 279 ff. * *Corrado Ricci: Il Tempio Malatestiano, Milano–Roma o. J., 291 f.*

che, die Welt und Geist in Feindschaft gespalten hatten, im Sinne Platons überwinden wollten. Bessarion griff in die Geschichte ein, aber die Union als ein Ergebnis der Wahrheitssuche blieb ihm versagt. Sein Übertritt zur katholischen Kirche nach dem Scheitern des Florentinums, der ihm den Hut eines römischen Kardinals und die Titularwürde eines Patriarchen von Konstantinopel eintrug, sollte das Vorbild für die Befreiung der Kirchen aus ihrer Befangenheit und Wortstreiterei sein. Bessarion mußte zeit seines Lebens über die Grenzen verhärteter Dogmen hinweg als ein Lehrer zu wirken versuchen: für den Kreuzzug gegen den Islam und für die Heimführung der Orthodoxen in die alleinseligmachende Kirche des Papstes.

»Legt ab jedes nichtige Vorurteil, allen ungerechten Haß und jede falsche Meinung über die Lateiner! Erfasset die lautere Wahrheit des Glaubens im Sinne der katholischen und römischen Kirche!«[271]

Aller Eifer war umsonst. Die Idee eines Kreuzzugs entflammte die Geister nicht mehr, die Union zersplitterte die Orthodoxie. Aber »Bessarion ragt in das Treiben jener Zeit hinein fast wie ein Kirchenvater; seine majestätische Erscheinung, die heroische Gestalt und der griechische Kopf mit dem langen wallenden Bart erhöhte nur den willigen Glauben an seine Autorität, mit dem man ihm von allen Seiten entgegenkam. Um ihn scharte sich in Bologna sowohl wie besonders in Rom, wo er sich unter Paul II. immer mehr in gelehrte Muße zurückzog, alles was für griechische Literatur und platonische Philosophie begeistert war.«[274]

Ruhm und Nachruhm dieser einzigartigen Erscheinung waren bedeutend. Lorenzo Valla nannte Bessarion »Latinorum Graecissimus, Graecorum Latinissimus« – der Griechischste der Lateiner, der Lateinischste der Griechen. Und so stand er über allen Gegensätzen als ein Überragender da. Aber er war nicht nur Philosoph und Gelehrter, sondern – im Gegensatz zu seinem Mentor und Lehrer, Gemistos Plethon – ein Christ, auf Ausgleich zwischen Katholiken und Orthodoxen bedacht. Diesen Geist der Vermittlung verdeutlicht das Werk, das er in Auftrag gab, die Ausmalung der Kapelle neben dem Hauptaltar in Santi Apostoli in Rom. Er widmete den kleinen Altarraum dem Heiligen Michael, seinem Namenspatron Johannes dem Täufer und der Heiligen Eugenia. In der Wölbung thront der Erlöser, ein ›lateinischer‹ Pantokrator, umgeben von neun Chören der Engel vor sternübersätem Himmelsgrund. In den Ecken verkünden die vier Evangelisten das Wort Gottes der Welt, umgeben von je einem lateinischen und griechischen Kirchenvater, die in ihrer Studierstube sitzen und schreiben, Gelehrte des heiligen Wortes, wie Bessarion einer war. Aber gegenüber dem Altar sollte – wie Bessarion in seinem Testament bestimmte – der thronende Christus zu sehen sein, neben ihm die heilige Jungfrau, der Heilige Michael, Johannes der Täufer und die Heilige Eugenia und, zu Füßen Christi, er selbst, der Stifter mit seinem Wappen, das ihm als Kardinal verliehen worden war. So wäre es ein griechisches Bildprogramm, ins Lateinische übersetzt, geworden.

Als man den Kardinal in Santi Apostoli in Rom bestattet hatte – sein Grab wird von einem Reliefbild verziert –, ehrte Federigo da Montefeltre, zeitlebens ein Feind des Plethon-Schwärmers Malatesta, den Toten und schmückte sein Studiolo im Palast zu Urbino auf eine sinnreiche Weise. Er versammelte um sich in effigie die Geisteshelden der Antike und des Christentums, um in einer Konkordanz des Glaubens und der Philosophie Welterkenntnis gegenwärtig zu haben. Er selbst sitzt vor seinem Lesepult, an dem der geliebte Sohn Guidobaldo steht: Das Bild malte Melozzo da Forlî. Neben ihm, an der Hauptwand des engen Raumes, erblickt man Virgil und Euklid, darunter Duns Scotus und Pius II., und neben dem Papst Bessarion, den bärtigen Kardinal. Ihm entspricht auf der anderen Seite Thomas von Aquin. Und sie alle sind hier geschildert: Platon und Aristoteles, Gregor der Große und Hieronymus, Ptolemaios und Boëthius, Ambrosius und Augustin, Cicero, Seneca, Moses und Salomo, Solon, Albertus Magnus, Hippokrates, Dante, Petrarca – ein ganzes Kompendium des Wissens, der Erkenntnis und des Glaubens und eine Enzyklopädie der Na-

271 nach Mohler, Bd. 1, 240. 274 Schmarsow, 4.

tur- und der Geistesgeschichte. Doch von den Zeitgenossen ist es allein Bessarion, der in die Versammlung berufen wird, allerdings auch Enea Silvio Piccolomini, Papst Pius II. Die Wirkung Bessarions auf die Zeitgenossen muß erstaunlich gewesen sein, Gemistos wurde darüber vergessen.

Bessarion vermachte seine Bibliothek griechischer Handschriften der Republik Venedig, die ihn zum Ehrenbürger erwählt hatte. So entstand die Biblioteca di San Marco. Die Serenissima dankte ihm mit dem Bau des Jacopo Sansovino gegenüber dem Dogenpalast an der Piazzetta. Den Dank des Heiligen Stuhles stattete der Franziskaner-Papst Sixtus IV. ab, als er den Maler Cosimo Rosselli anwies, den Verstorbenen auf dem Fresko der Sixtina des Vatikan darzustellen: als Sinnbild der Befreiung des apulischen Ótranto von den Türken sollte der ›Durchzug durch das Rote Meer‹ dargestellt werden, und Kardinal Bessarion mitten darin, mit der Reliquie des Heiligen Andreas in der Hand, die von Patras nach Rom überbracht worden war. Der berühmte Kardinal Bessarion wurde noch mehrfach in Bildern dieser Zeit dargestellt, Beweis seines lebendigen Nachruhms. Vittorio Carpaccio verewigte ihn – eine sinnreiche Analogie – als Heiligen Hieronymus, der in einem venezianischen Salone die Bibel ins Lateinische übersetzt. In dem ›Heiligen Georg‹* erinnert der Maler an den Kreuzzug von 1464: Aus einer orientalischen Stadt – Silona in Libyen ist gemeint, aber manche Motive lassen an Kairo denken – kommt das Drachen-Ungeheuer, dem die schöne Königstochter geopfert werden muß, und wird von dem christlichen Ritter verwundet. Rechts oben im Bilde erkennt man auf einem Berge den Cyriacus-Dom von Ancona, in dem Pius II. starb. Wie Demetrius und Theodor ist Georg einer der Heiligen der Orthodoxie und als Mitstreiter der Kreuzritter auch diesen heilig. So wird das Bild Carpaccios ein Sinnbild der Union, die sich zum Kampf gegen den drachenartigen Unglauben rüstet, um die gefangene Kirche, die Königstochter, zu befreien. Das war zeitlebens Bessarions Streben gewesen. Aber Bilder idealisieren die Welt, die Wirklichkeit erreichen sie nicht.

* beide Bilder 1502, Venedig, Scuola di San Giorgio degli Schiavone.

DRITTER TEIL

Türken und Venezianer
oder
Theatrum Peloponnesiacum

> *Etwan fünfzehn teutscher Meilen von Malvasia liegt Lacedemon oder Sparta, welches vor Zeiten sehr mächtig war, nun steht's mit ihm wie mit Troja, es lag am Fluß Eurotas, welcher in den Lakonischen Meerbusen lauffet. Anjetzo stehet daselbsten Misitra, ein Stättlein und festes Schloß. Von hier gegen Mittag ist der Braccio di Maina oder die Landschaft Lakonia, da gibts sehr schöne Leut, die müd sein des türkischen Jochs.*
> Archipelagus turbatus – 1686

Im Joch der Osmanli

Der letzte Palaiologe hatte in der Taufe den Namen des Heiligen Andreas erhalten. Seine Eltern, Thomas Palaiologos und Katharina Zaccaria, die Erbin Achajas, behaupteten in Kalavryta noch eine von Mehmed dem Eroberer halb unabhängige Herrschaft. Aber 1460 mußten sie – das Haupt des Heiligen Andreas im Flüchtlingsgepäck – mit ihren Kindern nach Italien fliehen und lebten danach in Rom als Kostgänger Papst Pius II. Kardinal Bessarion arbeitete die Richtlinien aus, die für die Erziehung der Kinder Andreas, Manuel und Zoe maßgebend sein sollten. Bei Andreas waren gute Ratschläge billig, sie nutzten nichts. Als Neunzehnjähriger schenkte der Palaiologen-Sproß 1472 dem Großfürsten Iwan, seinem moskowitischen Schwager, seine Rechte auf Morea, nachdem Papst Sixtus IV. die Hochzeit Zoes in Abwesenheit Iwans mit großem Pomp in der alten Peterskirche zu Rom gesegnet hatte. Es war die Absicht Bessarions, der die Heiratspläne betrieben, durch diese Ehe die Union beider Kirchen zu festigen. Zoe war dann in feierlichem Zuge durch Italien und Deutschland nach Lübeck geleitet worden, um von dort zu Schiff nach Reval und dann während endloser Tage über Land nach Moskau zu reisen, dem künftigen Dritten Rom: eine symbolhafte Fahrt, die ihr Ziel, die Union, dennoch verfehlte. Dann verkaufte Andreas, den man »oft unter den Frauen der niedrigsten Schichten Roms«[165] gesehen, seine erloschenen Rechte an Karl VIII. von Frankreich, der 1494 im Ornat des Basileus in Neapel auftrat, und vermachte schließlich Herrschaft und Titel Isabella und Ferdinand, den katholischen Königen von Kastilien und Aragon. 1502 starb er in Rom.

Als Andreas sein Testament aufsetzt, ist, was er als Erbe ansieht und weggibt, dem Namen nach allerdings noch immer das Prinzipat Achaja, obgleich es zum Sandschak Morea des Osmanischen Reiches gehört. Der Kadi von Arkadia, dem alten Kyparissia nördlich von Navarino, ist Gerichtsherr des Fürstentums, so daß selbst die Erinnerung an die fränkische Zeit noch nicht erloschen ist. Der Pascha der Morea, der seinen Sitz in Modon hat, nennt sich wie in fränkischen und byzantinischen Zeiten, also nach überkommenem Recht, Authent. Authentes werden auch die Kadis betitelt, die in Korinth oder Kalamata, in Mistra und in Chlemutzi Gerichtstag auf ihrem Diwan halten. Aus dem byzantinischen Titel Authent ist der türkische ›Efendi‹ geworden, der im Gegensatz zu den verliehenen oder ererbbaren Titeln durch wissenschaftliche Studien erlangt werden kann. Land, das die Geflohenen zurücklassen mußten oder das man den Griechen genommen, ist als Siamats oder Timars an Türken vergeben worden, als große, beziehungsweise kleine Soldatenlehen, die ihre Nutznießer zum Kriegsdienst verpflichten. Ihrem Einkommen entsprechend stellen die Saims im Kriegsfall ein Zelt mit Stall und Küche und müssen vier bis achtzehn Reiter kampfgerüstet zur Verfügung haben. Die Timarioten kommen mit einem kleineren Zelt, mit Waffen für den Kampf zu Fuß und mit Geräten und Körben, die ihre Arbeiter zum Schanzen benötigen. Auf diese Weise kann der Pascha jährlich etwa achthundert Berittene und zweitausend Mann Fußsoldaten gegen einen Angreifer in die Feldschlacht führen oder eine Festung belagern. Außerdem gehorchen ihm noch siebentausend Sipahis, die wie die Janitscharen besoldet werden. Der Pascha, der als Befehlshaber der Truppen in Korinth oder in Mistra seinen Serail hat, untersteht dem Beglerbeg von Rumelien – ›Roms Land‹ –, dem europäischen Teil des Reiches, und der Beglerbeg, der in Sofia Hof hält, dem Sultan in Konstantinopel, derzeit Suleiman dem Prächtigen.

»Zu Suleimans Zeiten waren die Griechen in dem Zustande des Gehorsams. An Krieg, Staat, öffentlichem Leben hatten sie nur als Abtrünnige oder als Knechte Anteil. Mit ihrem Karatsch, dem geringfügigem Ertrage ihres Erwerbes, mit dem sie das Recht, da zu sein, erkauften, füllte der Osmane seine Schatzhäuser. Nichts mehr bedarf eine Nation, als einen Überfluß an edlen Männern, die sich dem Allgemei-

165 Enepikides, 38.

nen widmen: der Osmane führte die Blüte ihrer Jugend regelmäßig nach dem Serail. Auf dies Institut gründete er zugleich seine Stärke und ihre Unterwerfung. Er nährte sich von ihrem Mark.

In dieser Entkräftung bequemten sich viele vornehme Griechen, ihren Herren gefällig zu sein. Nicht wenige Nachkommen der edlen Geschlechter Konstantinopels, die schon früher die einheimische Unterdrückung ausgeübt, pachteten die Einkünfte des Großherrn. Man bemerkte Palaiologen und Kantakouzenen in der Hauptstadt, Mamalen und Nataraden im Peloponnes, Bataziden, Chrysoloren, Azenaier in den Häfen des Schwarzen Meeres ... Das ärmere Volk lebte indeß in Armut und Knechtschaft dahin. Ein großer Teil des Landes war wüste, menschenleer, zu Grunde gerichtet. Dort, wo jeder Sandschak die ihm angewiesenen Einkünfte auf das Doppelte zu bringen suchte, wo oft räuberische Pächter seine Stelle vertraten, wo jeder Osmanli sich als unumschränkter Herr gebärdete, was konnte dort gedeihen?

Noch zeigte sich eine edelgeartete Natur. Noch länger lebte in Chios der schöne Klang homerischer Worte: man wollte in dem Peloponnes noch damals vierzehn Dörfer der Tzakonen unterscheiden, wo man ein dem alten fast gleiches Griechisch redete ... So hatte denn auch das gesellschaftliche Leben noch einige Elemente der früheren Bildung. Man fand allenthalben die Symposien der Männer, so geeignet zu edler Unterredung. ... Die rüstige und frische Anschlägigkeit griechischer Natur, in Arbeit und Genuß, mit Schwert und Schild, vorzüglich zur See und auf dem Schiff, war sprichwörtlich.« Allerdings »kehrt dieses Volk, das einst eines Lebens genossen, welches die Ehre des Menschengeschlechts und das Muster der Jahrhunderte ist, nachdem es darauf, in enge Formen gezwängt, lange Zeiträume, wenn nicht unehrenhaft, doch ohne Ruhm gelebt, in den Stand der Natur zurück«.[205]

Denn die Türken gewinnen »die Geizigen durch Reichtum, die Ehrgeizigen durch Ehre und Hoffnung, die Schwachen und Einfältigen durch Furcht des Todes... Diejenigen, welche Mut genug haben, solchen Versuchungen zu widerstehen und die in ihrer Religion standhaftig bleiben, sind bei den Türken nicht mehr angesehen als ein unvernünftiges Vieh bei uns... Man gestattet ihnen keine Wehr und Waffen und braucht sie niemals im Krieg, damit sie nicht geschickt und klug werden, sondern allzeit in ihrer Dummheit bleiben, im Falle, sich etwa einiger Aufruhr zutragen sollte.«[57]

»Religion und Priestertum [zwar] fahren fort, auf die gewohnte Weise zu herrschen.« Aber »man vermied, von den Osmanen Recht zu nehmen; die Ältesten, die guten Männer der Ortschaften, die Priester verwalteten das Gericht; wer sich ihnen entzog, wurde zuweilen mit seinem ganzen Hause in den Bann getan. Die Griechin, die sich an einen Türken verheiratete, ward exkommuniziert. Man zahlte den Türken ihren Karatsch, man litt, was nicht zu ändern war; aber übrigens hielt man sich von ihnen entfernt; der Staat, dem man angehören wollte, war ein anderer als der ihre, es war die Hierarchie.«[205]

Die Kirche ist das geistig-geistliche Band eines geknechteten Volkes, das zu seinem Oberhaupt, dem Patriarchen von Konstantinopel, aufschaut wie einst zum Basileus. Und die Kirche ist auch ein Staat im Staate, der nach eigenem Rechte lebt. Denn das Gesetz des Koran kann für die ›Ungläubigen‹ doch nicht gelten. Außerdem ist der Patriarch, dem der Sultan den Rang eines Paschas mit drei Roßschweifen verleiht, davon überzeugt, »daß die Vorsehung die osmanische Herrschaft an die Stelle des in der Orthodoxie wankenden byzantinischen Kaisertums und als einen Schutz gegen die abendländische Ketzerei ausersehen hat«.[217]

»Hier aber tritt nun eine Hauptbetrachtung hervor, daß schon in der alten byzantinischen Verfassung der Patriarch nicht allein von religiosen Männern, von Priestern und Mönchen umgeben gewesen, sondern daß er auch einen Kreis, einen Hofstaat von Weltgeistlichen um sich versam-

---

205 von Ranke, Osmanen, 22 f. 57 von Stammer, 153 und 161.
205 von Ranke, Osmanen, 26 f. 217 Mendelssohn-Bartholdy, Bd. 2, 15.

melt gesehen, welche mit ihren Familien – denn verheiratet war ja der Priester, um so mehr der ihm verwandte Laie – von undenklichen Zeiten her einen wahren Adel bildeten und in strenger Hofordnung eine Stufenreihe von Amts- und Würdestellen einnahmen, deren griechischerweise zusammengesetzte, vielsilbige Titel unseren Ohren gar wunderlich klingen müssen ... Die Besitztümer aller Klöster, die Aufsicht darüber sowie über deren Haushalt war ihnen übergeben; ferner bildeten sie um den Patriarchen in allen bürgerlichen und weltlichen Dingen ein Gericht, wo Beschlüsse gefaßt und von wo sie ausgeführt wurden ... Dieses große und bedeutende Geschlecht« – Goethe nennt sie eine Priesterkaste – »mochte nun viel von seinem Rang und eigenem Besitz bei dem Untergange des griechischen Reiches verloren haben; aber was von Personen und Kräften übrigblieb, versammelte sich augenblicklich um den Patriarchen als um einen angeborenen Mittelpunkt. Und da man diesen gar bald ans Ende der Stadt, in eine geringe unansehnliche Kirche verwies, wo er sich aber sogleich eine Wohnung anbaute, versammelten sie sich um ihn und nahmen das Quartier ein, welches von dem nahegelegenen Tore den Zunamen vom Fanal erhielt, wo sie sich anfangs, gegen ihre früheren Zustände, gedrückt und kümmerlich genug mögen beholfen haben.«[263]

Diese vermögenden Familien, meist noch alten byzantinischen Adels, nannte man daher Fanarioten. Sie waren den Osmanen gegenüber loyal und dem Sultan gehorsam und spielten in der Verwaltung, in Handel und Wirtschaft des Reiches eine führende Rolle. Mit den Vorrechten, die sie innerhalb der griechischen Bevölkerung und in der Hierarchie der Kirche genossen, nahmen sie Einfluß auf die Wahl des Patriarchen, der, hatte er sein Amt angetreten, dem Sultan eine beträchtliche Summe Geldes erlegen mußte, um bestätigt zu werden. Nur die reichen Fanarioten waren imstande, solche ›Geschenke‹ zu machen. So wurde der Patriarch abhängig von den Familien, die am fanariotischen Tore wohnten. Der Händler mit russischen Pelzen, der Schaitan-oglu – der ›Teufelssohn‹ – Michael Kantakouzenos, reich genug, um für den Sultan sechzig Galeeren auszurüsten, konnte sogar den Patriarchen Joasaph durch eine allgemeine Synode absetzen lassen. Der Metropolit von Lakedaimon, Gregorios aus Mistra, unterschrieb 1564 die Urkunde wie alle seine bischöflichen Kollegen.[3] Daher ist das Volk mißtrauisch gegen die Reichen in Konstantinopel und gerät in Zweifel und Zwiespalt: Wer soll Herr über die Seelen sein, wenn die Geister sich streiten und einer den anderen Schismatiker, Häretiker, Simonist oder Ungläubiger nennt? Wer hat das Recht, Seelenführer dem Volk in seine Kreuzkuppelkirche zu schicken – zum Beispiel nach Monembasia?

Monembasia, die Stadt auf dem Felsen im Meer, hatte sich beim Zusammenbruch des byzantinischen Reiches selbständig gemacht, eine Kaufmannsrepublik gegründet und sich dem Papst in Rom und der venezianischen Signorie unterstellt. Die Kaufleute wählten einen Podestà aus Venedig, und neben dem orthodoxen Metropoliten amtierte ein katholischer Erzbischof. 1513 fand dort zu Ehren Leos X., des neuen Papstes, eine Volksbelustigung statt, die ein gewisser Aristoboulos Apostolis beschrieben hat. Er war der Sohn eines kretischen Humanisten, des Michael Apostolis, der noch mit Gemistos Plethon in Mistra Verbindung gehabt hatte, und selber ein Gelehrter von Rang. Ihn, der kein Mönch und kein Priester, sondern nur Diakon gewesen war, sich aber zur Unierten Kirche bekannte, berief Leo X. auf den Erzbischofsstuhl der Stadt, die ihm so freundlich gehuldigt hatte. Venedig, ein Recht, das es sich vorbehielt, bestätigte die Ernennung und gestattete dem Aristoboulos, sein Amt anzutreten, der sich daraufhin Arsenios nannte. Der Patriarch von Konstantinopel, Pachomios I., erkannte ihn keineswegs an und überließ die Klärung des Falles dem Bischof von Helos. Die Metropoliten von Lakedaimon und von Christianopolis hatten vermutlich Arsenios unterstützt. Also waren sie Ketzer, der Patriarch ersetzte sie durch zwei gewöhnliche Priester. Nun machten drei Papas, die kein

263 Goethe, Cours de la littérature, 560 f. 3 Crusius, 192 ff.

Recht dazu hatten, nämlich zwei abgesetzte Metropoliten und ein amtierender Bischof, den Arsenios ihrerseits zum Erzbischof von Monembasia. Und das war für den Papst in Rom und für den Patriarchen verständlicherweise ein Skandal. Arsenios schrieb Briefe, drohende und wieder schmeichelnde, an beide Oberhirten und dazu noch an Kaiser Karl V., damit dieser einen Krieg gegen die Türken führe. Leo zog seinen Schützling Arsenios aus dem Spiel und setzte ihn als Leiter der griechischen Schule erst in Florenz, dann in Venedig ein. Doch der zweimal geweihte katholisch-orthodoxe Nicht-Erzbischof kehrte noch einmal in die Stadt im Meere zurück, um in der Agia Sophia hoch auf dem Felsen seines Amtes zu walten. 1527 verhandelte er mit dem Senat in Venedig, schrieb Scholien zu den Tragödien des Euripides und Briefe an Papst Paul III. und wurde 1534 zum dritten Mal für sein Amt geweiht, diesmal von katholischen Priestern in San Giorgio dei Greci, dem gemeindlichen Mittelpunkt der griechischen Kolonie in Venedig. Ein Jahr später war er tot.[3; 8]

Wer also soll Seelenführer des Volkes sein, dessen einzige Hoffnung sein Seelenheil ist? Allerdings ist es den Griechen bewußt, daß sie unter dem Sultan den Schutz ihres Glaubens genießen. Denn wer von den christlichen Herren und Herrschern des Westens gegen die Türken kämpft, will nicht die Freiheit der Griechen, sondern nur Macht, Handel und Geld. Außerdem sind das alles ›Lateiner‹ und Feinde der Orthodoxie. Man haßt die ›Fraroi‹, die Missionare und Bettelbrüder aus Italien und Frankreich, aber auch die Latinophronen unter den Griechen werden verachtet. Da der Neid bei den Unterdrückten oder die Sehnsucht nach bürgerlicher Friedfertigkeit, mit der Bequemlichkeit des Geistes im Bunde, den Menschen jedoch eher als Mut und Opferbereitschaft in seinem Tun und Denken bestimmen, geht mancher Grieche in die Moschee, wird Mohammedaner und schmäht die Leidensgenossen, die er im Stiche ließ. Das Volk ist in Verächter und Verachtete aufgespalten, in Hassende und Verhaßte. Und die Verachteten hassen ihren Verächter, zumal wenn er in höhere Ämter aufsteigt oder

Reichtum im Dienst der Osmanli gewinnt – ›Türke!‹ ist dann ein Schimpfwort. Und weil es in dieser Leidenszeit keine Gemeinsamkeit gibt, empfinden viele Griechen zutiefst den Schmerz, in die Knechtschaft der Orientalen gestoßen zu sein. Kyrill Lukaris beklagt es:

»Das Volk leidet und ist in fortwährender Versuchung, zum Glauben der Eroberer überzutreten, und dennoch leuchtet der Glaube Christi nach wie vor, und der heilige Gottesdienst besteht, und da kommt man und sagt, uns fehle es an Kultur? Ihre Kultur gilt mir wenig neben dem Kreuze Christi; es wäre besser, beides zu haben, das gestehe auch ich, aber heißt es, eins von beiden zu wählen, so ziehe ich das Kreuz Christi vor.«[198]

Und dieses Kreuz der Hohen Orthodoxie ist den Griechen ein Karatsch, wenn er denn gefordert wird, wert.

Kriegsschauplätze

Nachdem im Jahre 1500 Modon für Venedig verloren ist, bilden Monembasia und Nauplia – Napoli di Malvasia und Napoli di Romania genannt – die letzten Stützpunkte der Republik San Marco in der Morea, alles andere griechische Land beherrschen die Türken. Da aber beide, Osmanli und Venezianer, fremd hierzulande und die Beherrschten anderen Glaubens sind, leben sie miteinander in einer gemäßigten Freundschaft. Mögen die Griechen untereinander und der Patriarch mit dem Papst sich streiten: Sultan Suleiman und der Doge Leonardo Loredan haben gemeinschaftliche Interessen. Dieser will von jenem Getreide für seine Wasserstadt haben, in der nichts wächst, jener Frieden im Süden, denn sein Ziel ist Deutschland. Darum nimmt es der Sultan wohlwollend auf, als der Doge Antonio Grimani ihm 1523 anläßlich des Sieges über die Johanniter-Ritter auf Rhodos Glückwünsche sendet. Wie Suleiman ist auch Venedig ein Feind Kaiser Karls V., der sein Reich, gespalten in Papisten und Lutherische, zu neuen Unternehmungen rüstet. Sultan

3 Crusius, 146 ff. 8 Legrand, Bd. 1, clxv. 198 nach Jorga, Bd. 4, 24.

und Kaiser, »groß nicht allein durch die Ausdehnung ihrer Reiche, sondern auch durch die Bedeutung ihrer Kriege« – sie sind es, welche die Länder Europas zum Schauplatz ihres Zweikampfes machen: »Zwei großartige und berühmte Fürsten« leben zu gleicher Zeit,[41] und durch sie steht die Welt in Waffen.

Schon tragen die Kaiserlichen unter Georg von Frundsberg den Krieg nach Italien. 1525 ist König Franz I. von Frankreich nach der Schlacht bei Pavia der Gefangene des Kaisers, zwei Jahre später plündern die führerlosen Landsknechtsheere aus Deutschland und Spanien beim ›Sacco di Roma‹ die Ewige Stadt. Venedigs Grenzstädte in Oberitalien sind in der Hand der verhaßten Tedeschi. So ist Suleiman der natürliche Bundesgenosse Venedigs, er führt seine Janitscharen nach Ungarn – Ofen und Buda fallen – und steht, von Venedig herbeigewünscht, wenn nicht ermuntert, 1529 vor Wien. Suleiman belagert die Stadt, aber er gewinnt sie nicht. Als er von Wien abziehen muß, schließt Venedig Frieden mit dem Kaiser, für den Admiral Andrea Doria mit seinen genuesischen Galeeren einen Seekrieg gegen die Morea eröffnet, um das Osmanische Reich von der Süd-Flanke her anzugreifen. Doria besetzt Castelnuovo und Patras. Als er diese Plätze wieder aufgeben muß, belagert er 1532 Koron, das erst nach verzweifeltem Widerstand kapituliert. Koron erhält eine Besatzung von zweitausend spanischen Söldnern. Griechen und Albanesen rotten sich zum Aufstand gegen die Türken zusammen, und vermutlich befreien sie Mistra für Karl V. Denn als nach geschlossenem Frieden die Kaiserlichen Koron dem Sultan herausgeben müssen, meutern die Spanier und schleppen Türken aus Kalamata und Mistra fort in Sklaverei, und viele Einwohner von Koron gehen mit nach Sizilien. Und noch im Sommer 1533 vergibt der Kaiser – falls Morea den Türken wieder entrissen würde – Lehen in der Nähe von Leondari und in Skorta bei Karytaina.

Seinem Bruder Horuk war in der Herrschaft über Algerien Chair-eddin Barbarossa gefolgt. Beide waren Söhne eines Griechen von Mytilene, der zum Islam übergetreten war, also zu den Ehrgeizigen gehört, die Arnd Gebhard von Stammer von den Geizigen und den Schwachen unterscheidet. Barbarossa unterstellt sich dem Sultan der Osmanen. Seine Raubfahrten im westlichen Mittelmeer und an den Küsten der Adria – Apulien und die Mark Ancona werden verwüstet – unterbrechen die Handelswege Venedigs nach Kandia und Zypern und bedrohen den wirtschaftlichen Bestand der Lagunenstadt. So will die Hohe Republik, wie mit dem Kaiser, der 1535 den Chair-eddin in einem großen überseeischen Kriegszug aus Tunis vertreibt, auch mit dem Sultan ein Abkommen schließen, um ungestört von Korsaren seinen Handel zu treiben. Suleiman fordert für einen Vertrag Nauplia und Monembasia, die letzten Bastionen Venedigs in der Morea. Das Volk auf der Piazza di San Marco empört sich. Verrat muß im Spiel sein! Woher weiß den der Türk', daß es der Stadt so schlecht geht? Hat der Doge Andrea Gritti vielleicht die Hände im Handel? Der Rat der Zehn übernimmt von nun an die höchste Gewalt und wählt noch die Tre Capi, ein Dreierkollegium, als Staatsgerichtshof, das die Entscheidungen an sich zieht: zwei kommen aus dem Rat der Zehn und bilden die Mehrheit, den Dritten wählt der Doge als seinen Abgesandten, aber er selbst ist entmachtet. Andrea Gritti muß es erleben, daß Nauplia und Monembasia von den Osmanen belagert und überwältigt werden. Venedig erkennt den Verlust 1540 an, der zugestandenen Handelsvorteile willen. Alvise Gritti, der Bastard des Dogen, schließt den Vertrag ab. Später wird er in Konstantinopel ermordet, Suleiman beklagt seinen Tod.

Suleiman der Prächtige ist zum Gesetzgeber des Osmanischen Reiches geworden. Er hat eine unüberwindliche Macht in Orient und Okzident aufgerichtet. Mit ihm überschreitet jedoch das Reich den Höhepunkt seiner Geschichte. Noch bevor der ehemalige albanesische Christenknabe Sinan, der als Janitschare vor Wien mit dabei gewesen, dem Sultan die Suleimanije vollendet hat und die Baumeister der Agia Sophia übertrifft, stirbt Suleiman 1566 in Ungarn als

41 Paruta, Bd. 2, 190.

Herr der Welt zwischen Euphrat und Donau, zwischen Don und Nil. Ihm hatte die russische Sklavin vom Dnjepr, Roxolane, einen Sohn geboren: Selim, dem zuliebe Suleiman seine anderen Söhne töten ließ. Als Sultan ein Säufer und Weichling, mußte Selim II. die Lenkung des Reiches dem Kroaten Sokolović, dem Großwesir Mehmed Sokollu, überlassen. Die Zersetzung des Vielvölkerstaates begann.

Noch im letzten Jahr seines Lebens wollte Sultan Suleiman den Johannitern die Insel Malta entreißen, die Kaiser Karl V. den Rittern bald nach dem Fall von Rhodos als Lehen des Königreichs Sizilien überlassen hatte. »Mit den türkischen Befehlshabern Mustafa und Piali« – das war ein grober Kroate, der als Kapudan-Pascha Mallorca und Elba unsicher gemacht hatte und vor Malta die Flotte befehligte – »sind die Korsaren Uluzzialy und Dragut vereinigt«.[133] Die Türken berennen lange vergeblich die nach allen Regeln der Kriegskunst befestigten Forts der Ritter. Nur die Hafenfestung Sant Elmo wird von den stürmenden Janitscharen erobert.

»Ein Grieche, Laskaris, aus einem Geschlecht, das auf dem griechischen Kaiserthron regiert hat« – und in Mistra begütert gewesen war –, »entflieht mit äußerster Lebensgefahr aus dem türkischen Heer, wo er einen hohen Posten bekleidete, zu den Maltesern, deren Heroismus er bewundert und an deren Religion ihn die ersten Erinnerungen der Jugend fesseln. Er gibt ausführlichen Bericht von den unglaublichen Taten der Verteidiger von St. Elmo, von dem ungeheuren Verlust der Türken, von ihrem Entsetzen, als sie den Zustand der Festung und die geringe Anzahl der Verteidiger gewahr wurden, von einer besonders wichtigen Einbuße der Feinde in der Person eines ihrer ersten und erfahrensten Befehlshaber, des Beherrschers von Tripoli, Dragut, der bei dieser Belagerung fiel.«[133]

Damals war Jean Paul de Lascaris Castellar schon fünf Jahre alt, der als ein französischer Ritter 1636 selbst Großmeister des Ordens auf Malta werden sollte – auch er gilt als ein Nachkomme des Kaisergeschlechts von Nikaia. Der

133 Schiller, 144f.

17 *Mistra:* Blick zum Kloster der Pantanassa

18 *Auferweckung des Lazarus.* Fresko von 142

(Katholikon des Pantanassa-Klosters zu Mistra)

19 *Mistra, Katholikon des Pantanassa-Klosters:*
Empore mit Motiven aus dem Fresko der Geburt Christi von 1428.

20 *Mistra, Agioi Theodoroi,* das ältere Katholikon des Brontochion-Klosters

21 *Mistra:* Blick auf die Evangelistria,
die Kirche auf dem Friedhof nahe der Metropolis

22 *Mistra, Die Metropolis:*
Glockenturm und Apsis der Agios-Demetrios-Kathedrale

23 *Engel des Jüngsten Gerichts.* Fresko von 1291.
(Narthex der Metropolis zu Mistra)

24 *Die Verklärung Christi auf dem Berge Tabor.* Fresko von etwa 1350.
(Katholikon der Panagia Peribleptos zu Mistra)

25 *Mistra:* Blick vom Kastron auf den Stadtteil Katochorion mit dem Kloster der Agia Sophia, dem Despotenpalast und der Metropolis über das weite Tal Lako-

niens, in dem das alte Sparta lag und im Jahre 1834 von bayerischen Städteplanern Neu-Sparta gegründet wurde.

26 *Mistra:* Gasse mit den Ruinen der Wohnpaläste, darüber Agios Nikolaos und da[s] Kastron des Guillaume de Villehardouin.

Schillersche ›Uluzzialy‹ aber war ein Renegat aus Kalabrien, den vor Jahren muselmanische Korsaren geraubt und nach Konstantinopel gebracht hatten. Ochi-Ali wurde er dann genannt. 1565 ist er vor Malta schon Kapitän und einer der wilden Raubfahrer des Sultans. Ihn reizt der Ruhm Chaireddin Barbarossas. Als Kapudan-Pascha fährt er bald darauf mit seinen Galeeren durch den Archipelagus, verwüstet die Insel Cerigo vor Kap Malea, das alte Kythera, das den Venezianern gehört, und unterbricht damit die Handelswege nach Kandia und Zypern, aber auch nach der nahen Morea.

»Cerigo ist eine gebirgige Insel und hat ein dürres und sandiges Erdreich, die Herrschaft Venedigs hat das höchste Gebiet und regieret das Eiland durch einen Provveditor. Die Festung ist nicht sonders fest, und kann man von hier bei hellem Wetter die Insul Candiam sehen. Die Viktualien sind allda sehr wohlfeil und kann man einen Hammel um einen halben Taler kaufen, Hasen, Wachteln und Turteltauben giebet es die Menge. Vor dem Hafen der Citadell ist eine kleine Klippe, welche man das Ey nennet, allhier fängt man treffliche Falken.«[22]

Von Cerigo aus sind die benachbarten Häfen des Festlands, Napoli di Romania und Monembasia, und das landeinwärts gelegene Mistra mit seinen Weingärten und Maulbeerbaumkulturen leicht zu erreichen. Man findet die Stadt am Taygetos auf der Karte des aus Korfu stammenden Nikolaos Sophianos, die 1552 in Rom gedruckt wurde und auf der Achaja als das eigentliche Griechenland von der Peloponnes unterschieden wird. Sophianos weiß auch zu sagen, daß Lakedaimon, ›Mizithra‹ und Sparta ein und dieselbe Stadt sind,[8] so daß Martin Crusius den Ort – wie schon Sphrantzes getan – nur unter dem klassischen Namen kennt. Weil die Türken am Handel nicht interessiert sind, kommen die Griechen mit ihren kleinen Schiffen und bringen die Landesprodukte – Wein und Käse, Öl und Rohseide – nach Cerigo und verladen sie auf die venezianischen Handelsgaleeren. Nach dem Fall von Modon ist Cerigo der

22 *Lobwürdiges Beginnen*, unpag. 8 Legrand, Bd. 2, 176.

Umschlagplatz für den Handel im Ostmittelmeer geworden. Venedig muß diese Insel halten, die zudem mit einem guten Drittel des Landes vom venezianischen Fiskus verwaltet wird, sich also nicht in der Hand eigensüchtiger Grundherren befindet. Vor den Korsaren sind aber jetzt die Bauern und Pächter in die Berge geflüchtet. Die Grundbesitzer, vor allem die Griechen, haben nach dem Überfall Ochi-Alis ihren Besitz verkauft und sind auf das Festland gezogen, nach Vathika – an der Südspitze Lakoniens gegenüber Cerigo – und in die Maina, um sich in dem oft öde und unbebaut liegenden Land anzusiedeln.[7] Die Landschaft der Maina steht zwar unter der Herrschaft der Türken, hat sich aber eine gewisse Unabhängigkeit bewahrt und wählt ihren Beg aus den angesehenen Familien selbst. Und auf den Inseln, die Venedig gehören, fühlen sich die Griechen ihres Glaubens nicht sicher, die Türken dagegen dulden die Orthodoxie. Zudem sind die Italiener und Spanier verhaßt, weil sie sich frech und ungezügelt gegen die Frauen benehmen. Besonders die Kreter wollen es nicht mehr ungerächt lassen, daß italienische Soldaten ihre Frauen und Töchter verführen und dann in den Tod, der die Schmach sühnt, treiben.[3] Abwanderung und Lateinerhaß sind die Gründe, die Venedig zwingen, seine Politik gegenüber den Unterworfenen zu ändern. Denn wenn der Lateinerhaß – wie die Inseln ein ›Erbe‹ von 1204 – um sich greift, besteht die Gefahr, daß die Osmanen als Befreier von den Griechen gerufen werden. Also verfügt der Rat der Zehn in Venedig, es sollen die Griechen auf Kreta und Zypern, auf den ionischen Inseln und auf Cerigo von den Lateinern, vor allem aber von den eifrig tätigen Jesuiten abgetrennt leben. Niemand soll wegen Ketzerei vor Gericht gestellt werden, bevor nicht der Rat der Zehn Bericht erhalten und Genehmigung zur Anklage und zur Strafverfolgung erteilt hat.[7]

---

7 Lamansky, Bd. 2, 667. 3 Crusius, 209. 7 Lamansky, Bd. 2, 069, 799 und 089.

Vierundzwanzigjährig: Don Juan

Um endlich Ruhe im Ostmittelmeer zu haben, tritt die Republik San Marco im Mai 1571 mit König Philipp II. von Spanien und mit Papst Pius V., dem Asketen auf dem Heiligen Stuhl, in ein Bündnis ein, dem die Malteser, die Herzöge von Toskana und von Savoyen und die Republik Genua Unterstützung versprechen und leisten. Kreuzfahrergeist wird wieder lebendig. Nun braucht Venedig Matrosen und Ruderknechte für seine Galeeren. Die Griechen Kandias fliehen vor den Aushebungskommandos in die Berge. Im August 1571, als die Türken Zypern überwältigt haben und die Leibeigenschaft aufheben, einen orthodoxen Erzbischof einsetzen und die lateinischen Kirchen enteignen, kommt es zu einem Aufstand der Landleute auf Kandia gegen die Grundherren. Die Türken hätten ein leichtes Spiel. Giacomo Foscarini, der General-Provveditore, beseitigt das überalterte Lehnssystem[7] – soziale Reformen werden unabhängig von Kriegsgegnerschaft und vom Glaubensbekenntnis durchgeführt, wenn es darum geht, politische Macht durchzusetzen. Auch in der türkischen Morea breitet sich Unruhe aus. Im alten Lakonien und in der Maina herrscht Aufruhr. Dort haben die Türken 1568 eine Zwingburg errichtet, um die Mainoten in Schach zu halten. Dem Rat der Zehn wird in Venedig berichtet, daß der Metropolit Makarios Melissenos von Monembasia in die Maina gegangen sei: fünfundzwanzigtausend Bewaffnete, Mainoten sie alle, werden unter der Fahne des Erlösers und dem Banner des Heiligen Markus gegen die »türkischen Hunde« kämpfen.[7] Anfang März 1571 schon waren Abgeordnete der Mainoten nach Venedig gekommen, hatten Steuerfreiheit verlangt, falls Morea venezianisch werden sollte. Jetzt kommen Boten Don Juan d'Austrias ins griechische Land, nehmen Verbindung auf zu Makarios und zu Petropoulos, dem Metropoliten von Lakedaimon in Mistra. Was will Don Juan, dieser Bastard Karls V. von der schönen Barbara Blomberg aus Regensburg und aufgezogen von Doña Magdalena Quijada, die sich rühmt, Palaiologenblut in ihren blauen Adern zu haben?... Macht und Herrschaft, die ihm sein Halbbruder Philipp II., der König von Spanien, neidet!

Die Verbündeten haben ihn, nachdem er die letzten Morisken in Andalusien niedergekämpft, in seinem vierundzwanzigsten Lebensjahr zum Oberbefehlshaber der vereinigten Flotten ernannt. Im Hafen von Messina versammeln sich die Galeeren Venedigs, Spaniens, Toskanas und Genuas, des Papstes und der Malteser. Seit Menschengedenken ist keine größere Armada gesehen worden. Wochen des Wartens vergehen, Feste ehren den spanischen Prinzen. Endlich gehen die Schiffe in See, umfahren Italiens südliche Küsten, durchqueren das ionische Meer. Am 7. Oktober 1571 kommt es zur Schlacht bei Lepanto. Die türkische Flotte unter dem Kapudan-Pascha Muesinsada-Ali – geringer an Zahl, Kampfkraft und Kriegserfahrung als die Flotte der Christen – erwartet den Feind im weitgeschwungenen Halbkreis, um die Einfahrt in den Golf von Korinth zu verwehren. Die christliche Flotte kommt in tiefgestaffelter Schlachtordnung heran, in der Mitte das Flaggschiff Don Juans mit dem Banner des Kreuzes am Mast. Die Galeeren des Papstes befehligt Marcantonio Colonna, dessen Tante Vittoria einst mit Michelangelo geistliche Gespräche geführt. Der Befehlshaber der venezianischen Flotte, Sebastiano Venier, ist durch Agostino Barbarigo abgelöst worden, der nun den linken Flügel der verbündeten Flotten gegen die Osmanen führt und den Kampf beginnt. Zu Barbarigos Geschwader gehört die ›Marquesa‹, auf der Miguel de Cervantes im Fieber liegt. Als die Kanonen ihr Spiel eröffnen, steht Miguel jedoch im Dienste Gottes und des Königs von Spanien und vollbringt Werke der Tapferkeit: dreimal verwunden ihn türkische Pfeile. Durch einen Pfeilschuß ins Auge wird auch Agostino Barbarigo tödlich getroffen, zwei Tage später stirbt er – zum Glück für Sebastiano Venier. In der Mitte der Front verkeilen und verwirren sich die Schiffe der gegnerischen Oberbefehlshaber, die ›Sultana‹ und die ›La Real‹. Dort wird die Seeschlacht alsbald zu einem erbarmungslosen Handgemenge der Fußsoldaten. Fast Mann gegen Mann stehen sich in dem Waffengetümmel, in dem

Gewirr kämpfender und stürzender Körper Ali Kapudan-Pascha und Don Juan gegenüber. Der Kapudan-Pascha spannt selbst den Bogen: Er wird getötet, sein Kopf Don Juan vor die Füße gelegt. Mit erhobenem Kruzifix leitet Don Juan d'Austria seine Armada, noch einmal ist das Kreuz des Erlösers das Heldenzeichen verbündeter Christen.

Auf dem rechten Flügel der siegenden Flotte – der wenig glückliche Gian Andrea Doria hat das Kommando – ist die Lage noch kritisch. Hier sind die Kämpfe erst um die Mittagszeit ausgebrochen. Gegenüber Doria befehligt den linken Flügel der türkischen Flotte Uludsch-Ali, der vordem Ochi-Ali hieß. Als Gian Andrea Doria sich von der Mitte trennt, um einem türkischen Umfassungsmanöver zuvorzukommen, ändert plötzlich Uludsch-Ali den Kurs und stößt in die Lücke zwischen Flügel und Mitte der christlichen Galeerenfront. Er will das Geschwader Don Juans seitlich umfahren, um es vom Rücken her anzugreifen. Wenden können Galeeren in Gefechtsstellung nicht, ihre Kanonen am Bug sind mundtot, Alis Galeerenkanonen gefechtsklar. Dem türkischen Geschwader-Chef kommt das Hauptschiff der Malteser entgegen, das mit seinem weißen Kreuz auf rotem Segel den Korsaren aus Kalabrien in Wut bringt. Uludsch-Ali erobert das Schiff, enthauptet mit eigener Hand den Komtur Giustiani, hißt das Malteser-Banner auf seinem Schiff, nimmt die eroberte Galeere in Schlepp. Es war sein letzter Erfolg. Das Reservegeschwader unter Juan de Cardona kommt den Bedrängten zu Hilfe. Wild sind für Stunden die Kämpfe von Schiff zu Schiff. Jetzt erst kehrt Gian Andrea Doria mit seinen Galeeren zurück. Ali erkennt, daß die Schlacht für ihn verloren ist. Er bricht den Kampf ab, flieht mit dreizehn Galeeren. In dieser Stunde öffnet Papst Pius V. das Fenster seines Arbeitszimmers im Vatikan – es ist Sonntag in Rom – und entläßt seinen geistlichen Berater:

»Gott sei mit Euch, es ist keine Zeit für Geschäfte, sondern um Gott zu danken, denn in diesem Augenblick ist unsere Flotte siegreich.«

So hart war das Unheil noch nie über die türkische Flotte hereingebrochen. Mit Ali Kapudan-Pascha fanden fünfunddreißigtausend Menschen auf seiten der Türken den Tod, darunter Tausende von Christensklaven auf den Ruderbänken, denn hundertdreißig Schiffe wurden von den Christen erobert, verbrannt oder versenkt. Fünfzehn Galeeren gingen der christlichen Flotte verloren, aber auch fünfzehntausend Mann. Was soll man mit einem Sieg beginnen?

Die Verbündeten sind sich nicht einig. Don Juan will nach Konstantinopel, aber Venedig will Handel treiben, ein neues lateinisches Kaiserreich erregt bei den Rechnern in der Lagune Bedenken: statt der türkischen eine spanische Weltmacht von Südamerika über Europa bis an den Persischen Golf? Der Halbbruder Kaiser des Morgenlandes? Für Philipp II. ein Alptraum. Darum ist man im Westen nach dem Sieg auch geteilter Freude, die keine doppelte ist. Sieger war vielleicht der Papst. Für den Triumphzug des Marcantonio Colonna ließ er den Konstantins-Bogen in Rom mit Trophäen der Seeschlacht schmücken und stiftete das Fest der Madonna del Rosario, das Rosenkranzfest, das noch heute in Erinnerung an den Sieg bei Lepanto gefeiert wird. Die militärische Niederlage blieb für die Türken ohne politische Folgen. Wie sagte der Großwesir bald nach dem Unglückstage zum Gesandten Venedigs, den man ihm aus dem Kerker vorführte?

»Ihr wollt sicher sehen, wie wir unser Unglück tragen, aber ich möchte Euch den Unterschied zwischen Eurem und unserem Verlust zeigen. Indem wir Euch Zypern entrissen, haben wir Euch eines Armes beraubt; indem Ihr unsere Flotte besiegtet, habt Ihr uns nur den Bart abrasiert.«[203]

In der Tat: Uludsch-Ali hatte den Rest der zerschlagenen Flotte nach Konstantinopel geführt. Er bringt es fertig, noch während des Winters neue Schiffe zu bauen, auszurüsten und im nächsten Frühjahr gegen den Feind zu führen. Weil die Ausrüstung ›kriegsmäßig‹, also nicht sonderlich gut ist, muß der neue Kapudan-Pascha vorsichtig operieren. Ihm kommt zustatten, daß man im Hauptquartier der verbündeten Christen unschlüssig ist. König Philipp gibt keinen Befehl. Erst im Herbst geht die Flotte in See, aber es kommt nicht zur Schlacht. Don Juans Galeeren kreuzen zwischen Korfu und Modon und warten bei der Insel Sapienza südlich der Peloponnes. Aber Uludsch-Ali läßt sich nicht sehen. Zum Wasserholen machen Don Juans Söldner ein Kommando-Unternehmen in der Nähe von Koron. Dann sammelt sich die Flotte in der Bucht von Navarino. Die Heilige Liga ist müde, und Frankreich ist nach der ›Bartholomäus-Nacht‹ wieder eine Gefahr für Spanien. Don Juan kann Entscheidendes nicht unternehmen. Der Erzbischof Makarios von Monembasia fordert ihn auf, mit der siegreichen Flotte seinen Mainoten zu Hilfe zu kommen und bietet ihm die Krone Moreas an. Er war nach dem Sieg bei Lepanto nach Mistra gegangen und hatte sich auf die Seite Venedigs gestellt, seinen Beistand der ›Erlauchten Signorie‹ angeboten und sie wissen lassen, daß er und seine Griechen nicht aufhören würden, gegen den grausamen Feind des Glaubens zu kämpfen. Noch im Juni 1572 hatte Don Juan ihm sein baldiges Eintreffen auf Morea in Aussicht gestellt, aber er ließ ihn im Stich.[7] Venedig trat 1573 aus dem Bündnis mit Spanien aus und mußte den Verlust der Insel Zypern, die es vor kaum hundert Jahren erst so geschickt an sich gebracht, im Vertrag mit dem Sultan anerkennen: sein größter Sieg war eine politische Niederlage.

Der Kapudan-Pascha Uludsch-Ali erhielt von Selim II. den Ehrennamen Kilidsch-Ali – ›Schwert‹-Ali. Denn diesem Kalabrier verdankte es der Großwesir und diesem Kroaten, dem Mehmed-Sokollu, der Sultan, Sohn einer russischen Sklavin, daß das Osmanische Reich aus der Katastrophe von Lepanto unerschüttert hervorging. Und der albanesische Christenknabe, der nun schon betagte Sinan, baute für die beiden Retter und Wächter der Hohen Pforte je eine schöne Moschee in Konstantinopel. Nach dem Sieg aus der Niederlage konnten die Osmanli zum Strafgericht über die griechischen Geistlichen schreiten. Der Patriarch Metrophanes III. wurde wegen päpstlicher Gesinnung abgesetzt. Seine Synode, den Türken gehorsam und unterwürfig, warf

203 nach Petrie, 150. 7 Lamansky, Bd. 2, 089.

ihm vor, abtrünnig zu sein, weil er vor Jahren nach Rom und Venedig gereist und in der Frage der Wiedervereinigung der Kirchen zu weit gegangen war. Schlimm erging es den Metropoliten und Bischöfen auf Morea. Der Erzbischof Germanos von Patras hatte sich nach der Schlacht bei Lepanto unter die Herrschaft Venedigs gestellt. Er und sein Neffe wurden in Stücke gerissen, mit ihnen der Archont Sophianos. Mistra muß in den Wochen nach der Schlacht, so dunkel die Kunde auch ist, zeitweilig frei gewesen sein. Makarios von Monembasia konnte noch nach Italien fliehen. Venedig zahlte ihm und seinem Bruder, der mit ihm herübergekommen war, ein Jahrgeld von fünfhundert Dukaten. 1585 begrub man Makarios in der Kirche Santi Pietro e Paolo in Neapel neben seinem Vater Theodoros, der sich auf seiner Grabschrift noch Despot von Messenien nennt. Aber mit Makarios hatte der Metropolit von Lakedaimon, Petropoulos, zusammengewirkt. Er war in Mistra geblieben, er wurde hingerichtet. Und wer auch immer in dieser Stadt den Anschein erweckte, mit den Christen des Westens sich gegen den Sultan erhoben zu haben, wurde vor Gericht gestellt und auf dem Platz vor dem ehemaligen Despotenpalast enthauptet. Gregoras Malaxos, der im türkischen Nauplia wohnte, peloponnesischer Archont und seit 1566 auch kandiotischer Nobile war, schrieb über die Zustände auf Morea an den Rat der Zehn einen langen Brief und versicherte, der Serenissima fortdauernd ergeben zu sein.[7] Die Ratsherren nahmen den Brief zur Kenntnis und legten ihn zu den Akten, mehr vermochten sie nicht. Und ein Verwandter des Gregoras, Manuel Malaxos, vollendete in den stillen Stunden, die nun wieder auf Morea herrschten, die Weltchronik des Pseudo-Dorotheos, die einst der Metropolit Hierotheos von Monembasia zusammengestellt hatte. Es war jetzt Zeit, an die Geschichte zu denken.

---

7 *Lamansky*, Bd. 2, 088 f. 2 *Buchon, Nouvelles recherches*, Bd. 1, 263 und 291.

Hoffnungen und Enttäuschungen

Die unbeugsamen und tapferen Mainoten hatten 1612 durch ihren Bischof Neophytos den Herzog Karl von Gonzaga-Nevers gebeten, auch die Morea seinem wachsenden Reich einzuverleiben. Es blieb am Ende ein kühner Plan. Als Gatte der Herzogin von Kleve und somit Erbe von Nivernais in Frankreich, hatte der Herzog Feudalrechte auf der Insel Naxos in der Ägäis und setzte dort einen Statthalter ein. Zudem war er, verwandt mit dem Hause Montferrat, ein präsumptiver ›Nachfolger‹ auf dem Palaiologen-Thron. Er versprach, mit fünfzehntausend Mann in Griechenland zu erscheinen und zwanzigtausend Moreoten zu bewaffnen. Und die Oikonomoi in der Maina, die Großbauern in dem unruhigen Land, antworteten, wenn auch in schlechtem Griechisch, mit einem Kriegsplan: der erste Vorstoß ins Innere des türkischen Sandschaks sollte Mistra zum Ziele haben. Mit dem Herzog im fernen Paris konspirierte der Metropolit Chrysanthos Laskaris von Lakedaimon, schickte Vertraute nach Rom, um mit dem Herzog in Verhandlungen einzutreten, und bat um eine Empfehlung an den Kardinal Borghese. Auch die Metropoliten von Arta in Epirus und von Monembasia richteten Briefe an den Herzog von Kleve, den sie Carlo Paleologo-Gonzaga nannten und der den Geistlichen gelegentlich sein Bildnis überschickte. Der Metropolit Dionysios von Lakedaimon, Nachfolger des Chrysanthos in Mistra, dankte ihm: er habe es mit ganzer Seele empfangen und viele Male geküßt.[2] Aber die Verhältnisse im heimatlichen Frankreich erlaubten dem Herzog nicht, gleichsam in der Nachfolge der Champlitte und der Villehardouin seinen Plan in die Wirklichkeit umzusetzen.

In der Mitte des siebzehnten Jahrhunderts hatte die Morea ihren ersten venezianischen Gouverneur: Niccolò Nadalino Furlan. Aber er diente nicht der Serenissima di San Marco, sondern dem osmanischen Sultan. In Venedig war er in einen Strafprozeß verwickelt gewesen und hatte deshalb 1646 seine Galeone den Türken übergeben. Zum Lohn

dafür war ihm der allerdings Unglück verheißende Name
Mustafa verliehen worden, und als Mustafa Pascha – Renegaten sind des Großtürken getreue Diener – war er Gouverneur der Morea, dann aber Kapudan-Pascha der osmanischen Hochbordschiffe geworden. Seinen Serail wird er in
Nauplia gehabt haben, das ihn mit den damals noch stehenden Hafenvierteln an seine Heimat erinnern konnte. In der
Seeschlacht bei Naxos, die mörderisch war, wurde er 1651
von Francesco Morosini gefangengenommen. Sein Leben
endete unter den bleiernen Dächern des Prigione di Stato
neben dem Dogenpalast in Venedig. Das war während des
dreiundzwanzigjährigen Krieges um Kreta gewesen, der
lange ohne Entscheidung blieb, obgleich die Türken die
Insel schon zu großen Teilen erobert hatten. Die Venezianer
erhielten zur Verteidigung ihres Kreuzzug-Erbes Hilfe aus
Westeuropa, vor allem von den adeligen Herren Frankreichs, oder kauften sie sich durch sogenannte Kapitulationen von eidgenössischen Kantonen. Die Türken boten seit
1667 unter dem Großwesir Ahmed Köprülü alle Kraft auf,
die Festung Kandia, die sie schon mehrmals vergeblich belagert hatten, in einem bis dahin nie vorgekommenen Stellungs- und Grabenkrieg zu erobern. Mistra mußte damals
vierhundert türkische Milizsoldaten stellen, die, am Eurotas
einexerziert, an der Küste den Wachdienst versahen – viel
zu schwach, um einen Angriff venezianischer Galeeren von
Cerigo aus auf die Morea abzuwehren. Griechen und Juden
hatten für die Verpflegung zu sorgen oder wurden mit
willkürlichen Abgaben belastet, so für das Tragen von Blumen oder das Halten von Kleidungsstücken über dem
Arm,[21] gerade so, wie's dem Woiwoden beim Gang durch
die Gassen gefiel. Und doch griffen auf ihren Streifzügen
venezianische Galeeren Monembasia an, um den türkischen Nachschub für Kreta zu unterbinden. Sie brachten
den Mainoten Pulver und Ausrüstung. Aber der Kapudan-
Pascha kam 1667 mit vierzig Galeeren und entsetzte die von
den Rebellen belagerte Festung Zarnata, die Zwingburg der
Türken, und brachte die Mainoten wieder in den Gehorsam
gegen den Sultan zurück. Er verpflichtete sie zur Zahlung

eines geringen Jahrgelds, der Karatsch, die Kopfsteuer, blieb ihnen erlassen.[23] Dann schifften sich achthundert Mainoten auf die Galeeren ein, die der Marquis de Saint-André-Montbrun von Marseille her nach Kandia lenkte, und kämpften mit Schweizern, Franzosen, Deutschen und Italienern, mit Malteser-Rittern und Venezianern gegen die Türken in einem Krieg, den schon die Zeitgenossen mit dem Kampf um Troja verglichen, und verbluteten in den Festungsgräben.

Unter den Kanonen von Kandia trat ein Abenteurer mit phantastischen Plänen hervor: Padre Tommaso Ottomano, Sohn einer konstantinopolitanischen Amme. Malteser-Ritter hatten ihn 1644 auf der Galeere des Sultans in den Gewässern um Kreta gefangengenommen und als Sohn des Sultans Ibrahim ausgegeben. Dieses Piratenstück war dann der Anlaß zum Kampf um die venezianische Insel. Der Jung-Türke wurde Dominikaner-Pater, bereiste, fürstlich empfangen, die Höfe Europas und hoffte, seinen ›Bruder‹ Mohammed IV. vom Thron des Osmanischen Reichs zu verdrängen. Und wenn ihm die Hohe Pforte doch nicht erreichbar sein sollte, dann jedenfalls eine eigene Herrschaft im Archipel und auf Morea. Mit der päpstlichen Flotte war er nach Kandia hinübergesegelt, hatte die belagerte Stadt aber wieder verlassen, um von der Insel Zante aus in der Morea zum Aufstand zu schüren. Im Lande um Mistra schenkte man den Reden des Padre Ottomano offensichtlich wenig Gehör – untreue Mohammedaner regen das Mißtrauen auf. So reiste der türkische Dominikaner nach Venedig, Ravenna und Rom und gab alle Hoffnung auf. Merkwürdig schon, wie er als ein abtrünniger Islamit im Streit um die Morea dem Renegaten Mustafa gegenübersteht – und klang- und klaglos von der Bühne der Geschichte verschwindet.

21 Guillet, 541 ff. 23 Randolph, 9.

Monsieur Guillet dans son cabinet à Paris

Gemessenen Schritts betritt Monsieur Guillet de Saint Georges das Kabinett seiner Pariser Wohnung und setzt sich, wie all diese Wochen, an seinen zierlichen Schreibtisch. Er ordnet seine Notizen. Angeblich hat sie ihm sein Bruder Guillet de la Guilletières, der Jahre lang Sklave türkischer Herren gewesen sein soll, von einer Reise durch Griechenland mitgebracht. Guillet schreibt an einem Buch über das alte und neue Lakedaimon und schickt ihm eine Widmung an eine Dame der Gesellschaft voraus. Jacop Spohn, der eifersüchtige Lyoner, hat ihm Fehler in seinem Buch über das alte und neue Athen vorgehalten – für einen Gelehrten vom Genre Guillet nicht weiter störend. Was sind schon Fehler? Dann ist das meiste doch richtig! Also wendet er sich jetzt dem alten und neuen Sparta zu, dem er die Farbe seines lebhaften Geistes gibt. Unbekümmert stellt er die von Pausanias und Vitruv beschriebenen Bauten mitten in die byzantinische Stadt, über die derzeit ein türkischer Aga herrscht. Er setzt den Platz des Bazars, an dem seiner Ansicht nach die Perserhalle, wenn auch zum Teil verfallen und überbaut, noch steht, mit der alten Agora gleich und beschreibt Tempel, die dort niemals errichtet wurden. Dagegen weiß George Wheler, der mit Jacop Spohn die klassischen Stätten in Hellas erforscht und der 1676, dem Jahr, in welchem Guillet sein Buch über Lakedaimon verfaßt, Teile Moreas bereist hat, daß Mistra »über vier Meilen von den alten Ruinen von Lakedaimon entfernt« liegt.[58] Er beruft sich auf François Vernon, der vielleicht als einziger von den drei Altertumskennern am Eurotas war. Aber wenn die Gleichsetzung von Sparta und Mistra falsch ist, woher weiß Monsieur Guillet das Richtige, von dem sonst kein Zeitgenosse berichtet?

Guillet kennt zum Beispiel die Kirche Agios Nikolaos. Dieser Bau ersetzt die damals schon baufällige, dicht benachbarte Kirche Agios Paraskevi. Seine Raumgliederung als Kreuzkuppelkirche mit doppeltem Narthex ist nicht außergewöhnlich. Daher mag es kommen, daß diese Kirche bei den Kennern wenig Beachtung gefunden hat. Auch Guillet meint, sie sei nicht bemerkenswert. Dennoch hat diese Kirche, die später als die Bauten der Meteoren errichtet wurde, mit ihren volkstümlich erzählenden Fresken einige Bedeutung. Sie muß, weil Guillet sie erwähnt, vor der Zeit, in der Venedig die Morea verwaltet, erbaut worden sein. Selbst die Lage der Kirche bestimmt Guillet richtig, wenn er schreibt, sie stehe im Westen von Mistra.

»Wenn man von Agios Nikolaos gegen Osten geht, betritt man die Agora oder den öffentlichen Platz, welchen die Türken den großen Bazar nennen, und durch diese Straße sieht man vor sich einen schönen Brunnen und zwei Moscheen.«[21]

Und das heißt: nach Norden, also linker Hand, die Hauptmoschee am Bazar, und die Straße hinunter, also nach rechts, die große Moschee aus der Zeit Murads II. Die Straße ist das von Guillet nach Pausanias und von Coronelli, wohl nach Guillet, so genannte Hellenion, das zum Monembasia-Tor und dann nach Mesochorion hinunterführt.

Auch das Kastron wird von Guillet beschrieben. Anschaulich ist der Vergleich des Berges, auf dem es steht, mit einem Zuckerhut. Guillet weiß auch, daß dies nicht die spartanische Akropole gewesen sein kann. Es ist das Franken-Kastell.

»Seine Mauern sind sehr stark und gut instand gehalten. Seine Artillerie besteht nur aus neun oder zehn Kanonen und seine Garnison nur aus achtzehn bis zwanzig Janitscharen, die von einem Disdar oder Gouverneur kommandiert werden, der die meiste Zeit allerdings nicht dort wohnt. Die Soldaten haben ihre Familien auf dem Kastron...« Nur der Hunger, meinen die Türken, kann diese Festung bezwingen. »Und um dieser Gefahr zu begegnen, gibt es dort große Magazine, stets gut mit Getreide gefüllt... Jeder Türke ist verpflichtet, für das Seinige zu sorgen und das ganze Jahr über die Nahrungsmittel zu ergänzen... Und damit endlich auch das Wasser nicht mangele, sieht man dort drei oder vier Sarnitsche, so nennen sie die Zisternen. Es gibt in der

58 Wheler, 233 f. 21 Guillet, 439.

Mitte des Kastrons eine kleine Moschee, die ehedem eine Kirche der Christen gewesen ist.«[21]

Und diese kleine Moschee ist vielleicht die Burgkapelle des längst vergessenen Guillaume de Villehardouin. Nun ist es merkwürdig, daß diese Beschreibung, die ein angeblich des Landes nicht Kundiger 1676 gibt, bei anderen Berichterstattern, die als Kenner des Landes auf Grund eigener Anschauung gelten, wörtlich wiederkehrt: Coronelli übernimmt sie, wie auch die recht phantastische Abbildung der Stadt, von Guillet und Ferdinand Gengenbach von Guillet oder Coronelli, und zwar der eine 1684, der andere 1697, und Gengenbach zu einer Zeit, als auf dem alten Kastron kein Disdar und keine Janitscharen mehr zu finden waren, sondern nur ein paar Wachsoldaten in venezianischen Diensten.

Monsieur Guillet dans son cabinet à Paris: Mit einer dramatischen Steigerung beendet er seine ›Reise‹. Er war von Mistra aus durch die Weinfelder des von ihm sicher geschätzten Malvasiers über die Pässe des Parnon-Gebirges nach Monembasia gewandert. Hier trifft er am 6. Juli 1669 ein. Man bringt ihm die Nachricht, daß die letzte Bastion Venedigs auf Kreta, die Hauptstadt Kandia, am 25. Juni von den Türken überwältigt worden sei.[21] Guillet ist bestürzt, die Daten stimmen allerdings nicht. Im Juni war der Herzog von Navailles mit französischen Freiwilligen in Kandia eingetroffen. Der Herzog von Beaufort aus dem Hause Vendôme war Admiral der prächtig geschmückten Flotte gewesen. Entgegen dem Willen des Festungskommandanten Francesco Morosini hatten die beiden Herzöge am 29. Juni einen Ausfall gewagt, um den zermürbenden Ring der Belagerer aufzubrechen. In dem über und unter verminten und durch Stollen unter- und übereinander zu einem höllischen Labyrinth gewordenen Festungsvorfeld war dann ein unterirdisches Pulvermagazin explodiert, in dem der französische Angriff zusammenbrach. Die beiden ›hommes de la gloire‹ kehrten mit nur noch wenigen Soldaten in die Stadt zurück, die schon weithin in Trümmern lag. Kandia wurde erst zwei Monate später, am 27. August, von

Morosini dem Großwesir Ahmed Köprülü übergeben. Eigentlich müßte Guillet, als er 1676 sein Buch schreibt, von diesen Ereignissen wissen. Oder hat er sich um zwei Monate geirrt? Will er die letzten verzweifelten Wochen, nachdem der Rest des französischen Korps von Kandia abgesegelt war, vergessen lassen – so, als wären seine ritterlichen Landsleute an diesem Endkampf gar nicht beteiligt gewesen? Denn sonst hätten sie doch den Sieg an ihre Fahnen geheftet! Warum will Guillet seine Reise unbedingt 1669 beendet haben? Er will nicht sagen, daß er seine Nachrichten über Mistra von wandernden Kapuzinern erhalten hat: er nennt selbst einen Simon von Compiègne, der mit dem Aga von Mistra zum französischen Vizekonsul de Rives in Koron sich aufgemacht habe, und einen gewissen François Chastagner. Und beide, sagt er, seien im Gegensatz zu den nach Konstantinopel Reisenden nach Lakedaimon gekommen. Amtskollege des Konsuls de Rives war in Athen damals ein Monsieur Jean Giraud, dessen Papiere und Nachrichten Guillet gekannt hat. Auch andere Landsleute Guillets hielten sich in jenen Jahren in der Levante auf und brachten Tagebücher und Briefe mit. Mit dem französischen Gesandten de la Haye-Vantelet war 1665 Père Robert de Dreux nach Konstantinopel gekommen, auch er ein Kapuziner, der 1669 in Nauplia und auf Cerigo war und wieder nach Frankreich zurückfuhr. Er gab ausführlich Bericht. Guillet hat einzelne Mitteilungen wohl auch aus dem Kreis um den Marquis Charles François de Nointel erhalten, in dessen Begleitung sich mehrere Kapuziner befanden. Nointel war 1670 als Gesandter des allerchristlichsten Königs Ludwigs XIV. pomphaft in Konstantinopel eingezogen, aber vom Großwesir Ahmed Köprülü, der sich noch gut an den Sieg über den Herzog von Navailles erinnerte, wortkarg empfangen worden. Trotz diplomatischer Zwistigkeiten, die zwischen der Pforte und dem französischen König ausgetragen worden waren, gelang es Nointel, dem Großwesir Zugeständnisse auf dem Gebiet der Handelspolitik abzuringen. Denn dem Sultan lag viel daran,

21 *Guillet*, 387f. 21 *Guillet*, 578.

Ludwig XIV. als einen Freund im Westen zu wissen, der wie er dem Kaiser in Wien feindlich gesonnen war. Danach war dann der Marquis mit Pracht und Verschwendung in den Orient gefahren, hatte Troja besucht und den Archipel, das Heilige Land und Ägypten – die ›Erzählungen aus tausendundeiner Nacht‹ im Gepäck. Er hatte seine Reise mit einem Aufenthalt in Athen gekrönt. Sein Begleiter Antoine Galland kehrte 1675 mit den ›Erzählungen‹ aus dem Orient nach Frankreich zurück. Nointel war erst 1679 wieder in Paris. Und so kann denn der gelehrte Kenner, Monsieur Guillet, aus mancherlei Quellen schöpfend, getrost seinen Pausanias, den Polybios und Vitruv mit den Berichten wandernder Kapuziner mischen und sich in Ehren denjenigen zugesellen, die das, was sie beschreiben, mit eigenen Augen niemals gesehen haben.

Halbmond über Land und Stadt

Diplomaten mögen reisen, Soldaten vor Festungswällen verbluten und gelehrte Männer über andere Länder Bücher schreiben: Für die Menschen im alten Lakonien gehen diese Jahre im Gleichmaß der Arbeit hin. Im Juni, wenn die Hitze das Land zu verdorren beginnt, werden die Maulbeerbäume entlaubt, um die Seidenraupen zu füttern. Rohseide ist das wichtigste Landesprodukt und wird über Chios nach Konstantinopel und über Patras und Tunis in den Westen gehandelt. Im Juli muß das Getreide geerntet werden, Korn wird auf dem Steinpflaster der offenen Tenne gedroschen.

»Weiber sammeln die Garben auf der Tenne, Weiber dreschen sie mit nackten Füßen, die Weiber allein worfeln sie mit den Händen. Weiber, nackt, tragen die Garben auf ihren Schultern wie Rosse. Sie legen die goldenen Kleider weg, um sie nicht zu verderben. Vor großer Hitze und dem Brande der Sonne bewegen sie ihre Zunge wie ein lechzender Hund. Ihre Hände und ihre Füße sind voll Schrunden und verhärtet wie die der Schildkröte. Nachts ziehen sie und drehen sie die Handmühle und weinen, mahlen die Gerste und singen Trauerlieder dazu.«[45]

Mit dem Stroh werden die Pferde gefüttert, sonst aber mit frischem Gras. Heu wird nicht eingebracht. Wenn das Gras im August von der Sonne vertrocknet ist, wird es abgebrannt, und bald wächst neues Gras nach, das zur Winterweide genutzt wird. Der September bringt lindere Wärme. In den Herbstmonaten pflücken die Landleute Feigen und Trauben. Tabak ist seit einiger Zeit im südlichen Griechenland heimisch geworden, auch in Lakonien wird er angebaut, er wird jetzt eingebracht und im Winde getrocknet. Dann kommt die Jahreszeit, in der Freude die Arbeit begleitet, Wein wird gekeltert und in die alten Schläuche gefüllt. Den Bienen wird der Honig genommen. Im November regnet es. Im Dezember beginnt die Olivenernte, die bis in den März dauern kann. Vom Februar an wird Butter geschlagen, Käse gesäuert, gepreßt und geformt, im Frühjahr werden die Schafe geschoren. Käse und Wolle gehen über das Ionische Meer nach Venedig: die Myzethra ersetzt der ärmeren Bevölkerung der Lagunenstadt den vornehmen Parmesan. Die Wolle der lakonischen Schafe kommt allerdings in schöngefärbten Stoffbahnen wieder zurück, daraus dann die Türken ihre wertvollen Kleider, Kaftane und Pumphosen schneidern.[23]

Vier Völker leben im Tal des Eurotas zusammen: Türken und Griechen, Albanesen und Juden. Die Türken sind die Herren des Landes und leben im Schutz ihrer festen Kastelle oder draußen auf ihren Farmen, wo sie ihr Haus, zwei oder drei Stockwerke hoch, mitten in ihren Feldern haben. Über eine steile Treppe und eine vom Haus heruntergelassene Zugbrücke erreicht man den hochgelegenen Eingang. Die Fenster der Haremsgelasse sind mit einem Holzgitter versehen. Manche Häuser haben nur eine Leiter, die nachts ins Haus geholt wird. Auf diese Weise sichert man sich auf dem Lande vor Piraten und Räubern.[23] Und die gibt es unter allen Bevölkerungsgruppen. Selbst die Popen machen mit den Räubern gemeinsame Sache, gehen, wenn ein Schiff kommt, Wasser zu holen, betend, murmelnd, gemächlich

---

45 *Gedicht aus der Maina, nach von Maurer, Bd. 1, 205 f.*
23 *Randolph, 15 ff.*

am Strande spazieren, Brot und Wein in der Tasche. Waten dann die Schiffsleute durch die Brandung heran, nach einem Brunnen oder einem Bache zu fragen, sind die Popen freundlich und bieten Wein an. Ist es ein christliches Schiff, geben sie ein verabredetes Zeichen und – plötzlich sind die Räuber zur Stelle, die den Popen ›zusammenschlagen‹, die Schiffsleute fesseln, wegschleppen, um sie den Türken als Sklaven zum Kauf anzubieten. Ist es ein türkisches Schiff, verschachern sie die Moslems an gute Christen oder nehmen sie als Geiseln, um dem Pascha ein Lösegeld abzulocken.[23] Wenn Piraten ein Dorf überfallen, setzen sich die Griechen aber zur Wehr.

Denn die Griechen in der Maina wohnen in festen Dörfern, und jedes Haus ist ein Turm, ein Bollwerk gegen Rivalen, Piraten und Unterdrücker. Sonst leben die Griechen in kleinen Städten und betreiben Gewerbe und Handwerk oder verdingen sich als Arbeiter auf den Maulbeerbaumplantagen und die Frauen im Winter zum Olivensammeln. Die Albanesen, auch unter dem Namen Arnauten bekannt, kommen nicht in die Städte, sie hausen zumeist in ärmlichen Dörfern oder hocken bei ihren Herden in Zelten, ziehen als Halbnomaden durchs Land und wechseln mit den Zeiten des Jahres von ihren Winterdörfern am Hang zu den sommerlichen Weiden im Tal, um Nahrung für ihre Schafe und Ziegen zu suchen.

»Auch mit dem Ackerbau beschäftigen sich wohl beide, Griechen und Albanesen: aber weder die einen noch die andern mit besonderer Lust und Anstrengung. Merkwürdigerweise hatten sich die Stämme dergestalt vermischt, daß sie mehr wie verschiedene Stände betrachtet wurden. Die geringere Klasse galt für albanesisch, die wohlhabendere, etwas zivilisierte, für griechisch.«[206]

Bernard Randolph nennt außerdem noch die Tzakoner, »ein armes Volk«, doch auch sie sind Griechen und wohnen im Bergland des Parnon bis nach Monembasia hinüber. Sie dienen als Lastenträger und Eseltreiber oder arbeiten in den Häusern der reichen Türken,[23] stehen also auf der untersten Stufe der religiös, sprachlich und volklich sich übereinander

lagernden Gesellschaftsschichten. Dann gibt es noch die
›lateinischen‹ Sklaven der Türken, die Handelsware räuberischer Piraten. Sie halten ihre katholischen Andachten
heimlich ab. Unter ihnen findet sich manchmal auch ein
Gebildeter, ein von der Wallfahrt nach Jerusalem verschleppter Dominikaner oder ein Franzose – vielleicht namens Guillet de la Guilletières? – und sammelt bei der
Getreideernte antike Münzen im Acker, um, hat ein Reisender aus dem Westen sie ihm abgehandelt, sich dann von
seinem türkischen Brotherrn die Freiheit zu kaufen.

Mistra ist »ein Stättlein und festes Schloß«[25] oder aber
»ein schlechtes und elendes Ort, so wenig Einwohner in sich
hält«.[33] Oder ist es nicht doch eine Stadt mit nahezu dreißigtausend Bewohnern, die vom Handel mit Rohseide und
Oliven ein geruhsames und wohlhabendes Leben führen?
Die Fremden, wenn sie ihre Erinnerungen an ihre Reise
schreiben, sind sich nicht einig. Kommt man von Monembasia her, erreicht man zuerst den Stadtteil Exochorion, der
noch diesseits des Basilipotamos liegt, des Königsflusses.
Dieser rasch fließende Bach gießt sein Wasser in den Eurotas: Dort kommen zum Bairam-Fest die Mohammedaner
zum Baden und nehmen sühnende Waschungen vor, um
sich ihrer Sünden durch Anrufung Allahs leicht zu entledigen.[21] Die Türken nennen Exochorion Maratche. Es ist das
Viertel der Juden, des vierten Volkes von Mistra. In Exochorion gibt es tausend Häuser, also nahezu sechstausend
Einwohner. Von den Mohammedanern mehr noch als die
›ungläubigen‹ Orthodoxen verachtet, sind die Juden den
Türken und Griechen jedoch unentbehrlich als Händler
und Dolmetscher, weil sie die Sprachen der anderen Völker
verstehen. Sie sind die Nachkommen der aus Spanien und
Portugal vertriebenen und daher so genannten Spaniolen,
also Sephardim. Als ›Shylocks‹ sind sie Mittelspersonen in
Familien-, wohl auch in Liebeshändeln und tätig in Geldgeschäften. Sie kennen die Schliche des immer bestechlichen

---

23 Randolph, 8 f. 206 von Ranke, Venezianer, 305.
23 Randolph, 16. 25 Archipelagus turbatus, 39. 33 Der Ottomanischen
Pforten Fortsetzung, 405. 21 Guillet, 419.

Kadi am besten. Drüben in Mesochorion, in das man auf einer stattlichen Bogenbrücke über den Basilipotamos gelangt, haben sie an der Straße des Bazars ihre offenen Läden. Ihren Haupterwerb finden sie im Handel mit Rohseide und Wolle und setzen damit eine jahrhundertelange Tradition gewinnbringend fort. In Mesochorion meiden sie aber die Begegnung mit den Sadduzäern, den alteingesessenen Romaniolen. Und selbst im Tode trennen sich die beiden Gemeinden, die nach jeweils verschiedenem Ritus leben: ihre Toten bestatten sie auf weit voneinander liegenden Gräberfeldern. Drei Synagogen haben die Türken den Juden zugestanden. Die größere in Exochorion gehört den Hebräern, die beiden anderen in Mesochorion dienen den Sadduzäern zum Gebet und zur Belehrung der Kinder in Thora und Talmud.[21]

In Mesochorion, dem mittleren Teil der lang am Hang sich hinziehenden Stadt, leben vor allem die Türken. Sie haben ihre Hauptmoschee am Großen Bazar, der vor dem alten Despotenpalast – Guillets ›Perserhalle‹ – in der Oberstadt liegt. An diesem brunnengeschmückten Platz steht der Serail – der Wohntrakt des Despoten wird es sein –, den der Aga Drevinsende Efendi als Gouverneur der Stadt Mistra bewohnt. Hier ist der Mittelpunkt der völker- und volkreichen Stadt. Aber unten in Mesochorion steht die große Moschee, die mit ihren Kuppeln die Büyük Sokat, die große Straße, beherrscht. Angeblich unter Verwendung antiken Steinmaterials durch den Großwesir Murads II. errichtet, ist sie schöner als die christlichen Kirchen, vor allem ihre Minaretts sind reich geschmückt. Dicht dabei steht das Imaret, das der Fürsorge und der öffentlichen Mildtätigkeit dient. Die Armen erhalten hier täglich Rindsbrühe mit Reis oder eine gezuckerte Mehlsuppe, die man ihnen in ihre irdenen Töpfe einfüllt. Gut werden auch die Kranken versorgt. »Mohren, Juden, Türken und Christen, jeder ist dort willkommen.« Selbst Hunde haben hier und vor der benachbarten Schlächterei ihr Fressen, Vögel ihr Futter.[21] Und die Hunde gehören allen. Die Hitze des Tages treibt sie in den Schatten der Häuser, denn die Stadt ist »zur Sommerzeit einer ungemäßen Wärme unterworfen, dieweilen außer dem, daß die Stadt ihre Lage gegen Mittag hat, auch derselben ein Berg benachbart ist, mit dessen Gelegenheit die rückprallenden Sonnen-Strahlen die Hitze merklich verstärken«.[24] Am Abend werden die Hunde lebhaft. Wer zum Gebet in die Moschee geht, füttert sie mit Brot oder Keks. Türkische Jungen wählen dann einen großen Hund als ›Konstantinopel‹ und lassen ihn gegen drei armselige Gassenköter – ›Malta‹, ›Venedig‹ und ›Wien‹ – bellen und beißen, bis die drei ›Feinde‹ blutig und winselnd sich im Gassendunkel verkriechen.[21]

Wenn der Muezzin ruft, kommen hier in der Großen Straße mit ihren Läden, ihren Hunden und schleichenden Katzen, zwischen Christen, Juden, Tzakonern und Sklaven die Türken zur Stunde des Gebetes zusammen, um in die Moschee zu gehen. Darum befinden sich hier auch sechs oder sieben Ahiakiolis,

»wo die Männer, die sich unvermutet mitten auf der Straße von einem Darmübel befallen sehen, hingehen, sich Erleichterung zu verschaffen. Sie haben solche Ahiakiolis auch vor den Moscheen errichtet, denn... die Türken bereiten sich auf ihre Gebete durch Reinigung und Entleerung ihres Körpers vor, fast das einzige Verdienst ihrer religiösen Regeln. Und ebenso oft, wie sie die Moscheen besuchen, besuchen sie auch die Ahiakiolis. Und jedes Mal, wenn ein Türke sein Testament macht, beauftragt er seine Erben, neue Anstalten dieser Art zu bauen oder die alten instandzusetzen. Sie leiten ein Rinnsal oder einen Bach hindurch oder eine Quelle dorthin. Mangelt es daran, stellt man Wasserkrüge darin auf. Die Frauen gehen niemals dorthin. Und da nur jeweils Platz für eine Person darin ist, findet der Nächste, der kommt, falls das Örtchen besetzt ist, die Tür verschlossen, aus Furcht vor verbrecherischen Handlungen.«[21]

Die alten Kirchen aus byzantinischer Zeit dienen noch immer der orthodoxen Liturgie, nur die Agia Sophia wird nicht genannt, sie ist zur Moschee entweiht. Darum ist in

---

21 *Guillet*, 423 und 492. 21 *Guillet*, 411f. 24 *Coronelli*, 100.
21 *Guillet*, 556. 21 *Guillet*, 417f.

den letzten Jahren eine Kirche in der Oberstadt errichtet worden, die Agios Nikolaos. Das läßt darauf schließen, daß die Griechen der Unterstadt, also Mesochorions, den Hang hinauf ziehen mußten, um den Türken ihre Wohnstätten zu überlassen. Geweiht dem Nikolaus von Myra in Kleinasien, erinnert diese Kirche an den von Piraten geraubten Heiligen, der drei Pilger aus Seenot rettete und durch sein Getreidewunder die Hungersnot seiner Stadt überwinden half. So ist er der Legende nach der Wundertäter der Armen, seine Taten, an den Wänden der Kirche bildhaft erzählt, machen ihn zum Freund und Nothelfer des einfachen Volkes. Die im Süden der Stadt, in Mesochorion, gelegene Kirche des Peribleptos-Klosters, zieht merkwürdigerweise die Aufmerksamkeit der Fremden besonders an.

»Wenn es zehn schöne Kirchen in ganz Europa gibt: die Peribleptos ist eine davon. Das Innere ist angefüllt mit Malereien, die nichts von dem groben Pinsel der neueren Griechen enthalten. Der Marmor ihrer Säulen spricht seine Schönheit durch sorgfältige Bearbeitung aus. Das Portal und die Kuppeln sind bewunderungswürdig. Endlich verdient dieses Gebäude sehr wohl, daß Sie es eines Tages zwischen meinen Zeichnungen [!] mehr als durch diese Memoiren bewundern.«[21]

Das Peribleptos-Kloster liegt inmitten eines Viertels, in dem ansehnliche Häuser der türkischen Oberschicht, sogenannte Khans, stehen und hier und da wohl noch die alten Paläste, von den Türken ihren eigenen Lebensgewohnheiten angepaßt. Der Palast der Phrangopouloi macht den Eindruck, als wäre er damals erst umgebaut worden. Sorgfältig sind die Gärten angelegt und gepflegt, reich bepflanzt mit Orangen, Zitronen und Aprikosen, Zypressen wachsen über die Mauern hinaus. Baum und Strauch werden durch hölzerne Leitungen vom Basilipotamos her mit Wasser versorgt und bleiben so auch während der trockenen Jahreszeit grün. Springbrunnen gibt es in jedem Garten. Denn die Türken lieben die Beschaulichkeit kleinteiliger Naturgebilde: fließendes Wasser, duftende Blumen, blühende Zweige und dahinter aufragend ein Berg über dem Pinienwald.

Etwas oberhalb liegt das Kloster der Pantanassa immer noch unversehrt, in dem Nonnen des Basilianer-Ordens in vorbildlicher Frömmigkeit leben. Guillet lobt an der Kirche der Pantanassa, außer dem Bodenmosaik im Inneren, die Anlage der Kuppeln und vor allem den Turm, den er wegen seines geschwungenen Daches schöner findet als die Türme seiner heimischen Kathedralen. Er glaubt auch die Stifter zu kennen, den Despoten Theodor und dessen Frau, die Cleopa Malatesta, durch die, wie er meint, italienische Bauleute für diesen Turm herübergekommen wären.

»Es ist ein Vergnügen, die Griechen zu sehen, welche die Seltsamkeit dieser Formen betrachten, wie wir die Charaktere der syrischen Baukunst; besonders anziehend ist es dann, wenn irgend ein Mönch zufällig vorbeikommt, der sie ihnen erklärt, denn alle können es nicht.«[21]

Vor kurzem wären die Nonnen fast ihres geistlichen Zufluchtortes verlustig gegangen. Ein türkischer Efendi hatte seinen Palast in der Nähe und war von dem erhabenen Bauwerk so sehr beeindruckt, daß er aus Verachtung der christlichen Religion die Kirche in eine Moschee zu verwandeln beschloß.

»Er teilte seine Absicht den Mohammedanern der Stadt mit, die seine Heftigkeit nicht gutheißen wollten und ihm vorhielten, daß man keinen Grund habe, sich über die Christen von Mistra zu beklagen, und daß er sie im Genuß des gnädigen Friedens und der Privilegien lassen sollte, die der Sultan ihnen zugestanden hätte.«[21]

Aber der Efendi kümmerte sich nicht um diesen Einwand und bat den Diwan, den Staatsrat des Sultans an der Hohen Pforte, die Kirche in eine Moschee verwandeln zu dürfen. Er erhielt die Genehmigung.

»Am festgesetzten Tage fanden sich der Aga, der Mula und die Menge der Mohammedaner zur feierlichen Prozession zusammen. Die unglücklichen Christen konnten nichts anderes tun, als sich in tiefes Schweigen zu hüllen, ihr Schicksal darin zu beweinen... Niedergedrückt von Schmerz und untröstlich, warfen sich die Töchter des Heili-

21 Guillet, 409. 21 Guillet, 403 f.

gen Basilios mit dem Gesicht zur Erde, die sie mit ihren Tränen benetzten, flehten zu Gott und umfaßten mit zitternden Armen ihren Altar. Das Wetter war schön, und die Sonne schien ungerührt diese Entweihung zu betrachten. Plötzlich durchschlug ein Blitz, gefolgt von gewaltigem Donner, die Fenster der Kirche, der Umhang des hohen Herrn, dann der Befehl des Diwan, sie flammten hell auf. Und der Efendi, den das Feuer umklammert hielt, ward halbtot und besinnungslos zu Boden gestreckt. Schrecken und Angst erfaßte die Mohammedaner, die keinen weiteren Schaden erlitten. Aber die Nonnen, die ihren Altar noch immer umklammerten und bis zu diesem Augenblick nur durch Tränen und Seufzer zum Himmel zu flehen gewagt, riefen mit voller Stimme ihr: ›Heilig sei der Herr!‹ aus und, von einem Strahl der Hoffnung verklärt, befahlen Ihm die Sache ihres Altares.«[21]

Den Efendi, den der Schlag heftig getroffen, brachte man, als sei er ein Sterbender, in seinen Palast, doch allmählich gewann er das Leben zurück. Durch das Zeichen des Himmels war er so sehr beeindruckt, daß ihn ein Einsiedler zum Glauben an Christus bekehren konnte. Nachdem er sich öffentlich zum wahren Gott und Herrscher der Welten bekannt hatte, starb er. So blieb die Pantanassa, die Allherrscherliche, unangefochten im Besitz der Töchter des Heiligen Basilios.*

Mit dieser Legende weht über der Stadt am Taygetos ein Hauch frühchristlich-naiver Frömmigkeit, die noch an Wunder glaubt. Und wundertätige Bilder gab es in Mistra! In der Metropolitan-Kirche der allheiligen Gottesmutter mit ihren marmornen Treppen und ihrem vielfarbigen Fußbodenmosaik** wurde eine Gottesmutter-Ikone inbrünstig verehrt, zu der von weit her die Kranken gepilgert kamen, um Heilung zu suchen. Zu einem anderen Marienbild wallfahrteten alljährlich Christen aus ganz Morea nach Mistra. Das erregte die Aufmerksamkeit des türkischen Pascha, der den Metropoliten und die Popen der Kirche wissen ließ, daß er diese Wallfahrt und ein Wunder zu sehen wünschte. Er kam und beauftragte einen seiner Begleiter, ihm ein anderes

Bild aus einem beliebigen Hause zu bringen, denn in jedem Haus hängt eine Ikone mit dem ewigen Lämpchen davor. Der Pascha verlangte, daß man ihm den Unterschied beider Bilder erkläre. Man gab ihm zur Antwort, daß das aus der Kirche gebrachte Bild ein heiligerer Gegenstand sei. Der Pascha befahl, ein Feuer zu machen und beide Bilder hineinzuwerfen. Beide Bilder verbrannten, kein Wunder geschah, Asche blieb übrig, und der Nüchtern-Gestrenge lachte über den Aberglauben der ›Ungläubigen‹ und ging seiner Wege.[23]

Darum kann Friede zwischen den Türken und Griechen nicht sein. Den Christen bleibt nur Duldung und Knechtschaft. Hoffnung haben sie nur in ihrem Glauben. Starr halten sie fest an den Riten der Orthodoxie und haben ihren gemeindlichen Mittelpunkt unter der Kuppel der Kirche mit dem verblassenden Bild ihres Pantokrators. Und wenn sie schweigen und dulden und nicht aufbegehren: Ihren Kindern zeichnen die Mütter »mit einem gewissen Saft aus Kräutern, so sich nimmermehr austilgen läßt«, nach der Taufe ein Kreuz auf die Stirn, damit ihre Jungen, wenn sie erwachsen sind, nicht abtrünnig werden oder als Renegat, auch unter dem Turban, noch kenntlich sind. Nur schlimm, wenn die Knaben zu den Janitscharen abgeholt werden. Dann nützt auch dieses Kreuz nichts mehr. Dagegen ist es »eine verwunderliche Sache«, wenn man sieht, wie die Christen in Griechenland die Kleidung der Türken tragen »und wie sie sich, soviel sie können, denselben nachzuäffen sich bemühen«. Bei besonderen Gelegenheiten sogar, wenn ihnen erlaubt ist, ohne das Zeichen der Christen unter die Leute zu gehen, stellen sie sich hochmütig den Türken gleich und sehen verächtlich auf ihre ärmeren Glaubensgenossen herab.[32] Und weil die Mohammedaner die Herren sind, muß, wer die Stadt als Fremder besucht, den Eindruck

21 Guillet, 403 f. * eine ähnliche Geschichte aus Brussa, in: Ottomanische Pforte, 1. Teil, 198. ** Verglichen mit dem Stadtplan aus der Sammlung Grimani, vgl. unten S. 328, kann es sich bei dieser Kirche auch nur um die Pantanassa handeln, ein Hinweis, daß Guillet aus verschiedenen Quellen seine Mitteilungen geschöpft hat. 23 Randolph, 16. 32 Ottomanische Pforte, 1. Teil, 52.

haben, daß er in einer türkischen Stadt sich befindet und daß in ihr die Griechen nur eine Minderheit sind. Stadtbild und Straßen wirken orientalisch, Minaretts beherrschen die Silhouette am Berghang.

Wer aus dem Westen kommt, fällt durch Kleidung, Sitte und Sprache auf, mit seinem altertümlichen Griechisch, das er zu Hause gelernt hat, ist er den Einheimischen kaum noch verständlich. Die Fremden sind Franken, womöglich Spione, und dazu noch ›Lateiner‹ und regen das Mißtrauen auf. Und wer sich länger in diesem levantinischen Mistra aufzuhalten gedenkt, muß auch noch Mut zur Entbehrung haben. Zwar ist die eine der Herbergen erst vor kurzem errichtet worden und für die Reisenden einigermaßen erträglich, hat sie doch über den Ställen im Erdgeschoß einzelne Logierzimmer anzubieten. Die andere aber, an der Straße nach Nauplia, ist nur ein gewöhnlicher Pferdestall, mit einem Steingang, vier oder fünf Fuß hoch, der sich an den Wänden entlangzieht. Wer hier einkehrt, legt sich eine Matratze oder ein Bündel Stroh auf das Pflaster und schläft drauf, in seinen Mantel gehüllt. Ein kleiner Herd steht an der Wand, auf dem der ›Gast‹ seine Mahlzeit bereitet. Das reizt nicht, klassisches Land zu besuchen. Daher wohnen die meisten Fremden, wenn sie Morea auf eigenen oder gemieteten Pferden durchreiten, am Ende der Brücke nach Exochorion, wo zwei Mühlen ihnen als Gasthaus dienen und ihre Pferde auf den Weiden ausreichend Futter haben. Juden und Türken übernachten im Imaret.[21; 67]

Die Stadt der Völker wird mit Strenge verwaltet. Steuereintreiber und die Zöllner des Fiskus sind ›allgegenwärtig‹. Die einen kommen in jedes Haus, die anderen sitzen am Stadttor und am Bazar und verlangen Abgaben für jede Ware, die auf den Markt gebracht wird. Für die Sicherheit auf den Landstraßen ist der Woiwode zuständig, ihm unterstehen die Armatolen, eine Art Straßenpolizei, die sich aus christlichen Albanesen rekrutiert und dem Räuberunwesen ein wenig die Arbeit erschwert. Als Polizeihauptmann macht der Woiwode zweimal die Woche – oder wenn es ihm gerade paßt – einen Gang durch die Gassen, insbesondere durch die Straße des Großen Bazars, um Maß und Gewicht zu prüfen und über die allgemeine Ordnung zu wachen. Nur mit seiner Genehmigung darf man ein Geschäft eröffnen und zu festgesetzten Stunden darin sein Gewerbe betreiben. Vor allem gegen Trunkenbolde schreitet der Woiwode unnachsichtig ein und verhängt im ›Betretungsfalle‹ auf der Stelle die Prügelstrafe, das gefürchtete Bastonieren, dem er dann mit Genuß zusieht, gleich, ob die Stöcke seiner Armatolen auf den Rücken oder auf die Fußsohlen des Betrunkenen niedergehen. Neben dem Woiwoden amtiert der Kadi als Richter des Sandschaks und entscheidet in allen zivilrechtlichen Streitigkeiten. Er lebt von den anfallenden Prozeßgebühren, so daß er ständig darauf aus ist, auch geringfügige Angelegenheiten – und sei es der Schwanz eines Esels – vor sein Gericht zu ziehen. Von der Schlauheit, ja der Gerissenheit türkischer Kadis erzählt man sich mehr als nur eine Geschichte. In Mistra allerdings hat der Kadi eine besondere Würde, er steht im Rang eines Mula und versieht darum gleichzeitig das Amt des Mufti in der Provinz. Da er gelehrt ist und den Koran auszulegen versteht, lenkt er durch seinen Rat die Entscheidungen des Aga. Er ist zuständig für die Angelegenheiten der Moscheen, führt die Aufsicht über die Liegenschaften der islamischen Geistlichkeit und spricht Recht über die Scheichs, die Imams und die Muezzin. In allen religiösen Fragen ist er die letzte Instanz und nur dem Groß-Mufti in Konstantinopel verantwortlich.

Wie der Mula seine Mohammedaner leitet, waltet, ihm ähnlich, der Metropolit seines Amtes für die orthodoxen Gemeinden, die ihre Popen durch Wahl bestimmen. Er steht in der Rangfolge der Erzbischöfe an siebenundsiebzigster Stelle, weit unterhalb also des Erzbischofs von Korinth, der an siebenundzwanzigster Stelle geführt wird, und des Erzbischofs von Monembasia, der an vierunddreißigster Stelle steht. Als Metropolit von Lakedaimon, wie sein Titel immer noch lautet, hat er drei Suffragane, die in Kariopolis, in Amyklai, das im Volksmund Slawochorion heißt, und in

21 *Guillet, 421 f.* 67 *Pitton de Tournefort, Bd. 2, 47.*

Bresthena in ärmlichen Bischofspalästen wohnen. Auch sein Episkopion an der Metropolis ist nur ein bescheidenes Haus. In allen religiösen Angelegenheiten entscheidet der Metropolit und übt die Aufsicht über die Verwaltung des Kirchenbesitzes aus, aber mit seinen Popen und den Ältesten der Gemeinden richtet er in bürgerlich-rechtlichen Streitigkeiten sowie in Ehe- und Erbschaftssachen. Der Mula kann, bei freiwilliger Unterwerfung beider Parteien unter sein Urteil, als Berufungsinstanz tätig werden. Doch vermeiden die Griechen, den Kadi in ihre persönlichen Verhältnisse hineinzuziehen, denn zu oft kommt es vor, daß der türkische Richter ihnen unter irgendeinem Vorwand das bißchen Habseligkeit nimmt, was sie an beweglichem Eigentum im Hause verwahren. Die gemeindliche Verwaltung, die Erhebung von Steuern obliegt den Geronten, die von den Griechen aus angesehenen Familien auf Zeit gewählt werden. Aber bürgerliche Rechte haben die Griechen-Gemeinden nicht, städtische Selbstverwaltung ist ihnen unbekannt: Für die Zeit nach der Eroberung durch die Venezianer wird das für die landfremden Beamten der Serenissima eine kaum zu bewältigende Schwierigkeit sein.

Mohammedaner, Christen und Juden sind alle gleich untertan dem türkischen Aga, der die Strenge der unteren Chargen ein wenig mildert. Der Aga ist Offizier und Befehlshaber des Kastrons – aber selten dort oben – und der Landmiliz. Er hat absolute Gewalt über die Stadt. Der derzeit in Mistra residierende Aga, Drevinsende Efendi, ist einer der ehrenwertesten Männer in der Levante, was auf die Bedeutung der Stadt hinweist. Er genießt hohes Ansehen im Lande und gilt als heimlicher Freund der Christen. Über ihm steht der Beg, der Gouverneur von Lakonien. Obgleich viele seiner Vorgänger in Mistra ihren Serail gehabt haben, residiert er gegenwärtig in Koron. Als Beg von Lakonien muß er eine Galeere ausrüsten und kampfbereit unterhalten, hat aber Angst, »von den Venezianern ausgehoben zu werden, die im Kanal von Cerigo kreuzen«.[21] Darum zieht er mit seinem Hofstaat mal nach Nauplia, mal nach Monembasia oder nach Kolokina. Da er gelegentlich auch auf

Kreta ist, genötigt, an der Belagerung Kandias teilzunehmen, erzählt man sich in der Stadt Geschichten von diesem Helden zur See, der bei Türken und Griechen durch seine Liebesabenteuer landbekannt ist. Durac Beg heißt er und hat sich zu ein und derselben Zeit mit drei Frauen verheiratet. Eine von ihnen, die er besonders begehrte, war die Witwe eines Kadi. Um sie zu sich zu holen, fuhr er mit seiner Galeere – Pirat auf eigene Faust – nach Bodrum und Rhodos. Aber für seine drei Frauen war er, ganz gegen türkische Lebensart, gezwungen, je eine besondere Wohnung in Mesochorion herrichten zu lassen, da er sonst ihrer gegenseitigen Eifersucht nicht hätte Herr werden können.[21] Vielleicht ist es derselbe Durac Beg, der während des Krieges gegen Venedig in den achtziger Jahren als Korsar von Lepanto aus Raubzüge auf den Inseln Zante und Kephalonia unternahm.[23]

Weiter als die des Beg von Lakonien reicht die Macht des Pascha der Morea, der in Nauplia, dem Anapli der Türken, im großen Serail – er steht wie die Kuppelmoschee noch heute – mit Harem und Janitscharen und Hunderten von Dienern ein fürstliches Leben führt. Er hat Gewalt über Leben und Tod, sein Henker – und nur der Henker darf ihm gegenüber sitzen – läßt ertränken, erhängen, aufspießen, verbrennen, köpfen, ganz wie es dem Pascha gefällt. Eine Handbewegung genügt, ein Leben ist ausgelöscht. Aber gegen Geld bleibt auch ein Räuber straflos und ein Mörder ungeköpft.[60] Der Pascha: er ist verantwortlich für den jährlichen Tribut an den Sultan, sei es in Geld, in Sklaven oder in Christenknaben, die dann in die Zucht der Janitscharen-Kasernen gehen, das Reich zu verteidigen. Obgleich »ein Teil des Landes zum Unterhalt der Kaiserin«, der Sultanin-Mutter, der Walide, dient, »welche einen allda hat, der die Renten vor sie einsammlet«, hat der Pascha siebenhunderttausend Aspern, also etwa 14 000 Dukaten, Einkünfte von Land, Zoll und Gewerbe, um seine statthalterliche Lebensweise damit zu bestreiten. Was übrig bleibt, geht in die

21 Guillet, 374. 21 Guillet, 462 ff. 23 Randolph, 13
60 Du Mont, 283 ff.

Schatzkammern nach Konstantinopel. Zu den Einnahmen des Fiskus gehört auch das Kopfgeld, der Karatsch, der »auf einen Real für die Verheirateten und einen halben Real für die unverheirateten Mitglieder der Familie angesetzt« ist und 167000 Realen (ein Real entspricht ungefähr einem Silberdukaten) einbringt.[206] Hinzu kommt der Zehnten, die älteste Steuer der Welt, die von allen Ernten und allen Produkten erhoben wird. Das Aufkommen zu sichern, wird die Steuer gegen Bürgschaft verpachtet.

»Jedoch wollen wir nicht unterlassen, zu sagen, in was das eigentliche Einkommen ihrer Herrschaften« – wovon also Beg, Woiwoden und Paschas leben – »besteht, ohne was ihnen von den Konfiskationen, wann etwa einer abtrünnig worden, durch Erbschaften oder anderes woher zufällt; auch könnte man allhier dasjenige beifügen, was sie von Betrügerei oder falschen Anklagungen erheben, durch welches Mittel sie der Untertanen Güter ohngestraft an sich ziehen: ingleichen auch die Raubereien, welche durch ihre Sklaven sowohl bei Einheimischen als Fremden geschehen. Denn sie werden deswegen expressis zu Feld geschickt und berauben die Unschuldigen unter dem Schein der Bestrafung der Übeltäter, bringen oftermals unschuldige Angeklagte ums Leben, damit sie ihre Gewalttätigkeit bedecken.«[57]

Und der Pascha, der so herrscht, als wäre er Fürst aus eigenem Recht, untersteht dem Beglerbeg von Rumelien, der fern im Norden in Sofia Hof hält. Den kennt niemand in Mistra, viele wissen nicht einmal, daß es ihn gibt. Vom Großwesir hört man, vom Mufti, vielleicht auch vom Sultan, dem Großherrn aller Osmanen: es ist Mohammed IV., und seine Janitscharen ziehen nach Wien.

Löwe vor der Hohen Pforte

»Im Jahre 1683 erschienen die Osmanen noch einmal vor Wien. – Zwei Motive haben von jeher die großen Eroberungszüge veranlaßt: aus beiden Welten stammend, denen der Mensch angehört: Religionseifer und Herrschbegier; in den Osmanen waren sie beide lebendig. Der Sultan Mohammed IV. glaubte an die Worte des Propheten; er hielt den Krieg gegen die Christen für eine heilige Pflicht, – man kennt den Efendi, der ihm das täglich einschärfte. Auf den Großwesir Kara Mustafa wirkten dagegen die weltlichen Beweggründe. Mit seinem Dragoman Maurokordato sah man ihn häufig einen Atlas studieren, dem ihm die Holländer geschenkt hatten: er vergegenwärtigte sich die Verhältnisse der europäischen Staaten, ihre Entzweiungen, ihre innere Schwäche: er zweifelte nicht, allen seinen Nachbarn überlegen zu sein. Da ihn endlich Frankreich ermunterte, die ungarischen Mißvergnügten zu Hilfe riefen, sein Herr lebhaft erregt war, so hielt er den Augenblick für günstig und schritt zum Werke. Wer will sagen, wohin er gekommen wäre, wenn er eine Schlacht gewonnen, wenn ihm Wien nicht Widerstand geleistet hätte. In demselben Grade ward es ihm aber auch verderblich, daß Wien sich hielt, daß er sich in seinem Lager vor dieser Hauptstadt überfallen und schlagen ließ.«[206]

Wien und Europa waren gerettet. Feldherrnglück und die Tapferkeit von Zehntausenden schienen ein Wunder vollbracht zu haben. Als dann Venedig das Bündnis mit Habsburg und Reich, mit Polen und Papst Innozenz XI. besiegelte, war der ›Vierzehnte Kreuzzug‹ beschlossene Sache. Die Republik von San Marco, die stolze Serenissima, sie »hätte sich für tot erklärt, wenn sie sich so günstiger Umstände nicht hätte bedienen wollen«.

Als wäre er ein Enrico Dandolo redivivus, begann Francesco Morosini als Capitano generale da Mar seinen Feldzug gegen die Türken.

»Ein Aristokrat von altem Schrot und Korn: leutselig gegen die geringen Leute, deren Entbehrungen er gerne teilte, – unermüdlich, seine Freunde und Angehörigen zu befördern, – hartnäckig und unduldsam gegen den überwundenen Feind... Jetzt hatte er wieder eine große Lauf-

---

206 von Ranke, Venezianer, 305. 57 von Stammer, 161 und 153 f.
206 von Ranke, Venezianer, 289.

bahn vor sich; er gab dem Kriege, den man unternahm, seine ganze Richtung.«[206]

Schon sind die Mainoten gegen die osmanische Herrschaft im Aufstand und besiegen den Siawusch Pascha, den Herrn der Morea, in offener Feldschlacht. Fünfhundert entschlossene Freiheitskämpfer haben im Bergland von Leondari einen Nachschubkonvoi des Ismael Pascha überfallen und ausgeplündert. Man sagt, sie seien aus Mistra gekommen. Ismael rückt gegen die Stadt mit zwölfhundert Reitern vor, es kommt zum Gefecht, aber die türkische Munition wird von den Mistrioten aus venezianischen Gewehren gegen die Sipahis verschossen. Achtzig Türken liegen in ihrem Blut. Ismael fordert die Griechen auf, ihre Waffen niederzulegen, und verspricht Steuerfreiheit für drei volle Jahre. Die Mistrioten verweigern das Anerbieten, um, wie sie sagen, der Türken »geschworene Erbfeinde immer und ewig zu bleiben, hingegen aber bei der Venetianischen Republik Gut und Blut aufzusetzen gänzlich entschlossen wären«.[34]

Mit rasch zusammengerufenen Truppen kann Ismael dennoch ein Strafgericht über die Maina halten und die Niederlage des Siawusch Pascha vergelten: Feuer vernichtet Felder und Dörfer, Weiber und Kinder werden als Geiseln verschleppt. Die Männer ziehen in die Berge hinauf, die ihnen Freiheit und Sicherheit bieten. Boten gehen zu Morosini, der bei der Insel Sapienza seine Flotte für den Angriff auf Morea sammelt, und bitten ihn, vorerst die Maina nicht zu besetzen, damit sie nicht noch einmal der Rache des Feindes anheimfallen müssen. Untereinander sprechen sie, daß man abwarten müsse, ob die Venezianer auch siegen.

Francesco Morosini belagert darum Koron, schlägt zwei türkische Paschas, die mit ihren Sipahis herangerückt sind, in die Flucht, erbeutet eine große roßschweifgeschmückte Standarte und weiht sie auf dem Altar des Heiligen Cajetan in San Niccolò da Tolentino in der Lagunenstadt. Die Republik nimmt achtunddreißig Familien in das Goldene Buch auf, die bereit sind, für den Eintritt in die Aristokratie klingende Münze dem Krieg aufzuopfern. Zu den neuen

Nobili gehört der genuesische Bankier Rezzonico, der dem Patrizier Bon seinen unfertigen Palast am Canal Grande abkauft: Ca' Rezzonico. Damals empfängt das lebensfrohe Venedig den Herzog Ernst August von Braunschweig. Man gibt ihm zu Ehren in der Villa Contarini an der Brenta eine Reihe von schönen Festen. Und nach getaner Verhandlung stimmt der Herzog gegen gute Dukaten, die dem Ausbau von Schloß und Garten in Herrenhausen bei Hannover zugute kommen, dem Vorschlag seiner Gastgeber zu, daß seine Landeskinder in der Morea für Venedig kämpfen. Koron wird am 11. August 1685 besetzt. Nach diesen Erfolgen kommen die Mainoten wieder zum Capitano generale da Mar, und mit ihnen überwinden, unterstützt von venezianischen Galeerengeschützen, die deutschen Musketiere mit ihren Steinschloßgewehren, gegen die die türkischen Reiter in ihren Tod galoppieren, am 14. September Kalamata, dann die Türkenzwingburgen in der Maina und die ›Akropolis der Peloponnes‹, das lakonische Mistra. Die Stadt scheint ihrer Freiheit sicher zu sein. Die Maina wird als venezianischer Besitz betrachtet und erhält einen Rettore: es ist Bartolomeo Contarini, der Zarnata, das sechs Kompanien besetzen, zum Sitz seines Amts bestimmt und dort mit seinem Provveditore Angelo Emo residiert, das Land aber bald gegen seinen Palast am Canal Grande in Venedig eintauscht und von Niccolò Polani abgelöst wird.

Oberbefehlshaber der Landarmee, der Morosini diese ersten Erfolge verdankt, ist Hannibal Freiherr von Degenfeld. Sein Vater, Christoph Martin, hatte als Oberwachtmeister unter Wallenstein und Tilly gedient und war zuletzt venezianischer Generalgouverneur von Dalmatien gewesen, wo der durch Conrad Ferdinand Meyers ›Schuß von der Kanzel‹ literarisch berühmt gewordene General Hans Rudolf Werdmüller 1668 ein Kommando hatte. Christoph Martins Söhne standen damals auf Kreta: Adolf fiel vor Canea, Christoph war Regimentskommandeur in Kandia, wo auch

206 *von Ranke, Venezianer,* 291. 34 *Theatrum Europaeum,* Bd. 12, 949.

Hannibal – noch nicht zwanzig Jahre alt – als Kompanie-Chef und Obrist-Wachtmeister unter Francesco Morosini die Festung verteidigen half, bis nur Trümmer übriggeblieben waren. Venedig setzte ihm eine jährliche Leibrente von 500 Dukaten aus, mit der ausdrücklichen Erlaubnis, andere Kriegsdienste anzunehmen, sich aber der Republik zur Verfügung zu stellen, sobald sie ihn rufen würde. Danach hatte Hannibal für Holland gekämpft, war dänischer General geworden und stand in der Schlacht auf dem Kahlenberge bei Wien 1683 Scherwan Kantakouzenos gegenüber, der als Fürst der Walachei christlicher Vasall des türkischen Sultans war und mit Kara Mustafa gekommen war, Europa mit der grünen Fahne des Propheten zu bedecken. Als Venedigs Kampf gegen die Türken begann, war Hannibal wieder zu Morosini gestoßen und hatte im August vierundachtzig die Insel Santa Maura, das alte Leukas, und die Festung Prevesa an der Küste Rumeliens erobert und jetzt bei Kalamata den Kapudan-Pascha verjagt.

Hannibal führt eine Armee, die sich Venedig in Braunschweig und Hannover, in Hessen, Sachsen und Württemberg und in den Kantonen der eidgenössischen Schweiz zusammengemietet hat. Der eidgenössische ›Aufbruch‹ – so der Ausdruck der Zeit – ist von kantonalen Gerichten in Marsch gesetzt worden: wer wegen Landstreicherei oder wegen Verletzung der öffentlichen Sittlichkeit aufgegriffen wird, den verurteilt der Richter zum Kriegsdienst gegen die Türken, gefesselt werden die Übeltäter und Übertreter den venezianischen Gouverneuren in Oberitalien überstellt. Zu Hannibals Heer gehören endlich noch einige hundert Mainoten, die für ihre Freiheit kämpfen. Im ganzen sind es gut zwölftausend Mann. Nimmt man die venezianischen, toskanischen und maltesischen Kapitäne hinzu, deren Galeeren von mohammedanischen Gefangenen und christlichen Schuldsklaven gerudert werden, dann hat man einen anschaulichen Begriff von dieser wahrlich christlich-europäischen Heeresmacht und Kreuzzugs-Armada, mit der ein Capitano generale da Mar der Serenissima di San Marco gegen die Türken zieht und zu Wasser und zu Felde siegt.

Seit Jahrzehnten werden die Kriege mit Söldnerheeren geführt. Die Mannschaften kämpfen für Geld und Beute, sie einzuüben ist Sache der Hauptleute und der Unteroffiziere, die das taktische Handwerk des Kampfes mit Gewehr und den Hieb- und Stichwaffen verstehen. Prinz Moritz von Oranien hatte in den Niederlanden im Kampf gegen Spanien die Linientaktik entwickelt. Die neueste Drill- und Dienstvorschrift, die ›Procetti militare‹, gab 1683 ein Italiener, Francesco Marzioli, heraus. Die schon klassisch gewordene Gliederung in Infanterie, Kavallerie und Artillerie förderte das Spezialistentum. Wer sein Fach technisch und theoretisch studiert hat und mit ›Scharfsinn‹ beherrscht, wird der unentbehrliche Kriegsingenieur, der bei den fortgesetzten Belagerungskriegen allein den Erfolg verbürgt. Mit den Söldnerheeren bildet sich der Stand der Berufsoffiziere heraus, die ihren obersten Kriegsherrn ohne tiefere Skrupel wechseln, sobald neue Schlachtfelder und ›uneinnehmbare‹ Festungen zu höherem Ruhme locken, aber auch Gelegenheit bieten, die alten Tugenden der Tapferkeit und der christlich-ritterlichen Mannhaftigkeit zu bewähren. Ein Generalissimus, der die ›Kunst des Krieges‹ beherrscht, findet sich daher stets unter den Herren des hohen Adels. So auch jetzt, als Hannibal Freiherr von Degenfeld, dem Morosini den Oberbefehl zu Lande nimmt, um selbst gegen den Kapudan-Pascha zu siegen, noch vor Einbruch des Winters tief verstimmt die Truppe verläßt und vorerst in Dinkelsbühl verdiente Ruhe genießt.

Francesco Morosini holt sich Otto Wilhelm Graf Königsmarck und erwartet ihn auf Santa Maura, wo Heer und Flotte Winterquartier bezogen haben. Graf Königsmarck, schon an die Fünfzig, hat wie sein Vorgänger ein bewegtes Soldatenleben geführt. Er ist der Sohn eines schwedischen Generals und hatte die Herzogtümer Bremen und Verden für den König von Schweden besetzt. 1672 war er dort Generalgouverneur geworden, stand jedoch bald schon in Holland, diesmal in französischen Diensten. Zwei Jahre später erhielt er von Karl XI. von Schweden den Befehl, aus Pommern in die Mark Brandenburg einzumarschieren.

Doch hier erstand ihm im Großen Kurfürsten der Sieger von Fehrbellin. Danach Generalgouverneur von Schwedisch-Pommern, sah er sich 1682 durch die Sequestrierung seiner Güter bei Verden des standesgemäßen Besitzes beraubt. Das erleichterte ihm den Entschluß, nachdem der schwedische König dem Antrag Venedigs zugestimmt hatte, unter dem Oberbefehl Morosinis »der Republik Venedig verordneter General und Oberhaupt über dero gesamte Kriegsmacht zu Lande« zu werden. Seine Gattin, Katharina Dorothea Gräfin de la Gardie, begleitete ihn nach Venedig und fuhr mit ihm, und einer Leibwache von hundert Mann, auf der Galeere ›Die Jakobsleiter‹ nach Santa Maura.

Kaum ist das Schiff auf der Reede vor Anker gegangen, werden die hohen Generäle mit ihren Obristen auf das Flaggschiff Morosinis zum Kriegsrat gerufen. Man untersucht die Lage. In der Maina hat der venezianische Capitano estraordinario Lorenzo Venier einen schweren Stand. Der Kapudan-Pascha hat das südliche Bergland der Morea, und auch Mistra, wieder zurückgewonnen und Chielafa in der Maina belagert. Nur mit Mühe ist er zum Abzug gezwungen worden. Man erwägt nun im Kriegsrat, ob man mit Flotte und Heer Kandia oder die Morea angreifen solle. Die Entscheidung fällt für Morea. Bei der Frage, von welcher Seite man es angreifen müsse, wird von den acht moreotischen befestigten Häfen Navarino als Ziel ausgesucht, zumal es Santa Maura am nächsten liegt. Inzwischen sind weitere Zuzügler zur Eröffnung des barocken Kriegstheaters herangesegelt. Mit einem Schiff, das Hannoveraner bringt, kommt mit dem Obersten Troppauer auch Friedrich von der Groeben, dem im fernen Ermland in Ostpreußen »aus angewohnter Reise-Lust das Haus-Leben zum Ekel« geworden ist, weshalb er sich diesem »Feldzug wider den Erbfeind in dem Königreich Morea« angeschlossen hat,[59] ein Philhellene vor der Zeit. Die Truppen gehen in ihr Quartier an Land. Päpstliche und maltesische Galeeren kommen. Morosini mustert seine Armee.

»Am 26. [Mai 1685] gaben sich die hohen Kriegs-Offiziere einander die Visiten, wobei mit donnerndem Geschütz gespielet ward. Hierauf begab sich die ganze Armee am 27. zu Schiff und huben den 28. die Anker.«[59]

Die Armada läuft aus. Großartig ist der Anblick der zahllosen Segel und der roten Fahnen, auf denen das Löwenwappen Venedigs prangt. Kanonenbestückt ist jede Galeere, darauf, »wie die Heringe eingepacket« – wie Herr von der Groeben feststellt –, die Landtruppen die Meerfahrt überstehen. Alt-Navarin ergibt sich, sobald Graf Königsmarck die weiße Fahne als Aufforderung zur Übergabe hat hissen lassen. Neu-Navarin wird von Mustafa Pascha verteidigt, Königsmarck schließt den Belagerungsring. Das Werk der Sappenleger, der Mineure und Artillerie-Techniker beginnt. Der Seraskier Ismael Pascha rückt mit zehntausend Mann an, und so bildet sich, bezeichnend für die Taktik der Türkenkriege, ein doppelter Ring um die Stadt. Aber Königsmarck hat eine Armee, die den Türken die Stirn bieten kann. Ismael weicht zurück, der Kommandant von Alt-Navarin, Dschaafer Pascha, sprengt sich mit dem Pulverturm in die Luft.

»Es war der Knall und die Erschütterung der Erden so vehement, daß es schien, als wenn die Erde untergehen und der Himmel einfallen sollte. Die Armee trat ins Gewehr, die Flotte ward munter, und wußte niemand, was dies bedeuten sollte, bis die Türken aus der Stadt berichtet, es wären ungefähr acht Tonnen Pulver in den Brand geraten.«[59]

Morosini zieht am 15. Juni in Navarino ein und läßt die größte Moschee dem Heiligen Vitus weihen, weil er der Heilige des Tages ist. Doch der Vormarsch geht weiter, Modon ist das nächste Ziel. Es liegt an der westlichen Felsenspitze, deren drei die Morea wie Finger ins Mittelmeer, es zu beherrschen, streckt. Schon dreimal hat es Venedig gehört, die geflügelten Löwen am Festungstor sind noch nicht verwittert.

»Den 21. [Juni] wird der Paß von Modon rekognosziert, und den 22. Order zum Marsch gegeben, so den 23. ins Werk gerichtet ward, und brachen wir in aller Frühe auf.«[59]

---

[59] *von der Groeben, 112, 115, 119 und 120.*

Der Heerwurm zieht sich an der Küste entlang. Die Vorhut bildet General Courban mit seinen dalmatinischen Kompanien. In der Mitte marschieren die venezianischen Aufgebote aus der Terra ferma, dazu Bataillone aus Freiwilligen aller Nationen, das Regiment maltesischer Fußsoldaten – auf dem roten Wams das achtstrahlige weiße Kreuz – und ein mailändisches Regiment unter Barnabo Visconti: ein berühmter Name. Drei Bataillone aus den katholischen Kantonen der schweizerischen Eidgenossenschaft, im ganzen zweitausendvierhundert Mann, stehen unter dem Kommando des Obristen Johann Ludwig von Roll aus Solothurn. Die Nachhut bilden die Sachsen und ein Regiment, das Prinz Maximilian von Braunschweig aus Landeskindern zusammengestellt hat.

»Wir zogen erstlich über einen hohen Berg, nachmals kamen wir in tiefe und fruchtbare Täler, so einem schönen Lustgarten zu vergleichen, dann wir funden nichts als Öl-, Wein- und Feigengärten mit den erhobensten Zypressen, wohlriechenden Pomeranzen- und Zitronen-Bäumen gezieret, an Aprikosen, guten Äpfeln, Birnen und Maulbeeren hatte man keinen Mangel. In dergleichen Gärten formierte man das ganze Lager, so die Festung von der Landseite gänzlich eingeschlossen, von der See aber täte es die Flotte.«[59]

Und »die Deutschen fingen schon an, sich in dem Lande wohl zu gefallen, und Morosini hatte selbst sein Vergnügen daran, wie sie bei der Belagerung von Modon ihre Baracken so gleich und reinlich aufgerichtet und mit den schönsten Zypressen, Lorbeer und Orangeriezweigen hochaufgebaut hatten: sie waren darum nicht minder tapfer.«[206]

Vierzehn Tage reichen aus, um die hundert türkischen Kanonen auf den Wällen und an der »Laterne«, dem einst von den Venezianern erbauten Hafenkastell – »eine konsiderable Post mit zwölf schweren Stücken«[59] –, zum Schweigen zu bringen. Am 12. Juli wird Modon genommen. Die venezianische Galeeren-Artillerie hat ganze Arbeit geleistet, die Gassen sind mit Leichen bedeckt. Der Krieg beginnt, grausam zu werden.

»Den 16. teilete man die Mohrische Sklaven unter die See-Häupter und Galeeren, die Weiber hingegen unter die Regimenter, und bekamen die drei Sächsischen Regimenter zwei alte blinde und lahme Weiber, welche mit hohem Danke die Beute wieder abgaben und zurückschicketen.«[59]

Nun umschifft die Flotte, mit der Landarmee an Bord, die Küste der südlichen Morea und beginnt den Angriff auf Nauplia. Graf Königsmarck erkennt den taktischen Wert des hochragenden Palamidi. Achthundert Musketiere und siebenhundert Reiter nehmen den Berg im Sturm. Aber die Stadt unten am Meer wird hartnäckig verteidigt. Mustafa Pascha und seine Brüder widersetzen sich jedem Angriff. Dreitausend Janitscharen kommen zu Hilfe, aber sie werden, der Seraskier von Argos ist ihr Kommandant, in die Flucht geschlagen und Nauplia vom Palamidi aus unter Feuer genommen. Von Syrien und den Inseln kommt zu Schiff ein türkisches Heer, landet an, Nauplia zu entsetzen. Königsmarck befiehlt den Angriff sofort und – den Degen in der Faust –

»begegnet nur mit einigen Bataillonen zu Fuß und einem nicht sehr zahlreichen Geschütz einer weit überlegenen Reiterei auf einem für diese günstigen Terrain so geschickt, mannhaft und in guter Ordnung, daß sie sich nach ein paar Stunden zurückzog. Die Deutschen können sich selbst ihren Sieg kaum erklären. Sie meinen, eine panische Furcht – was man einen Feldschrecken nenne – sei dem Feinde angekommen.«[206]

»Nach verrichteter Aktion logierte sich unser Volk in die Dörfer, allwo wir eine gute Quantität großer Ochsen, Schafe, Schweine und allerhand Feder-Vieh nebst vielem Getreide funden, so eine sehr wohlfeile Zeit im Lager verursachte.«[59]

Krankheit und Fieber schwächen die Kräfte dennoch. Der Tod geht im Lager um. Graf Königsmarcks Neffen Karl Johann und Barnabo Visconti rafft er mit weg. Doch am

---

59 von der Groeben, 120f. 206 von Ranke, Venezianer, 293.
59 von der Groeben, 122 und 123. 206 von Ranke, Venezianer, 294.
59 von der Groeben, 127.

29. August ergibt sich die Stadt den Belagerern. Morosini gestattet der türkischen Besatzung freien Abzug. Mohren und Juden werden auf Schaluppen verladen und auf die Insel Tenedos abgeschoben: die venezianischen Galeeren brauchen Ruderknechte. Also treibt man auch in den eroberten Städten, so in Modon, die Griechen zusammen und zwingt sie zum niedrigsten Dienst. Die Republik San Marco allerdings erweist ihre Dankbarkeit: Graf Königsmarck erhält ein goldenes Becken im Wert von 6000 Dukaten, Morosini wird zum Ritter ernannt, dem Heere eine Ruhepause gegönnt.

Türkische Tragödie

Ismael Pascha wird auf Befehl des Sultans seines Postens enthoben, der Seraskier Ahmed Pascha übernimmt das Kommando über die moreotischen Sipahis und die zersprengten türkischen Truppen. Bei Korinth schlägt er sein Feldlager auf. Er verzichtet darauf, Argos, das die Venezianer besetzen, abermals anzugreifen. Ihm ist es wichtiger, den Isthmus zu verteidigen, vor allem aber die Griechen der Handelsstadt mit ihren Häfen zum Korinthischen und zum Saronischen Golf im Zaume zu halten. Denn Korinth, selbst kaum befestigt, ist die Zuflucht vieler Türken geworden, die in wirren Trecks Acker und Dorf verlassen haben. Um ein Exempel zu statuieren, läßt der Seraskier den Erzbischof von Korinth, angeblich wegen Verräterei, enthaupten. Dann schickt er den Mehmed Pascha mit einigem Volk in die Kastelle von Lepanto und Patras, verproviantiert Napoli di Malvasia, dessen Metropolit die Flucht ergreift und nach Venedig segelt, und verstärkt die Besatzung von Mistra am Basilipotamos. Dem dortigen Woiwoden Ali Beg gibt der Seraskier den Befehl, die türkische Bevölkerung außerhalb der Morea in Sicherheit zu bringen und die Griechen zu töten, um einem Aufstand vorzubeugen. Doch ein solcher Befehl wird nicht mehr ausgeführt, Ali Beg flieht zum Provveditore Niccolò Polani nach Zarnata und rettet auf diese Weise Türken und Griechen, vor allem aber seinen eigenen

TÜRKISCHE TRAGÖDIE

Kopf.[28; 29] So vergeht in Regen und Schnee der Winter von sechsundachtzig auf siebenundachtzig.

Auch im Sommer des Jahres 1687 siegen Graf Königsmarcks Regimenter und erobern Lepanto und Patras, kampflos geben die Türken Mitte Juli Korinth auf. Akrokorinth wird von den Truppen des Prinzen Maximilian von Braunschweig besetzt. Trecks mit den türkischen Bauern und den Bewohnern der Städte ziehen mit den zerschlagenen Truppen durchs Land und über den Isthmus, nachdem der Seraskier entsprechende Order gegeben. Andere gehen hinauf nach Arkadien. Die Griechen bleiben zurück und, was herrenlos ist, nehmen sie sich, »um ihr Vaterland zu bewohnen, denen dann alle Hilfe und Überfuhr geleistet« wird.[28] Türken, die Haus und Acker behalten wollen, gehen zu einem Popen und lassen sich taufen. Allenthalben fängt man wieder an, verwüstetes Land zu bebauen, Herden finden einen Hirten wieder, der sie zur Weide führt. Aber der

»Pascha, der alle seine Türken, die in Morea waren, zusammengezogen hatte und nach Mistra (ehemals Lakedaimon) gezogen war, hatte, nachdem wir mit meiner Kavallerie ihm den Weg abgeschnitten hatten..., zu kapitulieren sich angeboten, und da er unseren Händen nicht entkommen konnte, ergab er sich schließlich mit mehr als 10000 Seelen, Frauen und Kinder nicht gezählt«.

Graf Königsmarck wußte nicht, was er »mit so vielen Sklaven machen« sollte, »da es ja bei uns Christen nicht wie bei unseren Feinden Spekulanten gibt, welche sie kaufen«.[201]

Nun gibt es keinen türkischen Machthaber mehr in der Morea, nur Napoli di Malvasia ist noch nicht erobert, »welches aber als ein verlassenes Glied eines toten Leibes geachtet wurde«,[28] aber auch Mistra noch nicht. Schon seit dem Frühjahr lagert der Provveditore von Zarnata, Niccolò Polani, mit sechstausend Mainoten vor der ehrwürdigen Stadt am Taygetos. Seine Leute brandschatzen das Tal des

---

28 Vermehrte Beschreibung, 178 ff. 29 Locatelli, Bd. 1, 274 f. und 322. 28 Vermehrte Beschreibung, 192 f. 201 nach Mörner, 154. 28 Vermehrte Beschreibung, 194.

Eurotas und sperren die Wege, damit kein Türke die Stadt verläßt. Die Vorstädte Exochorion, das Viertel der Juden, und Mesochorion werden erobert. Die Türken weichen zurück in die Oberstadt. Und erst nach einem heftigen Angriff ergeben sich siebzig Türken und strecken die Waffen. Die anderen fliehen in das unbezwingliche Kastron. Prächtig gekleidet kommen acht türkische Agas zum Provveditore und verlangen für sich und die türkische Bevölkerung freien Abzug aus Morea – mit all ihrer beweglichen Habe. Polani will ohne Einverständnis mit dem Capitano generale hierüber nicht entscheiden. Er schickt zwei Agas unter Bewachung nach Korinth. Morosini gibt den Bescheid, daß, sofern die Stadt nicht 200000 Realen in die venezianische Kriegskasse zahlt, alle männlichen Einwohner zwischen achtzehn und fünfzig Jahren an die Ruderbänke der Galeeren gekettet werden, andernfalls sie ihren Besitz behalten könnten. Polani bewilligt noch Zeit, das Geld aufzubringen.[27; 29] Die Zufahrtswege bleiben gesperrt. Aber ein schreckliches Ereignis, so erzählt Garzoni, verhindert die Ausführung dieses Befehls: die Pest bricht aus.

Morosini ist derzeit mit seiner Flotte auf der Fahrt von Lepanto aus in dichten Nebel geraten, so daß man fortwährend Trompeten blasen und Trommeln schlagen muß. Mehrere Schiffe kommen vom Kurs ab. Als die Schiffe über Navarino zum Braccio di Maina gerudert sind und sich im Hafen von Vathili und vor Passava sammeln, erhält der Capitano generale von Polani einen in Mistra aufgegebenen Brief: die Türken der Stadt hätten sich mit ihren Familien, mit Hab und Gut unterworfen, die Juden, begleitet von dem Mainoten Pietro Medici, hätten gesattelte Pferde angeboten und den Wunsch geäußert, gegen ein Jahrgeld im Orte bleiben zu dürfen. Doch in der Stadt herrsche die Pest. Angeführt von ihren Geistlichen, wären auch die Vorsteher der griechischen Gemeinden aus der Umgebung Mistras zu ihm gekommen, um sich zu unterwerfen. Inständig hätten sie aber gebeten, von Abgaben so lange befreit zu sein, bis die Pest sie wieder verlassen habe. Und somit würden sie sich dem Mitleid etc. etc.[29] Gegenüber den Türken wird

Morosini Gnade und Mitleid nicht walten lassen. Aber nun erkrankt auch Polani, Morosini selbst kommt in das Tal des Eurotas, um das geforderte Geld rücksichtslos einzufordern. Für ihn ist die Stadt »reich an Gold und Handelsware und bevölkert mit 12 000 Seelen«.[27; 207]

Die Völker Mistras haben stets in Frieden miteinander gelebt. Es scheint, daß sich in dieser aussichtslosen Lage ein gemeinschaftlicher Wille noch regt. Aber 200 000 Realen aufzubringen, ist ihnen unmöglich. Morosini steht vor den Toren, also Plünderung wird ihr Los sein und die Zerstörung der Stadt. Sie wissen, was Söldner im Dienste Venedigs anrichten können... Auf Anordnung des Derwisch Pascha von Mistra schreiben Hassan Baluch, Alulachi Giuduf und Joachim – offensichtlich die drei Vertreter der Völker der Stadt – einen Brief, bringen ihn, begleitet vom Metropoliten Gideon, zu Morosini und werfen sich mit Tränen in den Augen zu Füßen des Siegers nieder. Sie beklagen laut ihr Mißgeschick und erklären ihre Bereitwilligkeit, ihr Vaterland dem berühmten Feldherrn zu übergeben. Morosini bleibt ungerührt: die Türken werden versklavt. Drei ihrer Agas schickt er nach Mistra zurück, die Besatzung des Kastrons zu veranlassen, die Waffen niederzulegen, und für die Auslieferung der Mohren-Sklaven und der Pferde zu sorgen. Die anderen Unterhändler werden in Fesseln geschlagen, abgeführt und in eine Höhle gebracht, die der Sohn des Capitano generale, Giovanni Morosini, mit seinen Soldaten bewacht. Wachmannschaften besetzen die Felsenstadt, das Kastell bleibt in der Hand der Türken.[29]

Der Monat August neigt sich dem Ende zu, die Hitze ist grausam. Die Pest rafft nicht nur zahllose Bewohner hin, auch die Besatzungssoldaten werden von ihr bedroht. Man überlegt, ob man die Stadt ihrem Schicksal überlassen oder die Türken zur Rettung ihres eigenen Lebens – allerdings im Dienst Venedigs auf den fürchterlichen Galeeren – evakuieren soll. Die Türken wollen sich den Anordnungen des venezianischen Stadtkommandanten nicht fügen. Sie ziehen

27 *Journal*, 13 f. 29 *Locatelli*, Bd. 1, 348. 29 *Locatelli*, Bd. 1, 349 f.
27 *Journal*, 13. 207 *Zehe*, 172 und 174. 29 *Locatelli*, Bd. 1, 247.

sich zu ihren Leidensgenossen auf das Kastron zurück und versuchen, mit den noch unbezwungenen Türken in Monembasia in Verbindung zu treten, um ihre Flucht vorzubereiten. Die Juden verweigern die Zahlung des Schutzgelds. Da kommt der Provveditore Giorgio Benzoni aus Koron herüber, nach dem Rechten zu sehen. Er stellt fest, daß die Krankheit so gut wie erloschen ist. Zwei Juden läßt er erschießen und droht den Türken: wenn sie nicht augenblicklich seinen Befehlen gehorchen und das Kastron räumen, werde er eine venezianische Streitmacht heranbeordern. Die Türken ergeben sich, waffenlos, wie sie sind, zu schwach, der Gewalt zu entfliehen. Die Juden verpflichten sich zu einem Jahrgeld von viertausend Dukaten.

In Mistra weiß man nicht, was weit fern auf dem Schauplatz des Krieges in Ungarn vorgeht und daß das Osmanische Reich nahe daran ist, zusammenzubrechen. Nach der im August siebenundachtzig erlittenen Niederlage bei Mohacs, die Herzog Karl von Lothringen den Türken bereitete, wird das Reich von Meutereien und Aufständen erschüttert. Zuerst fordern die Truppen das Leben der Agas, die sie ins Unglück geführt, und dann der Paschas, der Generäle, bald die Hinrichtung des Großwesirs Suleiman Pascha, endlich die ›Entkleidung‹, das heißt: die Absetzung Sultan Mohammeds IV. Und der Kaimakam Köprülü Mustafa Pascha fordert es in der Agia Sophia und erklärt den Sultan für abgesetzt, weil er, »nur der Jagd ergeben, während die Feinde von allen Seiten das Reich bedrängen, die Männer, welche solches Unheil abzuwehren imstande gewesen wären, entfernt«[194] habe. Mohammed wird in den Kerker des Alten Serail gebracht, mit ihm die Sultanin, die Griechin, genannt Frühlingsrosentrank. Zum Sultan wird Mohammeds Bruder Suleiman II. bestimmt, aber auch er kann das Reich nicht retten, erst Köprülü Mustafa ordnet es wieder.

Im September dieses Jahres landet Graf Königsmarcks Söldnerheer im Piräus, damals Porto Lione genannt, und rückt gegen Athen vor, wo in den Parthenon auf der Akropolis – »dieser veritablen Antiquität«, wie sie Königsmarck charakterisiert – die berühmteste Granate der Kunstgeschichte einschlägt. Das türkische Pulvermagazin mit dem Bau des Iktinos fliegt in die Luft. Schon Leopold von Ranke hat den unbekannten »Lüneburger Leutnant« von diesem historischen Fehlschuß und militärischen Treffer freigesprochen. Athen erhält eine deutsche Besatzung. Inzwischen stellt man im Senatssaal des Dogenpalastes ein marmornes Ehrenmal mit der Büste des Siegers auf und läßt die Inschrift ›Francisco Mauroceno Peloponnesiaco adhuc vivente‹ auf den Sockel meißeln – eine ungewöhnliche Ehrung. Und im November dieses siegreichen Jahres wird die Basilica Santa Maria della Salute geweiht. Doge und Senat hatten sie zur Überwindung der Pest von 1630 gestiftet, Baldassare Longhena sie an beherrschender Stelle am Eingang des Canal Grande errichtet. Mit der Statue der Immaculata als Capitana del Mar, der Beherrscherin der Meere, auf ihrer krönenden Kuppel ist die Salute nun ein Tempel des Sieges. Und wer heimkehrt aus dem mörderischen Kriege in Griechenland, sieht zuerst sie, die doppelkuppelige Basilika, in strahlendem Marmor glänzen, der zu Voluten und Figuren, zu Giebeln und Säulen über flachen Stufen am Wasser erstarrt ist. Blut, Pest und Tod läßt, wer zurückkommt, weit hinter sich, ohne sie je zu vergessen. Im April des folgenden Jahres – die Nobili haben Morosini zum Dogen gewählt – räumen die Venezianer die Stadt des Perikles und des Platon. Die Bevölkerung wird evakuiert, die Verladung der Truppen beginnt.

Während der Peloponnesier auf den Wogen des Glücks und des Erfolges von Griechenland aus das venezianische Staatsschiff lenkt, wird sein Befehl, sein Gericht über die Türken von Mistra vollstreckt: zweitausendvierhundert sind es noch, und zwanzig Mohren aus Afrika. Sie werden nach Napoli di Romania in Marsch gesetzt. Das Tal des Eurotas geht es hinauf, dann durch Arkadien nach Achladókampos über den Paß nach Argos und abseits des Hafens von Napoli zum Strand von Tolon. Der friedlichen Bucht sieht man die Untat, die folgte, nicht an. Den Verschleppten, den Verzweifelten nimmt man Habe, Bargeld und Kost-

194 von Hammer-Purgstall, Bd. 3, 803.

barkeiten. 778 Männer, zwischen sechzehn und fünfzig Jahre alt, sollen an die Ruderbänke der Galeeren gekettet, hundert Greise und die Agas, weil sie Dorf und Acker besitzen, zum Loskauf oder zum Austausch gefangengehalten, sechshundert Kinder als Beute den Soldaten gegeben und nahezu tausend Frauen mit ihren Säuglingen an fremden Küsten ausgesetzt werden. Am 4. April 1688 macht sich venezianische Soldateska an die Arbeit, Morosinis Anordnung auszuführen. Familien klammern sich aneinander, Frauen werfen sich in die See, andere hält die Wache mit aufgepflanztem Seitengewehr vor diesem, in den Tod rettenden Schritt zurück. Dann verfrachtet man die Unglücklichen auf Schaluppen und Kähne und bringt sie in den Hafen Piräus, wo gerade die Landtruppen aus Athen eingeschifft und die berühmten Löwen, die dem Hafen den Namen gegeben, nach Venedig verladen werden, um das Tor des Arsenals zu verschönern. Die türkischen Männer werden auf die Galeeren verteilt, die Kinder kommen in die Sklaverei. Das hessische Regiment erhält sieben Knaben, von denen einer dem Hauptmann von Barthel seine Dukaten, seine Perlen und ein paar Korallen, die er versteckt hat, gibt und sich freikauft. Die Mädchen und die hübschen Sklavinnen sind bei den venezianischen Kapitänen an Bord. Und die anderen Weiber, ob alt oder schön, werden nicht ausgesetzt: die Soldaten schänden und vergewaltigen sie. Dieser Gewalt zu entgehen, stürzen sich viele ins Meer und finden die Gnade des Todes. Kein Oberbefehlshaber schritt gegen die Gewalttätigen ein, denn sie zu bestrafen schien dem Generalkapitän nicht tunlich. So endeten die Türken von Mistra.

Nach dem Sieg

Auch das Glück des nun schon vier Jahre währenden Krieges verflüchtigt sich. Als Oberbefehlshaber der Landarmee hatte Graf Königsmarck davon abgeraten, das Unternehmen gegen Negroponte, die Insel Euböa, zu wagen. Dennoch befahl der Doge Francesco Morosini den Angriff.

NACH DEM SIEG

Noch verfügte er über zweihundert Galeeren und Galeassen und darauf über dreißigtausend Mann Besatzung und vierundzwanzigtausend Soldaten, aufgefrischt durch ein neues ›regimento elvetico‹, das im Hafen von Poros, dem antiken Kalaureia, wenn auch von der Seefahrt schon krank, hinzukam. Die Belagerung der Festung Negroponte, dem alten Chalkis, beginnt, sobald die Truppen gelandet sind und in Gefechtsordnung ihr Lager bezogen haben. Vergeblich berennen Deutsche und Schweizer die Stadt, denn den Türken hat der Venezianer Girolamo Galoppo, ein Renegat aus Guastalla, eine Brücke zum Festland gebaut. Das helvetische Regiment verblutet. Und der Kompanie-Chef der stiftsankt-gallischen Soldaten, Hauptmann Edelmann, schreibt an seinen Fürstabt in bitteren Klagen, »daß alles fast, sowohl Hoch als Niedere, von unserem Regiment tot sind, und was noch übrig, liegt alles krank darnieder und sterben täglich«.[193]

Vor Negroponte siegt die Pest über die Belagerer, der Feldherr selbst ist erkrankt, wird nach Modon geschafft und dort von seiner Frau, die all die Jahre das Feldlager mit ihm geteilt hat, aufopfernd gepflegt. Im September 1688 stirbt Graf Königsmarck. Venedig ehrt den schwedisch-deutsch-venezianischen Generalissimus mit einer Statue, die noch im Museo Storico Navale steht und auf deren Piedestal er als der immer Siegende gefeiert wird. Morosini gibt die Belagerung Negropontes im Oktober auf. Krank und zu Tode erschöpft landet er im Herbst des nächsten Jahres am Molo Venedigs vor dem prächtigen Dogenpalast. Seine Kriegsmacht zu Lande ist aufgerieben. 1691 kehren von der sankt-gallischen Kompanie noch ein Hauptmann und dreizehn Soldaten in die Heimat zurück, ihre schöne Fahne noch mit sich führend. Das »überblieben Völklein« hat Papst Alexander VIII. – der Venezianer Pietro Ottoboni – aus den Fängen des Löwen losbitten müssen.

Graf Königsmarcks Witwe war mit dem Leichnam ihres Mannes nach Stade gereist und richtete ihm ein prunkvolles Leichenbegängnis aus. Doch der Glanz verblaßte. Durch

---

193 Häne, 644.

v *Mistra am Taygetos*

Aquarell von Karl Rottmann, 1835,
(Ausschnitt, vgl. auch Schutzumschlag)

München, Staatliche Graphische Sammlung

die Sequestrierung der Güter verarmt, von dem Neffen ihres Mannes, Philipp Christoph, um ihr Witwengeld geprellt, verpfändete sie das »gülden Handfaß«, den Dank der Republik Venedig, für 2500 Taler bei einer Hamburger Bank. Sie erlebte noch, daß Philipp Christoph bei seinen Amouren am hannöver'schen Hofe gedungenen Hellebardieren zum Opfer fiel – ein Skandal in Europa. Philipp Christophs Schwester, Maria Aurora, wurde die Geliebte August des Starken, Kurfürsts von Sachsen, und schenkte in Goslar einem der zahlreichen Königskinder das Leben. Ihrem Sohn Moritz, dem späteren Marschall von Sachsen in französischen Diensten, vererbte sie den soldatischen Geist der Familie. 1696 wurde sie Pröbstin des Klosters Quedlinburg. So endete eine Liebe, ein Leben und ein Soldatengeschlecht, in dem barokke Abenteuer- und Lebenslust – ›die Jagd auf die Rosen des Mars und der Venus‹ – sich mit hohen Feldherrntalenten vereinten.

Ohne Ruhm geht der Vierzehnte Kreuzzug zu Ende. Nachfolger Graf Königsmarcks wird sein Vorgänger, Hannibal Freiherr von Degenfeld. Nur einen Monat gönnt ihm das Fieber, im Oktober 1691 holt ihn sich der Tod aus Napoli di Romania. Im November 1692 erhebt der Senat – gegen jede Gewohnheit der Verfassung Venedigs – den Dogen Francesco Morosini noch einmal zum Capitano generale da Mar. Mit dem Zeremoniell, das 1464 von Cristoforo Moro bei seiner Ausfahrt nach Ancona erdacht und geordnet worden war, wird jetzt der Doge und Capitano generale zu seinem Abschied geehrt: er fährt hinüber nach Griechenland und bereitet einen Zug gegen Negroponte vor. Aber am 6. Januar 1694 stirbt auch er in Napoli di Romania. Die Büste des Toten, die man dem Lebenden geweiht, stellt man in die Sala della Scrutinio des Dogenpalastes, baut vor die Rückwand einen schönen Bogen aus Marmor, der die Inschrift trägt: ›Francisco Mauroceno Peloponnesiaco Senatus Anno MDCVIC‹, und schmückt ihn mit den allegorischen Bildern des Gregorio Lazzarini.* Die Heckfront des Flaggschiffs, auf dem der letzte Seeheld der Republik gefahren, ist in Venedig am Campo, der Morosinis Namen erhielt, im Palazzo Pisani zu sehen. Die Laternen leuchten dem Glück und dem Elend nicht mehr, die auf und unter den Planken der großen Galeere sich zu verschwistern gezwungen waren. Noch hundert Jahre nach dem Sieg über Morea weht die Fahne dieses Königreiches auf dem Mast vor San Marco neben den Fahnen von Zypern und Kreta, die damals schon nicht mehr der Republik untertan waren. Am Sockel tummeln sich Nereiden und Tritonen – noch heute. Es liegt Wehmut über Venedigs Wassern.

Sub umbram alarum tuarum

Auf den geographischen Karten, welche die Halbinsel Morea unter der Herrschaft Venedigs darstellen, haben die Zeichner der schönen Kartuschen den Markus-Löwen mit naiv-grimmiger Miene abgebildet und ihm ein geschlossenes Buch in die linke Pranke gegeben. Auf dem Folianten stehen die bezeichnenden Worte: ›Sub umbram alarum tuarum‹ – Unter dem Schatten deiner Flügel. Und das hat zu bedeuten, daß dieses Land durch Waffengewalt der Republik San Marco unterworfen worden ist. Auf der Karte wird deshalb auch von Ort zu Ort das Jahr der Eroberung beigeschrieben. Denn dem Land oder der Stadt, die sich im Frieden der Serenissima ergab, öffnet sich das Buch: ›Pax tibi, Marce, Evangelista meus‹ – Friede mit dir, Markus, mein Evangelist. Man nennt die Morea stolz ein Königreich, das es nie gewesen, und macht es dennoch zu einer Provinz des Kolonialreiches im Mittelmeer, die man zum Vorteil der Republik verwaltet. Unter dem Schatten der Löwen-Flügel wird man aber

»selten in den Fall kommen, ohne Einschränkung zu loben oder durchaus zu tadeln... Die Einrichtung, die man mit den städtischen Kommunen traf, die Rechtspflege, die Regulation des Handels, und wenigstens zum Teil auch die Behandlung der kirchlichen Verhältnisse mißlangen, sie

---

* *Carlo Donzetti und Guiseppe Maria Pilo: I Pittori del Seicento Veneta, Venezia 1967, 218f.*

hatten zuweilen eher schädliche Wirkungen. Dagegen ist die Aufmerksamkeit, die man der Bevölkerung, dem Ackerbau widmete, die Stellung, die man zu den Mainoten und ihren Nachbarn, zu den Landgemeinden überhaupt annahm, aller Anerkennung würdig und von dem besten Erfolg begleitet gewesen.«[206]

Mit demgemäß wechselndem Flügelschlag greifen die venezianischen Beamten in das Leben des Volkes ein, das ihnen in Gewohnheit und Sitte, in Rechtsauffassung und Religion fremd ist. Man gibt den Griechen nur eine halbe Freiheit und zwingt sie unter die Obrigkeit westeuropäischen Stils, deren Charakteristikum die sogenannte Eingriffsverwaltung ist: von Fall zu Fall werden die Verhältnisse zugunsten etatistischer Erfordernisse geregelt, da »die Venezianer ihren bisherigen Staat nach Griechenland übertrugen«. Und Beamte sind sich zu allen Zeiten gleich.

»Mißlingt es [ihnen] nun dort, wo sie ihren bisherigen Staat mit der neuen Eroberung in Verhältnis bringen, so gelingt es ihnen dagegen, so oft sie die Forderung der Sache ganz allein ins Auge fassen und ihr gemäß zu Werke gehen... Wollen sie das Land bewohnt sehen, so müssen sie die, welche sie hereinziehen, durch Vergünstigungen gewinnen, durch gute Behandlung fesseln: nur dies kann andere zur Einwanderung bewegen. Wollen sie die Steuern einnehmen, ohne die auch dieser junge Staat nicht bestehen kann, – so können sie nicht gerade Gewalt brauchen – sie würden ihre Pflanzungen sofort zerstören: zu ihren Zehenden können sie nicht gelangen, ihr Salzmonopol nicht geltend machen, ohne enge Vereinigung mit den Gemeinden... Den bedenklichen Einfluß des Konstantinopolitanischen Patriarchen abzuwenden, wäre ihnen nie gelungen ohne Einverständnis mit den griechischen Prälaten. Genug, allenthalben müssen sie sowohl einen leidenden als einen tätigen, einen freiwilligen Gehorsam hervorzurufen suchen: ohne den guten Willen ihrer Untertanen würden sie das Land nicht zu regieren vermögen. Dazu ist es denn notwendig, daß sie die wahren Interessen derselben ins Auge fassen, daß sie mit Sorgfalt und gesundem Sinne verwalten.«[206]

General-Provveditore

Im Auftrag des Hohen Senats, und von ihm erwählt, residiert für jeweils zwei oder drei Jahre ein General-Provveditore in der Morea. Er gehört dem Adel der Lagunenstadt an, ist also einer der jüngeren Herren aus Familien, die Dogen gestellt haben und stellen könnten und fast alle einen Palazzo am Canal Grande ihr eigen nennen. Und General-Provveditore will man nur sein, um sich für ein höheres Amt zu qualifizieren, zum Camerlengo oder zum Procuratore di San Marco. Ausgeschlossen ist es dann nie, sofern es die Gunst der eifersüchtigen Nobili will, als Doge das höchste Amt der Republik zu bekleiden. Als Provveditore will man als staatsklug Handelnder gelten und erstattet demgemäß den Bericht an den Senat. Die Relationen der General-Provveditoren vermitteln daher einen Einblick in die inneren Zustände des Landes und sind für die Sozial- und Wirtschaftsgeschichte, sowie für die Verwaltungspraxis in der Zeit um 1700 von großem Wert. Diese Berichte gelesen, zusammengefaßt und in seine Darstellung einbezogen zu haben, ist das Verdienst Leopold von Rankes.

Der General-Provveditore hat seinen Sitz in Napoli di Romania, hier ›hält er Hof‹. Derzeit beginnt die Stadt, was Eleganz und Luxus betrifft, mit der Dominante – so nennt man Venedig in der Provinz – zu rivalisieren. Ihr ins Wasser der Bucht hineingebautes Hafenviertel mit den Kanälen und den kleinen Palästen erinnert an die entbehrte Schönheit der Hauptstadt. Der General-Provveditore trifft die Grundsatzentscheidungen, holt sich zur Durchführung besonderer Maßnahmen die Genehmigung des Senats, handelt sonst aber, weil es keine gesetzliche Grundlage der Verwaltung und Rechtsprechung gibt, nach Erfahrung, Einsicht und Billigkeit. Noch in der Zeit, in der um die Morea gekämpft wird, leitet Giacomo Corner die Verwaltung der neuen Provinz. Er ist vor allem damit beschäftigt, das Land wieder in rechtmäßige Hände zu bringen.

206 von Ranke, Venezianer, 345 und 346.

Bevölkerung des Landes

Die Landwirtschaft ist die Grundlage des Wohlstands, der Bevölkerung nicht nur, sondern des Staats überhaupt, und soll es sein. Da aber die Provinz entvölkert, ein großer Teil des anbaufähigen Landes verödet, die Weiden ungenutzt und der ehedem türkische Grundbesitz herrenlos ist, muß der General-Provveditore Gut und Acker, Weide und Weinland zur Pacht an neue Besitzer vergeben. Flüchtlinge sind aus Athen, von Chios und Kreta, sowie aus Rumelien herübergekommen. Sie erhalten Nutzung des Bodens gegen Pachtzins und Zehnten. Bei dem raschen Wechsel der Verhältnisse und der Ungewißheit, ob die Morea venezianisch bleibt, hat dieses Verfahren »etwas Tumultuarisches«. Die Wohlhabenden können sich leichter bereichern als die, die man hätte begünstigen müssen. Besonderes Geschick im Erwerb von Pachteigentum bewiesen zudem die Geistlichen der orthodoxen Kirche.

»Aber auch die Angekommenen entwickelten bald bedenkliche Eigenschaften. Die Athenienser standen oft mit den Osmanen in offener oder geheimer Unterhandlung; sie hätten gewünscht, ihre alten Besitzungen wieder zu bekommen, ohne doch die neuen zu verlieren. Von den Rumelioten hegten einige eine ähnliche Gesinnung, andere verließen ihre Wohnungen und ergriffen das Räuberhandwerk. In stete Streitigkeiten untereinander waren die Chioten verwickelt. Die Inselgriechen mochten tätiger und umsichtiger sein als andere, aber verschlagener waren sie, und da sie das venezianische Wesen schon allzugut kannten, so zeigte sich ihre Berührung mit den übrigen Einwohnern eher verderblich: allenthalben richteten sie Unruhen an.«[206]

Da damals aber »das politische Tabellenwesen ... in den Bureaus der Signorie bereits zu hoher Vollkommenheit gediehen« war,[209] wurde eine Volkszählung durchgeführt. Statt der für die Vorkriegszeit geschätzten Zahl von etwa 250000 Einwohnern der Morea findet Giacomo Corner nur noch 86468 ›Seelen‹ im Lande – oder jedenfalls so viele, als sich zählen lassen. Wenig mehr als 20000 waffenfähige, aber nicht waffenwillige Männer werden registriert, so daß zur Verteidigung die teuren Söldner im Lande bleiben. Das verursacht zusätzliche Kosten, die der Bevölkerung auferlegt werden: achtzehn Familien müssen einen Soldaten beköstigen und für seine Unterkunft sorgen. Immerhin wird aus freiwilligen Griechen eine Art Flurpolizei, die Meidani, aufgestellt, die dem Banden- und Räuberwesen jedoch kaum Abbruch tut und »gar bald veranlaßt« ist, »sich selbst Gewalttätigkeiten zu erlauben«.[206]

Francesco Grimani

Der bedeutendste General-Provveditore auf Morea war Francesco Grimani. Vergeblich hatten die Türken versucht, das Land zurückzuerobern. Adam Heinrich Graf Steinau hatte sie 1695 mit seinen deutschen Söldnern über den Isthmus zurückgetrieben und war sogar bis Theben und Livadia, das in Brand gesteckt wurde, vorgedrungen. Das Land blieb vom Kriege verschont, die Felder werden bestellt. Dem Grimani kommt es zugute, daß 1699, als England und Holland vermittelten, die Hohe Pforte ihren Frieden mit Österreich, Venedig und Polen im ungarischen Carlowitz schließt. Die Osmanen müssen die Morea der Republik überlassen. Dadurch festigen sich die sozialen und wirtschaftlichen Verhältnisse der Halbinsel entscheidend, zumal Francesco Grimani »zu den Naturen« gehört, »die etwas zu gründen und zu schaffen vermögen«.[206] Der Aufbau des Landes kann zielbewußter betrieben werden. Die Festungen werden ausgebaut, die verfallenen wiederhergestellt und neue errichtet. Da also Venedig entschlossen zu sein scheint, die Morea auch zu verteidigen, sind die gutwilligen Griechen leicht überzeugt, daß die Blüte des Landes ihre Ursache in der venezianischen Herrschaft hat. In der Tat: dem Weinbau wird mehr und mehr Aufmerksamkeit geschenkt, man beginnt in Modon mit der Einrichtung von Seidenmanufakturen. Nur das von der Hauptstadt verlang-

---

206 von Ranke, Venezianer, 308 f. 209 Zinkeisen, Bd. 5, S. 478.
206 von Ranke, Venezianer, 335 und 285.

te Monopol des Handels behindert eine gedeihliche Entwicklung. Dabei erkannte Grimani sehr wohl die Möglichkeiten des freien Handels:

»Die vornehmste Quelle des Wohlstandes ist der Handel. Nur Freiheit und Sicherheit vermögen ihn zu fördern. Die eine hängt von der Säuberung des Meeres, die andere von dem allenthalben unverhinderten Lauf des Verkehrs ab. Die Auflage auf Einfuhr und Ausfuhr bietet einen bei weitem größeren Vorteil dar als die Bannung des Verkehrs in die Hauptstadt jemals gewähren würde.«[206]

Aber der Senat von Venedig entschied hierüber im Interesse des Merkantilismus und somit zum Nachteil der neuen Provinzen. Etwas anderes gelang allerdings dem Francesco Grimani: Mit den sich streitenden und aufbegehrenden Mainoten konnte er Einverständnis erzielen.

»Ich nahm eine Haltung ein«, berichtet er, »welche auf der einen Seite Nachsicht, auf der anderen Strenge erwarten ließ: zugleich umgab ich mich mit allem Glanz meiner Würde. Ohne Weigerung kamen sie mir aus den verborgensten Schlupfwinkeln entgegen. Ich hielt es nicht für angemessen, viele zu strafen: denn in der Tat waren alle gleich schuldig; es war mir genug, daß es mir gelang, ihre Entzweiungen beizulegen, daß ich sie vermochte, einen guten Teil des Geraubten sich untereinander zurückzustellen, ja auch die Beute herauszugeben, die sie kurz vorher auf einem französischen Schiffe gemacht hatten. Mit starken Bürgschaften versicherte ich mich ihres ferneren Gehorsams. Und so wurde dieser Landstrich, der anfangs der unruhigste gewesen, in kurzem von allen der ruhigste.«[206]

Untertanen

Trotzdem hat die Herrschaft Venedigs keine Grundlage in der Bevölkerung des Landes. Nicht alle Untertanen sind guten Willens. Die Verhältnisse bleiben ungesichert. Viele Griechen sind gegen die Fremden aufgebracht. Hört man doch, daß Offiziere der einliegenden Truppen, übermütig durch langweiligen Wachdienst, Frauen und Mädchen belästigen. Beleidigend ist es auch, daß die lateinischen Priester gegen die Orthodoxie predigen dürfen. Daher erklären Bewohner von Modon einem Reisenden aus dem Westen, daß sie mit ein paar Talern Karatsch bei den Türken größere Sicherheit haben würden, so wie sie sie vordem gehabt. Das Regiment der Venezianer sei drückend, willkürlich und dazu noch um vieles teurer als das der Osmanli.[68] So beginnen Parteiungen das griechische Volk, das seine Freiheit vergessen oder niemals gekannt hat, zu spalten. Die einen erhoffen vom Westen das Heil und den Sieg des Kreuzes über den Halbmond, die anderen wollen ihre Sicherheit und die Besitzenden ihre Rechte, für die sie auch Mohammedaner zu werden bereit sind. Die Orthodoxie nämlich gibt ihren Christen nur die innere Freiheit, die sich mit der politischen nicht verbindet. Ihr Patriarch ist ein Pascha des Sultans. Oder gibt es doch eine Hoffnung? In Amsterdam wird ein Bildnis des russischen Zaren Peter in Kupfer gestochen und mit der Unterschrift versehen: ›Petrus Primus Russograecorum Monarcha.‹

Morea ist in vier Provinzen eingeteilt worden: Achaja, Messenien, Romanien und Lakonien, welch letzteres die Maina mit umfaßt und zur Hauptstadt Malvasia hat. In jeder Provinz amtiert ein Provveditore als Inspektor der Militärverwaltung. Dem Gerichtswesen steht ein Rettore, ein Camerlengo der Finanzbehörde vor. Und zahlreiche Unterbeamte, die Cancellieri, befassen sich mit den Entscheidungen des Tages. Die Griechen sind also Untertanen von Amtspersonen und Behördenleitern und in das Netz der Zuständigkeit der verschiedenen Kanzleien verstrickt. Es war so viel leichter, mit einem ›gestrengen‹ Woiwoden und einem leutseligen Aga zu leben! Jetzt ist alles so gründlich geordnet und vorgeschrieben, so daß man versucht ist, die Beamten bei dem Bezug von Salz oder der Abgabe des Zehnten zu hintergehen und die Ämter, wenn's geht, zu betrügen. Und da die Beamten weder aus der Dominante noch aus dem Lande stammen, »lassen sie sich«, wie Giaco-

---

206 nach von Ranke, Venezianer, 328. 206 von Ranke, Venezianer, 339. 68 La Motraye, 462.

mo Corner schreibt, »darauf ein, ihren Anhängern unter die Arme zu greifen und sie zum Schaden und zur Empörung der ihnen Untergebenen und Anvertrauten vorzuziehen«.[206] Die Sonderbarkeiten der Griechen begünstigen Vorliebe und Abneigung der kleinen Beamten der Serenissima – und womöglich Bestechung –, zumal die Einheimischen im Falle zivilrechtlicher Streitigkeiten sich zugewanderter Advokaten bedienen. So werden mit vielen Worten Gründe und noch mehr Scheingründe vorgebracht, wobei dann die Besitzlosen zugunsten der Reichen, vor allem der alteingesessenen Primaten, übervorteilt werden. So entstehen Klassenunterschiede und -gegensätze, die es bei der allgemeinen Untertanenschaft zur Zeit der Türken nicht gab.

»Die Höhergestellten, diejenigen, welche wir Bürger nennen, die Mitglieder der Communitäten, hegen schon den Anspruch, auf der einen Seite sich von den Lasten zu eximieren, auf der anderen die Untergeordneten zu beherrschen ... Die Masse der Nation, mit der etwas anzufangen, mit der etwas zu machen ist, bilden vor allem die Bauern: die ganze Staatsverwaltung hat den Zweck, ihnen eine freie, friedlich-gedeihliche Entwicklung zu verschaffen.«[206]

Aber: »Durch keine Belehrung«, berichtete Francesco Grimani an den Senat in Venedig, »lassen sie sich von dem Gewohnten abbringen. Sie fürchten immer, betrogen zu werden, alles und jedes erweckt ihren Verdacht, aber in demselben Maße denken sie auf nichts als Betrug. Wenden sie sich an die Staatsgewalt, so sollte man im ersten Augenblick schwören, sie hätten das vollkommenste Recht von der Welt: in der Regel aber ist alles Falschheit und erlogenes Wesen. Nur auf Gewinn denken sie: das ist das Erste, das Einzige, wozu der Sohn vom Vater angewiesen wird. Sie leben armselig, denn sie bilden sich ein, der Erwerb hänge mehr davon ab, daß man sich schlecht nähre, als von Fleiß und Tätigkeit. Nur so viel arbeiten sie, als es die unvermeidliche Notwendigkeit gebietet. Wer es irgend vermag, läßt das Land lieber bauen, als daß er selbst Hand anlegen sollte.«[206]

»Auch gab es viele«, fügt Angelo Emo später hinzu, »die

weder Rechte besaßen noch auch die Geschicklichkeit, sich deren zu verschaffen.«[206]

Und der General-Provveditore Angelo Emo war doch ein vorzüglicher Verwaltungsfachmann. Er sicherte dem Fiskus durch seine geschickte Politik gegenüber den ländlichen Gemeinden steigende Einkünfte, ordnete die Gerichtsverwaltung und erkannte die Schwierigkeiten, in die Venedig durch den Erwerb der Morea mit dem Patriarchen in Konstantinopel geraten war.

Feldmeßkunst und Stadtbeschreibung

Zur Zentralbehörde Moreas gehört das Katasteramt, dem als Superintendent Giusto Emilio Alberghetti vorsteht. Ihm obliegt es, Land und Acker vermessen zu lassen, wozu ihm als Leiter des Feldmeßamtes - nennen wir es einmal so - seit der Zeit des Francesco Grimani ein Holländer namens Van Dijck mit fünfzehn Technikern der Feldmeßkunst zur Verfügung steht. Giusto Emilio entstammt einer Metallgießerfamilie, die in der Nähe von Ferrara beheimatet war. Schon sein Großvater hatte 1614 ein Werk über Bomben geschrieben, sein Vater Sigismondo di Giovanni Battista sich gutachtlich mit der Befestigung der Peloponnes befaßt, eine Schrift, die Giusto Emilio 1692 dem Dogen und Capitano generale Francesco Morosini überreichte. Er selbst ist ein Meister der Ballistik und schreibt während seiner Amtszeit in der Morea ein Kompendium über Fortifikation, so daß die ausgeklügelte Anlage der Festung auf dem Palamidi über Napoli di Romania man ihm wird zuschreiben können. Diesem Alberghetti verdankt Antonio Pacifico, ein Pfarrer an der Gemeindekirche zu Cervarese bei Padua, seine statistische Beschreibung des Landes und seiner vierundzwanzig Territorien. Im Falle Lakoniens erzählt er von der Herkunft des Namens und rühmt dieses Land der hundert Städte, der Hekatompolis, das es dereinst gewesen. Von jeder Stadt

---

206 nach von Ranke, Venezianer, 333. 206 von Ranke, Venezianer, 340. 206 nach von Ranke, Venezianer, 308. 206 nach von Ranke, Venezianer, 310.

kennt er ihren antiken Namen, hält aber Mistra nicht für das alte Sparta, dessen Bedeutung er unter Angabe der antiken Autoren hervorhebt.

In der damals entstandenen ›Raccolta delle desegni della Pianta di tutti le Piazze del Regno di Morea e Parte delli Porti dello stesso‹ befindet sich auch ein Stadtplan von Mistra, den Levasseur mit hinreichender Genauigkeit gezeichnet hat. Danach wird die Oberstadt, das alte Katochorion, Fortezza genannt und der Despotenpalast ›Palast Karls des Großen‹ – eine dunkle Kunde von den fränkischen Rittern geht also noch unter den Gebildeten Mistras um. Davor ist der Markt (›Bazara‹), die türkische Bezeichnung ist noch gebräuchlich. Außer der Metropolis gibt es das Kloster der Einsiedler bei der Agia Odegetria, der Aphendiko. Allerdings wird auch das Nonnenkloster der Pantanassa als Bischofskirche bezeichnet, was Guillets Benennung bestätigt. Ob hieraus der Schluß gezogen werden kann, daß es in Mistra sowohl einen orthodoxen als einen katholischen Bischof gegeben hat, ist recht fraglich. Wahrscheinlich ist es, daß schon vor der venezianischen Zeit für die Stadt ein Suffragan des Metropoliten eingesetzt worden ist. Ein Teil der Stadt liegt – wie die Legende des Planes mitteilt – in Trümmern, vor allem der Stadtteil über dem Despotenpalast um die Agia Sophia, die nicht mehr aufgeführt ist, weder als Kirche noch als Moschee. Türken wohnen derzeit in Mistra nicht. Dagegen ist Mesochorion unterhalb des Pantanassa-Klosters bis hin zur Metropolis der Stadtteil, der als ›Parte in Piede‹, also als aufrechtstehend angesehen werden muß. Unterhalb des Kastrons befindet sich eine Vorstadt, besser ein Dorf, das ›Dhiaselo‹ oder ›Borgo diascolo‹ – soviel wie ›Teufelsstadt‹ – genannt wird, vielleicht ein Rest des Judenviertels vor dem Nauplia-Tor, das zum Tal von Lakedaimon sich hinunterstreckte, aber derzeit wohl schon lange zerstört und unbewohnt ist. Nahe bei dem späteren Marmara-Brunnen ist außerhalb des unteren Mauerrings ein Kloster (›Convento di Socolante‹) im Stadtplan verzeichnet. Dort wird man Heimstatt und Zuflucht der beschuhten Karmeliter, also katholischer Mönche annehmen dürfen, die im Gegensatz zu den unbeschuhten Observanten nach milderen Regeln leben. Jenseits des Flusses, des Basilipotamos, breitet sich die Unterstadt aus, Exochorion. In der Nähe ist ein Verwaltungsgebäude errichtet worden, die ›Pallaza di Reprezantante‹, darin der Provveditore amtiert und der Richter seine Termine abhält. Nicht weit davon steht eine Kavallerie-Kaserne (›Cartieron per la Cavaleri‹), vermutlich dasselbe Gebäude, das vordem als Gasthaus und Fremdenherberge gedient hat.

Stadtansichten ergänzen und bestätigen diese Beschreibung. Auf einer ›Prospettiva della Citta e' Castello della Parte di Greco Levante‹, die wie der Stadtplan aus der venezianischen Zeit stammt,* sind einige Bauten näher bezeichnet. Unterhalb des in seiner Befestigung wohlerhaltenen Kastrons ist noch die ›Mura del secundo Receinto‹ erkennbar, ebenso die ›Chiesa Greca‹ – das Pantanassa-Kloster mit einer großen Kuppel – und der Despotenpalast, obgleich letzterer nicht mit einer Beischrift versehen ist. Noch steht auch der gesamte untere Mauerring der mittelalterlichen Zeit, davor ein Gebäude, das nach landesüblicher Art nur durch eine Treppe zum zweiten Geschoß zugänglich ist und das mit der ›Pallaza di Reprezantante‹ des Stadtplans gleichgesetzt werden kann. Etwas entfernt steht ein kirchliches Gebäude, trotz des Minaretts wohl der ›Convento di Socolante‹ Allerdings ist auch im nördlichen Stadtteil ein Minarett sichtbar, wo die Metropolis steht. Daß sie gemeint ist, bestätigt eine zweite Zeichnung, die den nördlichen Teil der Stadt wiedergibt und auf der mit ›Borgo delli Ebrei‹ das Judenviertel durch Beischrift kenntlich gemacht ist. Auf dem Kastron ist ein großes Kreuz aufgestellt, das die Datierung der Zeichnungen, ihre Entstehung in venezianischer Zeit, sichert. Diesseits des Flusses, des ›Iri‹, wird der ›Borgo de Messcori‹ bezeichnet, wo Exochorion zu erwarten wäre. Eine Wassermühle steht einsam am Ufer. Auf beiden Darstellungen sind die Häuser, wenn auch ziemlich schematisiert, so abgebildet, daß sie als gut erhalten gelten können,

---

* *Die Zeichnungen befinden sich in Venedig, Biblioteca Marciana, aus Ms. It. VII 94 (= 10051), c. 85.*

also bewohnt sind. Zerstörungen sind nicht zu sehen. Wie weit daher die Phantasie des Amateurzeichners die Wirklichkeit übersteigt, bleibt der Vermutung überlassen. Wichtig sind diese Stadtansichten jedoch deshalb, weil sie, wenig später als diejenigen bei Guillet und Coronelli, die topographisch wenig genau sind, auch gegenüber der zu sehr mit Minaretts durchstellten Ansicht bei Bernard Randolph eine gute Vorstellung Mistras vom Ende des 17. Jahrhunderts vermitteln, zumal auch Berg und Lage der Stadt der Landschaft entsprechen. Daß die Zeichnungen an Ort und Stelle gemacht sind und wohl militärischen Zwecken dienten, geht daraus hervor, daß auf dem zuletzt beschriebenen Blatt auch der Grundriß des Kastrons angegeben ist. Unter den eingezeichneten Baulichkeiten befindet sich die ›Casa del Gouernatore‹, das Haus des Festungskommandanten. Wie schon für Franken, Byzantiner und Türken ist das Kastron die letzte Zuflucht, sollte ein Aufstand oder ein feindlicher Angriff drohen. Hier gibt es Zisternen und ein Pulverdepot, außerdem eine ›Chiesa antigua Greca‹ und eine ›Moschea‹, die allerdings als Regenwasserreservoir dient. In der Unterburg stehen enggedrängt mehrere Häuser, wohl für Dienstleute und Wachmannschaften.

Als der Doge und Capitano generale da Mar, Francesco Morosini, noch einmal in die Morea gekommen war, um von der Halbinsel aus sein Unternehmen gegen Negroponte, die Insel Euböa, vorzubereiten, das auszuführen ihm der Tod verbot, erhielten auch die kleineren Kastelle in Lakonien – Koron, Modon und Zarnata – einen Provveditore. So hat seit 1693 Mistra einen Provveditore, der selbstverständlich ein Aristokrat aus den ersten Familien der Dominante ist* und für die militärische Sicherheit, für die Befestigungsanlagen und das Kastron, sowie für die Versorgung der Soldaten verantwortlich ist. Seine Söldner sind bei den Bauern in Quartier und kommen zum Wachdienst in die Stadt. Im Territorium Mistras, dessen Zivilverwaltung dem Rettore anvertraut ist, gibt es – genauestens registriert – 158 Dörfer und zwanzig Klöster, und Mistra ist die einzige Stadt

– città. Das bedeutet, daß dieser Ort städtische Rechte und Selbstverwaltung besitzt und daß seine Bürger nach dem Vorbild italienischer Kommunen in einem Consiglio zusammentreten, den Magistrat wählen und die Ämter besetzen. Mistra ist also eine ›Republik‹.

»Allerdings ließ sich bezweifeln, ob dies hierzulande so unbedingt wohlgetan sei – etwas ganz anderes ist es, wohlerworbene Rechte beschützen und erhalten, als Vorrechte schaffen, wo keine sind.«[206]

Diese Vorrechte verführen die Landgutbesitzer und die Bauern auf ihren Dörfern dazu, sich in die Bürgerlisten einzukaufen und ihre Landwirtschaft zu vernachlässigen. Zwar mußte man seitens der Verwaltung wünschen, daß die bürgerlichen Rechte wahrgenommen würden, doch beeinträchtigte dies die militärische Sicherheit, denn die Bürger der Städte waren von Einquartierung und der Versorgung der Soldaten befreit.

Kirche und Schule

Um die Kirchengemeinden, vor allem die Städte mit einem Bischof oder einem Metropoliten, vom Patriarchen von Konstantinopel unabhängig zu machen – und diesen von seinen Einkünften abzuschneiden –, wurde den städtischen Kommunen die Wahl der höheren Geistlichen zugestanden. Dadurch allerdings, berichtete Angelo Emo, war das heilige Amt ein »Gegenstand des niedrigsten Handels« geworden. Als man in Mistra auf diese Weise einem Metropoliten die Investitur verliehen hatte, versuchte der Patriarch die Wahl anzufechten, die nach kanonischem Recht auch nicht zulässig war: Er wollte einen ihm genehmen Mönch in dieses Amt berufen. Für die venezianische Politik gegenüber dem Patriarchen war es schon ein Erfolg, daß, als der Provvedi-

* *Die Listen der Provveditoren und Rettoren in 5 Hopf, Chroniques gréco-romanes, 386 ff., danach war 1695 bis 97 Pietro Bembo, um 1700 Girolamo Tiepolo, 1704 Giambattista Quirini, 1708 Antonio Gritti und 1714 Bertuccio Trevisano in Mistra Provveditore. Pietro Bembo bekleidete das gleiche Amt danach in Koron und Modon. 206 von Ranke, Venezianer, 331.*

tore sie darum ersuchte, die Mistrioten dieses Ansinnen mit Stillschweigen übergingen. Noch wichtiger war es, daß sich dieser Metropolit von Lakedaimon, Chrysanthos Papadopoulos, dem römischen Papst unterwarf. Während der General-Provveditore den Ausgleich mit den griechischen Prälaten suchte, gewann aber auch die katholische Kirche an Einfluß. In Korinth waltete ein vom Papst eingesetzter Erzbischof seines geistlichen Amtes, Bischöfe gab es einen in jeder Provinz. Klöster wurden gegründet, katholische Mönche eröffneten Schulen, in die griechische Eltern ihre Kinder schickten. Die lateinische Sprache, die dort gelehrt wurde, belebte durch westliche Bildung die Einnerung an das alte Hellas. Man plante, in Tripolitza sogar ein ordentliches Kollegium einzurichten. »Vielleicht«, meinte Francesco Grimani, »werde die Meisterin aller Wissenschaft und Kunst, die alte Graecia, unter der glücklichen Herrschaft von Venedig sich der Barbarei wieder entreißen.«[206] Zur gleichen Zeit weckte von Konstantinopel aus der Pfortendolmetsch Alexander Maurokordates den nationalen Gedanken der Griechen durch den Hinweis auf die Heldenzeit eines Leonidas und die großen Gedanken des Platon. Die Griechen hätten ein Volk werden können. Doch ehe die Hoffnung Frucht tragen konnte, war die Morea für Venedig schon wieder verloren.

Die Niederlage

Der Verlust Moreas war für die Türken »ein bohrender Stachel in ihrer Ehre« geblieben. Den Sieger verachten tilgte die Schmach nicht. Der Großwesir Damad Ali Pascha spottete über Venedigs »Fischervölkchen«. Er war der Ansicht, »daß die Griechen, die neuen Untertanen der Signorie, nichts sehnlicher wünschten, als wieder unter die Botmäßigkeit ihres ehemaligen Herrn, des Sultans, zurückzukehren«.[209] Ganz unrecht hatte er nicht. Außerdem mußte es ihn reizen, die untätige Schwäche der alternden Republik, die er während der letzten europäischen Kriege um Spanien und um Polen beobachtet hatte, zu eigenem Vorteil zu nutzen. Tatsache war, daß die ehemaligen Bundesgenossen die Serenissima in ihren Staatseinrichtungen zwar bewunderten, aber im Stich gelassen hatten und nun, als die Türken zum Kriege rüsteten, nichts taten, das Unheil abzuwenden, das über Venedig hereinbrach. So konnte der Wille des Großwesirs über die Bedenken derjenigen, die im Diwan für den Frieden sprachen, die Oberhand behalten und den Sultan zum Kriege bewegen, zumal Venedig selbst den Friedensvertrag mehrfach verletzt hatte. Der venezianische Gesandte in Konstantinopel wurde wie ein Gefangener dem Großwesir vorgeführt und von der Republik »das während des Krieges mit den Österreichern ungerechterweise in Besitz genommene Morea und dessen Einkünfte für 28 Jahre verlangt«.[194] Venedig war auf den Krieg nicht vorbereitet, es hätte den Großtürken gern beschwichtigt. Aber nun war es zu spät.

Als Girolamo Dolfin, der General-Provveditore der Morea, in Napoli di Romania im Januar 1715 Nachricht vom Kriegszustand zwischen dem Sultan und seiner Dominante erhält, sieht er sich in einer fast aussichtslosen Lage. Auf der Halbinsel, so sein Bericht, ist alles in einem trostlosen Zustand, in den Festungen, die zum Teil noch nicht fertiggestellt oder schon wieder im Verfalle begriffen sind, reichen die Besatzungen nicht aus, die Kanoniere sind ungeübt. Vor allem fehlt es an Lebensmitteln, an Pulver und Blei. So war es: man hatte in den Jahren des Friedens keine planmäßige Verteidigung aufgebaut und trotz ungewöhnlicher Aufwendungen an Material und Geld – wie etwa zum Bau des staunenerregenden Palamidi – doch nur halbe Arbeit geleistet. In der Morea befanden sich nur 7000 Soldaten, die, zum Kampf wenig entschlossen, auf alle verteidigungsfähigen Plätze verteilt in ihren Kasernen lagen. Die Kaserne in Nauplia steht noch bis jetzt. Die Griechen schienen, vielleicht mit Ausnahme der Bürger von Napoli di Romania, überhaupt nicht bereit, für die Venezianer Partei zu nehmen, zumal ihnen der Patriarch von Konstantinopel die

206 nach von Ranke, Venezianer, 345. 209 Zinkeisen, Bd. 5, 463 f.
194 von Hammer-Purgstall, Bd. 4, 124.

Exkommunikation angedroht hatte, falls sie im Solde der
verhaßten Lateiner die Waffen ergreifen würden.

Unter diesen Umständen fällt der Kriegsrat in Venedig die
Entscheidung, das Innere des Landes dem Feinde preiszugeben. Mistra, Kalamata, Gastuni und Arkadia werden von
Truppen geräumt, Befestigungen geschleift. Nur Napoli di
Romania und sein Palamidi, Malvasia und Modon und in
der Maina Zarnata und Chielafa sollen mit aller Entschlossenheit verteidigt werden. Der General-Provveditore Girolamo Dolfin wird zum Capitano generale da Mar und
gleichzeitig zum Procuratore di San Marco erwählt. »Ich
verließ«, berichtete er später der Signoria, nur glauben kann
man es ihm nicht, »Napoli mit Soldaten überflüssig versehen, die von einer zahlreichen, disziplinierten und sehr ergebenen Bevölkerung unterstützt wurden.«[206] Aber er zieht es
vor, mit seinem kleinen Geschwader von Galeeren bei der
Insel Sapienza untätig zu liegen und auf Nachschub an
Schiffen und Mannschaft zu warten. Was aus Venedig
kommt, macht den Verteidigern keinen Mut.

Der Marsch des türkischen Heeres geht über Thessalien
nach Theben. Dort wird Kriegsrat gehalten: Als erstes soll
die Festung Morea – gegenüber Lepanto am Korinthischen
Golf gelegen – mit 40000 Mann Ziel eines Angriffs sein,
eine andere, noch stärkere Armee über den Isthmus marschieren und Korinth belagern. So viel Aufwand ist gar
nicht nötig. Die venezianischen Stützpunkte auf den Inseln
leisten kaum Widerstand. Von den Griechen überredet, gibt
der Provveditore Bernardi Balbi die Insel Tinos kampflos
auf. Diesen leichten Sieg erstritt der Kapudan-Pascha
Dschanum Chodscha, der, ein Türke aus Koron, sieben
Jahre lang als Rudersklave an venezianische Galeerenbänke
gekettet gewesen war. Der erste Verlust entmutigt die wenig
Entschlossenen. Im Juni 1715 überschreitet das türkische
Heer die Mauer am Hexamilion, die schwächlich verteidigt
wird. Korinth wird drei Wochen belagert, doch Lord Byrons Szenen aus dem Epos ›Die Belagerung von Korinth‹
finden nicht statt. Der Provveditore Giacomo Minoto muß
kapitulieren, erhält freien Abzug von Akrokorinth, aber die

Vereinbarung wird gebrochen, als die Explosion eines Pulverlagers allgemeine Verwirrung auslöst: die Stadt wird geplündert, Minoto als Sklave verschleppt. Von der Insel Ägina kommen Griechen zum Großwesir, bitten, von der Tyrannei der Venezianer befreit zu werden. Die Insel wird von den Türken besetzt. Im Juli wird nach acht Tagen Belagerung der stolze Palamidi gestürmt, Napoli di Romania fällt durch Verrat als ein leichtes Opfer den Türken zu. Der letzte General-Provveditore der Morea, Alessandro Bon, flieht mit seinen Offizieren auf die Schiffe des Kapudan-Pascha. Der Sultan kommt selbst, Stadt und Festung zu sehen. Die katholischen Kirchen werden zu Moscheen entweiht. Der Kapudan-Pascha segelt mit seiner Flotte nach Koron, der Großwesir marschiert mit seinem Heer durch Morea. Und die Mainoten sind »durchaus nicht geneigt, die geregelte Verwaltung der Venezianer, die schwerer als die duldsame Anarchie der Paschas auf ihnen lastete, zu verteidigen« – sie ergeben sich, und »um den Nacken der Empörung wird die Kette der Eroberung gebunden«.[198; 194]

Aus Alt-Navarin zieht die venezianische Besatzung ab, die von Koron flieht nach Modon. Die kleine Flotte des Girolamo Dolfin weicht der Armada der Türken aus. In Modon meutern die Söldner, entmutigt oder empört: die Stadt ist nicht mehr zu halten, die Türken dringen über die verlassenen Mauern ein. Auf der grasüberwucherten Piazza der Festung liegt noch die steinerne Urkunde, die anzeigt, daß der Provveditore Constantino Loredan sich den Türken ergeben hat. Tausende von Griechen werden als Sklaven zum Dienst bei den Türken gezwungen. Sie kommen bis hinauf nach Belgrad, wo Lady Montagu die Moreoten im Sommer 1717 sieht: Sie sind in einem erbärmlichen Zustand und schlecht gekleidet, nicht einmal als Hauspersonal zu beschäftigen.[69] In den wieder eroberten Gebieten werden strenge Maßnahmen ergriffen, die jeden zum Widerstand halbwegs Entschlossenen abschrecken sollen. Bei Todes-

---

206 nach von Ranke, Venezianer, 352. 198 Jorga, Bd. 4, 334. 194 von Hammer-Purgstall, Bd. 4, 128. 69 Wortley Montagu, Bd. 1, 367.

strafe wird es den Armeniern, den Griechen und Juden, die sämtlich ihre Waffen abgeben müssen, verboten, venezianische Sklaven zu kaufen: über sie wollen die Türken die Verfügungsgewalt behalten.

»Und diese Tyrannei war die Ursache, daß mehr als tausend Unschuldige hingemordet wurden, die sich dagegen aufgelehnt hatten... Ein griechischer Arzt, gebürtig aus Malvasia, der mit Frau und Kindern versklavt worden war, wurde öffentlich in Konstantinopel gehenkt, weil man bei ihm eine Zahlungsanweisung der Republik Venedig gefunden hatte... Während längerer Zeit sah man alle Tage ähnliche Szenen.«[38]

Und über die Türken, die sich während der venezianischen Herrschaft hatten taufen lassen und noch den weißen Turban trugen, wurde in Mistra Gericht gehalten: sie wurden geköpft.

Venedig besteht den letzten Krieg seiner tausendjährigen Geschichte am Ende doch noch mit Ehre. Auf Drängen Papst Clemens' XI. kommt ein Bündnis zwischen Österreich und der Republik zustande. In einer geharnischten Note verlangt Kaiser Karl VI. von den Osmanen die Herausgabe der Morea an Venedig. Aber der Großwesir will den Krieg. Prinz Eugen, ›der edle Ritter‹, zieht 1716 in die Schlacht bei Peterwardein, und Venedig kann durch den zum Reichsgrafen ernannten Johann Mathias von der Schulenburg, seinen ›Feldmarschall und General in capite‹, mit deutschen Truppen die Insel Korfu vor dem türkischen Zugriff retten. Dem letzten Feldherrn der Republik wird, ›adhuc viventes‹, auf der Insel ein Reiterdenkmal gesetzt. Und 1717 siegt noch einmal der Prinz Eugen von Savoyen in der Schlacht bei Belgrad über die Türken. Nun ist der Sultan zum Frieden bereit. Aber in den Verhandlungen in Passarowitz erreicht Venedig nichts mehr, die Flügel des Löwen sind für immer erlahmt. So ist die Serenissima froh, daß ihr die von den Türken besetzten Inseln Cerigo und Cerigotto zurückgegeben werden und der Zoll in der türkischen Levante von fünf auf drei Prozent gesenkt wird. Und das brächte, sagen die türkischen Unterhändler, jährlich drei- bis vierhundertausend Gulden – genug Entschädigung für einen verlorenen Krieg und für Morea. Recht hatten sie: so viel hatte Venedig niemals aus seiner Eroberung an Einkünften erzielt, das griechische Land war eine Last geworden, nun war man davon befreit. Venedig atmete auf.

38 Theyls 205, 211 und 221.

VIERTER TEIL

Die Griechen

Vorwort

Ehedem in enge Formen gezwängt, wenn nicht unehrenhaft, so doch ohne Ruhm und – wie Leopold von Ranke sich ausdrückt – in den Stand der Natur zurückgefallen, werden die Griechen nach dem Zusammenbruch der venezianischen Herrschaft ein Volk.

»Im achtzehnten Jahrhundert finden wir es gewissermaßen reich: durch ein ausgebildetes Kommunalwesen ziemlich geschützt, und von Korinth bis Modon in allen Teilen wehrhaft. – Ohne Zweifel hat hierzu die venezianische Verwaltung ungemein viel beigetragen. Durch die Sorgfalt, die sie dem Ackerbau, der Weinpflanzung widmete, nahmen sich deren Produkte unendlich auf: – alles, was ihre Verwaltung zu Stande brachte, beruhte ... auf einer Vereinigung der Regierung mit den Gemeinden: und ohnfehlbar bekamen diese ebenhierdurch eine Haltung und innere Kraft, welche auch den Osmanen nicht mehr ein so gewaltsames Regiment gestattete wie früher: – der Versuch, die Einwohner zu bewaffnen, war zwar nicht gelungen: aber schon damals bemerkte man, daß sich in der anwachsenden Jugend ein ganz anderer und männlicherer Geist rege, als in den Alten, die noch die frühere Herrschaft der Türken gefühlt hatten. Allmählich hat sich nachher dieser Geist zu eigentlicher Wehrhaftigkeit entwickelt. – Auch sollte man nicht glauben, daß die Anfänge der Unterweisung, wie sie unter den Venezianern stattgefunden, ganz spurlos hätten vorübergehen können.«[206]

So besinnt sich das griechische Volk auf seine große Vergangenheit, auf seine Geschichte und seine Sprache und kann sich dadurch endlich auch seine Freiheit erkämpfen: es wird zu Europa gehören. Aber es bleibt noch lange zwischen Geist und Tat eine schicksalhafte Spannung bestehen, weil die einen die Nation aus der Geschichte heranbilden wollen, während die anderen die nationale Selbständigkeit mit der Waffe in der Hand ertrotzen werden.

---

206 von Ranke, Venezianer, 358f.

Altertumsforscher

Während die Schatten der Löwenflügel von der Halbinsel des Pelops weichen, geht das Licht über einer verödeten und bergigen Landschaft auf: die Sonne des alten Hellas. Einige Griechen gewinnen schon im siebzehnten Jahrhundert die Erinnerung daran zurück.

Leo Allatios dichtete über die heroische Zeit des Altertums und hoffte, Kardinal Richelieu werde dem gemordeten Griechenland helfen. Athanasios Skleros schrieb im Stil der homerischen Epen über den Abwehrkampf der Venezianer auf Kreta. Doch Vater des unterdrückten Volkes der Griechen wurde Alexander Maurokordates. Wie andere hatte auch er in Padua und in Bologna studiert und war als Arzt in Konstantinopel und als Professor an der dortigen griechischen Lehranstalt tätig. Ihm ward das Amt des Großdragoman übertragen, des Pfortendolmetsch, der die Aufgabe hatte, die Gesandten der fremden Staaten zu empfangen und ihre Botschaft dem Diwan, dem Staatsrat der Hohen Pforte, zu übermitteln. Der Großwesir Ahmet Köprülü hatte 1669 dieses Amt eines ›Außenministers‹ geschaffen, es auszuüben blieb Männern des griechischen Adels vorbehalten. Maurokordates war aber auch Fürst von Gnaden des römisch-deutschen Kaisers Leopold I. geworden, hatte er doch bei den Verhandlungen um einen Frieden in Carlowitz zwischen der Türkei, Rußland und Habsburg-Österreich sich als Friedensrichter erwiesen. Und obgleich damals, 1699, Venedig in seinem Besitz der Morea bestätigt worden war und die Türkei Ungarn an Österreich und die Ukraine an Polen verlor, wurde Maurokordates türkischer Mahremi Esrar – einer, »dem alle Geheimnisse vertraut sind«. Als ›Dolmetsch‹ Diener des Sultans, als Grieche Europäer und Christ wies er seinem Volk über die erstarrende Orthodoxie hinaus den Weg zurück zur Antike, in der das kleine Griechenland, mühsam geeint, gegen das übermächtige Persien sich behauptet und zugleich die großen Gedanken Europas Jahrtausenden vorgedacht hatte. Mit Maurokordates fand der gebildete Grieche seine Sprache, unübersetzt, in den Werken Homers und Platons und sah darin das eigene Leben in einem vergrößernden Spiegel.

»Die hohe Geistlichkeit hielt fest an der Würde der altgriechischen durch Schrift überlieferten Sprache, und um so fester, als sie ihre Würde gegen die betriebsame Menge verwahren mußte, die seit geraumer Zeit, besonders aber seit dem abendländischen Einfluß, unter den Kreuzfahrern, Venezianern und Genuesen, sich den stammelnden Kinderdialekt der abendländischen Sprachen... gleichsam stotternd hatte gefallen lassen... Die mit äußerlichen Dingen, mit Benutzung von Gütern beschäftigten Weltgeistlichen waren dagegen genötigt, sich mit dem Volke abzugeben, sie mußten seine Sprache sprechen, wenn sie bessern Unterricht verbreiten wollten, das Organ keineswegs verschmähen, wodurch ein solcher Zweck zuletzt zu erreichen war. Denke man ferner an die Ausdehnung eines nach und nach sich verbreitenden Schulunterrichts..., so wird man folgern, daß sie, überall mit allen Nationen zusammentreffend, in fremden Sprachen sich zu üben, an fremden Eigenheiten, Politik und Interesse teilzunehmen hatten. – Der Geschichtskundige wird diesem stillen, gewissermaßen geheimen Gang durch zwei Jahrhunderte zu folgen wissen, um nicht für Wunder zu halten, daß dieses niedergebeugte Geschlecht, diese von einem abgelegenen Quartier [in Konstantinopel] benamseten Fanarioten zu Anfange des achtzehnten Jahrhunderts, auf den ersten Stellen des Reichs, als Dolmetscher der Pforte, ja als Fürsten der Moldau und Walachei hervortreten... Der Einfluß jener bedeutenden Männer verbesserte das Geschick der Nation in hohem Grad. Unter solchem Schutz und Leitung fing ein frisches Licht an sich zu verbreiten, und man suchte besonders das Altgriechische gründlich und reicher zu studieren.«[263]

Dadurch wurde der nationale Geist eines Volkes geweckt, das seit Generationen Begriff und Wirklichkeit seiner Freiheit verloren hatte und nicht wußte, was Freiheit auch nur bedeuten kann. Das Verhältnis zur altgriechischen Sprache war daher ein anderes als im westlichen Ausland.

Dort blieb die griechische Sprache, seitdem die Humanisten sie von den Byzantinern sich zugeeignet hatten, auf den Kreis der Gelehrten beschränkt. Es war eine fremde Sprache, die man erlernte und kunstgemäß pflegte. Auf den hohen Schulen erwarben Bildungsbeflissene die Kenntnis des alten Hellas. Zu ihnen redeten Homer, Platon und Xenophon, man bewunderte sie als Vorbild. ›Antiken‹ stellte man in Kunst- und Wunderkammern zur Schau und meinte, das Erbe der Alten besser als die Griechen bewahren zu können. Das Land der Griechen kannte man nur aus Schilderungen von Reisenden, die zwischen Räubern und Mohammedanern ihrer Liebe zum Alten sich opferten. Lady Montagu, mit der griechischen Mythologie vertraut, wäre gern, als sie mit ihrem Mann 1718 von Konstantinopel nach England zurückfuhr, an den Ufern des Inachos in der Argolis oder im Tal des Eurotas spazieren gegangen. Aber statt der Götter und Helden, schreibt sie, würde sie dort nur Banditen finden und müßte fürchten, in deren Hände zu fallen.[63] Bei aller Begeisterung für Griechenland achtete man wenig auf die Menschen Attikas und der Peloponnes, die dort in ›Turcograezien‹ lebten. Man kannte das Volk nicht, das an den fremdartigen Riten der Orthodoxie festhielt. Weder diese Levantiner noch die byzantinische Kunst waren antikisch, waren also barbarisch – ›Schutt‹, der beiseite geräumt, mindestens außer acht gelassen werden mußte, damit die Erkenntnis des Alten ungetrübt an den Tag treten und in schön gebundenen Folianten aufbewahrt werden konnte – als Wort ohne Volk.

Darum sind im April 1730 seit mehr als einem Monat fünfzehn und manchmal, um die Arbeit zu beschleunigen, sogar sechzig Arbeiter beschäftigt, die baufälligen Stadtmauern von Mistra einzureißen, als sei es lästiger Schutt, den Jahrhunderte unachtsam aufgehäuft. Claude Louis Fourmont hat die Tzakonen in Lohn genommen, um für seinen Onkel Michael, Membre de l'Académie in Paris, nach klassischen Inschriften zu suchen. Für diese Tat wird

262 Goethe, Cours de littérature, 562. 63 Wortley Montagu, Bd. 1, 422.

er von seinem Landsmann Alexandre Buchon den Titel eines Herostraten erhalten und Barbar genannt werden, denn für Buchon, ein Jahrhundert danach, wird jedes Wort, jeder Stein aus dem mittelalterlichen Mistra von Wert sein. Das kann Onkel und Neffe Fourmont nicht kümmern. Denn die Geronten, die Ältesten der mistriotischen Gemeinde, haben ihnen versichert, die Palaiologen-Despoten hätten die Mauern der Stadt mit den Steinen des alten Lakedaimon errichtet. Übrigens erzählen sie den hohen Gelehrten auch von Messir Guillaume und machen es glaubhaft, daß daraus die Bezeichnung ›Messerioten‹ für die Bewohner Mistras herkommen müsse. Man könne es in den Besitzkatalogen der Aphendiko, dem jetzigen Kloster des Heiligen Basilios, nachsehen. Schon bei der Begrüßung haben die bärtigen Graeci gemeint, daß die fremden Forscher hier und unten in Sparta eine ebenso reiche Ernte einbringen würden wie in Athen. Und nicht ohne Stolz nehmen sie sich, den ›Pausanias‹ in der Hand, die Zeit, Monsieur Fourmont durch das alte Sparta zu führen[65; 105]. Aber die Fourmonts notieren auch das Klagelied über die Zustände unter Theodor I. Palaiologos, das sie in einer Kirche in Parori gefunden haben, und die Inschriften aus der Pantanassa und bringen ihre Funde, mehr als dreihundert Dokumente, ihren Akademikern nach Paris.

Kleften, Hirten, Popen

Die Griechen sind nun, wie die Türken sie nennen, wieder die Rajahs, »eine Herde Vieh«, und jeder ist als ein Ungläubiger nach der Anweisung des Korans der Strafe des Todes verfallen. Ihr zu entgehen – und die Türken wollen den Schuldspruch gar nicht vollstrecken –, müssen die Griechen für jeden Kopf eine Steuer zahlen, Karatsch genannt, »eine Art Zensus, den jeder Rajah, das ist jeder nicht an den Boden gebundene Untertan des Großherrn, wenn er zwölf Jahre alt ist, zu entrichten hat«.[77] – »Wenn die Rajahs ihre Karatsch oder Kopfsteuer bezahlt haben, so haben sie die

Freiheit zu reisen, zu handeln, in und aus der Türkei zu gehen, ohne daß man ihnen das geringste Hindernis in den Weg legt.«[70] In den ersten beiden Jahren nach der Wiedereroberung Moreas durch die Osmanli war den Moreoten die Kopfsteuer erlassen worden. Wer von außerhalb kam, um sich in menschenverlassenen Dörfern anzusiedeln, war drei Jahre davon befreit gewesen. Aber diese Jahre sind längst vorbei, und das willkürliche Steuersystem ist der Alptraum der Unterdrückten. Man hat sich daran gewöhnt? Man hat sich daran gewöhnt, die Steuereintreiber und mit ihnen jedwede Obrigkeit zu hintergehen. Niemand soll wissen, was man besitzt. Ausgeliefert der Ungerechtigkeit, die jeden Griechen täglich trifft, wächst für alle eine Not aus der anderen und aus der Not die Lüge. Zwar ist die Knabenlese in jenen Jahren nicht mehr üblich, nach der jeder zehnte Christensohn dem Sultan gehörte und als Islamit zu den Janitscharen gehen mußte. Damals hatte manche Mutter ihr Kind erdolcht, selbst wenn es schon von den herrischen Händen der türkischen Kommissare ergriffen worden war, und danach sich umgebracht, um ihr Letztes und Bestes nicht den Ungläubigen auszuliefern.

»Dieser Mut fand sich besonders bei den Frauen Tzakoniens, dem alten Kanton Lakedaimon. Die Aufhebung dieser verhängnisvollen Steuer war für die Griechen eine große Erleichterung ihrer Knechtschaft, und in der Morea vermehrte sich die Bevölkerung bald.«[184]

Aber Knechtschaft blieb es. Wer ihr entgehen will und kräftig genug ist, wandert durch die Schluchten und Waldabgründe, lebt in den Höhlen der Berge, wo kein Türke und kein Sklave wohnt, wird Räuber, Seemann oder Pirat und holt sich vom Felde, was er nicht gesät, nimmt von Türken und Leidensgenossen, was er nötig hat: Klefte zu sein, ist eine Ehre, gilt der Kampf doch den Unterdrückern und Mohammedanern. Darum hat der Klefte auch den Segen des Popen. Der Klefte ist gegen bürgerliche Friedfertigkeit und kämpft um seine Freiheit.

65 *Fourmont*, 356. 105 *Buchon, La Grèce*, 425. 77 *Pouqueville*, Bd. 1, 144. 70 *(Riedesel)*, 203. 184 *Villemain*, 257.

> *Sind Gefilde türkisch worden*
> *Sonst Besitz der Albanesen:*
> *Stergios ist noch am Leben,*
> *Keines Paschas achtet er.*
> *Und solang' es schneit hier oben,*
> *Fürchten wir den Türken nicht.*
> *Setzet eure Vorhut dahin*
> *Wo die Wölfe nistend hecken!*
> *Sei der Sklave Stadtbewohner;*
> *Stadtbezirk ist unsern Braven*
> *Wüster Felsen Klippenspalte.*
> *Eh als mit den Türken leben,*
> *Lieber wir mit wilden Tieren!*
> (Goethe, Neugriechisch-
> epirotische Heldenlieder)

Der Klefte trägt eine wollene Fustanella, mit Muskete oder silberbeschlagener Pistole und Krummschwert ist er bewaffnet und für den Tag mit ein paar Oliven und einem Stück Ziegenkäse zufrieden. Aber zu einem gemeinschaftlichen Zweck sich einem Befehl unterordnen, kann er nicht, will er auch nicht. Da ist sein freier Wille schon eingeschränkt. Nationale Begeisterung für einen eigenen Staat, womöglich eine Erinnerung an die altgriechische Zeit: sie sind ihm fremd. Die Kleften stehen in geheimer Verbindung zu den Armatolen, einer griechisch-christlichen Straßenmiliz unter dem Befehl des Paschas, dem die Morea untertan ist und der in Tripolitza residiert. Als leicht bewegliche Fußtruppe können die Armatolen ihre Geschichte bis in spätbyzantinische Zeiten zurückverfolgen und haben auch unter den Venezianern eine Art Feldpolizei – die Meidani – gestellt. Aber oft sind sie den Türken ungehorsam gewesen. Gegen sie hat dann der Sultan die Albanesen aufgeboten. So haben Armatolen und Kleften ihre gemeinsamen Feinde: Türken und Albanesen, ohne daß die Albaner immer den Osmanli ergeben sind. Denn man hört auch hierzulande bald von Ali Pascha von Jannina.

»Alles ist hier grausam und wild; beim Anblick eines Menschen setzt man sich sogleich zur Wehre... Alles ist hier feindlich. Der Hirt eilt hier mit seinen Herden nicht der

Morgenröte voraus, um sie an Orte zu führen, wo er Quendel und Thymian vermutet. Er kommt nicht mehr mit der Flöte und dem Stabe (der in ganz Morea wie ein Bischofsstab gekrümmt ist), grüßend das Echo durch die Töne seiner ländlichen Musik. Unruhig, angstvoll hat er des Nachts seine fürchterlichen Hunde wachen lassen; er wartet, bis nun die Sonne die schrecklichen Gebirgsschlünde beleuchtet, den Schauplatz seines Umherirrens, um nun seine Schafe dahin zu treiben, indes die unvorsichtigen Ziegen auf die Gebirge klettern und auf die gefährlichsten Klippen sich wagen. Er selbst schreitet einher wie ein Monade, bewaffnet mit einer ungeheuren Flinte, bereit zu töten..., nicht den blutgierigen Wolf oder Schakal, sondern seinesgleichen.«[77]

Und wer nicht ängstlich ist, nichts fürchtet, wie der Pascha seine Rajahs und der Grieche seinen Kadi, wer keine Macht hat und nur lebt, singt sich sein Tageslied:

> *Wie der Himmel Farben spielet,*
> *Spielen wechselnd sie im Meere.*
> *Willst du ruhig sein hienieden,*
> *Nutze diese gute Lehre:*
> *Immer sei bereit und willig,*
> *Fremde Meinung zu erkennen;*
> *Denke niemals, es sei Sünde,*
> *Tageshelle Nacht zu nennen;*
> *Sei, wenn's nützet, stets gefällig,*
> *Eigenen Glauben zu verschweigen*
> *Und daß Honig giftig bitter,*
> *Jedem Frager zu bezeugen.*
>
> *Dies ist eines von den Mitteln,*
> *Sicherlich sein Glück zu finden.*
>
> *Doch wer Trug und Lügen hasset,*
> *Wahrheit strebet zu begründen,*
> *Traue meinem weisen Rate,*
> *Lasse seine Grube graben,*
> *Nähe sich sein Sterbehemde,*
> *Sonst wird er nicht Frieden haben.*[217]

---

77 Pouqueville, Bd. 1, 57. 217 nach Mendelssohn-Bartholdy, Bd. 1, 58.

Was den Griechen geblieben, ist ihre Kirche. Die Osmanli haben ihr derzeit noch nicht alles genommen, aber Besitz und Einkünfte geschmälert. Dafür gewinnen Popen und Mönche die Menschen durch Liturgie und Gebet, begehren aus ererbter Feindschaft gegen die Unterdrücker auf und teilen und leiten die Sorge der Gläubigen um hiesiges und jenseitiges Heil der Seele. Sie sind der moralische Halt eines Volkes, das zu leiden gelernt hat, und eine zähe Kraft, wenn es gilt, die Bauern in Dorf und Feld vor der türkischen Strafgewalt zu beschützen. Mönche haben ihre Klöster auf unzugänglichen Felsen gebaut.

»Christliche Einsiedler, lebend von der Arbeit ihrer Hände, haben ihre Zellen hier und da an diese luftigen Höhen Arkadiens angehängt und predigen das Evangelium in diesen an den Himmel grenzenden Gegenden.« Doch die Nonnenklöster sind kaum noch bewohnt, »junge Frauen, noch weniger aber junge Mädchen bevölkern die stillen Orte nicht sehr, und nicht leicht wird eine der Gottheit den Frühling ihres Lebens opfern«.[77]

Kein Türke darf die heiligen Bezirke der Gottgeweihten betreten, Mönch und Nonne, gleich welchen Glaubens, zu achten, ist eine Weise türkischer Duldsamkeit.

Die Popen sind die Ärmsten der Armen und leben von dem Wenigen, das ihnen ihre Bauern und Hirten geben, oder mühen sich selbst mit einer Ziege, einem geliehenen Ochsen auf gepachtetem Acker ab. Sie werden von den Gemeinden gewählt, sind selbst in ihrem Dorf, das sie geistlich betreuen, aufgewachsen und können kein anderes kirchliches Amt im Laufe ihres Lebens erlangen. Geistliche Unterweisung, wenn sie sie wünschen, holen sie sich bei den Mönchen. Die Popen sind oft ganz ungebildet – wer schreiben kann, trägt ein Fäßchen mit Tinte am Gürtel – und sind in den liturgischen Bräuchen nicht immer sicher. Weil sie nichts haben, sind sie leicht geneigt, für alle möglichen kleinen Vergehen gegen die kirchliche Zucht Bußgelder zu verhängen, und haben gegen die Übertreter kirchlicher Ordnung vor allem eine Waffe zur Hand: die Exkommunikation, die jeder Grieche fürchtet –

»denn hat ihn einmal das Anathema getroffen, so sieht er sich von seiner Familie verlassen, die ihn anspeit, geflohen von den Christen, welche ihn kennen, und gezwungen, an den Kirchtüren Buße zu tun«.[77]

Wenn sie allerdings selbst sich vergehen sollten, trifft die Popen die viel härtere Strafe des Paschas: ihr Bart wird geschoren, auf einem Esel müssen sie durch die Gemeinde reiten, und Schande kommt über ihr Haupt.

Über Mistra liegt in diesen Jahrzehnten die bleierne Sonne des Schweigens. Von den Klöstern, vom Brontochion-Kloster, damals Kloster des Heiligen Basilios genannt, und vom Peribleptos-Kloster, wo im August noch immer die Kirchweih gefeiert wird, erfährt man in diesen Jahren so gut wie nichts. Noch 1714, dem letzten Jahr der venezianischen Besatzung, hatte man sich im Peribleptos-Kloster an den Gründer erinnert und ihm, Leon Mauropappas, eine Inschrift gewidmet. Damals wurde auch die Mauer um den heiligen Bezirk erneuert und über dem Portal ein Relief mit zwei Löwen und dem Monogramm des Klosters angebracht. Ein gewisser Panagiates aus Theben kam für die Kosten auf. Ob aber das Kloster derzeit Mönche beherbergt, ist ungewiß. Das Pantanassa-Kloster ist allerdings bewohnt. Man erneuert und übermalt sogar noch die alten Fresken aus den letzten Jahren des byzantinischen Mistra, sofern sie nicht mehr in gutem Zustand sind. Nonnen leben hier ihrem Gebet. Den Metropoliten von Lakedaimon kann man sich in seinem kleinen Palast, dem Episkopion, neben der Metropolis des Heiligen Demetrios vorstellen. Die Glocken zwar dürfen nicht läuten, aber am Tage der Epiphanien und an den anderen Festen der Kirche sammelt sich die Gemeinde, um der Liturgie zuzuhören und den Vollzug des Opfers mitzuerleben. Vielleicht schrillt dazwischen der Ruf des Muezzin. Und im Fußboden der Metropolis liegt der Stein mit dem Doppeladler und erinnert an den letzten Basileus der Rhomaier, der an dieser Stelle bei seiner Krönung gestanden hat. Wird denn das Reich der Orthodoxie nicht wiederkehren? Einer der Metropoliten

77 *Pouqueville, Bd. 1, 70.* 77 *Pouqueville, Bd. 1, 193.*

von Lakedaimon hat die Räume und Tore des Bischofspalastes von Grund auf erneuern lassen. Das war im Jahre 1754, und der Metropolit hieß Ananias Lambardis. Damals wird auch die ornamentale Malerei im Hof der Kathedrale, der den Blick frei gibt auf das Tal und das Parnon-Gebirge, entstanden sein. Man sieht ihre Spuren noch. Teile der Fresken wurden mit Tünche bedeckt, wahrscheinlich erst, nachdem Ananias 1767 bei einer Prozession, das Kreuz in den erhobenen Händen, von den Türken ermordet worden war. Am Eingang zur Metropolis zeigt man den Marmorstein, der, rotgeädert, an das Märtyrerblut gemahnt, das hier geflossen.

Ländliche Tänze, verlorene Mythen

Draußen, vor der Stadt, im Tal zum Taygetos, unter einer gewaltigen Zypresse hat man einen Tanzplatz geschaffen, mit einer Mauer umfriedet und für kleine Volksfeste hergerichtet. »Unter den dachartig sich breitenden Ästen findet eine Gesellschaft von hundert Personen hinlänglich Raum und Schatten.«[98] Von Mistra aus geht man an fröhlichen Feiertagen zu Fuß hinaus. Fremde, wenn sie durch Griechenland reisen, der für sie schon Orient ist, versäumen es nicht, Volk und Landschaft mitzuerleben. Denn von hier aus kann man das weite Tal des Eurotas übersehen und darin die halbvergessenen Ruinen einer alten Stadt, die einmal Sparta hieß. Auch die Griechen beginnen in dieser Zeit sich der Landschaft zu erfreuen, Trost, aber auch Trauer. Denn wenn die Lüfte

> *Vom Meere kühl an warme Gestade wehn,*
> *Wenn unter kräftiger Sonne die Traube reift,*
> *Ach! wo ein goldner Herbst dem armen*
> *Volk in Gesänge die Seufzer wandelt,*
>
> *Wenn die Betrübten izt ihr Limonenwald*
> *Und ihr Granatbaum, purpurner Äpfel voll,*
> *Und süßer Wein und Pauk und Zithar*
> *Zum labyrinthischen Tanze ladet,*
> *(Hölderlin, Der Main)*

»... dann muß man den Charakter des Volks, das, auf einen Augenblick sein Unglück vergessend, seine natürliche Fröhlichkeit wieder erhält, studieren. Welch ein lauter Jubel! welch ein weitausschallendes Gelächter! ... Hier stimmt nun der Führer des Choros, das heißt des Tanzes ... Strophen an, welche die Stimme der Chöre mit Begleitung der Lyra, der baskischen Trommel und dem Getön der Sackpfeifen wiederholt ... Unter den Tänzen ist einer, der der kandiotische heißt und vorzugsweise von jungen Mädchen aufgeführt wird. Man glaubt Ariadne zu sehen, wie sie dem treulosen Theseus die Irrwege des Labyrinths zeigt und ihm heraushilft ... Nach dem kandiotischen gibt es noch einen, der der walachische heißt und wegen seiner Leichtigkeit und Munterkeit der Jugend ganz vorzüglich gefällt. Diesem folgt der pyrrhichische. Zwei mit Dolchen bewaffnete Männer gehen in gemessenen Schritten aufeinander los, indem sie ihre Waffen schwingen ...«

Dann tanzt man noch die Romeika:

»Auf einem mit Blumen geschmückten Rasenteppich ist sein Anblick wirklich imposant! Welcher Zauber, welche Fülle von Anmut ist nicht in der Reihe schöner Frauen, welche, sich an den Händen fassend, sich in sich selbst hineinwinden und wo die eine immer unter dem Arme der anderen durchschlüpft. – Der Tanz fängt mit einer langsamen, ernsten Bewegung an, welche jedoch immer schneller und schneller wird, so daß ihr endlich das Auge kaum nachfolgen kann.«[77]

Und so kreisten sie bald mit kundigen Schritten vorüber
Leicht, als säße ein Töpfer und suchte mit drehenden Händen
Flink die Scheibe zu schwingen, ob sie behende auch liefe.
Bald auch eilten sie wieder in Reihen einander entgegen.
Zahlreich umstand eine Menge voll Freude den lieblichen Tanz-
Und inmitten der Schar, da sang ein göttlicher Sänger [platz,
Laut zur Leier; und wenn das Lied begonnen, so traten
Unter das Volk zwei Tänzer und wirbelten rasch in der Mitte.

(Homer, Ilias, XVIII, Vers 599 ff.)

98 Pückler-Muskau, 249. 77 Pouqueville, Bd. 1, 172 f.; weitere Schilderungen der Tänze bei 68 Leroy, 107, 74 Guys, 160, 183 und 189 ff., ferner 111 Hettner, 72 ff.

Doch Charles Pouqueville, der zusah bei den ländlichen Tänzen des Frohsinns und einer glücklichen Jugend, übergeht fast mit Stillschweigen »die Tänze der Tschinguis an öffentlichen, der Sittenlosigkeit geweihten Orten«, denn »ihre Beschreibung würde ein zartes Gefühl beleidigen, und es wird hinreichend sein zu bemerken, daß es wahre Szenen aus dem Aretin sind«.[77] Man muß es ihm nicht glauben. Ist der Tanz der frühen Lebensjahre dann vorüber, tritt das Mädchen – »die Haare mit Goldfäden durchflochten, geschminkt, Augenbrauen und den Ring um die Augen mit Sürmé schwarz gemalt, das Haupt mit einem Purpurbande umwunden«[77] – unter Einhaltung althergebrachter Zeremonien in den Stand der Ehe. Die jungen Frauen erinnern nun den Reisenden an Gestalten des Apelles und des Pheidias.

»Größtenteils von hohem Wuchs, haben sie edle Formen, ein Auge voll Feuer, und ihr Mund, mit den schönsten Zähnen geziert, scheint zum Kusse einzuladen ... Spartas Tochter ist blond, ihr Wuchs svelt, ihr Gang äußerst edel, die von dem Gebirge des Taygetos besitzt den Anstand und das Äußere einer Pallas.«[77]

»Diese Frauen sind überdies ebenso musterhafte Mütter, als sie nachahmungswürdige Mädchen waren. Sobald sie den Bund geschlossen haben, den ihr Herz wünscht, sieht man sie nicht mehr bei den Tänzen, wohin sie sich gegen Abend begaben, nur sich im Schatten der Platanen zu üben. Die Flechten des Haares, sonst über ihrem Busen zerstreut, werden für immer aufgebunden und auf dem Scheitel befestigt. Diese Sitte haben sie von den Griechen des Altertums beibehalten, welche, wie man weiß, einen gewissen Haarputz ablegten, sobald sie sich vermählten, um einen andern zu wählen, den sie dann nicht mehr abänderten. Eine schöne Sitte, die man unter uns nirgends findet, und die doch auf der guten Ordnung der Gesellschaft ruht. Ebenso unterwürfige als treue Gattinnen, sind sie ... musterhafte Mütter. So, wenn ihnen der Himmel ein Pfand der Liebe schenkt, verdoppelt er gewissermaßen ihr Dasein. Das Auge auf die Wiege des Kindes geheftet, wiegen sie es sanft mit dem Fuße, indes sie in der einen Hand die Spindel drehen. Gezwungen, in die Gebirge zu wandern, um ihre Männer aufzusuchen, die entweder den Feind beobachten oder das Land bebauen, tragen sie ihre Kinder in einer Art von Tasche aus Schafleder auf dem Rücken. Schreien sie, so nehmen sie sie vor sich und reichen ihnen die Brust.«[77]

Und dies alles zu Füßen des prachtvollen Taygetos, der bis weit in den Frühling hinein Schnee auf den Kämmen trägt. Im Sommer haben die Gipfel, die Hitze mildernd, tannenumwaldet der Berg, »den Anblick der Sonne den Bewohnern dieses Waldes schon einige Stunden lang entzogen, wenn in der unten ausgebreiteten Ebene noch der Abend nicht begann«.[98] Es ist die Landschaft Alkmans, der nach Sparta kam, Chorlieder für Mädchen zu dichten. Mit seinen freundlichen Dörfern ist Lakonien ein Fruchtgarten mit Oliven und Maulbeerbäumen, längs des Laufes des Eurotas mit hohen Pappeln und Platanen geschmückt. Man nennt den Fluß nun lange schon den Basilipotamos, den Königsfluß, weil die letzten Despoten am Ufer ihre Landhäuser errichtet hatten.[26]

Über dem Tal des Eurotas liegt noch ein mythischer Abglanz der alten Götter. Seitdem der Leda Zeus als Schwan erschienen und Helena dem Schwanen-Ei, das Leda dann gebar, entschlüpft, ist der Eurotas der mythenzeugende Strom des Lichtgotts Apollon und seiner Schwester Artemis.

»Einige Lorbeerbäume beugen sich wölbend über seine Gewässer ... Ziehende Schwäne, weißer als der Schnee auf den Gebirgen, schwimmen auf und ab auf ihm.«[77]

> *Wundersam! auch Schwäne kommen*
> *Aus den Buchten hergeschwommen,*
> *Majestätisch rein bewegt.*
> *Ruhig schwebend, zart gesellig,*
> *Aber stolz und selbstgefällig,*
> *Wie sich Haupt und Schnabel regt ...*

77 Pouqueville, Bd. 1, 174, 195, 157. 77 Pouqueville, Bd. 1, 127f.
98 Pückler-Muskau, 244. 26 Halb-Insul, 71. 77 Pouqueville, Bd. 1, 117.

> *Einer aber scheint vor allen*
> *Brüstend kühn sich zu gefallen,*
> *Segelnd rasch durch alle fort;*
> *Sein Gefieder bläht sich schwellend,*
> *Welle selbst, auf Wogen wellend,*
> *Dringt er zu dem heiligen Ort.*
> (Goethe, Faust II, Vers 7295 ff.)

»Diana, Apollo, sind gänzlich hier vergessen ... Prächtig und ungestüm zur Zeit des Tauwetters, verbirgt sich der Eurotas oder Basilipotamos, der dann auf eine furchtbare Weise aus seinen Ufern tritt, im Sommer in seinem Rohr und Schilf ... Doch wenn die Stimme des Donnerers sich auf den Höhen des Taygetos hören läßt, wenn die Wolken sich hier in Regen auflösen, dann füllt auch der Eurotas sein Bette.«[77]

Die Gewitter des Berges und die Schwäne des Flusses sind den Menschen gegenwärtig, aber der Mythos, der entstand, und seine Götter, die er hervorgebracht, sind längst verweht. Dem Meere zu sieht man die Schwäne wieder, denn dort wird der Eurotas

»zu einem ansehnlichen Gewässer, und der Fluß strömt majestätischer. Die Schwäne bedecken in größerer Anzahl seine Oberfläche, und sie entfalten hier alle Anmut ihrer schönen Bewegungen. Zur Zeit ihrer Vermählungen bieten ihnen die Lorbeern und Myrthen an den Ufern des Eurotas ihre schattigen Zweige zu Nestern dar, welche eine ebenso alte Achtung genießen als der Fluß selbst, der sie benetzte. Niemand stört die ruhigen Reisenden, niemand verscheucht sie ...«[77]

Aufstand

Die Blicke der Hoffnung unter den Griechen richteten sich in diesen Jahren auf Moskau, das Dritte Rom. Großfürst Iwan III. hatte Zoe, die Tochter des Despoten Thomas, Sophia genannt, zur Frau genommen. Der byzantinische Doppeladler war zum Symbol seiner Herrschaft über Rußland geworden. Mit ihm schüttelte Iwan das Joch der Tartaren ab und trat das Erbe des Reichs der Palaiologen an.

1588 floh der Patriarch Jeremias aus Konstantinopel in die Stadt des Zaren Fedor, des Sohnes Iwans des Schrecklichen, für den Boris Godunow das Reich regierte. Er sprach zum Metropoliten Hiob von Moskau und erhob ihn zum Patriarchen:

»Das alte Rom ist durch die Apollinaristische Ketzerei, das neue Rom in die Hände der gottlosen Mohammedaner gefallen, als Drittes Rom steht Moskau da. Anstatt des vom Geist der Afterweisheit verfinsterten Lügenfürsten der abendländischen Kirche ist der erste allgemeine Weltbischof der Patriarch von Konstantinopel, der zweite der von Alexandrien, der dritte der von Moskau, der vierte der von Antiochia, der fünfte der von Jerusalem.«[217]

Im Jahre 1696 zog Peter der Große, Bundesgenosse der Heiligen Liga zwischen Venedig, dem Papst und dem Kaiser, aus zur Eroberung Asows am Schwarzen Meer. Damals ließ er an der Moskauer Basilios-Kathedrale eine Fahne anbringen, darauf stand: ›In hoc signum vinces!‹ Konstantins Geist war wieder lebendig. Wie einst die Kultur von Griechenland ausgegangen und, wie der Blutlauf im menschlichen Körper, über Europas Westen nach Rußland gelangt sei, sollte sie von hier aus – das waren Peters Worte – den Griechen zurückgegeben werden, um sie in die Freiheit zu führen.

Jetzt sind Russen zu den Griechen gekommen, sie lenken die Hoffnung auf die Zarina Katharina, die Erbin Peters des Großen, dessen politischer und militärischer Ehrgeiz den Zugang zur Ostsee erkämpft und den Weg zum Schwarzen Meer und darüber hinaus gewiesen. Krieg ist wieder zwischen Rußland und dem Osmanischen Reich, an der Moldau und in der Walachei wechselt das Feldherrnglück. Eine innere Revolution, ein Aufstand der Griechen, getragen vom Glaubenseifer und der Liebe zum künftigen Vaterland, muß, das ist die Absicht der russischen Emissäre, dem ›kranken Mann am Bosporus‹ den Todesstoß versetzen. Darum belebt man unter den Griechen den Gedanken an die ge-

---

77 Pouqueville, Bd. 1, 117. 77 Pouqueville, Bd. 1, 119.
217 nach Mendelssohn-Bartholdy, Bd. 2, 13.

meinsame Kirche der Orthodoxen, erinnert an das Reich des Basileus der Rhomaier und an das Erbe des alten Hellas. Also fließt Geld, den Gedanken zu wecken, aus Rußland in die schmalen Kassen der Klöster und in die Taschen der Synodalen nach Konstantinopel. Russische Kundschafter, als griechische Popen verkleidet, sind unter den Mainoten und verhandeln im Lande der Kleften und Kapitani über die Befreiung vom türkischen ›Joch‹. Griechenland wird sich erheben, versichert der Thessaliote Gregorios Papadopoulos den beiden Brüdern Alexej und Feodor Orlow, die, in der Gunst der Zarina Katharina an erster Stelle, von Venedig aus Proklamationen an die Griechen erlassen, Goldmedaillen mit dem Bilde ihrer ›über alles geliebten‹ Kaiserin an Freunde Rußlands verteilen und versprechen, mit großer Heeresmacht auf Morea zu landen. Und Alabanda, der Lehrende und griechisch Tapfere, schreibt an Hyperion:

»Es regt sich Hyperion, ... Rußland hat der Pforte den Krieg erklärt; man kommt mit einer Flotte in den Archipelagus; die Griechen sollen frei sein, wenn sie mit aufstehn, den Sultan an den Euphrat zu treiben. Die Griechen werden das Ihre tun, die Griechen werden frei sein und mir ist herzlich wohl, daß es einmal wieder etwas zu tun gibt. Ich mochte den Tag nicht sehn, so lang es noch so weit nicht war. – Bist Du noch der Alte, so komm! Du findest mich in dem Dorfe vor Koron, wenn du den Weg von Misistra kömmst. Ich wohne am Hügel, in dem weißen Landhaus am Walde.«[134]

Die russische Flotte kommt aus der Ostsee und fährt durch die Straße von Gibraltar, die es auf türkischen Karten nicht gibt – ein Irrtum, den Adelbert von Chamisso mit schöner Terzinen-Ironie bedichtete. Nun erst ist der Sultan aus seiner Tatenlosigkeit aufgeschreckt: Russen im Mittelmeer! Die Albanesen sollen die Herrschaft der Osmanli sichern und über dem aufrührerischen Griechenland wieder festigen. Dem Gregorios Papadopoulos, der in Messenien den Aufstand schürt, verspricht der listenreiche Kapitani der Mainoten, daß, kämen die Russen, hunderttausend Mann ihre Waffen erheben würden, Kleften sie alle, Freiheit ihre Hoffnung, ihr Recht. Aber er sagt nicht, daß es in der

Maina so viele Musketen überhaupt nicht gibt. Die Türken schicken albanesische Trupps in die Morea, verbieten den Rajahs, dieser Herde Vieh, Waffen zu tragen, schließen die Kirchen. Feodor Orlow landet mit kleiner Flotte in der Maina bei Oitylos:

»Aber da die Griechen nur elfhundert Mann und zweitausend Gewehre ausschiffen sahen, die sich aus den Zeiten der Erfindung der Feuergewehre herschrieben, riefen sie laut, man wolle die aufopfern.«[217]

Dennoch stellte Graf Orlow die spartanische Legion auf und zwang den Mainoten den Eid auf die Zarina ab, was nicht wenig Unmut erregte. Bald aber ließ er

»zwo Fahnen aussetzen, welche von verschiedenen Bischöfen, die sich zu Kalamata befanden, geweihet wurden. Eine stellte er einem russischen Hauptmann zu, der sich mit einem Leutnant, welcher zugleich zum Dolmetscher diente, zwölf Soldaten und einigen mainotischen Häuptern [Capitani] gegen Elis aufmachte. Dieser Leutnant hieß Andromachi, ein Mann von ungefähr 35 Jahren aus der Insel Tine, der zuvor mit Wein zu handeln gepflegt, den er auf kleinen Schiffen an verschiedene Orte verführte.«[40]

Der kleine Kriegshaufe marschiert nach Elis, von dort nach Mistra und verwickelt die Türken in ein »hitziges Handgemenge«. Doch auf Grund der mit den Mainoten getroffenen Absprache belagern russische Truppen Koron. Dort in der Nähe ist Alabanda aus Smyrna mit dabei und ruft Hyperion zu sich.

»Mich verlangt, uns beide in dem neuen Leben wiederzusehn. Dir war bis jetzt die Welt zu schlecht, um ihr dich zu erkennen zu geben. Weil du nicht Knechtsdienste tun mochtest, tatest du nichts, und das Nichtstun machte dich grämlich und träumerisch. Du mochtest im Sumpfe nicht schwimmen. Komm nun, komm, und laß uns baden in offener See!«[134]

Über Mistra kommt Hyperion, trifft Alabanda in der

---

134 Hölderlin, Hyperion, 578. 217 Mendelssohn-Bartholdy, Bd. 1, 33. 40 Geschichte des gegenwärtigen Kriegs, 6. Teil, 62. 134 Hölderlin, Hyperion, 579.

Nähe von Koron: »Wirds denn bald angehn? sagt ich. Es wird, rief Alabanda, und ich sage Dir, Herz! es soll ein ziemlich Feuer werden. Ha! mags doch reichen bis an die Spitze des Turms und seine Fahne schmelzen und um ihn wüten und wogen, bis er berstet und stürzt! – und stoße dich nur an unsern Bundsgenossen nicht. Ich weiß es wohl, die guten Russen möchten uns gerne wie Schießgewehre brauchen. Aber laß das gut sein! haben nur erst unsere kräftigen Spartaner bei Gelegenheit erfahren, wer sie sind und was sie können, und haben wir so den Peloponnes erobert, so lachen wir dem Nordpol ins Angesicht und bilden uns ein eigenes Leben.«[134]

Schicksal Hyperions

Hyperion hatte in Smyrna, wo die ersten Keime nationaler Gesinnung emporgewachsen, »die Sprache gebildeter Völker und ihre Verfassungen und Meinungen und Sitten und Gebräuche« kennengelernt, aber auch »die Künste der See und des Kriegs« sich angeeignet. Dann war er geneigt, »in den ersten besten Krieg zu gehen«.[134] Als er später in die Schule des Westens ging, hatte ihn der Geist der Aufklärung, der von Frankreich herüberwehte, entwurzelt.

»Ich bin bei euch so recht vernünftig geworden, habe gründlich mich unterscheiden gelernt von dem, was mich umgibt, bin nun vereinzelt in der schönen Welt, bin so ausgeworfen aus dem Garten der Natur, wo ich wuchs und blühte, und vertrockne an der Mittagssonne.«[134]

Wichtiges hatte er dort erfahren: der Staat darf nicht fordern, »was er nicht erzwingen kann. Was aber die Liebe gibt und der Geist, das läßt sich nicht erzwingen. Das laß' er unangetastet, oder man nehme sein Gesetz und schlag es an den Pranger! Beim Himmel! der weiß nicht, was er sündigt, der den Staat zur Sittenschule machen will. Immerhin hat das den Staat zur Hölle gemacht, daß ihn der Mensch zu seinem Himmel machen wollte.«[134]

So wurde Hölderlins Hyperion – wie der von der Insel Tinos stammende Andromachi – einer aus der spartanischen Legion und ein Anführer der Kleften. Denn er gleicht jenen »Insulanern« nicht, die »bisweilen ihr Vaterland verlassen, um Dienste in anderen großen Seehäfen Europas zu nehmen oder auf andere Weise ihr Glück zu versuchen«. Ist es diesen Tinioten dann gelungen, »etwas Geld zusammenzuraffen, kehren sie gewöhnlich nach Hause zurück und kaufen sich ein Stück Land, um sich zum Edelmann der Insel aufzuwerfen«.[69] Hyperion war allerdings früher, um seine »Gärten und Felder« zu bestellen, auch wieder nach Tinos zurückgekommen, aber er litt an der »faden ungeheuren Leerheit seiner Zeitgenossen«.[134] Seine Insel liebte er, wie den ganzen Archipelagus, wie Salamis und Kalaurea, wo ihm im Hause Notaras Diotima begegnet war. Sie war seine Inselgeliebte. Aber so sehr auch auf Tinos »die Frauen von schmiegsamem Gemüt, anmutig und freundlich zu allen Gästen von außerhalb sind, so sehr sind die Männer zwar von einer offen zur Schau getragenen Gefälligkeit, aber im Inneren boshaft, stolz, verbrecherisch und brutal«.[69] Hyperion ist diesen Tinioten nicht gleich. Er will keinen Gewinn, um den Herrn zu spielen, er will die Freiheit. Wie sein Freund Alabanda, den er den »jungen Titan« genannt hat, ist auch er »voll überwallenden heroischen Lebens«[134] und trägt den Namen des titanischen Uranos-Sohnes Hyperion. Er ist das dichterische Symbol griechischen Lebens, im Sinne höherer Wirklichkeit eine historische Gestalt. Er glaubt an die Zukunft. Für alle seine leidenden Landesgenossen spricht er die Wahrheit, und kaum einer ist es, der ihn versteht.

»Der Knechtsdienst tötet, aber gerechter Krieg macht jede Seele lebendig. Das gibt dem Golde die Farbe der Sonne, daß man ins Feuer es wirft! Das, das gibt erst dem Menschen seine ganze Jugend, daß er Fesseln zerreißt! Das rettet ihn allein, daß er sich aufmacht und die Natter zertritt, das kriechende Jahrhundert, das alle schöne Natur im Keime vergiftet!« Alle von Natur aus Freien, welche die

---

134 Hölderlin, Hyperion, 590, 503, 507, 493 und 515.
69 Pasch di Krinen, 20. 134 Hölderlin. Hyperion, 521 und 764.
69 Pasch di Krinen, 20. 134 Hölderlin, Hyperion, 578.

Unmenschlichkeit in Fesseln gelegt, ruft er zum Kampf auf: »O Peloponnes! o ihr Quellen des Eurotas und Alpheus! Da wird es gelten! Aus den spartanischen Wäldern, da wird, wie ein Adler, der alte Landesgenius stürzen mit unsrem Heere, wie mit rauschenden Fittigen.«[134]

»Der Vulkan bricht los. In Koron und Modon werden die Türken belagert, und wir ziehen mit unserem Bergvolk gegen den Peloponnes hinauf. Nun hat die Schwermut all ein Ende...«[134] Türken haben vom Markt in Patras heimkehrende Bauern niedergemetzelt. Rache ist der Ruf, der alle erfüllt und den sie in ihrer Verzweiflung schreien. Doch nicht Rache allein soll die Triebkraft des Handelns sein. Freiheit soll allen gehören. Menschlichkeit soll über die Rache siegen. Hellas in seiner ursprünglichen Natur, Athen und Sparta vereinend – phönixgleich soll es aus seinem Jahrhundertgrab auferstehen und zu einem Morgen neuer Daseins-Freiheit sich rüsten. Das ist Hyperions Wille. So ist er der neue Spartaner, nicht einer der alten. Denn die Zucht, mit der Lykurg die »übermütige Natur« zusammengehalten, hatte zu früh begonnen, als »die Natur des Menschen noch nicht reif geworden«[134] war. Die wahre Natur der Griechen soll jetzt der Leitstern kommender Freiheit sein, allerdings nicht die der Kleften und der mainotischen Kapitani, denn sie sind selbst noch »übermütige Natur«.

»Voll rächerischer Kräfte ist das Bergvolk hieherum, liegt da, wie eine schweigende Wetterwolke, die nur des Sturmwinds wartet, der sie treibt. Diotima! laß mich den Atem Gottes unter sie hauchen, laß mich ein Wort von Herzen an sie reden, Diotima. Fürchte nichts! Sie werden so wild nicht sein. Ich kenne die rohe Natur. Sie höhnt der Vernunft, sie stehet aber im Bunde mit der Begeisterung...«[134]

»Diotima! mir geschieht oft wunderbar, wenn ich mein unbekümmert Volk durchgehe und, wie aus der Erde gewachsen, einer um den andern aufsteht und dem Morgenlicht entgegen sich dehnt, und unter dem Haufen der Männer die knatternde Flamme emporsteigt, wo die Mutter sitzt mit dem frierenden Kindlein, wo die erquickende Speise kocht, indes die Rosse, den Tag witternd, schnauben und schrein, und der Wald ertönt von allerschütternder Kriegsmusik, und rings von Waffen schimmert und rauscht – aber das sind Worte und die eigne Lust von solchem Leben erzählt sich nicht.«

»Dann sammelt mein Haufe sich um mich her, mit Lust, und es ist wunderbar, wie auch die Ältesten und Trotzigsten in all meiner Jugend mich ehren. Wir werden vertrauter und mancher erzählt, wies ihm erging im Leben und mein Herz schwillt oft von mancherlei Schicksal. Dann fang ich an, von besseren Tagen zu reden, und glänzend gehn die Augen ihnen auf, wenn sie des Bundes gedenken, der uns einigen soll, und das stolze Bild des werdenden Freistaats dämmert vor ihnen ... Dann üb ich sie in Waffen und Märschen bis zum Mittag. Der frohe Mut macht sie gelehrig, wie er zum Meister mich macht. Bald stehn sie dichtgedrängt in makedonischer Reih und regen den Arm nur, bald fliegen sie, wie Strahlen, auseinander zum gewagteren Streit in einzelnen Haufen, wo die geschmeidige Kraft in jeder Stelle sich ändert und jeder selbst sein Feldherr ist, und sammeln sich wieder in sicherem Punkt – und immer, wo sie gehen und stehn in solchem Waffentanze, schwebt ihnen und mir das Bild der Tyrannenknechte und der ernstere Walplatz vor Augen.«[134]

Lange läßt es die also Geübten nicht ruhen, sie wollen den Krieg in das Innere der Peloponnes, sie wollen ihre Fahnen gegen die Türken tragen. Hyperions Kleftenkorps siegt in mehreren kleinen Gefechten, weil ihm schwache Kräfte gegenüberstehen, deren Kampfgeist nicht gut ist. Zudem ist die türkische Infanterie ohne Disziplin, die Reiterei hat nur Jagdflinten und Lanzen, oft ist sie nur mit Pistolen bewaffnet. Jeder muß die Kugeln selbst gießen und sich seine Patronen drehen.

»In den Garnisonen bringen die türkischen Soldaten, anstatt sich in den Waffen zu üben, ihre Zeit mit Schlafen, Tabakrauchen, Kaffeetrinken und Zitherspiel zu ... Sind sie

[134] Hölderlin, Hyperion, 580, 587, 595, 562 f., 588 f. und 595 f.

indessen bedroht, fürchten sie einen Überfall, so stellen sie nicht etwa Schildwachen aus, sondern das ganze Heer wacht auf einmal. Dann wird ein großes Fest bereitet, die Derwische singen allerlei Lieder, erzählen Märchen, und der Schlaf stellt sich ein. Mehr als einmal haben im letzten Kriege die Russen diesem sonderbaren Benehmen ihrer Feinde große Vorteile zu verdanken gehabt.«[77]

So kann Fürst Dolgorucki mit wenigen Truppen Navarino erobern, wo bald darauf, von den Malteser-Rittern und selbst von Venedig abgewiesen, Alexej Graf Orlow mit seiner Flotte vor Anker geht und Verstärkungen landet. Als der junge Psaros, Schiffskapitän und Inselgrieche – wie Hyperion – mit seinen Leuten hinaufzieht in das Tal des Eurotas, werfen die Türken, erschreckt, ihre Waffen weg und schließen sich in Mistra ein.[192]

»Navarin ist unser«, schreibt Hyperion an Diotima, »und wir stehen jetzt vor der Feste Misistra, dem Überrest des alten Sparta. Ich hab auch die Fahne, die ich einer albanischen Horde entriß, auf eine Ruine gepflanzt, die vor der Stadt liegt, habe vor Freude meinen türkischen Kopfbund in den Eurotas geworfen und trage seitdem den griechischen Helm ... In einer Woche vielleicht ist er befreit, der alte, edle, heilige Peloponnes ... Diotima! ich möchte dieses werdende Glück nicht um die schönste Lebenszeit des alten Griechenlands vertauschen, und der kleinste unserer Siege ist mir lieber, als Marathon und Thermopylä und Plataä ... Am Eurotas stehet mein Zelt, und wenn ich nach Mitternacht erwache, rauscht der alte Flußgott mahnend mir vorüber, und lächelnd nehm ich die Blumen des Ufers, und streue sie in seine glänzende Welle und sag ihm: Nimm es zum Zeichen, du Einsamer! Bald umblüht das alte Leben dich wieder.«[134]

Aber »stille zu stehn, ist schlimmer, wie alles. Mir trocknet das Blut in den Adern, so dürst ich, weiterzukommen und muß hier müßig stehn, muß belagern und belagern, den einen Tag, wie den andern. Unser Volk will stürmen, aber das würde die aufgeregten Gemüter zum Rausch erhitzen und wehe dann unsern Hoffnungen, wenn das wilde Wesen aufgärt und die Zucht und die Liebe zerreißt. Ich weiß nicht, es kann nur noch einige Tage dauern, so muß Misistra sich ergeben, aber ich wollte, wir wären weiter. Im Lager hier ists mir, wie in gewitterhafter Luft. Ich bin ungeduldig, auch meine Leute gefallen mir nicht. Es ist ein furchtbarer Mutwill unter ihnen.«[134]

Die Stimmung unter den Mainoten schlägt um, ehe noch ein entscheidender Erfolg, wenn schon kein Sieg den aufständischen Griechen vergönnt ist. Unzufrieden mit den verbündeten Russen, sind die Mainoten unüberlegt in ihren militärischen Unternehmen und eigensinnig im politischen Denken, die Russen jedoch ungeschickt in ihrem Urteil über die Bundesgenossen. Unwillen regt sich zwischen den Ungleichen, den Griechen und Russen. Grausamkeit bemächtigt sich der Vernunft und besudelt mit Blut, endet mit Mord und Schrecken, was als Rettung des Lebens begann.

»Aber nein, das war auch nicht vorauszusehen! Man kann auf mancherlei gefaßt sein, kann all die Feigheit und all die stolze Bettelei, und das tückische Schmeicheln, und den Meineid, kann die ganze Pöbelhaftigkeit des jetzigen Jahrhunderts so natürlich finden, wie Regenwetter, aber das ist schwerlich irgend einem Menschen eingefallen, solch einen Schandtag möglich zu denken, wie der gestrige war.«

»Nachdem wir sechs Tage vor Misistra gelegen, kapitulierte die Besatzung endlich. Die Tore wurden geöffnet, und ich und Alabanda führten einen kleinen Teil des Heers in die Stadt. Wir brauchten alle Vorsicht, ließen die Tore hinter uns sperren, zogen auf den öffentlichen Platz mit unsern Leuten und riefen dahin die griechischen Einwohner zusammen.«[134]

Sie »faßten bald Zutrauen zu uns. Die guten Kinder! sie summten um mich herum, wie Bienen um den Honig, da ich ihnen sagte, was aus ihnen werden könnte, und den meisten flossen helle Tränen vom Gesichte, da von einer bessern

77 *Pouqueville, Bd. 1, 152.* 191 *Curtius, Bd. 1, 182.* 134 *Hölderlin, Hyperion, 597f., 600 und 759.*

Zeit die Rede war. Ich bat sie dann, die wenige Mannschaft, die wir ihnen brächten, freundlich aufzunehmen. Sie brauchten Exerzitienmeister, setzt ich hinzu, und die Waffenübungen seien fürs Volk so notwendig, wie die Geweihe dem Hirschen.«[134]

»Der Freiheitsruf erscholl in Mistra, die Bewohner kleideten sich in russische Montierungen und griffen zu den Waffen, die Türken erboten sich zur Übergabe.«[191]

Die türkische Garnison schließt mit dem Kommandeur der spartanischen Legion, Psaros, einen Vertrag: sie ist bereit, dem Angebot der Eroberer zu folgen, abzuziehen und sich im Lande zu zerstreuen. Da besteigt ein Trupp wütender Mainoten von der anderen Seite her den Burgberg und dringt stürmend in die Stadt ein.

»In demselben Augenblicke brach aus den benachbarten Gassen ein Gelärme von Feuerrohren und schmetternden Türen und ein Geschrei von heulenden Weibern und Kindern, und Töne, wie von Wütenden, brüllten dazwischen, und wie ich mich umsah, stürzt' ein leichenblasser Haufe um den andern gegen mich, und schrie um Hülfe; die Truppen wären zu den Toren hereingebrochen, und plünderten, und machten alles nieder, was sich widersetzte,«[134]

»... und übten ... so unmenschliche Grausamkeiten aus, daß sich auch die Natur davor entsetzt.«[40]

Wahnsinnige brechen die Türen der Häuser auf, werfen die Säuglinge aus den Fenstern, ja von den Minaretts der kleinen Moscheen die Neugeborenen herunter. Die türkische Besatzung wird unter dem Schutz der städtischen Notablen und des Kommandeurs der spartanischen Legion zur Metropolis in Sicherheit gebracht. Dort soll sie bleiben, bis das schreckliche Morden vorüber ist. Doch die Mainoten, beutegierig, in ihrem Haß unwiderstehlich, dringen in die bischöflichen Zimmer ein, überfallen die halb Gefangenen und ziehen die Entsetzten bis aufs Hemd aus, lassen sie in erbärmlichem Zustand liegen. Sie würden die Verhaßten umgebracht haben, wenn die Fürbitte des Metropoliten und der Archonten nicht ihrer Wut Einhalt geboten hätte, »indem weder die Befehle noch die Drohungen des russischen

Hauptmanns etwas halfen, dem sie sogar mit schmähligen Ausdrücken antworteten.«[40] Oben auf dem Platz, zögernd und unentschlossen in diesem Chaos der Gewalt, stand noch Hyperion und
»überdachte, was zu tun war ... und ich hätte mir mögen das Herz ausreißen, und möcht es noch! Alabanda war schröcklich. Komm, rief er mir mit seiner Wetterstimme, komm, ich will sie treffen – und es war, als leuchtete der Blitz die Leute, die wir bei uns hatten, an, so waren Alabandas Augen im Grimme vor ihnen aufgegangen. Ich benützte den Augenblick; schwört, rief ich, daß ihr ruhig bleiben wollt und treu! Wir schwören es, riefen sie; drauf rief ich die besten unter ihnen hervor, ihr sollt, an meiner und an Alabandas Stelle, sorgen, sagt ich ihnen, daß auf diesem Platze das nötige geschieht, und einigen der Bürger befahl ich, in die Gassen zu laufen, und zu sehen, wie es gehe, und hieher unsern Leuten schnelle Nachricht einzubringen, andre nahm ich mit mir, um durch sie von hier aus Nachricht zu bekommen, andere nahm Alabanda mit sich und so sprengten wir nach zwei verschiedenen Gegenden der Stadt hin, wo es am ärgsten tobte. Die Bestien bemerkten meine Ankunft nicht, so waren sie begriffen in der Arbeit. Den ersten, der mir aufstieß – er hielt einen rüstigen schönen Buben bei der Kehle mit der einen Hand, und mit der andern zückt' er ihm den Dolch aufs Herz – den faßt ich bei den Haaren und schleudert ihn rücklings auf den Boden, mein zorniges Roß macht' einen Sprung zurück und auf ihn zu, und zerstampfte mit den Hufen das Tier. Haltet ein, ihr Hunde! rief ich, indes ich mitten unter sie stürzte, schlachtet mich erst, wenn ihr Mut habt, mich, mich reißt vom Roß, und mordet und bestehlt mich, denn, solang ich lebe, mach ich so und so, ein Stück ums andere, euch nieder. Das war die rechte Art, ich hatt auch mit dem Schwert einige getroffen und es wirkte. Sie standen da, wie eingewurzelt, und

134 Hölderlin, Hyperion, 759. 191 Curtius, Bd. 1, 182.
134 Hölderlin, Hyperion, 759. 40 Geschichte des gegenwärtigen Kriegs, 6. Teil, 63; abweichend 191 Curtius, Bd. 1, 182; vgl. 72 Choiseul-Gauffier, Bd. 1, 7f.

sahn mit stieren Augen mich an, und einige wollten sogar sich auf die Knie bemühn. Hinaus! rief ich, zum Tore sollt ihr erst hinaus, das übrige wird folgen.«[134]

Mit der Hoffnung auf das Griechenland einer neuen Freiheit, die nun dahin ist, bricht die Liebe zum Griechenland einer schönen und heroischen Vergangenheit in sich zusammen.

»Es ist aus, Diotima! unsre Leute haben geplündert, gemordet, ohne Unterschied, auch unsre Brüder sind erschlagen, die Griechen in Misistra, die Unschuldigen, oder irren sie hülflos herum und ihre tote Jammermiene ruft Himmel und Erde zur Rache gegen die Barbaren, an deren Spitze ich war...«[134]

Immer noch zweitausend Mann stark, kaum hundert Russen darunter, ziehen die ungeordneten Scharen der Mainoten, unter dem Kommando des Kapitän Psaros, nach Norden auf Tripolitza zu.[191] Weiber gehen mit ihnen, leere Säcke auf dem Rücken, Beute darin zu bergen und wegzuschleppen. Aber die Türken haben ihre Heerhaufen zusammengerafft, stehen vor Tripolitza und verteidigen die Hauptstadt des Sandschaks.

»Eben hör ich, unser ehrlos Heer sei nun zerstreut. Die Feigen begegneten bei Tripolissa einem albanischen Haufen, der um die Hälfte geringer an Zahl war. Weils aber nichts zu plündern gab, so liefen die Elenden alle davon. Die Russen, die mit uns den Feldzug wagten, vierzig brave Männer, hielten allein aus, fanden auch alle den Tod.«[134]

Und noch dreißig Jahre hernach zeigte man die Pyramiden der Schädel russischer Soldaten und griechischer Kleften, vor den Toren Tripolitzas übereinander gestapelt, wie es Brauch bei den Osmanen war.

»Und so bin ich nun mit meinem Alabanda wieder einsam, wie zuvor. Seitdem der Treue mich fallen und bluten sah in Misistra, hat er alles andre vergessen, seine Hoffnungen, seine Siegeslust, seine Verzweiflung. Der Ergrimmte, der unter die Plünderer stürzte, wie ein strafender Gott, der führte nun so sanfte mich aus dem Getümmel, und seine Tränen netzten mein Kleid. Er blieb auch bei mir in der

Hütte, wo ich seitdem lag und ich freue mich nun erst recht darüber. Denn wär er mit fort gezogen, so läg er jetzt bei Tripolissa im Staub ...«[134]

Mistra ist nur für kurze Wochen eine freie Stadt gewesen.

»An allen Enden brechen wütende Haufen herein; wie eine Seuche, tobt die Raubgier in Morea und wer nicht auch das Schwert ergreift, wird verjagt, geschlachtet und dabei sagen die Rasenden, sie fechten für unsre Freiheit. Andre des rohen Volks sind von dem Sultan bestellt und treibens, wie jene.«[134]

Und das sind die Albaner. Sie rücken in der Morea vor, stehen bald schon vor Mistra, an Grausamkeit lassen sie sich von den Türken und Griechen nicht überbieten. Wer dem Getümmel entkommt, flieht in die Berge, mancher rettet nur noch das nackte Leben. In den Tälern zu ernten, ist nicht mehr möglich. Teuerung und Hungersnot herrschen im Land. In Mistra zieht der Hauch des Todes durch die Gassen am Hang, und die Albanesen bringen die Nonnen der Pantanassa um oder schleppen sie weg, das Kaufmannsviertel legen sie in Schutt und Asche. Da schimpft Alexej Orlow den Mainoten Janaki Mauro Michalis einen feigen Räuber:

»Räuber? Ich habe nie jemanden ermordet. Ich bin frei und der Anführer einer unabhängigen Nation. Du aber, du bist nur der Sklave eines Weibes!«[191]

Und Hyperion rafft aus seiner Verzweiflung sich noch einmal zur Tat auf: »... so will ich noch auf eine Zeitlang«, schreibt er der Geliebten, »Dienste nehmen bei der russischen Flotte; denn mit den Griechen hab ich weiter nichts zu tun«.[134]

»Du bist zu stolz«, antwortet ihm Diotima, »dich mit dem bübischen Geschlechte länger zu befassen. Du tust auch recht daran. Du führtest sie zur Freiheit und sie dachten an Raub. Du führtest sie siegend in ihr altes Lakedämon

---

134 Hölderlin, Hyperion, 600f. 191 Curtius, Bd. 1, 185.
134 Hölderlin, Hyperion, 600f. 191 Curtius, Bd. 1, 187.
134 Hölderlin, Hyperion, 602.

ein und diese Ungeheuer plündern und verflucht bist du von deinem Vater, großer Sohn! und keine Wildnis, keine Höhle ist sicher genug für dich auf dieser griechischen Erde, die du, wie ein Heiligtum, geachtet, die du mehr, wie mich, geliebt.«[134]

Diotima soll ihrem Geliebten entsagen. Und wie das Land, das stirbt, sucht sie den Tod und findet das Ende ihres Lebens. Lakonien leidet wie sie.

»Allein die Bauern in Morea, welche Ulacken genannt werden, hatten sich insgesamt auf die Gebirge geflüchtet, mit dem Entschluß, sich bis auf den letzten Blutstropfen zu verteidigen, und gingen nicht aus den Tälern hervor, als wenn sie Hoffnung hatten, daß sie ihre Schwerter mit dem Blute der Albaneser baden könnten, wider welche sie seit vielen Jahren einen unversöhnlichen Haß haben ... Die gesamten Städte, Schlösser und Dörfer in Morea, die Festungen ausgenommen, waren also nicht mehr in der Gewalt ihrer Befehlshaber oder ihrer neutralen Besitzer, sondern der Wut der Albaneser preisgegeben, welche selbst die Mahometanischen Einwohner nicht verschonten. Der Bassa suchte indessen so viel Volk, als möglich war, zusammenzubringen; da er sich nun im Stande glaubte, etwas Beträchtliches zu unternehmen, so griff er Misitra von neuem an, das endlich der Überlegenheit weichen mußte. Das Nämliche geschahe mit Kalamata; die Mainoten, die es verteidigten, zogen sich auf ihre Gebirge zurück, und die vornehmsten Familien der Stadt, die entfliehen konnten, schifften sich mit ihren besten Habseligkeiten nach Cerigo ein.«[40]

Die Insel Cerigo war venezianisch.

---

134 Hölderlin, Hyperion, 613 f. 40 Geschichte des gegenwärtigen Kriegs, 7. Teil, 12 f.

Seeschlacht und Friedensschluß

Während das Land stirbt, fährt Alexej Graf Orlow mit seiner Flotte hinauf nach Chios, liefert die Seeschlacht, an der Hyperion als einer der Tapfersten teilnimmt. Das russische Admiralsschiff gerät mit dem ersten türkischen Schiff in Kampfberührung, dann verstrickt sich die Takelage der beiden kanonenstarken Großsegler unentwirrbar ineinander. Der Kampf Mann gegen Mann beginnt.

»Ich traf die Feinde nahe genug und von den Russen, die an meiner Seite fochten, war in wenigen Augenblicken auch nicht Einer übrig. Ich stand allein da, voll Stolzes, und warf mein Leben, wie einen Bettlerpfennig, vor die Barbaren, aber sie wollten mich nicht ... Aus höchster Notwehr hieb denn endlich einer auf mich ein, und traf mich, daß ich stürzte.«[134]

Den Schwerverwundeten rettet ein Diener, und gleich darauf fliegen beide Schiffe, das russische wie das türkische, das in Brand geraten war, durch die Explosion ihrer Pulverkammern in die Luft. Siebenhundert Russen finden den Tod. Graf Orlow entkommt in einer Schaluppe, schwimmend erreicht der Kapudan-Pascha mit ein paar Matrosen das Land. Nachts fahren die russischen Schiffe in den Hafen von Tschesme und vernichten die feindliche Flotte durch Feuer, »und da dies über die Türken geschah, deren wir die Verachtung, mit welcher sie auf uns herniederblicken, reichlich zu vergelten gewöhnt sind, so schien es, als wenn keine Menschen aufgeopfert würden, indem diese Unchristen zu Tausenden fielen. Die brennende Flotte in dem Hafen von Tschesme verursachte ein allgemeines Freudenfest über die gebildete Welt.«*

Alexej Orlow kehrt mit seiner siegreichen Flotte und den erbeuteten türkischen Schiffen aus der Ägäis zurück, kommt ins Tyrrhenische Meer, er geht auf der Reede von Livorno vor Anker. Inzwischen ist Philipp Hackert, damals in Rom, beauftragt worden, Entwürfe für Gemälde anzu-

---

[134] Hölderlin, Hyperion, 607f. * Goethe, Dichtung und Wahrheit, Artemis-Ausgabe, Bd. 10, 771.

fertigen, die den Seesieg vor Tschesme verherrlichen sollen. Graf Orlow bestätigt den Auftrag für die Folge von sechs großformatigen Bildern, nachdem die Zarina Katharina die Genehmigung hierzu erteilt hat. Schon von dem ersten Gemälde, das der Künstler in Pisa ihm zeigt, ist Graf Orlow, dem seine geliebte Kaiserin den Ehrentitel Tschesmenskij verliehen, sehr angetan. Doch bei dem zweiten wird er bedenklich: die Explosion eines türkischen Schiffes scheint ihm nicht der Wahrheit gemäß gezeigt. Also entschließt er sich, eine russische Fregatte, die in Livorno liegt, besserer Veranschaulichung halber, in die Luft sprengen zu lassen. Tatsächlich wurde das Schiff – so erzählt Goethe in seiner Lebensbeschreibung Philipp Hackerts – »bei einem ganz unglaublichen Zulaufe von Menschen in Brand gesteckt und in weniger als einer Stunde« – lang genug, um Zeichnungen danach zu machen – »in die Luft geschleudert; zuverlässig das teuerste und kostbarste Modell, das je einem Künstler gedient hat«.* Die Bilder wurden mit den Porträts Peters des Großen und Katharinas, die man schon bei Lebzeiten die Große zu nennen genötigt war, im Schloß Peterhof aufgehängt, wo man sie heute noch sieht.

Aber die Zarin gibt die Griechen den Türken preis und erhält dafür im Frieden von Kütschük-Kainardschi 1774 den Zugang zum Schwarzen Meer und das allerdings für die Osmanli problematische Recht, zugunsten der orthodoxen Christen bei der Hohen Pforte zu intervenieren – vergleichbar dem Basileus der Rhomaier, der in Glaubensangelegenheiten als höchste Instanz für die Christen auch dann noch galt, als seine Gläubigen längst Untertanen des Sultans waren.

Doch die Türken herrschen über die Morea noch nicht. Jahrelang erhalten sie keine Abgaben und Steuern, Herren des Landes sind die Albaner, die sogar die Mainoten botmäßig und zinspflichtig machen. Sechs Jahre später erst kann der Kapudan-Pascha die Mainoten dazu bewegen, dem Sultan zu huldigen und ein Jahrgeld zu zahlen, wofür dieses Bergvolk seinen eigenen Beg wählen darf und dem Kapudan-Pascha, dem Befehlshaber der Inseln, nicht aber dem

Pascha der Morea untertan wird. Dann kehren auch einige der grundbesitzenden Primaten in die Morea zurück.

»Ich begnüge mich indessen hier nur zu bemerken, daß Morea noch immer« – schreibt Charles Pouqueville kurz nach 1800 – »die Spuren der Verheerung der Albaneser trägt, welche in dem Kriege von 1770 die Truppen der Katharina besiegten, indem sie tausendmal [!] stärker waren als diese. Indessen fangen seit einigen Jahren diese Spuren wieder an, zu verschwinden. Die Volksmenge nimmt zu, neue Dörfer erheben sich, die Polizei verfolgt die Landstreicher mit dem Degen in der Faust, man findet an den Eingängen der gefährlichsten Defileen Wachen gestellt, und das Recht des Eigentums, welches den Muselmännern so heilig ist, wird auch hier strenge behauptet und verteidigt. In einigen Jahren hat der Peloponnes sein Elend vielleicht ganz vergessen, trotz der Tyrannei seiner Regierung. Die Güter der Krone befinden sich bereits in einem sehr blühenden Zustand.«[77]

Mistra liegt teilweise schon in Trümmern, es ist die Hauptstadt der Morea nicht mehr. Kinder spielen in den Ruinen und balgen sich, die einen sind Türken und werden gejagt, die anderen sind Palikaren und siegen.[191] Und wenn einmal diese Kinder groß sein werden, wirklich Palikaren, ›junge Leute in der Blüte ihrer Jahre‹ sind, dann gehen sie in den Kampf um ihre Freiheit, dann wird Ernst aus dem Spiel.

Menschen in der Stadt

Die Festung Mistra, einst ein fränkisches Kastron, befindet sich wieder im Besitz der Türken. Hundert Jahre zuvor sind ihre Mauern als ziemlich stark beschrieben worden, und die Besatzung des Kastells hat aus achtzehn bis zwanzig Janitscharen bestanden, die zehn Stück Geschütze unter dem Kommando eines Disdar bei einer Belagerung hätten abfeuern können.[24] 1798 liegt das Kastell in Ruinen und ist kaum

---

* *Artemis-Ausgabe, Bd. 13, 478 f. und 603 ff.* **77** *Pouqueville, Bd. 1, 41.* **191** *Curtius, Bd. 1, 160.* **24** *Coronelli, 101.*

noch befestigt. Kommandant ist ein Serdar, der über ein paar Kanoniere und ein Dutzend Kanonen Befehlsgewalt hat. Zur Verteidigung des Platzes gibt es nicht genug Pulver, nur gerade so viel, daß man zum Fastenmonat Bairam einige Salven abschießen kann.[77] 1806 ist kein Serdar mehr dort oben und kein Kanonier, das Kastell verfällt.

»Die Lücken der Schießscharten, die Risse in den Gewölben und die Öffnungen der Zisternen machten, daß man keinen Schritt ohne Gefahr gehen konnte: da ist kein Tor, keine Wache, keine Kanone; alles ist verlassen, aber für die Mühe des Aufstiegs zu diesem Donjon wird man durch die Aussicht entschädigt, die man erhält.«[82]

Von hier aus übersieht man die Stadt, deren Mauern ebenfalls dem Verfall preisgegeben sind. An den beiden Toren – dem Nauplia- und dem Monembasia-Tor – sitzen die Agenten des Fiskus, die Zöllner, die für alle in die Stadt zum Bazar gebrachten Waren Steuern einnehmen. Die alten Mauern umschließen den Katochorion genannten Stadtteil, den zwei Straßen, die sich rechtwinklig kreuzen, durchschneiden. Eine von ihnen ist die Straße des Marktes. Sie heißt, wie schon Coronelli, treu seinem Pausanias, meinte,[24; 54] Aphetais und führt zum großen Bazar im ehemaligen Despotenpalast, dessen Wohntrakt der Palast des Agas ist. Auf dem Markt davor finden die öffentlichen Exekutionen statt. Die Moschee des Platzes ist aus altgriechischem Baumaterial errichtet, das man unten im Tal zusammengetragen hat. Und wenn die Gelehrten aus dem Westen schon glauben, daß Mistra das alte Sparta ist, dann halten die Umwohner des Marktes erst recht den Platz für die antike Agora. Denn in den schmucklosen Wänden der Häuser sieht man Säulentrommeln und Marmorkapitelle eingemauert, die von den Tempeln und den Markthallen stammen müssen, von denen Pausanias schreibt. Also ist hier das Zentrum der Heldenstadt gewesen, hier muß Lykurg seine Gesetze öffentlich kundgemacht haben. Und Guillet hat es doch auch gemeint und ausführlich darüber geschrieben. So findet der Glaube Bestätigung. Die andere Straße wird Hellenion genannt. Sie führt nach Exochorion zum kleinen Bazar. Auf dem Wege dorthin geht man an den Verkaufständen der Metzger und Lebensmittelhändler vorbei. In düsteren gewölbten Läden verkaufen Mainoten beim Schein italienischer Lampen gedörrte Fische und Meerpolypen. Dort haben auch die Händler schöner Waffen Werkstatt und Gewerbebetrieb. Tierverkäufer bieten Vögel und Hunde an. Die Boutiquen sind bis spät in die Nacht geöffnet. Darum kauft sich, kurz entschlossen, François René Chateaubriand einen Hund als Begleiter auf seiner Reise nach Jerusalem. Auch Saverio Scrofani geht diese Straße entlang, noch am Abend vor seiner Weiterreise, einen Stadtplan in der Hand. Aber niemand achtet darauf.[75]

Katochorion, oberhalb und südlich des Despotenpalastes gelegen, ist von den Albanesen nach 1770 stark zerstört und danach von den Türken, welche die Albaner vertrieben haben, verwüstet worden. Es ist nur noch zum Teil bewohnt. In den menschenverlassenen Häusern sieht man durch Türen und Fenster noch die Spuren des Brandes, der die Bewohner obdachlos gemacht hat.

»Kinder, ebenso erbärmlich wie die Spartiaten während des Niederganges, verbergen sich in den Ruinen und lauern dem Reisenden auf, um, in dem Augenblick, wenn er vorübergeht, eine Mauerecke oder einen Felsenvorsprung zum Einsturz zu bringen.«[82]

Chateaubriand sieht sich von diesen »lakedaimonischen Spielen« besiegt und eilt, um dem gefahrvollen Tun der Kinder zu entgehen, hinauf zum Kastron. Auch Salomon Bartholdy kommt durch »das venezianische Mistra mit seinem Kastelle«: diese Bezeichnung läßt darauf schließen, daß der Stadtteil um die Kirche des Heiligen Nikolaos in der Zeit, in der hier ein Provveditore Venedigs residiert hat, noch bewohnt gewesen sein muß. Nachdem dieses Viertel verlassen worden sei, habe man, fügt Bartholdy seiner Beschreibung hinzu, das neue Mistra erbaut. Und das ist Mesochorion. »Mehrere Kirchen und die Metropolis, wie auch

---

77 *Pouqueville, Bd. 1, 109.* 82 *Chateaubriand, 102.*
24 *Coronelli, 100.* 54 *Pausanias, Bd. 1, 155.* 75 *Scrofani, 86.*
82 *Chateaubriand, 105.*

fast alle Bürgerwohnungen, sind unzerstört und wohlerhalten.«[81] Dieser Teil der Hangstadt ist also bewohnt. Bis etwa zur Höhe des ehemaligen Despotenpalastes stehen Wohnhäuser, zumeist türkischer Bauart, und darum wohl erst aus jüngster Zeit. »Die mehrenteils hölzernen Häuser haben nur ein Stockwerk und liegen fast sämtlich im Hintergrund eines großen Vorhofes, die Straßen sind eng und ungepflastert.«[88] Die Bebauung am Hang läßt Freiräume offen, die wie abschüssige Anger aussehen und auf denen Bäche – oder das Schmutzwasser aus den Häusern? – zum Tal hinunterfließen. Man zählt in diesem Stadtteil etwa tausend Häuser, davon vielleicht ein Viertel von türkischen Familien bewohnt wird, so daß in Mesochorion, der mittleren Stadt, insgesamt fünf- bis sechstausend Menschen leben.* »Die Türken besitzen daselbst eine sehr schöne Moschee, dann ein Spital für Kranke aller Nationen.«[89] Im Viertel der Türken, vor allem draußen in Parori, herrschen lebhafte Farben, grün und rot, vor. Die Häuser stehen in schönen, baumreichen Gärten. »Zwischen Gruppen von Olivenbäumen und Zypressen, oft von erstaunlicher Größe,«[83] stehen Moscheen mit ihren Minaretts, Bazare und Konacks, wie man hierzulande ansehnliche Häuser, Fremdenherbergen und die Villen der Reichen nennt. Den malerischen Charakter der Teilstadt erhöhen Befestigungstürme aus alter Zeit. Kein Grieche darf dieses Viertel betreten. Die Frauen gehen in langen Kleidern, und die Fremden wenden sich ab, wenn sie vorübergehen, einer Sitte des Orients zu entsprechen, die mehr aus Eifersucht als aus Höflichkeit entstanden zu sein scheint.[82] Hier wohnt Ibrahim, ein Muselmane, bei dem der französische Schriftsteller Chateaubriand ein Unterkommen gefunden hat. Doch der Gast geht in der einzigen Nacht, die er in Mistra verbringt, nicht schlafen, er macht sich Notizen, will am nächsten Tag zu den Ruinen von Sparta und gleich weiter in den Orient. Auf das Peribleptos-Kloster, das doch ganz in der Nähe liegt, wendet er keinen Blick, denn die Kirche kann, wie schon sein Landsmann Charles Pouqueville versichert hat, die Neugier der Reisenden wenig befriedigen.[77]

Abgesehen von dem Türkenviertel ist Mesochorion der Stadtteil des griechischen Mittelstandes, aus dem es einzelne Familien zu Vermögen und Ansehen gebracht haben. Man nennt sie noch immer Archonten, und die Ältesten der Gemeinde, die Geronten, werden von den Griechen aus diesen Familien gewählt. Bis zum Aufstand von 1770 hat hier eine der reichsten Familien Mistras gelebt und sich noch kurz zuvor einen Palast, fast noch byzantinischer Art, gebaut: die Krevvatas. Sie sind alteingesessen gewesen, einer ihrer Ahnherrn hat um 1300 in der Stadt einen Brunnen gestiftet. An der Straße nach Tripolitza haben sie ein Landgut besessen und dem Dorf ihrer Kätner ihren Namen gegeben.[79; 95] Die Krevvatas sind dann Parteigänger der Russen geworden und später vor den Albanesen geflohen, dann aber, wie man in Mistra erzählt, in der Maina ausgestorben. Ihr Haus steht noch in guten Teilen aufrecht. Die Häuser ringsum sind von Gärten umgeben, in ihrem Äußeren jedoch schmucklos und oft dunkel gestrichen. In einer Umgebung von Platanen und Orangensträuchern bieten die Häuser der Griechen einen freundlichen Anblick und lassen auf eine gewisse provinzielle Behaglichkeit schließen. Die Gassen allerdings sind eng, schmutzig, uneben und steil.

Da die meisten Griechen, die in Mesochorion wohnen, Kaufleute sind und außerdem ein Landgut besitzen, das manchmal einige Stunden von der Stadt entfernt liegt und von ihnen selbst bewirtschaftet wird, sind Handel und Grundbesitz oft in einer Familie vereint. Allerdings ist es ebenso üblich, Land als Pachtgut gegen Zins, Zehnten und Naturalabgaben zur Nutzung Bauern zu überlassen. So hat der Protosyngolo des Metropoliten, ein Verwaltungsbeamter kirchlichen Grundbesitzes, sein Land an einen Bauern verpachtet: erst von mehr als 21 Kilo Erntegut muß der Pächter dem Woiwoden drei und dem Eigentümer sechs

---

81 Bartholdy, 244. 88 Bramsen, 157. * Cockerells Zeichnung einer Anzahl von Häusern unterhalb des ehemaligen Despotenpalastes findet sich in 92, Williams, Bd. 2, unpag.; vgl. 87 Cockerell, 99. 89 Wanieck, 10. 83 von Stackelberg, La pGrèce; Bd. 2, 5. 82 Chateaubriand, 106 ff. 77 Pouqueville, Bd. 1, 108. 79 Leake, Bd. 1, 129. 95 Burgess, Bd. 1, 251.

Kilo entrichten.[79] In der fruchtbaren Ebene des Eurotas-Tales scheint es daher nicht allzu schwer, als bäuerlicher Pächter zu leben.

Haupterwerbszweig der das Land Besitzenden ist wie seit je die Seidenzucht und die Gewinnung von Olivenöl. Die Maulbeerbaumplantagen werden sorgfältig gepflegt. Das Köpfen und Entlauben der Bäume besorgen die Bewohner der umliegenden Dörfer. Überall sitzen, wenn die Jahreszeit heran ist, Männer, Weiber und Kinder in den Kronen der Bäume und erfrischen sich an den reifen Früchten, die aussehen wie Brombeeren, ehe sie die Äste hinunterwerfen.[98] Der Handel mit der aufbereiteten Seide geht über Modon nach Tunis, über Patras nach Europa. Den Umfang und die Abwicklung des Handels mit dem westlichen Ausland kennzeichnet eine Episode aus dem Kriegsjahr 1770. Damals waren hundertfünfzig Kaufleute »nach einer jährlichen Gewohnheit im Monat Mai mit Seide, Getreide und anderen Waren nach Tunis« gekommen. Sie wurden zur Vergeltung des Aufstands in der Morea vom Beg in Tunis gefangengenommen, die Moslems verlangten, daß sie getötet würden. Aber man begnügte sich vorerst mit der Beschlagnahme der Barschaft, welche die Kaufleute bei sich trugen, in Höhe von 25000 Dukaten und der Waren im Werte von 300000 Piastern. Die Dukaten waren dem heutigen Sprachgebrauch nach Devisen und der Gegenwert der im Vorjahre verkauften Produkte, die an französische Kaufleute weitergehandelt worden waren. Da dieses beschlagnahmte Geld von den türkischen Behörden in Tunis nicht wieder zurückgegeben wurde, hatten die französischen Handelspartner der Kaufleute aus Mistra und Modon beträchtliche Einbußen hinzunehmen, da die Griechen die für sie aus Frankreich herangebrachten Waren nicht abnehmen und auch nicht bezahlen konnten.[40] Verrechnungsbörsen oder bargeldlose Bankgeschäfte sowie Kreditierungen sind also noch unbekannt. Die über Tunis gehandelte Seide wird nach Marseille verschifft, dort macht man aus der Seide Trame, die Einschlagseide, da die Morea-Seide dortzulande nicht zu den ersten Qualitäten gerechnet wird. Aber wenn die Seide aus Mistra über Anapli, wie die Griechen und die Türken jetzt Nauplia nennen, nach Chios und Konstantinopel gehandelt wird, hält man sie für besonders gut. Der Seidenexport erreicht jedoch nur etwa die Hälfte der Menge von vor 1770, dennoch ist er die wirtschaftliche Grundlage der Stadt.[68;42] Ähnliches gilt von den Olivenhainen, hat doch das Öl aus Mistra eine besondere Helligkeit und ist, in jedem Hause in einer Zisterne oder in tönernen Krügen gesammelt, für die griechischen Kaufleute ein wichtiges Handelsgut, obgleich nur ein Fünftel der Produktion ausgeführt wird. Zypressenstämme werden auf schwerfälligen Wagen, von Ochsen über die schlechten Wege gezogen, nach Monembasia gebracht, wo sie zu Schiffsmasten verarbeitet werden.[79]

Kaufleute aus Mistra gehen auf den Markt nach Kalamata und bringen von dort Waren aus dem westlichen Europa mit, vereinzelt auch Luxusartikel und Möbel aus Paris, und mit ihnen die Neuigkeiten von den Kriegen Napoleons, der 1797 die ionischen Inseln, ehemals venezianischer Besitz, der französischen Republik einverleibte und auf diese Weise Nachbar der Morea wurde. 1801 nahm der Korse diplomatische Beziehungen zu den Kapitani der Maina auf. Aber um die Politik der großen Mächte kümmert man sich in Mistra nicht viel, die Enttäuschung über Rußland ist einer neuen Hoffnung noch nicht gewichen. Der geistige Austausch mit Europa nimmt in diesen Jahren allerdings zu, da die griechischen Seekaufleute auf den Kykladen, besonders auf Hydra, das Mittelmeer, zum Teil unter russischer Flagge, befahren und Gäste aus dem Westen herüberkommen und fast immer Mistra besuchen. Gelegentlich empfangen dann die vornehmen Familien, die Ephoren und die Archonten, derartige Herren, die in Bekleidung, Sitte und Sprache fremdartig wirken und Kinder und Neugierige aus den Häusern locken. William Leake unternimmt eine regelrechte Visitentour.[79]

79 Leake, Bd. 1, 133. 98 Pückler-Muskau, 246. 40 Geschichte des gegenwärtigen Kriegs, 7. Teil, 13 f. 79 Leake, Bd. 1, 130 ff. 68 Leroy, 108. 42 Krünitz, Bd. 94, 6. 79 Leake, Bd. 1, 133.

Seines Zeichens Handelsagent, wenn auch nicht immer erfolgreich, macht auch John Galt in Mistra Besuche. Zwei Ärzte begrüßen ihn nacheinander in ihren Häusern. Der eine stammt von den ionischen Inseln und erzählt freimütig, daß er mit einem Teufel von Weib verheiratet sei. Der andere ist kein Mistriot und kein Grieche, er ist ein leibhaftiger Deutscher und nennt sich Baron Stein. Er war neun Jahre zuvor an einem Duell beteiligt gewesen, mußte aus Wien, seiner Heimatstadt, fliehen und lebt nun als ein wohlgebildeter und überaus heiterer Mann in Mistra. Er meint, er habe eine Frau, die kaum weniger als ein Engel sei. Und abends gibt John Galt einen Ball für die Ephoren und ihre Familien. »Unser spartanisches Essen würde selbst den Beifall Lykurgs erhalten haben. Es bestand aus einem Ferkel und einer Hammelkeule und aus anderen ähnlichen Leckereien. Und sowohl der ›Teufel‹ als der ›Engel‹ erschienen auf unserem Bankett. Die eine hatte nichts Infernalisches in ihrem Aussehen. Und ich denke, der Deutsche hatte recht, zu sagen, sie sei wild und roh gemacht worden durch ihr Biest von einem Ehemann. Seine eigene Frau verdiente einiges von dem Lob, das er so verschwenderisch über sie ausgegossen. Er entschuldigte ihre langsamen Bewegungen beim Tanzen, indem er mir zuflüsterte, daß sie seit einem Monat schwanger sei. Sein Gegenspieler, der ›Siebeninsulaner‹, suchte bald darauf die Gelegenheit, mir zu sagen, daß der andere seine Frau aus dem Harem des Veli Pascha heraus geheiratet habe. Nun, wir fanden uns ausnehmend bereichert, Kenntnis von all dem Stadtklatsch erhalten zu haben.«[86]

Man kann daher zweifeln, ob es in Mistra so »liebenswürdige (und) ganz ungewöhnlich gebildete Männer« gibt, wie sie Baron von Stackelberg im arkadischen Trikkala kennenlernte. Diese Herren aus der Familie Notara »lasen italienisch und altgriechisch, hatten Freude an den hellenischen Schriftstellern und besaßen sogar den seltenen Schatz einer kleinen Bibliothek.«[84] Doch in Mistra gibt es nicht einmal eine Schule. Zu den Gebildeten zählt sich natürlich der Archon Demetrios Manusaki. Sein Haus wird gewöhnlich von englischen Reisenden aufgesucht. Und wenn auch John Galt ihn nicht nennt, man erkennt ihn in der Beschreibung wieder. Schmeichlerisch und stets willfährig, hat er für die Gäste immer ein Kompliment! Aber das ersetzt Essen und Trinken nicht. Wer bei ihm wohnt, muß sich selbst um seine Verpflegung kümmern.[86] Bei Herrn Manusaki haben sich auch Sir William Gell, der unten vom Tal aus die Stadt am Berghang und den Taygetos gezeichnet hat, und einige Jahre zuvor Edward Dodwell, von Haus aus Altertumsforscher, für ein paar Tage einlogiert. Dem Mister Dodwell erzählt eines Abends der Grieche, daß er »ein lebhaftes Interesse an der Geschichte seiner spartanischen Vorfahren« habe und deshalb seine Söhne Lykurgos und Leonidas habe taufen lassen.[78] Demetrios Manusaki unterhält sich gern, wortreich berichtet er von Franken und Türken, die einander umgebracht hätten. Aber sein Gast, William Gell, der am Fenster sitzt und das Tal des Eurotas in schöner Bleistiftmanier konterfeit, hört nur mit halbem Ohre zu und erwidert diese »Gemeinplätze mit Bemerkungen über anderes von derselben Art« – denn die englische Geschichte ist auch nicht arm an solchen Begebenheiten. Demetrios Manusaki hat eine hübsche Frau, die er, bevor er zu Tische bittet, sehr fein herausputzt. Aber an der Mahlzeit nimmt sie nicht teil. Der türkische Diener William Gells, Mustafa, würde sich über eine derartige Zumutung entsetzen. Türkensitten sind längst von den Griechen übernommen worden. Nach dem Essen geben die Gäste dem bedienenden Mädchen ein Trinkgeld, das Frau Manusaki ihr wieder wegnimmt, um es für sich zu verwenden. Anderntags führt Herr Manusaki seine ausländischen Gäste zu den Ruinen des alten Sparta und erklärt auf seine Weise Geschichte und Bauwerke des antiken Lakedaimon.[80; 88] Übrigens legt er es darauf an, seine Gäste so lange wie möglich in der Stadt festzuhalten. Der Postmeister ist mit ihm verwandt, und so vollführt er gern seine »gewöhnlichen Streiche«: die Postpferde sind nicht da, obgleich sie für Tag und Stunde bestellt

---

86 Galt, 166 f. 84 von Stackelberg, Schilderungen, 175. 86 Galt, 161. 78 Dodwell, Bd. 2, 273 ff. 80 Gell, 336. 88 Bramsen, 158.

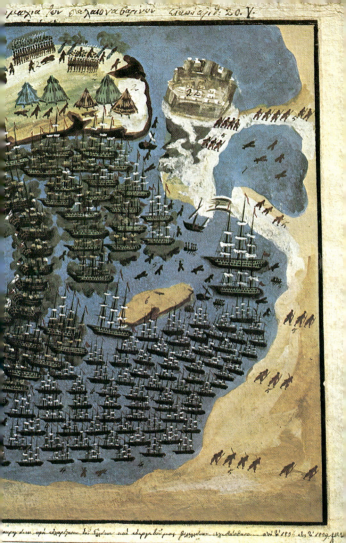

VI *Aufforderung der drei Mächte
zur Befreiung Griechenlands*
oder *Seeschlacht bei Alt-Navarino 1827*

Gemälde von Panagiotis Zographos, 1836/39

Athen, Historisches und Ethnologisches Museum

Der in Bardounia, einem Dorfe bei Mistra, geborene Maler stellte zwischen 1836 und 1839 für General Makrygiannis in einer Serie von Gemälden die Ereignisse des Befreiungskampfes dar. Er lebte damals in Sparta.* In der ihm eigenen Erzählfreude, die an späte Ikonen erinnert, veranschaulicht er auch die Seeschlacht vom 20. Oktober 1827, mit der die drei Mächte – England, Frankreich und Rußland – die Annahme des Waffenstillstands durch den Sultan erzwingen wollten. In dicht geschlossener Linie fahren die Schiffe der verbündeten Flotte in die Bucht ein. Brander (8 und 9) stehen bereit, ihre explosive Ladung in das feindliche Geschwader zu tragen. Hinter einer die innere Hafenbucht schützenden Insel (6) liegen die türkischen Lastschiffe vor Anker (4), während die türkischen und ägyptischen Hochbordschiffe (3), kaum daß das Feuer der Schiffskanonen begonnen hat, in Brand geraten. Von Neokastron (1) und der Insel Sphakteria (2) aus, wo die Türken Zelte aufgeschlagen und Geschütze in Stellung gebracht haben, werden die einfahrenden Großsegler unter Beschuß genommen. Von ihren brennenden Schiffen fliehen die Türken auf die Halbinsel mit der mittelalterlichen Frankenburg (2/2) und über eine kleine Brücke (7) auf das feste Land, retten sich in Booten oder müssen ertrinken (5). Die Entscheidung für das freie Griechenland war gefallen.

* Vgl. Stelios Lydakis: Geschichte der griechischen Malerei im 19. Jahrhundert, München 1972, S. 133 ff.

und zugesagt sind. Dann muß der Aga, der Vorgesetzte des Woiwoden, der »äußerst höflich gegen Reisende« ist, dem Demetrios einen seiner Soldaten schicken und »mit körperlichen Strafen drohen, damit den Fremden ihr Recht widerfahre«.[88]

Mittelpunkt Mesochorions ist der Sitz des Metropoliten, der noch immer den Titel eines Erzbischofs von Lakedaimon trägt und so seine Besucher veranlaßt, Mistra für das alte Sparta zu halten. Trotz seines ehrwürdigen Namens ist der Metropolit von Lakedaimon »arm wie die Hirten der ersten Kirche«[77] und, wenn es damals schon Eugenios ist, wegen seiner Loyalität gegenüber den Türken wenig beliebt. Er ist Fanariot. Er empfängt Gäste aus Frankreich und England gern, denn oft übernachten Altertumsforscher und Orientreisende in der Metropolis, wenn der Woiwode es für angemessener hält und den Fremden kein Privatquartier zuweist. Dann laden die Popen der Metropolis sie ein, bieten Kaffee an und klagen darüber, daß ihnen nach 1770 jeglicher Besitz enteignet wurde. Die Liegenschaften sind den Moscheen übertragen worden. Wollen die Griechen eine neue Kirche bauen, müssen sie dreihundert Piaster nach Konstantinopel entrichten.[79] Darum nimmt man, um zerstörte oder baufällig gewordene Gotteshäuser wiederherzustellen, aus Sparsamkeitsgründen Material aus dem römischen Theater im alten Sparta oder aus Kirchen, die dann ihrerseits dem weiteren Verfall ausgesetzt sind. Anschließend an die Kaffeestunde führen die Popen ihren Gast, es ist François Chateaubriand, durch die Metropolis und die Kirche des Agios Demetrios. Vor der Tür liegen Kranke und Bettler, die einen hoffen, daß man ihnen im Namen der Heiligen Cosmas und Damian ein Heilmittel reicht, damit sie genesen, die anderen verlangt es nach einer Mahlzeit – man gibt ihnen Brot. Doch der Franzose, den die Popen herumgeleiten, achtet auf diese Gestalten nicht und findet auch nichts Anerkennenswertes an dieser Kathedrale: die Malereien erinnern ihn an Entwürfe aus der Schule vor Perugino, und die vielen kleinen Kuppeln sind unedle

Kalotten und stören die kaum harmonischen Verhältnisse einer solchen Chimäre. So etwas hat für ihn weder die weise Schönheit der Antike noch die Kühnheit des Gotischen.[82]

Mesochorion ist von Exochorion durch den Ebreopotamos, den Judenfluß, getrennt, den die Reisenden, in der Benennung der Gegend nicht immer sicher und daher nicht einig, manchmal Eurotas, neugriechisch: Iri, nennen. Den Fluß überquert eine Brücke von sechs stattlichen Bogen aus Ziegelmauerwerk. Exochorion wird vom dritten Volk Mistras bewohnt, den Juden, und trägt deshalb auch den Namen Ebreochorion.

»Es ist eine andere Sprache, ein ganz neuer Ausdruck der Gesichtsbildung, ganz verschiedene Lebensart, besondere Gebräuche, Gottesdienst und Gewerbsart; doch geben diese in Orthodoxe und Häretiker geteilte Juden den Türken eine reichliche Ernte an Strafgeldern. Die Sekten unter ihnen schließen keine Art von Verbindung miteinander, und die Gräber der Hebräer sind abgesondert von denen der Sadduzäer: so löscht auch der Tod ihren Haß nicht aus.«[77]

Von den Türken werden die Juden als ›dritte Klasse‹ behandelt und unter die Griechen gestellt, was besonders zur Osterzeit, wenn den Orthodoxen ihr höchstes Kirchenfest zu begehen erlaubt ist, zum tragischen Konflikt führt, denn das jüdische Passahmahl müssen sie heimlich feiern. Synagogen sind unsichtbar. Dennoch sind die Juden in Mistra – bei Herrn Palli übernachtet Saverio Scrofani[75] – den Türken unentbehrlich als Makler und Dolmetscher: sie beherrschen sowohl das Türkische als das Griechische und haben unter ihren Glaubensgenossen in Okzident und Orient ihre Geschäfts- und Handelspartner.

»... um Tabak zu rauchen, Kaffee zu trinken und bisweilen angenehmen Träumen nachzuhängen«, gehen die Bewohner Mistras, insbesondere aber die Griechen, auf die Insel im weithinströmenden Eurotas, die Platanisti.

88 Bramsen, 158. 77 Pouqueville, Bd. 1, 107. 79 Leake, Bd. 1, 133. 82 Chateaubriand, 107. 77 Pouqueville, Bd. 1, 109 f. 75 Scrofani, 83.

»Man stelle sie sich vor, im Mittelpunkte bedeckt mit Platanen, am Ufer bepflanzt mit Trauerweiden und Cytisus« – hellgelb leuchtendem Goldregen –, »welche sich im Wasser spiegeln, indes auch Gebüsche von Lorbeer, Rosen und einzelne Seidenbäume das Auge ergötzen und die Luft mit Wohlgeruch erfüllen. – Hier, hier war es auf dieser Insel, an den Ufern des Flusses, der sie mit seinen Gewässern umspielt, wo man, wie Theokrit sagt, die Blumen sammelte, womit Helena an dem festlichen Tage ihrer Vermählung sich schmückte. In den ersten Tagen des Frühlings bedecken sich diese Gegenden, welche die Tiasa und der Eurotas benetzen, mit Veilchen und anderen Blumen, um die Stirnen der spartanischen Mädchen zu bekränzen. Haufenweis ziehen sie an den durch die Religion geweihten Tagen dahin, um sich hier im Tanze zu üben. Ein purpurner Schleier erhebt den Glanz ihrer Gesichter, die langen Flechten ihres blonden Haares fließen den Rücken hinunter und wallen auf ihren Busen herab ... Ihre edle und ruhige Haltung, ihre schönen Formen, ihre Stellungen, die Regelmäßigkeit ihrer Gesichtszüge, die durch die großen blauen, von langen Wimpern beschatteten Augen belebt werden: alles ist hinreißend an ihnen und umgibt sie mit einem gewissen Zauber, der zugleich Liebe, Achtung und Bewunderung erregt. Allein und unabhängig von der Schönheit, die aus feiner Bildung der Gestalten und Regelmäßigkeit der Züge entsteht, haben diese Frauen, wie fast alle Orientalerinnen, einen Ton der Stimme, der das Herz bewegt und wie durch Magie die süßesten Empfindungen erregt.«[77]

Man schätzt die Zahl der Bewohner Mistras auf fünfzehn- bis achtzehntausend, davon fünf- bis sechstausend Türken und eine auffallend große Menge türkisch-griechischer Mischlinge. Die Muselmanen fühlen sich als Herren des Landes, obgleich sie sich meist der griechischen Sprache bedienen und ihre eigene mit griechischem Akzent sprechen. Das läßt den Schluß zu, daß es sich um Nachkommen von Griechen handelt, die nach der Wiedereroberung Moreas durch die Türken zum Islam übergetreten sind. Mistra hat innerhalb des Paschaliks Morea eine Sonderstellung. Es gehört zur Apanage der Schwester des Sultans, weshalb der Woiwode aus Konstantinopel hergeschickt wird, aber dem Pascha in Tripolitza, das die Türken Tarabolusa nennen, unterstellt ist. Der Woiwode empfängt die Fremden in seinem Haus unterhalb des Kastells, und halb aus Höflichkeit oder Neugier, halb aus Pflicht kommt der aus Westeuropa Herangereiste zu ihm herauf. William Gell trifft zu seiner Verwunderung sogar zwei Woiwoden in ihrem Amtssitz an, die gemeinschaftlich der Verwaltung obliegen, ihren Gast freundlich bewirten, Kaffee bringen lassen und die Nargileh, die Wasserpfeife, anbieten. Großzügig erlauben sie ihm, alles sich anzusehen, denn Mistra ist eine Sehenswürdigkeit. Sie geben ihm einen Begleiter mit, halb als Cicerone, halb als Bewacher.[80] Ein paar Jahre danach hat sich der Woiwode ein Haus bauen lassen und ist von der Höhe herunter nach Mesochorion gezogen. Zwei griechische Assessoren unterstützen ihn in der Verwaltung.

Vor allem aber ist der Woiwode für die polizeiliche Ordnung der Stadt und des umliegenden Landes verantwortlich. Und dabei handelt er stets mit Umsicht, also klug und etwas ängstlich. Wenn zum Beispiel ein deutscher Baron aufgeregt zu ihm heraufkommt und ihm berichtet, am Wege von Langada nach Mistra läge eine schon in Verwesung übergehende Leiche, dann handelt es sich eigentlich um eine alltägliche Sache. Fordert dann der Deutsche ihn auf, den Mördern nachsetzen zu lassen, so läßt er die Archonten und die Kodjabaschis zu sich rufen. Sie sitzen und reden lange miteinander über den Eifer des Fremden, aber ...

»Räubern nachzuspüren, ist gegen die gewöhnliche Vorsicht der Griechen«, bedeutet man dem Reisenden. »Sie fürchten der Banditen Rache und befürchten auch einen Verweis von der Behörde in Tripolitza; denn die ausgesandten Türken kommen aus der gewohnten Ruhe, und das Dörfchen, durch welches sie ziehen, wird gebrandschatzt.«[84]

77 Pouqueville, Bd. 1, 111 f. 80 Gell, 334 f. 84 von Stackelberg, Schilderung, 262 f.

Aber er, der deutsche Baron von Stackelberg Efendi, möge doch ruhig in Mistra bleiben, es sei doch eine freundliche, friedliche Stadt!

Gerichtsherr in Mistra ist wie überall, so auch hier der Kadi, den die Griechen fürchten. Aber er meint, daß die Griechen ihn lieben. Deshalb hätten sie ihm, wie er seinem Besucher, dem Mister Leake aus Britannien, freudestrahlend erzählt, ein Haus gebaut.[79] Dort sitzt er also seinem Tribunale vor und entscheidet auf Grund des heiligen Rechts des Koran über Türken und Griechen. Vorher habe er, glaubt Saverio Scrofani, auf den Ruinen des alten spartanischen Tribunals gewohnt und seine Tätigkeit ausgeübt.[75] Und dann wäre bei allem Wechsel der Zeiten, bei aller Veränderung der Herrschenden und Unterwerfenden der Ort der Rechtsprechung derselbe geblieben – von Lykurg und Gemistos Plethon bis zum venezianischen Rettore und Giusdicente und dem türkischen Kadi? Kaum.

Besuch beim Pascha

Der Vorgesetzte der türkischen Verwaltungsbeamten in Mistra ist der Pascha in Tarabolusa, der den Generalsrang eines Paschas mit drei Roßschweifen hat. Seinem Paschalik sind außer Lakonien auch die Argolis und Arkadien mit Karytaina und Kalabryta unterstellt. Wie alle Paschas in den Provinzen des Osmanischen Reiches ist er vor allem darauf aus, auf Kosten der Unterworfenen, der Rajahs, ein angenehmes Leben zu führen, zumal er nie weiß, wie lange die Gnade des Sultans ihm zugeneigt ist oder wann im fernen Konstantinopel eine Palastrevolution die Verhältnisse auf den Kopf stellt und er seinen Kopf verliert. Am Rande der Stadt hat der Pascha seinen Serail aus Holz, der zwei Höfe umschließt, den Harem und die Kaserne der albanesischen Garde.

»Der Palast – man schätzt, daß er zwölfhundert Menschen Wohnung gibt – wimmelt von Bedienten; es ist der Luxus der Römer und der der Türken, die ihnen im Besitz dieser herrlichen Länder folgten. Man zählt unter der Dienerzahl Kaffeebereiter, Pfeifenstopfer, Limonadiers oder Scherbetgis, Zuckerbäcker, Badediener, Schneider, Barbiere, Huissiers oder Tschioux [Türsteher], Icholans oder Leibpagen seiner Hoheit, Bouffons [Sänger und Komiker], Musiker, Marionettenspieler, Träger der Laterna Magica, welche den Prinzen mit Carageus (obszönen Puppenspielen) unterhalten, ferner Ringer oder Pehlevans, Taschenspieler, Tänzer und ein Imam, endlich der Scharfrichter, Dgellah, der rechte Arm des Paschas, ohne den er niemals ausgeht, und der einzige Mensch, dem es erlaubt ist, sich in seiner Gegenwart zu setzen ...

Vor Tagesanbruch steht man im Palaste auf und verrichtet das Gebet, welches dem Waschen vorhergeht. Dann werden Pfeifen und Kaffee in Wasser gebracht. Manchmal setzt sich der Wesir zu Pferde und sieht dem Schauspiel der Dgerid zu oder gibt öffentlich Audienz. Dann spricht er Recht, entscheidet über die Geschäftsverwaltung, läßt hängen, bastonnieren und spricht los, denn er hat Gewalt über alles. Zu Mittag abermals Gebet, militärische Parade, Musik oder vielmehr Charivari. Nun geht's ins Selamlik (Männerzimmer), der Pascha empfängt Besuche und, um sich zu erholen, nimmt er Scherbet oder läßt sich Märchen erzählen, von seinen Bouffons Grimassen schneiden oder Stellen aus dem Koran herbeten. Bei Sonnenuntergang Gebete, Abendessen, Tabakrauchen. Nach anderthalb Stunden das fünfte und letzte Gebet, und kaum ist das vorbei, so wird durch Musik das Schlafengehen angekündigt.«[77]

Seit dem Jahre 1800 ist dies die Residenz des Achmet Pascha. Bevor er damals mit orientalischer Pracht seinen Einzug in Tarabolusa gehalten hat, haben die Griechen den Serail von Grund auf neu einrichten müssen. Vor Jahren hat Achmet einen Nervenschock erlitten, seitdem zuckt er fortgesetzt mit dem Kopf. Straff umklammert er mit einer Hand seinen dünnen, langen Bart, damit sein Gesicht einen herrscherlichen Eindruck macht. Er ist aber auch ein gewalttätiger und strenger Resident. Wie im Palast des Sultans in

79 Leake, Bd. 1, 126. 75 Scrofani, 90. 77 Pouqueville, Bd. 1, 33 f.

Blick von den Ruinen Alt-Spartas auf Mistra und den Taygetos.
Lithographie von I. M. Baynes nach William Gell aus dessen ›Narrative of a Journey in the Morea‹, London 1823 (München, Bayerische Staatsbibliothek).
Griechenland hatte sich seit 1821 die Freiheit von den Türken erkämpft. Als 1825 Ibrahim Pascha aus Ägypten kam, um mit seinen Fellachen den Aufstand zu unterdrücken, nahm Goethe die Nachricht

von diesem Überfall auf Morea zum Anlaß, sich mit der griechischen Geographie zu beschäftigen. In dem Buch William Gells sah er diese Ansicht von Mistra am Taygetos mit dem hochgelegenen Kastron. Alsbald nahm er die Entwürfe für den zweiten Teil seines Faust-Dramas wieder vor, verlegte die Begegnung Fausts mit Helena an den Eurotas und beschrieb die lakonische Landschaft nach Gells Reise-Illustration. Mistra wurde »der Königin verjährter Sitz«.

Konstantinopel ist sein Pfortendolmetsch ein Grieche, und dieser Dragoman begrüßt die Reisenden, falls sie auf ihrer Wanderung durch das klassische Land den Herrscher der Morea besuchen wollen. Wünscht sie der Pascha zu sehen, gehen sie in das Begrüßungszimmer, ins Selamlik, und treten vor ihn, der unter seinem großen Turban auf dem Diwan sitzt. Auf den hohen Sofas vor kahlen Wänden hocken die vierundzwanzig Sandschaks der Morea. Der Henker hat dem Pascha gegenüber seinen Platz. Übrigens ist auch ein Grieche bei der Audienz zugegen, er trägt die Uniform eines russischen Offiziers, denn der Zar in Petersburg ist seit dem Friedensvertrag von 1774 Schutzherr der Orthodoxen und nimmt sich das Recht, das Türkische Reich anzugreifen, falls seiner Meinung nach die Glaubensfreiheit bedroht ist. Daß dieser »Konsul« des Zaren Alexander aus Mistra stammt,[77] macht die Szene des Empfangs beim Pascha recht geheimnisvoll: was hat dem Mistrioten das Vertrauen des russischen Gesandten bei der Hohen Pforte und die des Achmet Pascha eingetragen?

Die Paschas in den türkischen Provinzen wechselten häufig. Um 1810 war Vely Pascha als Wesir des Sultans Gouverneur Moreas. Er war ein Sohn des berühmten Ali Pascha von Jannina, der durch Mord und Krieg seine Herrschaft über Albanien aufgerichtet hatte. Als eine Zeitlang Charles Pouqueville Napoleons Konsul bei Ali war, schlug er Vely dem Sultan Selim zum Herrn des Paschaliks Morea vor. Der Sultan stimmte zu, weil er sich Frankreich freundschaftlich verbunden fühlte und auf die Gunst seines mächtigen Vasallen angewiesen war. Doch dadurch dehnte sich die Macht des Albaner-Fürsten nur noch weiter aus, ein Staat schien sich zu bilden – ein vom Sultan unabhängiges Reich von Groß-Balkanien!

Vely Pascha residiert in Tarabolusa und herrscht, als wäre er der Statthalter seines Vaters und nicht des Sultans Diener. Sein Dragoman heißt Theodorios und gilt als ein »kluger, weltkundiger, aber Ränke liebender Mann« – ein echter Levantiner! Er empfängt, wie üblich, als erster die Besucher aus dem westlichen Ausland, wobei er, gewiß mit

Überzeugung, beteuert, daß die Residenz jetzt »einen Grad von europäischer Verfeinerung« erreicht hätte.[85]

Im August des Jahres 1810 kommt, in der Gala-Uniform eines britischen Pairs, George Gordon Lord Byron zu ihm und bittet höflich um eine Audienz bei Seiner Hoheit. Der Pascha läßt ihn vor. Lord Byron überreicht ihm ein Empfehlungsschreiben Ali Paschas, den er vor ein paar Monaten besuchte. Gravitätisch mit dem Degen spielend, erzählt der englische Poet, daß er die Reise in den Orient aus Unlust an seinem eigenen Heimatlande angetreten habe und daß es seine Absicht sei, bei den Türken diplomatische oder militärische Dienste anzunehmen, zumal es ihm hier gefalle. Denn er hätte, versicherte er, zwischen sich als einem Engländer und den Osmanen keinen wesentlichen Unterschied bemerkt. Doch hat der Lord, was er in einem Brief nach Hause schrieb, wohl nicht hinzugefügt: »... außer daß sie große Bärte tragen und wir nicht, daß ihre Röcke lang sind, die unsrigen aber kurz, und daß wir viel, sie aber wenig sprechen. Sie sind ein kluges Volk.«[282] Auch die Zeilen aus dem poetischen Roman der Reise, den er abends statt eines Tagebuches dichtet, hat Seine Lordschaft dem Herrscher der Morea bei dieser Audienz nicht vorgetragen:

> *O Hellas, düstrer Rest entschwundner Pracht!*
> *In Schutt unsterblich, groß, wenn auch gesunken;*
> *Wer führt nun Dein zerstreutes Volk und macht*
> *Es frei von langer Knechtschaft, freiheitstrunken?*
> *Doch Deine Söhne, die als Helden prunken*
> *Und starben in der Thermopylen Schluft,*
> *Vermögen nicht zu schüren diesen Funken –*
> *Wer ist's, der ihren Heldengeist beruft*
> *Und an Eurotas' Strand ihn weckt aus seiner Gruft?*

> *Wohin man kommt, ist alter heil'ger Grund,*
> *Gemeine Fron kann nimmer ihn bezwingen,*
> *Ein Wunderreich liegt hier in weiter Rund,*
> *Und wahr scheint alles, was die Musen singen.*
> *Bis weh ins Herz uns jene Szenen dringen,*
> *Die wir erschaut in Kinderträumen schon.*

---

77 Pouqueville, Bd. 1, 35.   85 Holland, 362.   282 Eberty, 129 und 156f.

> *Wenn Deine Tempel auch zu Grunde gingen,*
> *Spricht Fels und Schlucht doch der Zerstörung Hohn:*
> *Zeit stürzte wohl Athen – nicht aber Marathon.*
> *(Lord Byron, Childe Harold's Pilgrimage, II*
> *Strophe 73 und 88)*

Lord Byron ging. Der Pascha blieb bei Nargileh und Carageus, zurückgelehnt auf weichen Kissen. Er ließ sich dann den Goldschmuck bringen, der in Mykene aus einer künstlich aufgewölbten Höhle für ihn herausgeschaufelt worden war und betrachtete ihn lange. Man hatte ihm erzählt, daß die Höhle einst das Schatzhaus des Atreus gewesen wäre. Den Vely Pascha reizten die alten Sachen, und er gestattete, in Bassai bei Andritzena einen Tempel auszugraben und übernahm einen Teil der Kosten. Die Funde allerdings enttäuschten ihn. Es waren schwere Steine, noch dazu mit menschlichen Figuren – nackte Helden, leichtgeschürzte Amazonen! Vor ihm lagen die Reliefs der Cella des Apollon-Tempels, und vor ihm standen Baron von Stackelberg und Charles Cockerell, der Däne Bramsen und zwei Deutsche. Mit Geld und guten Worten lockten sie ihm, dem Vely Pascha, die Erlaubnis ab, die alten Steine wegzuschaffen.[84] England hatte eine Beute zwischen Krieg und Frieden, und für die Künstler war es bald ein Werk, in dem ihr Ideal des Klassischen verwirklicht schien. Vely Pascha wurde fast ein Kenner alter Griechenkunst. Er reiste, zwar inkognito, doch mit gewissem Pomp, um anzuschauen, was die Gelehrten ihm begeistert schilderten: Athen. Von der Marmorwelt des Parthenon, dem Tempel einer Heidengöttin, auf der Akropolis war er beeindruckt,[80] obgleich Lord Elgin, Englands Resident in Istanbul, die Skulpturen aus den Giebeln und auch den Fries der Cella, so weit es ging, geraubt und zu Schiff nach England hatte bringen lassen. In aller Welt ist Pheidias seitdem berühmt. Als dann der Vely Pascha alles angesehen hatte, betete er in der Moschee, die mit Minarett und kleiner Kuppel in die Ruine des Athena-Tempels hineingebaut war. Denn der Muezzin rief: »Gott ist groß! Ich bezeuge, daß es keinen Gott gibt außer Allah, und Mohammed ist sein Prophet!«

BESUCH BEIM PASCHA

Doch die Zeit, das Land, die Griechen – sie ließen Vely Pascha nicht die Ruhe, Jahre friedlichen Genusses zu verleben. In Tripolitza ist man aufgeregt, denn in Nauplia haben Griechen sich den Türken gewaltsam widersetzt. Vely Paschas räuberische Horden ziehen plündernd durch Arkadien, die Bauern ernten früh im Jahre schon die Felder ab und ängstlich fragen sie den Reisenden, wann die Franken kämen, sie endlich zu erlösen, und bitter klagen sie, daß die Türken sie mit Füßen träten.[84]

»Die Griechen in Morea sind von sehr lebhaftem und reizbarem Charakter und bezeugen mehr Teilnahme an politischen Angelegenheiten als die meisten ihrer Landsleute« und sind »von einem Geiste belebt, der, bei vermehrtem Druck und besserer Gelegenheit, den ernsthaftesten Aufstand zu Folge gehabt haben würde.«

»Wenn diese Befreiung wirklich stattfinden sollte, so wird wahrscheinlich Morea der erste Schauplatz der Umwandlung sein, und hier wird es daher am wichtigsten sein, die Fortschritte der öffentlichen Meinung und des Volksgeistes zu beobachten.«[85]

Wie soll es möglich sein, das Land in Frieden und Gehorsam gegen Sultan Mahmud zu erhalten? Auch die Maina ist in Aufruhr: Theodor Kolokotronis, den William Gell als seinen Freund bezeichnet,[80] läßt die Türken nicht im Zweifel, daß er mit seinen Kleften das Joch der Knechtschaft abzuschütteln fähig ist. Vely Pascha fürchtete es wohl, aber wissen konnte er es nicht, daß der Sultan seinen Vater Ali Pascha doch noch unterwerfen würde und daß sein eigener Kopf dem Großherrn der Osmanen vor den Füßen liegen sollte – 1822, ein Jahr, nachdem die Griechen ihre Freiheit mit der Waffe in der Hand erkämpften.

---

84 von Stackelberg, Schilderung, 213. 80 Gell, 363 f.
84 von Stackelberg, Schilderung, 171. 85 Holland, 362 und 357.
80 Gell, 365.

Gedanken über Revolution und Freiheit

Morea liegt ›weit, in der Türkei‹ — während hier im Westen nach dem Sieg über Napoleon die ›Heilige Allianz‹ ins Leben tritt, aber den Völkern die politische Freiheit nicht bringt, bereitet sich dort die Revolution vor, in der das griechische Volk das Recht, sein Schicksal selbst zu bestimmen, mit Entschlossenheit durchsetzt. Die Griechen sind ihrer Zeit um einen Schritt voraus, weil sie die Freiheit ungeteilt verlangen, während es im Westen nur die Freiheit des Dichtens und des Denkens, vielleicht auch der Gesinnung gibt. Abgelegen im südöstlichsten Europa ist Morea, Tatort mutig-wilder Kleften, jedoch ebenso ein Schauplatz des Geistes dieser Zeit wie unsere Dichter- und Gelehrtenstuben — und die Salons der Damen, in denen freie Rede herrscht. Am Ende ist es gleich, ob sich der Zeitgeist im Worte ausdrückt oder Tapferkeit die Waffe in die Hand nimmt. Das Ziel ist jedesmal dasselbe: Freiheit, Menschlichkeit und Recht.

In Hölderlin und Goethe läutert sich der Geist der Zeit zur Klarheit. Er prägt das Urteil über Land und Volk, das als Bewahrender und Erbe des alten Hellas gilt. Gerade weil sie es selbst nicht aus Erfahrung kannten, konnten Hölderlin und Goethe Griechenland zum Gegenbild des eigenen Daseins formen und die Wirklichkeit in einer Wahrheit spiegeln, in der die Freiheit in bedeutender Verschiedenheit erscheint. Die Stadt, der dieses Buch gewidmet ist, wird durch ihr Gespräch zum Ort des Geistes, an dem ihr dichterisches Wesen sich unverwechselbar enthüllt. »Guillaume de Villehardouin, der herbe Frankenfürst, war des noch ungeborenen Faust Lehensherr und Burgverweser: er sammelte die verschollenen Geister über dem Eurotas und strengte Hellas' Erweckung an.«[138] Hyperion warf seinen türkischen Kopfbund in den Eurotas und trug seitdem einen griechischen Helm. Goethe verbindet die Ritterzeit Moreas mit dem Sparta des Menelaos und der Helena, Hölderlin die revolutionären Ideen seiner Gegenwart mit dem Aufstand der Griechen und dem Kampf um Mistra.

Helena

Goethe gewinnt das Symbol zeitüberdauernder Schönheit der griechischen Kultur in der dreitausendjährigen Helena, der er, wie er sagt, nun auch schon sechzig Jahre nachgeschlichen sei (1827: Bd. 21, 744)*. Helena kommt soeben »vom phrygischen Blachgefild« – in dem das jahrelang umkämpfte Ilios lag – »in vaterländische Buchten« zurück[131]. Sie ist und bleibt die ewig Gleiche in ihrem Land. Faust hat nach seinem Gang zu den Müttern »den Schatz, das Schöne«[131] magisch-schattenhaft beschworen, dann aber, als er am unteren Peneios die Zeugung der Helena erlebt, den Ursprung alles Schönen wahrgenommen. Er ist der neue Paris, aber in einem anderen Land, das er sich mit seinen Germanen erobert, als wäre er ein neuer Alarich, der Lakedaimon plünderte, zerstörte. Die Zeit geht zurück, rückt der Erkenntnis näher: Helena. Und Helenas trojanische Mädchen erleben den Zeitsprung in einem Augenblick, miterleben die neue Liebe der Königin.

»Ich zweifelte niemals«, wandte Goethe sich an Karl Iken, »daß die Leser, für die ich eigentlich schrieb, den Hauptsinn dieser Darstellung sogleich fassen würden ... In solchen Hoffnungen einsichtiger Teilnahme habe ich bei Ausarbeitung der ›Helena‹ mich ganz gehen lassen, ... überzeugt, daß, wer das Ganze leicht ergreift und faßt, mit liebevoller Geduld sich auch nach und nach das einzelne zueignen werde« (1829: Bd. 21, 762).

Im Jahre 1800, als der Helena-Monolog entstand, hatte Goethe in Guillet de la Guilletières ›Lacédémone ancienne et nouvelle‹ gelesen und dadurch zu Helena »einige gute Motive gefunden« (1800: Bd. 20, 829), vielleicht auch das Schwanen-Motiv. Aber erst Jahre später, 1825, trat Helena

---

138 Däubler, 28. *Die in Klammern gestellte Angabe mit der vorangehenden Jahreszahl verweist hier und im folgenden auf Band und Seite der Artemis-Ausgabe der Werke Goethes, Zürich 1948 ff., in deren Bänden 20 und 21 die Briefe und in den Bänden 22 bis 24 die Gespräche zu finden sind, die in diesem Abschnitt zitiert werden. 131 Goethe, Faust II, Vers 8491, 8493 und 6315.

wieder hervor. Johann Peter Eckermann mag veranlaßt haben, daß Goethe sich der Faust-Dichtung wieder zuwandte: die inneren Antriebe zur Weiterarbeit und schließlichen Vollendung sind nicht so leicht zu ergründen. Der erneuerte und fast als aussichtslos erscheinende Kampf der Griechen gegen die Türken um ihre nationale Unabhängigkeit, vor allem nach der Landung Ibrahim Paschas auf Morea im Februar 1825, lenkten Goethes Interesse in das Land des Menelaos. Goethe las »Die griechische Revolution von Blaquiere«* (28. Februar und 1. März)**, studierte »die neue Karte von Griechenland« (8. März) und besonders die »Topographie von Morea« (7. April). Gegenwart konnte aber erst durch Einsicht in die Geschichte, und somit aus ihren Gründen und ihren Folgen begreiflich werden. Enrico Dandolos »merkwürdige Expedition« hatte Goethe schon 1822 dem Kanzler von Müller erzählt (Bd. 23, 195). Jetzt beschäftigte er sich in »Ludens Weltgeschichte« vor allem mit der »Geschichte Griechenlands« und machte sich »Bemerkungen dazu« (19. März). Es kam der entscheidende Tag: Am 20. März notierte sich Goethe in seinem Tagebuch: »Helena im Mittelalter«. Wohl aus des Erzbischofs Dorotheos von Monembasia ›Weltchronik‹ sprang ein Gedanke, ging die geniale Idee hervor: Dorotheos schildert die Anna Angela, Wilhelms von Villehardouin dritte Frau, als »außerordentlich schön, an Haupt und ihrer ganzen Gestalt mit Liebreiz übergossen..., wie eine zweite Helena, die Gattin des Menelaos«. Damit verdichtete sich die fünfzigjährige Konzeption in Goethes Vorstellung:

»Als ich daran war, alles in einen Guß zu bringen, wußte ich lange nicht, was ich damit machen sollte. Endlich fiel mir's wie Schuppen von den Augen; ich wußte: nur so kann es sein und nicht anders« (1828: Bd. 23, 560).

Euphorion

Die Arbeit am Helena-Akt des anderen Teils des ›Faust‹ füllte die Zeit vom 23. März bis zum 5. April, während Ibrahim Pascha, der Gegen-Faust, die Morea unterjochte und verwüstete. Neue Schemata wurden entworfen und das Ende des Aktes völlig umgestaltet. Denn »Lord Byrons Reise nach Griechenland« (6. März) und des englischen Dichters tragisches Ende in Missolunghi waren für Goethe bedeutsam geworden. Es war der letzte entscheidende Anstoß, durch den sich Symbol, Geschichte und Dichtung zu einer Einheit zusammenfanden. Nun las Goethe Kapitän Parrys ›Die letzten Lebenstage Byrons‹*** und meinte, »Byron sei aus Verdruß und Ingrimm über die schlechte Wirtschaft in Griechenland gestorben. Er hätte gleich von Missolunghi umkehren sollen« (1825: Bd. 23, 389). Er verschwieg seinem Freunde, dem Kanzler von Müller, offensichtlich die alles krönende Idee: Euphorion. Das Ganze stand nun »in der Fülle der Zeiten« abgerundet und vollendet vor dem inneren Auge Goethes, »da es denn jetzt seine volle dreitausend Jahre spielt, vom Untergange Trojas bis auf die Zerstörung Missolunghis; phantasmagorisch freilich, aber mit reinster Einheit des Ortes und der Handlung ... Welchen Wert man endlich auch dem Stücke zuschreiben mag, dergleichen habe ich noch nicht gemacht, und so darf es gar wohl als das Neueste gelten« (1826: Bd. 21, 711).

Lakonische Landschaft

Es fehlte noch die Anschauung des Landes, des Eurotas-Tals in Lakonien und des Schlosses zu Mistra. Goethe hatte im Mai 1825 Coronellis ›Beschreibung der Reiche Morea und Negroponte‹ aus der Weimarischen Bibliothek entliehen. Nun kam ein Werk über »Morea aus der großherzoglichen Militärbibliothek« hinzu (2. Juni), ferner »Gells Reise nach Morea« (8. Juni), die sich Goethe mehrfach vornahm, den »einsichtig verständig reisenden Mann bewundernd« (30. Juni), während gleichzeitig die Topographie von Mo-

---

* *Siehe Bibliographie Nr. 211 und 212.* ** *Die in Klammern gestellten Daten verweisen auf Goethes Tagebücher von 1825, abgedruckt in der Cotta-Ausgabe der Werke und Schriften, 2. Abteilung, Bd. 13, 160 ff.*
*** *William Major Parry: The last Days of Lord Byron, London 1825 (vgl. 1825 Artemis-Ausgabe, Bd. 24, 160 f.)*

rea »sorgfältig weiter studiert« wurde (9. bis 15. Juni). Wiederholt schlug Goethe auch Edward Dodwells ›Reise nach Morea‹ auf, die ›Classical Tour‹ (14. bis 16. Juni), und noch vom 6. bis 9. August las er »im Dodwell«. Stadt und Kastron Mistra können ihm nicht entgangen sein, sowohl bei Coronelli, zwar naiv und bilderbogenhaft, als auch bei William Gell, und hier der Landschaft ganz getreu, ist die Bergstadt am Taygetos im Bilde vorgestellt. Nun war Goethe »in jenen südlichen Tälern und Klüften so heimisch geworden wie im Vaterlande, und es konnte ihm werden, als ob er selbst in ›Europens letztem Bergast‹ als Gatte Helenas und Herr des Landes wohne«.* Die Landschaft zwischen Eurotas und Taygetos stand ihm klar vor Augen.

> *Und duldet auch auf seiner Berge Rücken*
> *Das Zackenhaupt der Sonne kalten Pfeil,*
> *Läßt nun der Fels sich angegrünt erblicken,*
> *Die Ziege nimmt genäschig kargen Teil.*
>
> *Die Quelle springt, vereinigt stürzen Bäche,*
> *Und schon sind Schluchten, Hänge, Matten grün,*
> *Auf hundert Hügeln unterbrochner Fläche*
> *Siehst Wollenherden ausgebreitet ziehn.*
> (Goethe, Faust II, Vers 9526)

Mit der Hymne auf Natur und Menschendasein unter dem Gott des Lebensüberflusses, Bacchus, schließt der dritte Akt.

Hyperion

Hölderlin hatte Richard Chandlers Reiseberichte aus Kleinasien und Griechenland gelesen und dazu des Grafen Marie Gabriel Choiseul-Gauffiers ›Voyage pittoresque de la Grèce‹ – übersetzt von Otto Reichard – benutzt, wahrscheinlich aber auch die anonyme ›Geschichte des gegenwärtigen Kriegs zwischen Rußland, Polen und der ottomanischen Pforte‹, worin die schrecklichen Geschehnisse bei der Eroberung Mistras geschildert werden. Mit den griechischen Verhältnissen in der Türkenzeit war er wie mit einem zweiten Leben vertraut geworden, er kannte die Tänze nicht nur, die Sitten und die Empfindungen der Menschen, sondern auch die unverfälschte Natur dieses Volkes, das im Einklang mit seiner Landschaft lebt. Hölderlin erfährt das ferne Land als eine Vision und sieht den Archipelagus und die altehrwürdige Peloponnes mit der Wehmut dessen, der weiß, was ihm genommen wird, was er verlieren muß: Freiheit, Familie, Freundschaft und die Liebe zu Diotima, der »Königin des Hauses«.[134] Er überträgt die Gespräche seines schwäbischen Freundeskreises, zu dem Isaak von Sinclair, Ludwig Neuffer, Wilhelm Friedrich Hegel, der künftige Philosoph, gehören, in ein Land, das zum Gegenbild seines Wesens wird: »Ich liebe dies Griechenland überall, es trägt die Farbe meines Herzens. Wohin man blickt, liegt eine Freude begraben.«[134] Und er liebt dieses Volk griechischen Landes, wie es jetzt ist und wie es einmal war, als wär' es sein eigenes. Hyperion, der einer aus diesem Volke ist, glaubt wie Hölderlin, die Menschen nach seinem Geiste bilden zu können, gleichsam als wären sie »Urstoff«. Diotima weiß es zu deuten:

»Kannst du sagen, ich schäme mich dieses Stoffs? Ich meine, er wäre noch bildsam ... Die rohen Albaner und die anderen guten kindischen Griechen, die mit einem lustigen Tanze und einem heiligen Märchen sich trösten über die schmähliche Gewalt, die über ihnen lastet ... Sie müssen heraus, sie müssen hervorgehen, wie die jungen Berge aus der Meeresflut, wenn ihr unterirdisches Feuer sie treibt.«[134]

Revolution

Der Ausbruch eines Vulkans im Reich der Kykladen wird zur Metapher der Revolution. Es gilt die ursprüngliche, die natürliche Freiheit zurückzuerlangen, um eine höhere Natur im Menschen und ein lebendigeres Bewußtsein seiner selbst zu erringen. Dann »und nur darum ist alles gleich, was nur ein Leben ist, in der göttlichen Welt, und es gibt in

---

* Albert Bielschowsky: Goethe, 2 Bde., München 1904, Bd. 2, 588. [134] Hölderlin, Hyperion. 537, 531 und 572.

ihr nicht Herren und Knechte. Es leben miteinander die Naturen wie Liebende, sie haben alles gemein, Geist, Freude und ewige Jugend.«[134] Entfesselung, Ausbruch und Aufbruch ist Hölderlins Wille. Damit ist aber das Problem der Gewalt gestellt, wie denn auch ein Vulkan nur durch gewaltsame Eruption sich seiner Natur entsprechend verwirklicht. Diotima hatte davor gewarnt, sie, die den »Stoff« erst nur bilden wollte: ».... wirst, wenn es hoch kommt, einen Freistaat dir erzwingen und dann sagen, wofür hab ich gebaut? ... O, ihr Gewaltsamen! ... die ihr so schnell zum Äußersten seid, denkt an die Nemesis!«[134] Aber Hyperion konnte sie nicht verstehen. Da das geknechtete Volk die Kraft nicht hatte, die Freiheit zu erzwingen, wurde die Revolution zur selbstverschuldeten Tragik. Weil die Befreier in Mistra gewalttätig waren, Gewalt anwendeten gegen die, welche sie zu befreien gekommen, Verbrechen begingen wie die Jakobiner unter Robespierre, erlitt Hyperion – und Hölderlin antizipatorisch – das Schicksal der die Gewalt verabscheuenden Revolutionäre: die Ohnmacht.

Gegenüber der von Hölderlin gewollten Entfesselung und der Revolution als eines »unterirdischen Feuers« – »Der Vulkan bricht los!« – verlangt Goethe Bindung und gestufte Ordnung. Ihn beschäftigt nur gelegentlich die »Weltgeschichtliche Vergleichung des Kampfes zwischen Herrschenwollenden und nicht Dienenwollenden. Römer und Germanen, Türken und Griechen. Der Streit zieht sich in die Länge, weil kein Teil hinreichende Mittel zum Zweck ergreift« (8. März 1826). »Bei keiner Revolution«, das ist Goethes Überzeugung, »sind die Extreme zu vermeiden. Bei der politischen will man anfänglich gewöhnlich nichts weiter als die Abstellung von allerlei Mißbräuchen, aber ehe man es sich versieht, steckt man tief in Blutvergießen und Greueln« (1831: Bd. 24, 726). Als Neptunist lehnt Goethe den Vulkanismus ab und deutet in Analogie zum geo-morphologischen Gegensatz die Grundstruktur des politischen Daseins. Mit dem Vulkanismus verurteilt er die Herrschaft, die aus Revolution entstanden ist, durch Gewalt sich behauptet und nur Untat hervorbringt. Nach dem Durchzug durch die Nacht der klassischen Walpurgis hat Faust die Erkenntnis des ursprünglich Schönen, das sich aus der Welt der Ungeheuer zur Erscheinung bringt, und nicht die Einsicht in die ursprüngliche Natur-Freiheit, wie sie Hölderlin will und die unbedingt ist. Als auf dem herrscherlichen Sitz zu Sparta Ideales sich mit Tätigem vereint, unvergängliches Symbol –›Idol‹ – und kampfwillen Starkes, bringen sie das Poetische hervor: Euphorion. Der aber war der Knabe Lenker des Pluto gewesen, in den sich Faust beim Mummenschanz am Kaiserlichen Hof verwandelt hatte. Diese Szene schrieb Goethe erst, als Euphorion in der ›Klassisch-romantischen Phantasmagorie‹ die Gestalt George Byrons allegorisiert hatte. So trägt auch der Knabe Lenker die Züge des Dichters, den Goethe verehrte. Er personifiziert die Poesie, insofern sie Freiheit über Raum und Zeit hat und Vergangenes vergegenwärtigt. Knabe Lenker und Euphorion sind die beiden Stufen einer künstlerischen Freiheit, die das Politische unter sich läßt.

Freiheit

Auf Ausgleichung – und das ist im Grunde nicht Gleichheit – ist Goethe bedacht, denn Freiheit und Knechtschaft stehen sich »polarisch« gegenüber.

»Steht die Gewalt bei einem, so ist die Menge unterwürfig; ist die Gewalt bei der Menge, so steht der einzelne im Nachteil; dieses geht dann durch alle Stufen durch, bis sich vielleicht irgendwo ein Gleichgewicht, jedoch nur für kurze Zeit, finden kann.... Wie man denn niemals mehr von Freiheit reden hört, als wenn eine Partei die andere unterjochen will und es auf weiter nichts abgesehen ist, als daß Gewalt, Einfluß und Vermögen aus einer Hand in die andere gehen sollen. Freiheit ist die leise Parole heimlich Verschworener, das laute Feldgeschrei der öffentlich Umwälzenden, ja das Losungswort der Despotie selbst, wenn sie ihre unterjochte Masse gegen den Feind anführt und ihr von auswärtigem Druck Erlösung auf alle Zeiten verspricht.«[132]

---

134 Hölderlin, Hyperion, 631 und 579. 132 Goethe, 467.

Goethe geht es um die unanfechtbare Freiheit der Persönlichkeit, die sich selbst verwirklicht, denn die »höchste Freiheit« ist, »daß wir uns mit der sittlichen Weltordnung in Einklang setzen« (1828: Bd. 21, 819). Aber hat Goethe nicht die neugriechisch-epirotischen Heldenlieder übersetzt? Bringen diese Verse nicht seine Sympathie für die Kleften und den Kampf der Albaner gegen die Türken zum Ausdruck? Selbst Ali Pascha, der berühmte Albaner-Fürst, tritt in sein Bewußtsein ein! Goethe hielt diese Lieder nicht für Poesie, es waren politische Lieder. Wie alle Zeitgenossen verfolgte er den Befreiungskampf der Griechen, aber sein Interesse war – es ist dies kein Widerspruch zu dem vorher Gesagten – politisch, nicht parteilich: »Er dankte Gott, daß er kein Philhellene sei, sonst würde er sich über den Ausgang des Dramas jämmerlich ärgern« (1830: Bd. 23, 682). Für ihn war dieses »Drama« der Befreiung vielmehr »ein Analogon und Surrogat« der Kreuzzüge, »wie diese seien auch jene zur Schwächung der Macht der Osmanen überhaupt höchst heilsam ... Aus Europa kann man aber doch nie die Türken treiben, da keine christliche Macht Konstantinopel besitzen darf, ohne Herr der Welt zu werden, aber beschneiden, reduzieren kann man die türkische Macht in Europa so weit als die der griechischen Kaiser in den letzten zwei Jahrhunderten« (1824: Bd. 23, 364, 368).

Der Kampf um die Freiheit eines Volkes, das sich gegen seine Unterdrücker empört, ist also ein Ereignis der Politik, die zwischen den europäischen Mächten betrieben wird, aber keine Revolution, wie sie Hölderlin in bezug auf die Ereignisse von 1770 deutet. Gegen die allgemeine Regel, die Goethe aufstellt, sieht Hölderlin eine sich vollendende Freiheit voraus, die einst allen zuteil wird. Seine Revolution ist geschichtlich bedingt und hat im Menschen Ursache und Ziel:

»Ich liebe das Geschlecht der kommenden Jahrhunderte..., die Freiheit muß einmal kommen, und die Tugend wird besser gedeihen in der Freiheit beiligem erwärmenden Lichte, als unter der eiskalten Zone des Despotismus.«[288]

»Aus der Wurzel der Menschheit sprosse die neue Welt!

Eine neue Gottheit walte über ihnen, eine neue Zukunft
kläre vor ihnen sich auf. – In der Werkstatt, in den Häusern,
in den Versammlungen, in den Tempeln, überall werd es
anders!«[134]

Die Revolution ist eine Not-Wendigkeit, um so mehr, als
die Deutschen »tatenarm und gedankenvoll« sind und ihre
Tugenden nur als »ein glänzend Übel« gelten können: »Es
ist auf Erden alles so unvollkommen, ist das alte Lied der
Deutschen.«[134]

> *Nein, er gefällt mit nicht, der neue Burgemeister!*
> *Nun, da er's ist, wird er nur täglich dreister.*
> *Und für die Stadt, was tut denn er?*
> *Wird es nicht alle Tage schlimmer?*
> *Gehorchen soll man mehr als immer,*
> *Und zahlen mehr als je vorher.*

> *Nichts Bessers weiß ich mir an Sonn- und Feiertagen*
> *Als ein Gespäch von Krieg und Kriegsgeschrei,*
> *Wenn hinten, weit, in der Türkei*
> *Die Völker aufeinander schlagen.*
> *Man steht am Fenster, trinkt sein Gläschen aus*
> *Und sieht den Fluß hinab die bunten Schiffe gleiten;*
> *Dann kehrt man abends froh nach Haus*
> *Und segnet Fried' und Friedenszeiten.*

Diesem Zustand seiner Gegenwart schleudert Hölderlin
seinen Fluch entgegen, weil die Deutschen, diese »Gottverlaßnen«, »die Wurzel des Gedeihns, die göttliche Natur
nicht achten« und weil bei ihnen »das Leben schal und
sorgenschwer und übervoll von kalter stummer Zwietracht
ist«. Nur die Freiheit setzt die verachtete Natur wieder in ihr
Recht ein, bringt »Lieb und Brüderschaft den Städten und
den Häusern«[134], überwindet die Zwietracht und stellt die
Gleichheit wieder her. Hölderlin schreibt im Bewußtsein
der in Griechenland gescheiterten und der in Deutschland
noch unmöglichen Revolution. Die Klage gilt dem ewig

288 Aus dem Spätsommer 1793, nach Jochen Schmidt, 110.
134 Hölderlin, Hyperion, 572f. 134 Hölderlin, Hyperion, 637f.; vgl.
An die Deutschen, in: Sämtliche Werke, 189. 134 Hölderlin, Hyperion,
638f.

verlorenen Süden, der in Vergangenes, in seine Unfreiheit zurückfiel, die Hoffnung aber Deutschland, dessen Zukunft der Geist der alten griechischen Tage bestimmen wird. Denn

> *Noch lebt, noch waltet der Athener*
> *Seele, die sinnende, still bei Menschen,*
>
> *Wenn Platons frommer Garten auch schon nicht mehr*
> *Am alten Strome grünt und der dürftige Mann*
> *Die Heldenasche pflügt, und scheu der*
> *Vogel der Nacht auf der Säule trauert.*
>
> *Doch, wie der Frühling, wandelt der Genius*
> *Von Land zu Land. Und wir? ist denn Einer auch*
> *Von unsern Jünglingen, der nicht ein*
> *Ahnden, ein Rätsel der Brust, verschwiege?*
> (Hölderlin, Gesang der Deutschen)

Am Ende, »wenn wir uns finden zum höchsten Fest«, wird griechischer Geist den befreienden Genius bringen und »Kraft und Adel in ein menschlich Tun und Heiterkeit ins Leiden tragen«.[134] Dann wird das »Rätsel der Brust« entsiegelt: Die Gemeinschaft der Brüderlichen.

Schiller hatte 1794 das ›Fragment von Hyperion‹ in seiner ›Neuen Thalia‹ abgedruckt, den ersten Teil des Hyperion-Romans an den Verleger Friedrich Cotta empfohlen, Goethe aber das Fragment nur einen Augenblick durchblättert (1794: Bd. 22, 221) und das Ganze nie gelesen. Mistra wurde darüber vergessen. Als es zu verfallen begann und die Bewohner nicht mehr am Berge leben wollten, waren Burg und Stadt zum Ort zweier Dichter geworden, der jenseits der Wirklichkeit lag.

Philhellenen

Die Französische Revolution und die Begeisterung für das griechische Altertum sind zwei ungleiche Wurzeln der Freiheit eines Volkes, das im Joch der Osmanli geht. Hölderlin war fähig gewesen, diesen Konflikt als Schicksal mitzuerleben und darunter zu leiden. Vergangenheitsliebe und Freiheitsverlangen sind zeitgeistbedingt, Ursache ist Unzufriedenheit mit der Gegenwart. Gelegentlich darf man es wohl Romantik nennen. Das Wort verflüchtigt sich zu einem wesenlosen Begriff, wenn man es dem Zustand, der Tat und den Folgen des Freiheitskampfes entgegenhält. Auch hat das Verlangen nach Freiheit viele Gesichter, und der Zeitgeist ist nicht ohne Widerspruch. Die Französische Revolution bewirkte den Aufstand der Griechen gegen die Türken noch nicht. Ali Pascha, Herr von Albanien und Seraskier von Rumelien, hielt das Jakobinertum für eine neue Religion und trat mit Napoleon, dem Sieger der Revolution, in Verbindung. Konstantin Rhigas verkündete die Ideen der Revolution und erregte die Hoffnung auf nationale Unabhängigkeit unter den Griechen. Seine griechische »Marseillaise« –

> *Kommt herbei, ihr Griechensöhne,*
> *Sie ist da, des Ruhmes Zeit,*
> *Zeiget, daß ihr würdge Enkel*
> *Sieggekrönter Ahnen seid! –*

ging heimlich von Hand zu Hand. Wo ist sie zuerst erklungen? Aber die österreichische Regierung ließ ihn in Triest verhaften und lieferte den Dichter der Freiheit an die Türken aus. Rhigas wurde 1798 in Belgrad kriegsrechtlich erschossen. In Odessa trat 1814 unter den griechischen Kaufleuten die Hetärie der Philiker zusammen. Diese Bruderschaft der Gleichgesinnten war freimaurerisch-jakobinisch gesonnen. Sie wollte den bewaffneten Aufstand, den gemeinsamen Kampf aller Christen: das Kreuz sollte über den Halbmond siegen. Es ging das Gerücht, Zar Alexander von Rußland könnte das Oberhaupt dieser Hetäristen sein. Als die Hetärie kein Geheimbund mehr war, suchte man einen Führer im Kampf um die Freiheit. Johannes Graf Capo d'Istria, der damals in russischen Diensten stand, lehnte ab, schließlich übernahm Alexander Ypsilanti die Führung und eröffnete 1820 den Aufstand in den Donaufürstentümern gegen die Hohe Pforte.

134 Hölderlin, Hyperion, 639.

In Athen traf sich seit 1812 die Hetärie der Philomusen. Sie wollte den weiteren Raub antiker Monumente verhindern und die Kenntnis des Altertums im In- und Ausland verbreiten. Bald tagte die Hetärie in Wien, dann, dort revolutionärer Gesinnung verdächtigt, in München. Hier war sie ein Griechenverein unter anderen, zu denen sich die Philhellenen zusammengeschlossen hatten, um durch Geld und Gedichte, Spenden, Waffen und persönlichen Einsatz die Freiheit für das Volk des Sophokles und des Platon erringen zu helfen. Es war literarisch-politisches Biedermeier, das von den Schlachten bei Marathon und vor Salamis generalstabsmäßig berichten konnte, aber vom Geist Spartas trotz Leipzig und Waterloo kaum einen Hauch verspürte, obgleich es altgriechische Kunst in Plastik und Architektur als bestimmendes Vorbild anerkannte und korrekt in Maß und Proportion ionische Säulen vor Museen und Theatern errichtete. Leicht war es nicht, zwischen Griechenbegeisterung und Revolutionsangst, zwischen Freiheit, Emanzipation und bürgerlicher Humanität eine erträgliche Mitte zu finden. Trotzdem konnten die Philhellenen die öffentliche Meinung zugunsten der griechischen Freiheit bestimmen: »alles ist hier leidenschaftlich für die Griechen, die jungen Leute insgesamt, die Damen vorzüglich.«[213]

Der berühmteste Philhellene war und blieb Lord Byron, der im Januar 1824 nach Missolunghi kam, aber schon im April dort starb. Goethe verherrlichte ihn als Euphorion. In Deutschland war Kronprinz Ludwig von Bayern, seit 1825 König, der gekrönte Philhellene. Er spendete 20 000 Gulden für sein »Hellas, der edler'n Menschheit treue Wiege« und dichtete holprig genug seine Begeisterung vor sich hin. Als er selbst, um den ersten Basileus des erneuerten Griechenland, seinen Sohn Otto, in Athen zu besuchen, auf die Reise ging, schickte er den Maler Karl Rottmann ins klassische Land, der mit unermüdetem Fleiß die berühmten Stätten in Bleistift und Aquarell in Veduten festhielt, um danach Wandgemälde oder Tafelbilder anzufertigen. Den Künstler begleitete während anstrengender Reisewochen der österreichische Botaniker Emanuel Ritter von Friedrichsthal, der sich dann in Mistra von ihm trennte.[96] Rottmann blieb und aquarellierte die in Ruinen liegende Stadt. Noch 1840 lieferte Friedrich Christoph Nilson dem bayerischen König Entwürfe für Bilder aus dem griechischen Befreiungskampf, als wären sie die Fortsetzung der wittelsbachischen Geschichtsgemälde, die in Fresko Peter Cornelius schuf.

In Hof- und Beamtenkreisen war der Philhellenismus um 1825 weit verbreitet. Der Genfer Bankier Jean Gabriel Eynard faßte die Griechenvereine zu einer einheitlichen Organisation zusammen und überwies die gesammelten Gelder an die Freiheitskämpfer. Mit Graf Capo d'Istria stand er in Verbindung, man vermutete, daß er die russische Orientpolitik unterstützte. Das war die Ursache dafür, daß die Regierungen der westlichen Mächte – vor allem Österreichs – dem Philhellenismus mißtauten, ihm mit Argwohn entgegentraten. Kanzler Metternich sagte allen Griechenfreunden den Kampf an, als gelte es, eine Revolution gegen die legale Ordnung und die ›Heilige Allianz‹ im Keim zu ersticken. Österreich kam durch seine Interessen an den Balkangrenzen der Schwäche der Hohen Pforte zu Hilfe, ohne sie beheben zu wollen. Rußland verfolgte in der orientalischen Frage hegemoniale Interessen und stand Österreich fast feindselig gegenüber: die Türkei sollte gedemütigt werden. Der Zar führte Krieg gegen den Sultan. England wollte die russische Expansion am Bosporus verhindern, Metternich auch, Frankreich aber seinen Handel im vorderen Asien sichern und den Christen eine Schutzmacht sein, es mochte einen ›Kreuzzug‹ wünschen, aber keine Revolution. Und die Griechen waren nichts als »Rebellen«. Da richtete Chateaubriand an den russischen Zaren Nikolaus I. die mahnenden Worte:

»Man wird legitim durch die Achtung und durch die Bewunderung, die man einflößt, die Völker erlangen durch den Ruhm ein Anrecht auf Freiheit.«[219]

213 9. Oktober 1822 Karl August Varnhagen von Ense, nach Dietrich, Aus Tagebüchern und Briefen, 39. 96 Friedrichsthal, 94 und 172 bis 248; vgl. Hugo Decker: Carl Rottmann, Berlin 1957, 28. 219 nach Stern, Bd. 2, 485.

Das allerdings sollte für Spanien damals nicht gelten und für die italienischen Carbonari schon gar nicht. Ein französisches Heer unterdrückte die spanische Revolution. Tätige Teilnahme am Kampf der Griechen sollte die Intrigen der europäischen Kabinette zerreißen, sie endete tragisch. Ein Bataillon der Philhellenen wurde in der Schlacht bei Peta in Epirus 1822 vollständig aufgerieben. Die Deutsche Legion landete im Januar 1824 auf Morea, war aber durch Entbehrungen bald so geschwächt, daß nur noch fünfzig Mann bis nach Missolunghi gelangten. Mit anderen Offizieren kam 1826 der Oberleutnant Karl Krazeisen und zeichnete ›Bilder ausgezeichneter Griechen und Philhellenen und Trachten nach der Natur‹. Er fand sogar Goethes Beachtung, der doch kein Philhellene war: ».... wilde Berghelden mit turbanähnlichem Hauptschmuck, Waffen im Gürtel und sonst verbrämt genug: Kolokotronis und Niketas...«*

»Die Griechen in Morea, die unter den Waffen stehen, sind Räuber und ihre Häupter Banditen, aber die Seegeusen waren auch Seeräuber, und ihnen verdankt Niederland die Entstehung eines höchst ehrenvollen Staats«, las der preußische Staatsminister außer Diensten Reichsfreiherr von und zum Stein in einem Brief, den ihm Reinhold Niebuhr aus Bonn geschrieben hatte.[213] Griechenliebe und Freiheitswille gingen damals sehr verschiedene Wege. In der Tat: das Bild der Philologen vom Griechentum, in der Gelehrtenstube bei mäßigem Gehalt ersonnen, entsprach dem Lande der Kleften und Tzipetaren nicht: es litt, nahm Schaden und zerbrach. Und dann trug Jacob Philipp Fallmerayer, den Philhellenen zur Wut, die nicht ganz berechtigte Ansicht vor, daß die neuen Griechen eigentlich Slawen wären! Ohne Rücksicht auf antikes Erbe und schön-griechischen Geist: Griechenland befreite sich selbst.

»Nicht die Gelehrten sind es gewesen, die am Herd des klassischen Altertums aufgewachsen waren, sondern Männer, die das Altertum nur vom Hörensagen kannten: nicht kluge und wohlhabende Mäzenaten, sondern Männer, die mit kümmerlichem Erwerb, mit Wachteleinsalzen und Olivensammeln ihr Dasein fristeten; nicht Männer der Feder und der Betrachtung, sondern Männer der Tat; und in letzter Instanz entscheidet das Schicksal eines Volkes doch immer Kampfbereitschaft und ein sehniger Arm.«[217]

Und das Interesse der großen Mächte...

Befreiungskampf

Lange Jahre schon ist Griechenland ohne Ruhe, im Januar 1821 bricht in der Maina der offene Aufstand gegen die türkische Herrschaft aus. Kolokotronis und Petros Mauro Michalis führen die tapferen Mainoten in den Kampf um die Freiheit. Petros ist ein Sohn des Mauro, der von Graf Orlow erzürnt geschieden war. Petrobey wird er genannt, weil er die fast unabhängige Landschaft in der südlichen Peloponnes patriarchalisch beherrscht. In Patras bekennt sich Bischof Germanos mit seinen Freunden der Hetärie in der Achaja zu den Rebellen. Heldin der Freiheit ist Konstantia Zacharias. Sie und ihr Korps der mainotischen Bergweiber ziehen mit wehenden Kreuzesfahnen das Tal des Eurotas hinauf, lagern vor Mistra,[191] ihr wilder Haß zwingt die Türken und die albanischen Bardounioten, sich nach Tripolitza zurückzuziehen, das, von seinem Kastell gesichert, Schutz gegen die heranrückenden Aufständischen bietet. Karytaina wird von den Türken vom fränkischen Schloß aus verteidigt und vorerst noch gehalten. In Kalamata tritt der Senat von Messenien zusammen. Aufstände in Nordgriechenland schrecken Mahmud II. kaum aus seiner Tatenlosigkeit auf: Percy Shelley hat in seiner lyrisch-dramatischen Dichtung ›Hellas‹** Traum und Vision des machtlosen Sultans beschrieben, dessen Volk in Konstantinopel gegen die Griechen und Christen wütet. Patriarch Gregorios IV. wird gelyncht und seine Leiche, mit dem Kopf nach unten, am Tor seines Hauses aufgehängt. Zwei Metropoliten, zwölf Bischöfe, Fanarioten – der Sultan läßt sie an den

---

* *Artemis-Ausgabe, Bd. 13, 1022 f.* ** *London 1822*
213 nach Dietrich, *Aus Briefen und Tagebüchern*, 35.
217 Mendelssohn-Bartholdy, Bd. 2. 131. 191 Curtius, Bd. 5, 57.

Galgen bringen und zum Nachfolger des Gregorios den Metropoliten von Lakedaimon, Eugenios, wählen. Aber die Griechen erkennen diesen Pascha mit seinen drei Roßschweifen aus Mistra nicht an und werden sich nie mehr dem Patriarchen von Konstantinopel als dem allgemeinen Weltbischof unterordnen. Mit dreihundert Griechen, dolch- und musketenbewaffnet, steht Kolokotronis vor Katytaina, bald sind es sechstausend, er belagert mit seinen Kriegern Tripolitza. Einer seiner Offiziere ist der Arzt Giatrakos aus Mistra, er sperrt mit seinen Kampfeinheiten die südlichen Pässe zum Tal des Eurotas. Am 5. Oktober 1821 stürmen die Aufständischen die arkadische Hauptstadt und nehmen grausame Rache für den Griechenmord in Konstantinopel – töten, verwüsten und plündern. Jetzt wird auch Akrokorinth den Türken entrissen. Eine National-Versammlung findet sich in Epidauros zusammen, verkündet ein ›Organisches Gesetz‹ für das befreite Land, wählt den Fürsten Alexander Maurokordates aus der Familie der Pfortendolmetscher zum Präsidenten – aber die Freiheitskämpfer kümmern sich nicht um bürgerliche Politik. Dreißigtausend Albaner rücken in die Morea ein, besetzen Argos, dann Nauplia, das die Griechen zurückerobern, und werden auf dem Rückzug von Kolokotronis in der Nähe des alten Mykene bei Devernaki zerstreut und über den Isthmus zurückgetrieben. Die Peloponnes ist frei – wird Griechenland es sein und auch bleiben? Entsetzen erregt das türkische Gemetzel auf Chios.*

Die schrecklichen Jahre beginnen erst jetzt. Sultan Mahmud ruft seinen verhaßten Vasallen, Mehmed Ali von Ägypten, zu Hilfe, verspricht ihm Kreta und ernennt Alis Sohn Ibrahim Pascha zum Statthalter der Morea, der mit großer Flotte von Alexandrien herüberkommt. Gegen seine hochbordigen Schiffe können die kleinen griechischen Kriegsboote trotz der Tapferkeit ihrer Mannschaften nichts unternehmen. Den Ägyptern den Seeweg nach Griechenland abzuschneiden, gelingt dem Admiral Miaulis nicht. Im Februar 1825 landet bei Modon das ägyptische Heer auf

Morea. Ibrahim marschiert mit viertausend Mann und sechshundert Reitern nach Navarino, wo noch einmal Giatrakos aus Mistra unter den Anführern der Mainoten genannt wird, die vor der Übermacht zurückweichen müssen. Patras wird von Ibrahim kampflos besetzt, Achaja und Elis werden verwüstet, dann ist Kalabryta an der Reihe, und die wenigen Verteidiger Arkadiens werden am Chelmos-Gebirge auseinandergejagt. Im Mai setzt sich Ibrahim in Tripolitza fest, vernichtet, was im Tal des Eurotas wächst, und macht Mistra zu einem Raub der Flammen. Parori, das Türkendorf, und Exochorion sind schon nicht mehr bewohnt, nur in Mesochorion scharen sich noch einige Familien um die Pantanassa und die Metropolis. Mehrmals kommen die Ägypter wieder, schleppen die Nonnen der Pantanassa fort, plündern die verlassenen Häuser und stecken sie dann in Brand. Doch oben im Kastron haben sich Griechen verschanzt und die alten Befestigungen aus venezianischer und türkischer Zeit, so gut sie konnten, zurechtgebessert, dabei übrigens eine mittelalterliche Rüstung gefunden und allen Angriffen der wilden Fellachen und dem Hunger getrotzt.[113]

»In den Stunden der Dunkelheit liegt die Ruhe des Kirchhofs über dem Ort, keine Seele wagt, in den Ruinen zu schlafen; aber mit dem frühesten Streifen der Dämmerung kommt ein Haufe von Kopf bis zum Fuß bewaffneter Leute aus den benachbarten Felsen auf den Marktplatz herunter, tauscht seine Waren aus und versieht seine Geschäfte. Ein Volk, das die süße Gewohnheit des Daseins mit einem so beschwerlichen und gefahrvollen Leben zu vertauschen vermag, ist gegen die kleinmütigen Anwandlungen gefeit.«[217]

---

* *Eugène Delacroix' Gemälde im Pariser Louvre von 1824 und Adelbert von Chamissos Balladen ›Chios‹ nach Pouquevilles ›Histoire de la génération de la Grèce 1790-1824‹, Paris 1824, und ›Sophia Kondulimo‹ nach Edward Blaquières ›Letters from Greece‹, London 1828, sind Ausdruck der öffentlichen Meinung im westlichen Europa, obgleich Chamissos Gedichte erst nach 1830 entstanden, abgedruckt in: Werke, hrsg. von Oskar Walzel (= Deutsche National-Litteratur, Bd. 148), Stuttgart 1892, 248 ff.*
113 Wyse, 172. 217 Mendelssohn-Bartholdy, Bd. 2, 468.

Hier und in der Maina sind die Kleftenbanden Ibrahims gefährliche Gegner, sie zersplittern die ägyptischen Regimenter. In Modon eröffnet der ägyptische Pascha einen Sklavenmarkt, auf dem Griechen und Griechinnen an orientalische Händler verschachert werden. Mit dem Redschid Pascha belagert Ibrahim die Stadt Missolunghi und hungert sie aus. Die letzten Verteidiger wagen den Ausfall und sprengen sich mit den stürmenden Belagerern in die Luft. ›Griechenland stirbt auf den Ruinen von Missolunghi‹ nannte Eugène Delacroix sein Bild, das er 1827 malte* – Symbol der Verzweiflung an Freiheit und Menschenrecht und Ausdruck des philhellenischen Pessimismus. Waren alle Opfer vergeblich?

Athen hatten die Griechen schon im Juni 1822 befreit, es wurde im August 1826 von den Türken zurückerobert, nur die Akropolis hielt sich noch fast ein Jahr lang, zuletzt unter dem Kommando des französischen Philhellenen Charles Baron Fabvier. Die Peloponnes war verloren, Ibrahim residierte in Tripolitza, wollte Fellachen und Araber in Arkadien ansiedeln, aber sein Heer war zusammengeschmolzen. Trotzdem marschierte er nach Kalabryta und zum Kloster Megaspylaion, das von den Mönchen mit zwei Kanonen und wenigen Palikaren verteidigt wurde. Die Ägypter mußten durch die Bergschluchten Arkadiens unverrichteter Dinge abziehen, gingen nach Andritzena, griffen noch einmal die Maina an, kamen an Mistra vorbei, das schon zerstört und fast menschenleer an seinem Berghang lag...
Doch inzwischen war der Aufstand der Griechen eine Angelegenheit der europäischen Politik geworden. England, Frankreich und Rußland hatten einen Waffenstillstandsvertrag untereinander ausgehandelt und waren entschlossen, ihn mit militärischer Macht durchzusetzen. Die Griechen nahmen das Angebot an, die Türken lehnten es ab. So kam es am 20. Oktober 1827 zur Seeschlacht vor Navarino, in der die Schiffe der großen Mächte die türkisch-ägyptische Flotte vernichteten. Österreichs Kanzler Graf Metternich nannte es »eine entsetzliche Katastrophe«, der englische Premier, der Herzog von Wellington, »ein unglückliches

Ereignis« – obgleich es im englischen Interesse lag. Seinen Griechen auf den ionischen Inseln den Anschluß an das befreite Griechenland zu ermöglichen, hatte England allerdings nicht im Sinn. Endlich befahl Mehmed Ali seinem Sohn Ibrahim, Griechenland aufzugeben.

Im Februar 1828 räumt der Ägypter Tripolitza, läßt es, »bis auf das Tor, durch das er eingezogen war, von Grund auf verbrennen« und macht es dem Erdboden gleich, streut Salz auf die Felder. Noch 1836, statt von ehemals fünfzigtausend Menschen nur noch von kaum fünftausend bewohnt, hat die Stadt mehr Schutthaufen als Häuser.[98] Von der orientalischen Pracht früherer Paschas ist nichts mehr übrig.

»Keine lebende Seele war auf den Straßen zu sehen, durch welche hindurchzukommen die eingestürzten Häuser unmöglich machten, und kein Vieh fand man in der ganzen Umgegend. Ich habe«, erinnert sich George Finlay, »Dörfer besucht, in welchen seit vierzehn Tagen kein Brot gebacken war; die ganze Einwohnerschaft lebte von Kräutern, und ich sah Ladungen von kupfernem Kochgeschirr des Landvolks nach Triest ausführen, um auf einige Tage Brot zu erhalten. Die Folge davon war, daß zwei Drittel der Bevölkerung zu Grunde gingen.«[148]

So sieht es im Lande überall aus, als 1827 Graf Capo d'Istria in Nauplia, der Hauptstadt des freien Landes, zum Staatspräsidenten gewählt wird. Er übt, umgeben von einem Staatsrat, dem Panhellenion, auch die Regierungsgewalt aus. Halbe Ruhe kehrt in das Land ein. Aber, so orakelt Goethe in einem Gespräch mit Johann Peter Eckermann beim Mittagessen,

»Kapodistrias kann sich an der Spitze der griechischen Angelegenheiten auf die Länge nicht halten; denn ihm fehlt eine Qualität, die zu einer solchen Stelle unentbehrlich ist: er ist kein Soldat..., und so wird sich Kapodistrias als Erster auf die Dauer nicht behaupten« (1829: Bd. 24, 331).

»Selbst ohne höhere Bildung und praktische Kenntnisse,

---

* *Bordeaux, Musée des Beaux-Arts.* **98** *von Pückler-Muskau, 237.*
148 *Finlay, 15, Anmerkung.*

nur in den Künsten der Diplomatie überlegenen Geist zeigend, verschmäht er wie die Künste so die Gelehrsamkeit, und zum ersten Male auf griechischem Boden ist die Lesung des Platon untersagt worden, weil er die jungen Leute zu sehr aufrege und sie zu Enthusiasten und Phantasten bilde.«[44]

Beide, Goethe in Weimar und Friedrich Thiersch in Nauplia, hatten bei ihrer Beurteilung des Staatsmannes, der Griechenland, das frei war, seiner Despotie unterwarf, nur allzu recht, obgleich sie von unterschiedlichen Erfahrungen her ihre Ansicht gewannen. Doch Missolunghi wird zurückerobert. Ein französisches Expeditionskorps zwingt Ibrahim, der in Modon auf Nachschub wartet, das Land endgültig zu verlassen. Die Freiheit der Peloponnes und der ägäischen Inseln wird von den großen Mächten garantiert. Aber im Lande herrscht Bürgerkrieg zwischen den Mainoten und den westlich orientierten Parteien, die sich auch nicht einigen können. Graf Capo d'Istria gilt als Vollstrekker der russischen Politik. Seine Gegner begehren auf. Er aber läßt den Petrobey Mauro Michalis, ihn, den Rebellen der ersten Stunde, verhaften und ins Gefängnis werfen. Da wird der Staatspräsident, wie es das Faustrecht der Maina gebietet, am 9. Oktober 1831 vor der Kirche des Heiligen Spyridon in Nauplia ermordet. Die Täter sind Konstantin Mauro Michalis und sein Neffe Georgios. Konstantin wird von der Wache niedergemacht und getötet, Georgios flüchtet in die französische Botschaft.

Maurice Barrès hat die Szene des Attentats aufregend beschrieben, Papadopoulos Vretas sie in der Lebensbeschreibung des Grafen Capo d'Istria erzählt und die Worte Georgios' an den französischen Botschafter überliefert: »Ich übergebe meine Waffe der Ehre Frankreichs!« und, als den Geächteten abzuholen die Regierungssoldaten kommen: »Ich weiß, daß ich sterben muß. Ich hoffe für meine Frau, daß sie einen guten Mann findet und wieder heiratet.«[119;44] Es ist das letzte Wort der noch nie bezwungenen Mainoten. Die Mauro Michalis hatten gewagt, sich gegen das Legitimitätsprinzip Capo d'Istrias aufzulehnen. Es geht, wie seitdem, um die gemeinschaftliche Freiheit eines Volkes, das eine Nation aus sich heraus erst schaffen muß, und um die Legalität. Was ist ›Freiheit‹ in einem Lande, das seit Jahrhunderten nur fremde Unterdrücker erlebt hat? Wer hat für sich das Prinzip der Legitimität – die Mainoten, die immer frei waren, die Befreiten oder die Befreier oder die, die aus türkischen und russischen Diensten kamen und Nutznießer der Freiheit waren? Der 9. Oktober 1831 ist vielleicht erst in unserer Zeit zu Ende gegangen.

Die Verteidigung des Georgios übernimmt aus Gründen der Rechtlichkeit der schottische Edelmann Edward Masson, der damals als Advokat und Notar in Tripolitza ansässig war.[107; 100] Georgios wird kriegsrechtlich erschossen, eine Ehre dem Mörder, daß er nicht unter dem Schwerte des Henkers sein Leben verlor. Denn Scharfrichter im Hafenkastell Burdzi vor Nauplia, von allen Menschen getrennt, damit niemand ihn kennt, ist ein ›Stiftler‹ aus Tübingen, einer Stadt der Theologen und Philosophen am schwäbischen Neckar.[210] Er war als Kämpfer gegen die Türken gekommen und wurde als Deutscher Henker griechischer Räuber und Mörder, aber auch der Patrioten, die das Gesetz der Blutrache höher stellten als ihren Freistaat.

> *Die Linien des Lebens sind verschieden,*
> *Wie Wege sind, und wie der Berge Grenzen.*
> *Was hier wir sind, kann dort ein Gott ergänzen,*
> *Mit Harmonien und ewigem Lohn und Frieden.*
> *(Hölderlin)*

Griechenland, von Anarchie bedroht und von Parteiungen zerrissen, ist auf Beschluß der großen Mächte nun ein Königreich. Der Sohn des Philhellenen Ludwig von Bayern, Prinz Otto, wird die erklärte Hoffnung aller Griechen. Er kommt, ein Knabe von siebzehn Jahren, auf einem englischen Kriegsschiff und landet in Nauplia, der Stadt, die einst eine junge Französin an die Republik Venedig verkaufte und die fast drei Jahrhunderte türkisch gewesen war. Mit

44 Thiersch, Bd. 2, 76. 119 Barrès, 252 ff. 44 Thiersch, Bd. 2, 80. 107 Ross, Erinnerungen, 21 f. 100 Strahl, 128. 210 Barth und Kehrig-Korn, 263 f.

König Otto steigen die weißblauen Beamten und die bayerischen Soldaten von Bord. Und weißblau ist, nach dem Wappen des Kaisers Nikephoros Phokas, auch die Fahne des neuen Reiches. Man ist allerseits guten Willens, aber verstehen kann man sich nicht: man spricht verschiedene Sprachen. Peter Heß ist auch mitgekommen. Er malte die Szene der liebenswürdigen Begrüßung mit mehr als hundert Figuren in gewohnter Kleinmalerei, im Hintergrund den schönen Palamidi und den Stadtberg der Hafenstadt, und die Bucht ganz naturgetreu, als hätte es keine Geschichte Moreas gegeben. Heinrich Heine spottete über den Knabenkönig und die schlechten Verse des Vaters.*

Ruinenbewohner

Als Ibrahim Pascha mit seinen erschöpften Fellachen die Morea verlassen hatte, kamen mit ihrem Kapitän Panagiotes Giatrakos Hunderte von Vertriebenen nach Mistra zurück. Griechenland war befreit, aber ihre Welt war zerstört: sie hielten die Ruinenstadt für zu ungesund, um in Zukunft darin zu wohnen, und stellten daher bei der Regierung Capo d'Istrias den Antrag, eine neue Stadt auf den Hügeln des alten Sparta zu bauen. Die Regierung lehnte dieses Ansinnen ab, weil das Tal des Eurotas verseucht von Malaria wäre.[93] So begannen die Mistrioten ihre Felsenstadt wieder bewohnbar zu machen.

»Mistra, soweit es jetzo [1832] unter alten und neuen Ruinen aufgebaut ist, hat etwa dreihundert Häuser und nur zweitausend Einwohner, deren Wohlstand in den Kriegen gegen die Türken und dann gegen die Bedrückung erschöpft worden ist. Die Stadt leidet durch die Nähe des Gebirgs, besonders durch den Luftzug einer bis in die oberste Höhe hinaufreichenden Bergschlucht, durch welche, sobald die Atmosphäre sich erwärmt, ein heftiger kalter Luftstrom herabbraust.«[44]

Markt wird nach alter Gewohnheit gehalten. Dort kommen täglich die Männer des Ortes zusammen, um miteinander zu reden, und mit Esel und Karren von den Dörfern die Bauern,

»um für den Erlös des mitgebrachten Viehes und Getreides ihre mäßigen Bedürfnisse anzuschaffen. Es ist ein lustiges Getümmel von Ausrufern und Käufern, Pferden und Eseln, in dem man mit aller Aufmerksamkeit den überall drohenden Rippenstößen kaum zu entgehen vermag. Heillose Verwirrung entsteht, wenn etwa ein paar Gäule, mit zwei unendlich langen Baubalken befrachtet, mitten durch das Menschenknäul sich eine Bahn zu brechen suchen. Und ein hellenischer Schuhkünstler, von jenen Mauerbrechern niedergeworfen, sieht sich mit seinem Gesichte in einen Pantoffelberg vergraben. Farbige Tücher und Heiligen-bilder, Grünwaren und Rahmenspiegel liegen bunt am Boden gebreitet. Hier beweist ein Sackpfeifer in langen schnarrenden Tönen die Güte seiner Instrumente, dort trägt ein schmutziger Junge mit einladendem Geschrei Backwaren und Gebäck, mit Mandeln und Honig versetzt, zu Markte, gewandt den seichten Korb auf seinem Kopfe wiegend. Stoffe von schimmernder roher Seide werden von Weibern feilgeboten. Es ist dies ein sehr geschätztes Produkt Messeniens und Lakedaimons, woraus sich der wohlhabende Grieche seine Hemden fertigen läßt... Viele unter den anwesenden Männern tragen geschmackvoll gestickte Bänder um die Füße geschlungen, die Liebespfänder ihrer Mädchen.«[96]

Manchmal sind Fremde da. Milordi werden die Westler genannt, doch von den Griechen mit einigem Argwohn betrachtet. Sie warten, bis ihr Diener für sie ein Unterkommen gefunden hat. Ein junger Grieche, noch in der Tracht der Inselbewohner, also ein Flüchtling und Zugewanderter, geht auf einen Reisenden zu und versucht sich in Französisch und Englisch zu verständigen. Er stellt sich vor: Theodorakis heißt er, und bietet dem Fremden, einem Engländer, sein Haus als Unterkunft an. Er würde sich freuen, Gastge-

---

* *Lobgesänge auf König Ludwig*, in: Werke, hrsg. von Helene Hermann und Raimund Pissin, 3. Teil, 151. **93** Trant, 201. **44** Thiersch, Bd. 2, 270. **96** Friedrichsthal, 231 ff.

ber zu sein. Mr. Abercromby Trant, der auf diese Weise seine Bekanntschaft mit Mistra eröffnet, hält ihn für durchaus gebildet, befürchtet jedoch, Theodorakis könnte ein Polizeispitzel sein. Mißtrauen herrscht überall, seit ›Kyberniten‹, die Anhänger Capo d'Istrias, des Kybernites, und die Nutznießer dieses »venetianisch-corfiotischen Systems«[44] ihre Gegner denunzieren und jede Opposition unterdrücken. Doch Trant folgt seinem Gastgeber durch die engen Gassen. Theodorakis zeigt ihm sein Haus. Die Tür hat der Grieche mit einem antiken Relief geschmückt, das ist jetzt Mode. Er erzählt seinem Besucher alle möglichen Geschichten über die Häuser ringsum und redet viel, kaum daß beide zusammensitzen, über Liebe und Leidenschaft, vor allem in der westlichen Welt. Er weiß darüber Bescheid, denn er hat ein Buch über Lord Byron gelesen, in dem die gesellschaftlichen Sitten Englands geschildert werden. Stolz zeigt er seinem Gast das Büchlein, das in Ägina gedruckt worden ist.

So geht der Regennachmittag in Mistra zu Ende. Abends verrichtet Theodorakis seine häusliche Andacht. Wie ein Islamit im Heiligen Tempel zu Mekka kniet er vor dem Bilde der Panagia, verbeugt sich und betet vor der Ikone, die von einer kleinen Lampe beleuchtet wird. Und »unter dem Schutz der Allheiligen legten wir uns alle in demselben Raum nieder und zogen uns in den Schlaf zurück«.[93]

Theodorakis lebt in Exochorion. Erst jenseits des Flusses beginnt die zerstörte Stadt.

Sie »scheint mehr durch übernatürliche Kräfte als durch den Willen des Menschen entstanden zu sein. Ein oder zwei Zypressen hier und dort stehen düster und melancholisch gegen den blendend weißen Schnee. In Mistra ist Winter, aber nicht ein einziger Rauch deutet darauf hin, daß die Stadt noch bewohnt ist, keine einzige Bewegung zeigt sich zwischen den nackten und zerbrochenen Wänden: es herrscht vollkommene Stille.«[93]

Das also ist Mesochorion. Man erreicht diesen Stadtteil über eine Brücke aus einem einzigen Bogen. Die Orangenbäume stehen in voller Frucht, doch die Gärten an den

Häusern, die verfallen und öde dastehn, hat wildes Gestrüpp überwuchert. Nur einer wohnt hier als Logothet und Ruinenverwalter dieses Bezirks, in dem früher vor allem die Türken Haus, Hof und Garten besaßen. Man kennt seine Geschichte, sein Leben: man weiß von ihm und erzählt es dem Fremden flüsternd, daß der hier so einsam Hausende damals, als die Kämpfe um die Peloponnes begannen, mit ein paar Palikaren nach Chios hinüberfuhr, dort landete und die Bauern gegen die Türken zum Aufstand reizte. Die Revolte brach los, er aber soll der erste gewesen sein, der die Flucht ergriff und so das entsetzliche Gemetzel, dem er feige entkam, überlebte. Als Mr. Trant ihn besucht, abends vor dem Epiphanienfest, findet er ihn umgeben von zahlreichen Mainoten, die sich damit vergnügen, ihre Pistolen zu Ehren des Tauftages Christi abzuschießen.[93]

Epiphanien wird mitten im kalt-windigen Winter gefeiert. Am Morgen gehen die Popen von Haus zu Haus, besprengen mit heiligem Wasser Haustür und Wohnraum und erhalten dafür ein geringes ›Vergelt's Gott!‹ als kärglichen Unterhalt ihres Daseins und Dienstes im Namen Gottes. In der Metropolis versammelt sich dann zum höchsten Fest der Orthodoxie, der Taufe Christi im Jordan, eine zahllose Menge, drängt zur Türe, füllt den kreuzüberkuppelten Raum, dessen verblichene Bilder im dämmerigen Lichte kaum noch zu erkennen sind. Die Frauen gehen hinauf auf die Empore und sitzen dort, wo einst die Damen des despotischen Hofes dem Dienste Gottes zusehen durften. Fremde sind heute da. Höflich macht man englischen Reisenden Platz: die Freiheit der Orthodoxie haben sie gegen die Barbaren erringen helfen, das Volk Gottes ist aus der Knechtschaft erlöst. Man läßt die Gäste, obgleich es ›Lateiner‹ sind, nahe dem Hieroteion wie auf einem Ehrenplatz sitzen.

Nach einer langen Zeremonie geht der Metropolit mit seinen Popen hinter die Ikonostase, um eine Schale mit Wasser zu segnen, kommt wieder, trägt das Gefäß in die Mitte der Kirche und stellt das geheiligte Wasser unter die Kuppel, in

44 Thiersch, Bd. 2, 128. 93 Trant, 188 ff., 191 und 194.

den Omphalos Ges. Ihren turbanähnlichen Kopfschmuck nehmen die Männer jetzt ab, so daß ihre dunklen Haare lang auf die Schultern fallen – erwartungsvolle Stille im Raum. Und die sonst als Räuber und Mörder verleumdeten Bergbewohner Lakoniens ehren im Kerzenschimmer sich selbst vor ihrem Gott: sie bekreuzen sich. Kaum daß der Metropolit die letzten Worte des Segens gesprochen hat, drängen die Gläubigen – ein heiliges Bacchanal scheint es zu sein – zum gebenedeiten Wasser, dem Symbol und Gleichnis der Taufe im Jordan, und jeder hofft, etwas davon trinken zu können. Dann setzt sich der Metropolit auf seinen hölzernen Thron, und alle Geistlichen kommen zu ihm heran und küssen seine Hand, empfangen seine Benediktion, schenken ihm Geld dafür: fünfhundert Piaster ... Zweimal im Jahr wird eine Sammlung veranstaltet, um diese Abgabe an den ersten der Gottesdiener zu leisten.[93]

Diktatur

In der Zeit, in der für wenige Jahre der Kybernites, der ›Führer‹ und ›Steuermann‹ Capo d'Istria, das befreite Griechenland regiert, herrscht keine Freiheit im Lande. Im Zwielicht der Jahre um 1830 erscheint das wieder bewohnte Mistra, als würde es vom Fieber geschüttelt. Mißgunst und Haß sind unter die Menschen getreten, Feindschaft ist zwischen Verwandten entstanden, die vordem friedlich in ihren Häusern gelebt und Wirtschaft und Handel getrieben haben. Beauftragte des Diktators verfolgen die ruhigen Bürger mit Drohungen und mit Gewalt. Ungerechtigkeit ruft allgemeine Empörung hervor, die ohnmächtig gegen Untat und Drangsal bleibt. Sogar das geistliche Amt und die Person des Metropoliten sind zum Gegenstand parteipolitischer Willkür und persönlicher Rachsucht geworden. Opfer der Machenschaften ist Bischof Daniel, der als Nachfolger des Metropoliten Eugenios im Episkopion residiert und als Vikar der Metropolitankirche vorsteht. Als Flüchtling aus Charioupolis herübergekommen, ist er wie viele seiner

Amtskollegen interimistisch eingesetzt worden, nachdem sich – gestützt auf das ›Organische Gesetz‹ von Epidauros – eine Regierung unter Alexander Maurokordates gebildet hat. Die Investitur durch den Patriarchen von Konstantinopel war als nicht mehr zulässig angesehen worden.

Unter der Herrschaft Capo d'Istrias wird Bischof Daniel jetzt als ein »Übeldenkender und Schlechtberatender« verleumdet, die Partei der Kyberniten beschlagnahmt seine Papiere, er selbst wird polizeilich verhört und ihm daraufhin weiteres Verfahren angedroht.[44] Die Genossen der herrschenden Partei wollen ihn von seinem Platze vertreiben und einen Verwandten des Gouverneurs zum Metropoliten erheben, damit ihr Unwesen geistlichen Schutz genieße. Der Gouverneur ist von der Regierung Capo d'Istrias, die in Nauplia ihren Sitz hat, ernannt und in sein Amt befördert worden. Nun gebietet er, wie in türkischen Zeiten der Aga, uneingeschränkt über die Stadt und ihre Bewohner. Sein Name ist Bugouras, aber schreiben kann er ihn kaum. Als junger Mann ist er Holzfäller gewesen, in den Jahren der Revolution hat er sich dann bereichert, jetzt gehört er zu den Vermögenden unter den Mistrioten. In seinem Äußeren gleicht er den Tyrannen des Mittelalters, Härte und Formlosigkeit offenbaren seinen Charakter. Die öffentliche Meinung ist gegen ihn aufgebracht. Doch wegen seiner Verwandtschaft mit einem Mitglied der Regierungskommission in Nauplia hofft er, auch nach der Ermordung Capo d'Istrias sich mit seinen Anhängern behaupten zu können.

Eines Tages trifft ein Deutscher in Mistra ein, der in den Wochen der Anarchie die miteinander zerstrittenen Parteien zu versöhnen den Mut gehabt hat: Friedrich Thiersch. Er empfängt den Besuch des Anagnostis Kopanitzas, eines Greises von achtzig Jahren, der ihm als der angesehenste und geachteste Mann der Stadt geschildert worden ist. Anagnostis Kopanitzas ist Vorsteher der Demogeronten, der gewählten Vorsteher der Bürgerschaft, und berichtet, um welchen Preis die Freiheit von den Türken erkauft ist.

»Er erzählte unter anderm, wie viel Leid er unter den

93 Trant, 196 und 204. 44 Thiersch, Bd. 2, 264.

Türken ausgehalten, in Verfolgungen, in Krieg, in Gefängnissen, in Eisen an den Füßen, an den Armen, um den Hals; aber alles sei geringer, als was er die beiden letzten Jahre gelitten, nicht durch Einkerkerung, sondern durch Bedrückung und wegen Bedrückung, in der er die andern gesehen. Bei den Türken habe es immer noch eine Hülfe gegeben, beim Aga, oder Mollah [dem Kadi von Mistra] oder beim Pascha oder doch in Konstantinopel; bei der kapodistrianischen Unterjochung aber gar keine, auch hätten die Türken nur den Leib geplagt, diese aber auch die Gesinnung, jene hätten den Frieden der Familie nicht gestört, diese aber planmäßig Haß und Zwietracht in die Familie gepflanzt und das Land mit einem Übel geplagt, was den Türken ganz unbekannt gewesen, mit den Kundschaftern. Auch in Mistra habe man Beispiele gesehen, daß Söhne bezahlt worden, ihre Väter, Weiber ihre Männer, Schüler ihre Lehrer zu belauschen und anzugeben. Nur eines habe man nicht erfahren, daß eine Mutter ihren Sohn angegeben, obgleich der verabscheuungswürdige Astynom« – der Polizeiamtmann – »es sich Überredung genug hätte kosten lassen und viel Geld darum würde gegeben haben, um eine Mutter zu bewegen, sich gegen ihr einziges Kind, einen mehr leichtsinnigen als gefährlichen jungen Menschen, als Spionin brauchen zu lassen. Auch dieses ist ein Zeichen des gefallenen Systems, daß jetzt der ganze Peloponnes alle unter Capo d'Istria geschehenen Wahlen zur Nationalversammlung ohne Ausnahme umstößt, obwohl die Gouverneure bei der Langsamkeit der Regierungskommission nur erst zum Teil gewechselt sind; alle Wahlen waren von den Behörden mit Gewalt, mit Stock, Fesseln und Schwert durchgesetzt worden.«[44]

Auch der alte Kapitän Giatrakos, Krieger an der Seite des Theodor Kolokotronis und wie dieser ein Gegner Capo d'Istrias und der Fanarioten, lebt noch am Ort. Er gehört zu den führenden Grundbesitzern der Stadt, der er wieder zum Leben verhalf, wird aber ebenfalls wie viele andere in die Stricke der kapodistriotischen Diktatur gefesselt. Der Anlaß dazu war unerhört!

»Eine Waise von besonderer Schönheit und Sittsamkeit ward von einem jungen Menschen und seinen Genossen gewaltsam geraubt, gemißbraucht, und von der wilden Rotte nach einigen Wochen entehrt zurückgeschickt. Ihm geschah nichts, weil er ein Anhänger der Regierung, ein Kybernitikos, war. Wie nun die Einwohner ihn ungestraft und übermütig in dem Bazar mit seinen Pistolen im Gürtel umhersteigen sahen, traten vierzig der Angesehensten, veranlaßt durch die Verwandten der Unglücklichen, zusammen und begehrten von dem Gouverneur, daß er den Übeltäter festnehmen und dem Gerichte übergeben solle. Statt ihrem Begehren, welches sie unter dem schlimmsten Pascha nicht ohne Erfolg gestellt hätten, zu entsprechen, behandelt er die Sache als einen Versuch, das Volk gegen ihn aufzubringen, läßt vier der Deputation, die als Gegner der Regierung oder Antikybernitiki bekannt waren, festnehmen und leitet gegen sie den Prozeß des Hochverrats oder ›Majestätsverbrechens‹ ein, den Capo d'Istria aus den byzantinischen Gesetzen auf eigene Hand in die griechischen verpflanzt hat.«[44]

Die Untat der jungen Parteigänger des Kybernites ist um so verwerflicher, als es früher »für die größte Schmach gehalten« worden war, mit einer Unverheirateten in unerlaubtem Umgang zu leben.[45] Daß aber ein Gouverneur geheiligtes Herkommen verächtlich macht und sich darüber hinwegsetzt, ist das Ergebnis diktatorischer Gewaltherrschaft.

»Endlich legt sich Kapitän Giatrakos in die Mitte. Sein in der Gegend mächtiges Haus war bis jetzt dem gewaltsamen System der Regierung entgegen, das heißt antikybernitisch gewesen. Um zwei seiner Verwandten, die in die Anklage verwickelt sind, zu retten, erklärt er sich gegen die Autoritäten bereit, in allem der Regierung willfährig zu sein, das heißt, kybernitisch werden zu wollen.«[44]

Die vier Gefangenen werden freigelassen, aber sie müssen ihre Schuld eingestehen, »das Mitleid der Regierung und des ehrwürdigen Kybernites anflehen, Besserung verspre-

---

[44] Thiersch, Bd. 2, 263 ff. [45] von Maurer, Bd. 1, 132, und Bd. 2, 423 f.

chen und zugleich bezeugen, daß sie in Zukunft der Regierung in jeder Weise ehrerbietig zu Dienst und Willen sein würden.« Unter despotischer Gewalt herrscht graue Hoffnungslosigkeit in den Häusern, auf den Gassen ... und Gewissenlosigkeit.

»Der Kapitän hat sein Wort gehalten und ist seitdem kybernitisch, das heißt hart, ungerecht und bedrückend trotz seiner neuen Genossenschaft geworden, während sein Bruder, den früheren Grundsätzen treu geblieben, deshalb von der Regierung hart verfolgt und mit seinen Verwandten in bittere Feindschaft geraten ist.«[44]

Stadt am Fluß und Stadt am Berge

Ein Hamburger Philhellene namens August Jochmus hatte an den Kämpfen zur Befreiung Griechenlands teilgenommen. 1829 war er bei der Wiedereroberung Missolunghis dabeigewesen. 1833 Hauptmann im Kriegsministerium, wurde er von der Regentschaft König Ottos beauftragt, Sparta im Umkreis der alten vier Dörfer Lakedaimons, vor allem Mesoas, aber nach neuem Plan wieder aufzubauen. Er holte sich Architekten aus München. Der Archäologe Ludwig Roß sollte sich um die Altertümer bemühen. Da aber Jochmus wenige Jahre zuvor den Aufstand der Mainoten gegen die Regierung Capo d'Istrias unterdrückt hatte, fand er wenig Freunde unter den Griechen Lakoniens und verließ »mißvergnügt den griechischen Dienst«.[107] Er wurde türkischer Pascha und zog in Syrien gegen Mehmed Ali von Ägypten zu Felde, der sich wegen seines Eingreifens in Griechenland nicht genügend entschädigt glaubte. Später ist August Jochmus noch Graf Giacomo da Cotignola geworden und 1848 Außenminister des Reichsverwesers Erzherzog Johann in Frankfurt. Sparta aber vergaß seinen Gründer.

Aus gesundheitspolizeilichen Gründen ist der Beschluß gefaßt worden, eine neue Stadt zwischen den antiken Resten zu errichten und die Mistrioten im Tal anzusiedeln. Im

Sommer 1834 sind »bereits die nötigen Vermessungen in Altsparta beendigt«,[45] aber im Mai 1835 ist von einer Bautätigkeit noch nichts zu sehen. Auch die Behörden, so das Appellationsgericht unter seinem Präsidenten Graf Bulgaris, befinden sich in der alten Stadt.[96] Aber man hält Mistra doch für zu ungesund, um die Menschen dort ihrem Schicksal zu überlassen, obgleich es »gutes Wasser, frische Gebirgsluft« hat und »leicht verteidigt werden« könnte. Denn bald nach der Mitte des Tages verbirgt sich die Sonne hinter den Felsenmauern des Taygetos.

»Es steigen feuchte und kältende Dünste auf, die den Menschen Fieber und den Südfrüchten dicke Schalen bringen.« Dennoch ist es, wie ein Zeitgenosse schreibt, »wohl zu weit gegangen, eine Menge großer Schwierigkeiten zu übernehmen, bloß um der Idee willen, wieder einen Ort auf dem Platze zu erbauen, wo das alte Sparta lag, dessen Gründe zu seiner Macht längst weggefallen sind und nur im kriegerischen Geiste seiner Bewohner lagen und durch diesen Platz nicht wieder hervorgerufen werden können. Der Zeitgeist gebietet jetzt Frieden, damit Länder und Völker erblühen mögen.«[97]

Dieser Zeitgeist will Städte mit geraden Straßen, die sich rechtwinklig kreuzen, und Häuser, alle von gleicher Art. Doch den Pappas Oikonomikos, der oben in der brüchigen Metropolis seines Amtes waltet, kann dieser ›Zeitgeist‹ nicht kümmern. Wer in der Felsenstadt altert, kennt noch das vorrevolutionäre Mistra, damals von mehr als siebentausend Griechen und Türken und von einigen Juden bewohnt, jetzt aber nur noch von 150 Familien in unansehnlichen Häusern, unregelmäßig zwischen den Ruinen errichtet.[90] Beim Pappas kehren die Fremden ein, »obschon die Bequemlichkeit nicht viel heißen will,«[46] denn der bärtige Alte, der noch in der Vergangenheit seiner schönen und stolzen Stadt lebt, stellt ihnen seinen einzigen Wohnraum

---

44 Thiersch, Bd. 2, 263 f. 107 Roß, Erinnerungen, 20.
45 von Maurer, Bd. 2, 148. 96 Friedrichsthal, 228. 97 Fiedler, 321 f.; vgl. 95 Burgess, Bd. 1, 244. 90 Anderson, 132. 46 Handbuch für Reisende in den Orient, 126.

zur Verfügung und erzählt ihnen abends lange vom Aufstand des Jahres 1821.[99] Sein berühmtester Gast war Fürst Hermann von Pückler-Muskau. Eines Abends verließ er noch vor Sonnenuntergang die Metropolis und bestieg den Felsen, »von dem... die armen Krüppel der Spartaner den Salto Mortale hinab machen mußten«.

»Die laue, transparente Nacht ward vom früh aufgehenden Monde verklärt, und ich beschloß, in seinem Dämmerlicht noch einmal der Venezianer Geisterstadt zu durchstreifen. Es war eine Szene voll unaussprechlicher Erregung! Wohl eine Stunde lang, durch Schutt und Dornen auf- und abkletternd, irrte ich einsam in dem nächtlichen Ruinenlabyrinth umher, welches, in romantischer Hinsicht wenigstens, die antiken Reste Spartas weit übertrifft und überhaupt wenig seinesgleichen finden wird. Nur von längst abgeschiedenen Wesen umschwebt, durch süße Schauer phantastischer Gebilde im Innersten bewegt, suchte ich endlich einen Ruhepunkt unter den verlassenen Säulenhallen des alten Frauenklosters, zwischen denen das schon in Nebelschleier gehüllte Tal sich nur noch undeutlich einrahmte. Die morschen Türen standen offen, und der glanzvoll schimmernde Mond verbreitete Helle genug, um im Inneren noch einige Figuren auf Goldgrund zu unterscheiden, während feuchter Moder, der alle Wände überzog, die übrigen Freskobilder fast sämtlich verwischt hatte. Sechs schöne Säulen, teils aus Alabaster, teils aus buntem Marmor, von verschiedenartigen, wenig auf sie passenden Kapitälen gekrönt, stützten das Schiff der kleinen Kirche. Sie ist, wie das ganze Kloster, unter den griechischen Kaisern halb im byzantinischen, halb im maurischen Geschmack erbaut worden und zeigt von außen noch mehrere bunte Farben glasierter Ziegel in zierlich zusammengesetzten Mustern. Ein so geschmückter Turm mit Spitzbogen, mehreren Säulen-Etagen und reich geschmückten dreifachen Fensteröffnungen darüber steht noch fast ganz. Ich erklomm ihn mit einiger Mühe bis zum Glockenhause, von wo die frühere Disposition eines großen Teils der alten Stadt, der Waffenplatz, die Paläste der vornehmsten Behörden, einige krenelierte Türme und so weiter bequem zu überschauen waren.«[98]

Eines anderen Tages, noch in heißer Mittagsstunde, ritt der Fürst von Mistra aus nach Magoula. Ihn begleiteten die Bäche, die plätschernd zum Eurotas hinuntereilten. Der Weg führte ihn »unter dem Dome hoher Pappeln, deren Stämme fast durchgängig in Efeusäulen verwandelt waren und deren Äste alle Arten von Winden und Ranken vereinten«, zu dem kleinen Dorfe, das aus wenigen Hütten unter Gruppen schöner Zypressen bestand. Die Bauern nannten den Ort noch Palaiochori, als wäre es ein Teil des alten Lakedaimon. Dort besuchte der Fürst Herrn Baumgarten, den Stadtbaumeister von Sparta, der mit seiner Familie in Magoula wohnte. Man bewirtete ihn mit einer kleinen Kollation und mit »einem vortrefflichen germanischen Rahmkirschkuchen, dessen Verdienst wir mit Patriotismus erkannten«. Als dann der Architekt den Fürsten reitend zu den Ruinen Alt-Spartas begleiten wollte, erwies er sich als »dieser Leibesübung ganz entwöhnt« und mußte zu Fuß neben dem Pferde des Gastes gehen. So kamen sie hinüber zur Akropolis, dann zum Theater »mit dem Taygetos in seiner dunklen Majestät gerade vor sich« und gingen schließlich an »zum Teil noch hohe Mauern mit Fensteröffnungen zeigenden Resten eines großen Palastes« vorbei, »welche die Landleute das Schloß der Helena nannten... So durften wir wohl auch annehmen, daß wir hier wirklich, zwischen Disteln und Brennesseln, denselben Boden betraten, wo einst, auf ihrem Purpurlager ruhend, die schöne Helena den göttlichen Alexandros besser nach ihrem Geschmacke fand als den grämlichen Ehemann.«[98]

Und der Kenner der Kunst und des Schönen rief sich mit der Helena des Menelaos und des Paris, jener »alten« Vielgeliebten, auch eine zeitgenössische Dame gleichen Namens in die Erinnerung und erlebte die Antike mit einem liebenden Herzen.

99 Giffard, 296; fast wortgleich 100 Strahl, 155; vgl. 103 Beucker Andreae, 129. 98 Pückler-Muskau, 262f. 98 Pückler-Muskau, 255ff.; vgl. über das ›Schloß der Helena‹ 96 Friedrichsthal, 245ff.

Vom Bauen in Sparta berichtet er nichts. Denn noch ist die Neustadt zwischen den Hügeln und dem Eurotas-Fluß trostlos und öde. Auch 1841, fünf Jahre später, gibt es noch keine Straßen. Im Bau sind erst wenige Häuser. Denn die Pläne, die man von Athen hergeschickt hat, finden den Beifall der Mistrioten nicht, weil die Häuser dicht an der Straße stehen sollen, aufgereiht wie an einer Schnur. Und die zukünftigen Bewohner der neuen Stadt erklären lakonisch, daß es für sie unmöglich sei, ohne ihren Hofraum und den großen Balkon an der Hausfront zu leben. So entstehen vorerst nur einige öffentliche Gebäude.[99] Auch eine Kaserne gibt es für eine Schwadron bayerischer Dragoner, die am Nachmittag, leicht erkennbar an ihren blonden Schnauzbärten und den lang-scheppernden Säbeln, in den langweiligen ›Straßen‹ spazierengehen. Blasse und hagere Rekruten in langen Soldatenmänteln eilen an den Einheimischen vorbei.[102] Wahrscheinlich haben sie sich über die Männer in Röcken gewundert und über die Popen mit dem Haarknoten im Nacken und den langen Bärten. Gestaunt hätten sie sicherlich über die Bauern, die Seidenwürmer züchten, und über die Frauen, die dann die Raupen ausbrüten, indem sie sie zwischen die Brüste legen. Jetzt ist wieder eine Seidenraupenkammer und eine Seidenspinnerei eingerichtet, aber auf kaum dreißig Pfund Seide beläuft sich die Produktion eines Jahres. Übrigens sind die Arbeiterinnen aus Italien herübergekommen, um die Griechen in der Kunst des Seidenspinnens zu unterrichten, so, als wären die Frauen von Theben, die vor fast siebenhundert Jahren König Roger nach Sizilien mitnahm, wieder nach Griechenland heimgekehrt.[105]

Sorge in diesen Jahren des Aufbaus und schwierigen Anfangs trägt Herr Latris als Stadtamtmann (Dioiketes), der 1834 schon Sekretär der Nomarchie Lakonien war. Er stammt aus Smyrna, »spricht gut Französisch, scheint brav gesinnt und ist ein denkender offener Mann«, meint Gottlieb Welcker, als »sehr gebildet« bezeichnet ihn Jean Alexandre Buchon, der als Kenner des Mittelalters durch das ehemalige Neufrankenland reist und bei Herrn Latris Quar-

27 *Don Juan d'Austria*, Sieger in der Seeschlacht von Lepanto 1571. Die Kartusche oben rechts zeigt den habsburgischen Doppeladler. Holzschnitt von Anthonies van Leest. (Berlin, Bildarchiv Preußischer Kulturbesitz)

28 *Mistra zu Beginn des 19. Jahrhunderts.* Lithographie von D. Ramée nach Hugh William Williams aus dessen Werk: ›Selected Views in Greece‹, London 1829. (Paris, Bibliothèque Nationale)

30 *Johann Anton Graf Capo d'Istria,* von 1827 bis zu seiner Ermordung 1831 Regent des neuen Griechenlands. Kupferstich. (Berlin, Bildarchiv Preußischer Kulturbesitz)

31 *König Otto von Griechenland (1832-62).* Gemälde von Joseph Stieler, 1832. (München, Schloß Nymphenburg)

Links oben:
29 *Theodoros Kolokotronis.* Griechischer Freiheitskämpfer, bekannt als der ›Alte von Morea‹. Lithographie von Selb nach Hanfstaengl und Karl Krazeisen aus dessen ›Bildnisse ausgezeichneter Griechen und Philhellenen, nebst einigen Ansichten und Trachten‹, München 1828-31. (München, Bayerische Staatsbibliothek)

32 *Einzug des Königs Otto von Griechenland in Nauplia am 6. Februar 1833.* Gemälde von Peter von Heß. (München, Bayerische Staatsgemäldesammlungen, Neue Pinakothek)

33

34

← 33 *Blick von Mistra über die Vorstadt Exochorion in das Eurotas-Tal.* Lithographie von Deroy nach Otto Magnus von Stackelberg aus dessen Werk ›La Grèce, Vues pittoresques et topographiques‹, Paris 1834. (München, Bayerische Staatsbibliothek)

← 34 *Blick in der Gegenrichtung von Parori nach Mistra.* Stahlstich von Lemaitre nach Abel Blouet aus dessen ›Expédition scientifique de Morée ordonnée par le Gouvernement français‹, 2. Band, Paris 1833. (München, Bayerische Staatsbibliothek)

35 *Ansicht des Klosters der Panagia Peribleptos zu Mistra.* Lithographie aus dem Album ›Voyage de S. A. R. Monseigneur le Duc de Montpensiers à Tunis, en Égypte, en Turquie et en Grèce‹, Paris o. J. (Athen, Gennadion-Bibliothek)

36 *Discours sur Mistra*.
Bronzeplastik (Ausschnitt)
von Jean Ipoustéguy,
1964/66.
(Paris, Galerie Charles Bernard)

37 *Maurice Barrès*. Seinen Besuch in Mistra schildert er in seinem enthusiastisch geschriebenen Buch ›Le voyage de Sparte‹, Paris 1906. (Paris, Bibliothèque Nationale, Cabinet des Estampes)

38 *Gerhart Hauptmann*. Er besuchte Mistra um 1907 und berichtete darüber in seinem 1908 erschienenen ›Griechischen Frühling‹. (Berlin, Bildarchiv Preußischer Kulturbesitz)

STADT AM FLUSS UND STADT AM BERGE 441

tier nimmt. In einem großen Raum seines Hauses hat der Amtmann griechische Skulpturen aufgestellt. Wer irgend kann oder auf seinem Privatgrund Antiken findet, sammelt sie in seinem Haus oder schenkt sie, wie die Herren Alexandrides und Polydarachis, die oben im alten Mistra wohnen, dem jungen Staat, der sie auf der Insel Ägina für ein künftiges National-Museum zusammenträgt.

»Kürzlich hat man den verstümmelten Torso einer Kriegerstatue, ferner ein Werkstück mit erhobener Arbeit aus einem unfern vom Theater liegenden Felde ans Tageslicht gebracht; sie werden mit mehreren anderen Funden in einer Magoula nahegelegenen Kapelle aufbewahrt.«[96]

Die Griechen bezeugen, in Sparta durch Ludwig Roß angeregt, Achtung und Liebe den Überbleibseln ihrer hellenischen Vergangenheit und betrachten sie als ein allgemeines Eigentum.

Im April 1842 ist Gottlieb Welcker Gast des Stadtamtmanns Latris, weil sich für ihn »im Khan... nur eine zu kleine und niedrige Kammer darbot«. Ihm als einem auch politisch interessierten Freund der Griechen erzählt Herr Latris, daß es Spannungen zwischen Mistra und Sparta gegeben habe, auch hätte er Sparta als neue Hauptstadt der Peloponnes vorgeschlagen. Aber die Regierung, bemerkte er »ohne Bitterkeit«, habe in diesem Streit nicht durchgegriffen, sondern das Land in zehn Kreise eingeteilt, so daß Sparta nur die Hauptstadt Lakoniens geworden sei.[108]

Obgleich man in Sparta baut, hat das alte Mistra zu leben nicht aufgehört. Die Menschen verlassen ihre zerbröckelnden Häuser nur ungern. Die Leidensgeschichte von Generationen hat sich zu tief in die Mauern und in die Seelen gegraben. Die Wunden sind nicht vernarbt. Darum geht die Umsiedlung nur langsam voran. Man verlegt den Markt, der von den Bauern versorgt wird, in den vierziger Jahren in die Stadt am Fluß, und, Ludwig Roß hofft es, das »wird vollends die Bewohner von Mistra veranlassen, ihren eige-

99 Giffard, 302. 102 Schaub, 37. 105 Buchon, La Grèce, 425.
96 Friedrichsthal, 247; vgl. 105 Buchon, La Grèce, 424f., und
45 von Maurer, Bd. 2, 225. 108 Welcker, Bd. 1, 208.

nen Wünschen gemäß, sich aus jenem ungesunden Orte nach der neuen Gründung überzusiedeln«.[106]

Die Mistrioten am Berghang hütet mit geistlicher Milde der Metropolit. Er muß warten, bis seine Kirche unten in Sparta vollendet ist, 1842 ist die Hauptkirche noch nicht im Bau. Treu bewahrt er, der Erzbischof Melchios, seine Schätze und zeigt sie seinem Besucher, Monsieur Buchon, vor allem den heiligen Codex, ein in Pergament gebundenes Evangeliar aus dem fünfzehnten Jahrhundert. Zwar der alte, aus Antiochia stammende Foliant, den Nikephoros Moschopoulos seiner Demetrios-Kathedrale schenkte, ist es nicht mehr, ihn haben Eroberer vor vielen Jahren mit fortgenommen. Doch auch in dem neueren Band ist die Namensreihe der Metropoliten gewissenhaft eingetragen, damit ihrer im Gebet gedacht werden kann: angefangen von jenem Gründer der Kirche bis hinunter zu Ananias Lambardis, der durch die Türken zum Märtyrer wurde.[105] Und weil noch immer zu Epiphanien und zu Ostern sein Volk in die Metropolis strömt, nimmt sich der Metropolit aus der Kirche der Heiligen Theodore im Brontochien-Kloster, deren Kuppel eingestürzt ist, Säulen und aus anderen Kirchen das nötige und geeignete Baumaterial, um den zum Tal hin offenen Kreuzgang der Kathedrale wiederherzustellen. Mistra, die »berühmte Felsenstadt« – wie die Bauern sie in ihren Liedern besingen – wird im Laufe der Jahre durch das neue Sparta zerstört. Wer umzieht und in der Talstadt ein Haus baut, nimmt sich, was er noch brauchen kann: Steine, Verkleidungen, Fensterrahmen und Türen. Doch derzeit wird die neue Stadt erst von wenig mehr als vierhundert Menschen bewohnt. Selbst die umliegenden Dörfer sind größer, und in Mistra leben um 1850 noch über tausend Bewohner, »welche Eisen- und Stahlwaren verfertigen, Seidenbau betreiben und Baumwollzeuge bereiten«.*

---

*106 Roß, Reisen, Bd. 2, 11. 105 Buchon, La Grèce, 432 f. * Meyer's Conversations-Lexikon, Bd. 21, 1852, 950.*

Der Eremit und seine Zeitgenossen

Bei stark wogender See und Wind, der von den Bergen des Taygetos herüberblies, fuhr im Frühjahr 1841 Hans Christian Andersen, der dänische Märchenerzähler, am Kap Malea vorüber. Und an Bord des französischen Kriegsdampfschiffes ›Leonidas‹ reisten mit ihm ein römischer Geistlicher, ein Perser, ein Beduine, ein lustiger Franzose und sieben junge spanische Mönche, die auf dem Weg nach Indien waren.

»Wir näherten uns Morea, dem Maulbeerlande, wie der Name andeutet, welchen es wegen der Ähnlichkeit mit einem Maulbeerblatt erhalten hat. Dort strömt der Eurotas, dort lag das alte Sparta, dort findet man Agamemnons Grab! – Dieselben Felsenumrisse, in demselben Sonnenlicht, mit denselben Schlagschatten, wie wir sie jetzt erblikken, zeigten sich den Phöniziern und den Pelasgern... Wie wild und einsam war dieser Anblick! und hier lag eine Menschenwohnung, die Hütte eines Eremiten, ganz von der Welt abgeschlossen, von kreischenden Seevögeln umflattert, dicht an dem brausenden Meere. Es war, selbst mit bewaffnetem Auge, unmöglich, einen Felsenpfad zu entdekken, auf welchem Menschen zum Einsiedler hinabsteigen könnten. Die Hütte war niedrig und klein; die Stelle von Tür und Fenster vertrat ein Loch; dicht daneben bewegte sich ein Mensch, es war der Einsiedler von Kap Malio, das erste lebende Wesen, welches wir auf Griechenlands Küste erblickten. Wer war er? Was hatte ihn hinausgetrieben in diese wilde Einöde? Niemand beantwortete unsere Fragen. Ihn und seine Hütte hat man seit vielen Jahren gesehen. Schiffe mit ihrer kleinen Menschenwelt gleiten vorüber, er schaut auf sie wie auf die weißen Möven; er spricht sein Morgen- und sein Abendgebet, wenn das Meer ruht und wenn es im Sturme seinen mächtigen Choral singt.«[104]

Hier geht die Zeit vorbei. Den letzten Eremiten von Griechenland ficht keine Gegenwart an. Doch die 711 Mönche, die man 1833 auf der Peloponnes registriert, werden von

[104] Andersen, 142 f.

der Regentschaft König Ottos genötigt, ihre Klöster aufzugeben, wenn weniger als fünf Mönche in ihrem brüchigen Katholikon zur Liturgie sich versammeln. Ihr Landbesitz wird dann zugunsten einer für das Kirchen- und Schulwesen errichteten Kasse verpachtet. Die Mönche sollen sich in ein anderes Kloster begeben.[45] Manche ziehen im Lande, obdachlos bettelnd, umher. Auch sie sollen wieder geistlich-irdische Heimat erhalten, wie die 140 Mönche in Megaspylaion sie haben.

Aber »diese unappetitlichen Mönche«, schreibt Fürst Pückler-Muskau empört, »sind so in allem zurück, daß sie zum Beispiel kein anderes Mittel kennen, das Feuer anzufachen, als nach der Reihe durch ein Flintenrohr darauf zu blasen, und andere Möbel der größten Notwendigkeit auf eine Weise entbehren, wovon man sich kaum eine Vorstellung machen kann. So hatte das ganze Kloster, wie es schien, nur ein großes Waschbecken; dasselbe Handtuch diente dabei allen, wahrscheinlich so lange als es zusammenhält; andere Tücher wurden abwechselnd zur Deckung des Bettes wie des Eßschemels (ein Tisch ist es nicht zu nennen) gebraucht – kurz es übersteigt solche mehr als tierische Schweinerei allen Glauben, wie alle menschliche Erlaubnis.«[98]

Drei Klöster nur läßt man den Nonnen im freien Griechenland und empfiehlt den Töchtern des Heiligen Basilios, sofern sie das vierzigste Lebensjahr noch nicht erreicht, wieder in die Welt zurückzukehren.[45] Darum gibt es, dank der bayerisch-bürokratischen Pragmatik, derzeit in Mistra keine Klöster mehr. Nun trennt man auch, gestützt auf eine ›Synode‹, die Kirche im Königreich Griechenland vom Patriarchen in Konstantinopel und glaubt, eine nationale Tat sei vollbracht.

Man baut eine Straße von Athen zum Piräus, und Kutschen fahren auch schon in Nauplia. Aber wer durch die Insel des Pelops reist, nach Korinth, nach Sparta oder Olympia, muß sich Pferde und Maultiere, Pferdetreiber und Gendarmen mieten und Gewehr und Dolch bei sich haben. Denn Räuber gibt es im Land überall. Ehemals Palikaren im

Kampf um die Freiheit, ziehen sie ohne Sold und Heimat plündernd und mordend umher. In den griechischen Familien herrschen die Türkensitten noch vor. Nimmt die Frau des Hauses aus ›eheherrlicher Galanterie‹ an der Mahlzeit teil, die man den reisenden Gästen gibt, noch dazu in westlicher Kleidung, erregt dies Erstaunen. Sonst kommt sie, wie es hierzulande Gewohnheit ist, nach beendetem Essen herein, um den türkischen Kaffee und die dampfende Wasserpfeife zu bringen, die sie dann ansaugt.[96] Die Gegensätze im neuen Griechenland sind vorerst unüberbrückbar, aber westliches Biedermeier ist mit der in Trümmern liegenden Antike und der hellenischen Gegenwart ebenso unvereinbar. Man rettet die Bauten der Akropolis – Friedrich Schinkel wollte dort sogar den Königspalast errichten – und achtet des Byzantinischen kaum. Man will mit westlichen Methoden den Staat regieren, die Jugend durch Schulen und die Universität belehren, die Erwachsenen aber durch Mode, Etikette und Tanz der europäischen Kultur und dem, was man dafür hält, näherbringen.

»Wir sehen denn mit Gottes und der Menschen Hilfe in unserer neugeborenen Königsstadt schon manche eurer Gesellschaftssitten auf ganz dankbarem Grunde gedeihen. Bälle und Soireen sind im Land des Miltiades und Themistokles zur Tagesordnung geworden, und sollen seinen Söhnen und Töchtern einen Vorgeschmack geben von den überschwenglichen Genüssen unseres alleinigen Zivilisationshimmels, den wir mit nimmer erkaltendem Eifer über die ganze Erde wölben möchten.«[96]

»Aber das Kleine erscheint nur um so kleiner, je selbstgefälliger es sich in die Nähe erhabener Größe wagt. Sah ich diese bedientenhaften Livreen der Diplomaten«, schreibt Hermann Hettner fast zwanzig Jahre später, 1852, »und die geschmacklos nüchternen Modetänze, und dachte ich daran, daß es Athen sei, wo dies alles geschehe, da war mir doch, als müsse jeden Augenblick so ein alter ehrenfester

---

45 von Maurer, Bd. 2, 181. 98 Pückler-Muskau, 61 f.
45 von Maurer, Bd. 2, 187 f. und 184 96 Friedrichsthal, 248 und 252.
96 Friedrichsthal, 126.

Marathonkämpfer zur Tür hereintreten und in gerechter Empörung diese ganze kleinliche Wirtschaft zur Bude hinaustreiben.«[111]

So wundert sich denn auch Dora d'Istria bei ihrem Besuch in Sparta, als sie dort einen Ball gibt, über »die Krinolinen in der Stadt des Lykurg«.[112] Dabei wird dann der Maßstab der Antike zu hoch gesetzt und die Zeit zwischen Justinian und Soliman dem Prächtigen zu kurz bemessen. Darum scheinen die Schatten der alten Griechen zu lang, fast drohend zu sein. Aber Dora d'Istria ist es nicht allein, die das orthodoxe Mönchtum für das eigentliche Hindernis des Fortschritts hält. Sie denkt über das neue Griechenland im Zeitalter der Technik nach, durch welche die moderne Welt und die Zukunft bestimmt sein wird. Darum geht sie, die vornehme Dame aus dem Hospodaren-Geschlecht der Ghika, die Helena Fürstin Kolzow-Massalsky, nach Mistra nicht. Der heiligen Welt verfallender Klöster kann sie keine Aufmerksamkeit schenken. Den Alt-Philologen, wenn auch aus anderen Gründen, ist das Mittelalter, und was davon übrig ist, kaum der Beachtung wert. König Ludwig rettete 1835 bei seinem Besuch in Athen die kleine Kirche der Kapnikareia in letzter Stunde noch vor dem Abbruch, obgleich sie der Planung Leo von Klenzes im Wege stand – und heute dem Großstadtverkehr. Athen wurde als neue Residenz der Hellenen in großem Maßstab geplant. Für sein Schloß mußte Otto bei seinem Vater allerdings Schulden machen.

Und wie steht es denn mit König und Königin, diesen beiden noch jungen Deutschen, die beflissen sind, aus Herz und Verstand Griechen zu sein? Sie tragen griechische Tracht.

»Jährlich machen (sie) Reisen im Lande umher, überall werden sie mit Jubel empfangen. Von entfernten Ortschaften kommt das Volk mit Klagen und Bittschriften, der junge König hört jeden an, läßt seine Sache untersuchen, und diese Reisen bewirken oft viel Gutes; aber sie sind durchaus nicht bequem, obgleich alles Mögliche geschieht, um die Beschwerden zu heben, die jede Reise in Griechenland mit sich bringt. Diener werden vorausgeschickt, Zelte erbaut, worin übernachtet werden kann; zwischen den wilden Felsen findet man gedeckte Tische, der Champagner knallt und Hirten und Hirtinnen tanzen auf dem Platz vor dem Zelte, während die Abendsonne die einsame Marmorsäule und die hohen Berge bescheint; es ist eine Naturdekoration und ein Ballett, die nur die klassische Szene, welche die wirklichen Götter einst betraten, darbieten kann.«[104]

Auf ihrer Reise durch ihr kleines Reich befinden sich König Otto und seine Frau Amalia, geborene Prinzessin von Oldenburg, Anfang der vierziger Jahre in Sparta. Sie besuchen, geführt von Ludwig Roß, den Ruinenabhang von Mistra und steigen zur Burg des Guillaume de Villehardouin empor. Erinnerte sich aber der König daran, daß dieser französische Ritterfürst in der Schlacht am Tagliacozzo Konradin von Hohenstaufen besiegte – jenen Konradin, dem Ottos Bruder Maximilian damals auf Schloß Hohenschwangau, weil er von dort nach Italien aufgebrochen, ein Zimmer mit schönen neugotischen Bildern voll romantischer Tragik widmete? Nein... Und doch wurde der Basileus der Hellenen gegenständlich an die ritterliche Zeit der Franken gemahnt: man schenkte ihm ein zerbrochenes Panzerhemd, das die Verteidiger Mistras 1827 bei Schanzarbeiten gefunden hatten.[105] Wer hatte hier gesiegt? In jedem Fall war das verrostete Kriegerhemd ein Symbol verlorener Macht, verlorenen Lebens. Doch niemand mochte daran denken. »Der Besuch der anziehenden Ruinen und der Genuß der weiten Aussicht von dem Schloßberge über das herrliche Eurotas-Tal fesselten die Hohen Reisenden so lange, bis die Nacht hereinbrach. Erst in völliger Dunkelheit erreichten sie die Pferde am Fuß der Höhe wieder« und ritten im Schein der Fackeln, die man aus der Nachbarschaft geholt, in fröhlicher Stimmung in die neue Stadt.[106]

Daheim im Schloß mit seinem weiten Park, der »ganz ihr Werk« ist und den »reichsten Flor exotischer Gewächse

---

111 Hettner, 148 f. 112 Dora d'Istria, Bd. 1, 553 f.; über Dora d'Istria vgl. 116 Bremer, Bd. 1, 306. 104 Andersen, 176 ff. 105 Buchon, La Grèce, 434. 106 Roß, Reisen, Bd. 2, 13.

und von den Anhöhen unvergleichliche Aussichten auf die Gebirge, das Meer, die Akropolis und die Säulen des olympischen Zeus« bietet – daheim im Schloß ist Ihre Majestät, die Basilissa Amalia, der festen Überzeugung, »daß Griechenland in der Wiedergeburt begriffen« ist. Sie, die immer nur lacht, speist an einem schönen Tag im Park mit ihren Gästen. Die Tafel ist »auf dem Mosaikboden eines dort aufgedeckten römischen Bades in grünen und duftigen Umgitterungen« gedeckt. Man unterhält sich guter Laune. Und die Höflichkeit gebietet es, zu sagen, daß man mit den Füßen auf alten Wundern stehe, mit den Augen aber die neuen sehen könne.[44]

Unvereinbar wie die Gegensätze im neuen Griechenland ist die Verschiedenheit von Volk und König, doch die Liebe überbrückt sie gern. Nur mangelt es dem Basileus Othon an wirklicher Autorität. Tüchtigkeit und guter Wille reichen allein nicht aus, und Intriganten wollen ihn gar für regierungsunfähig erklären. Die Revolution von 1843 hat ihm die Verfassung, die Syntagma, abgetrotzt, der Krimkrieg die drei Schutzmächte Griechenlands untereinander verfeindet: England und Frankreich sind mit der Türkei gegen Rußland verbündet. König Otto wird ein Opfer der Großmachtpolitik. Die Griechen wollen ein größeres Vaterland, ihr König möchte es wohl auch, aber England will es nicht, so ist Ottos Königtum geschwächt.

Im Oktober 1862 fahren König und Königin mit großem Gefolge auf der Fregatte ›Amalia‹ um die Peloponnes und landen im Hafen von Gythion am lakonischen Golf. Von dort geht es nach Sparta, wo der Hof zwei Tage Rast hält. Jubelnd begrüßt allerorten die Landbevölkerung das königliche Paar, das sich geliebt sieht. Mit 130 Pferden und Maultieren zieht die königliche Karawane dann über den unwirtlichen Taygetos durch die heroisch-unheimliche Langada-Schlucht hinüber nach Kalamata. Hier erreichen den König Nachrichten von der Revolution der Offiziere in Patras und Athen. König und Königin dampfen mit der ›Amalia‹ in den Hafen von Piräus zurück, doch an Land gehen sie nicht, das Schiff bringt sie auf die Reede von

Salamis. Einen Augenblick denkt die Königin, deshalb ›blutige Hyäne‹ von ihren Gegnern genannt, daran, die Mainoten zum Kampf gegen die revolutionäre Clique aufzustacheln. Doch um den Bürgerkrieg zu vermeiden, verläßt Otto sein Schiff und seinen Thron. Er ging in seine Heimat ins Exil. Und allabendlich ward in der Neuen Residenz zu Bamberg griechisch gesprochen und griechische Tracht getragen. Auch August Jochmus lebte damals in Bamberg. Zwei altgewordene Philhellenen erinnerten sich an ihren Aufenthalt in Sparta.

Gastfreundlicher Friedensrichter

Das neue Sparta hat sich inzwischen zu einer kleinen Landstadt entwickelt. Für den Frieden zwischen den um Besitz- und Erbrecht streitenden Parteien sorgt in den fünfziger Jahren der Richter Theodor Fengaras. Obgleich schon gesetzteren Alters hat er eine junge Frau und steht einem wohlhabenden Hausstand vor, in dem man nach westlicher Sitte lebt.[116] Hat er seine friedensrichterliche Tagesarbeit erledigt und danach einige Stunden geruht, ergeht er sich gern auf den Straßen Spartas oder sitzt im Café. Fremde erkennt er natürlich gleich. Er berät sie bei der Suche nach einem Quartier oder – ein höflicher Mann, der er ist – besteht darauf, daß sie mit seinem Hause vorliebnehmen und seine Gäste sind. Dort bietet er ihnen Marmelade und Kaffee an und wandert mit ihnen anschließend einmal rund um die Stadt. Kommt er mit seinen Gästen von dem kleinen Ausflug zurück, versorgt Fengaras sie wieder mit Kaffee und Marmelade.[115] Wissenshungrige Altertumskenner läßt er durch seinen Diener zu den Ruinen führen, und auch dieser junge Mann hat seine Erlebnisse gehabt, von denen er dann erzählt. Als ein patriotischer Sizilianer war er Soldat in der Revolutionsarmee von 1848 gewesen, mußte als Flüchtling seine Heimat verlassen und kam nach Sparta. Man sollte Revolutionäre lieber begnadigen und ihnen gegenüber Milde walten lassen, denkt sein Begleiter, der Althisto-

44 Thiersch, Bd. 2, 620ff. 116 Bremer, Bd. 1, 92. 115 Clark, 159.

riker Wilhelm Vischer, ein Schweizer von Geburt. Auch ihn hatte Fengaras gastfreundlich aufgenommen und zum Essen geladen.

»Ungewöhnlich für Griechenland, wo die Bedienung sonst immer männlich ist, war es für uns, daß ein Dienstmädchen uns aufwartete. Das wäre nun freilich gewesen, was bei uns Landessitte ist, und ich hätte es kaum beachtet, wenn nicht zu den Pflichten des Aufwärters in Griechenland, wie im ganzen Orient, bekanntlich auch das Anzünden der Pfeife gehörte, die immer brennend überreicht wird, und das versah hier das Mädchen mit vollkommener Virtuosität.«[114]

Manchmal geleitet der Friedensrichter seine ausländischen Gäste zum Bischof, der durch einen solchen Besuch geehrt wird und – neben Marmelade und Kaffee – nach türkischer Sitte auch Chibouk anbietet.

»Der Prälat war ein verehrungswürdiger alter Mann und vielleicht nicht weniger verehrungswürdig durch die Armut seiner Bekleidung und die Dürftigkeit seiner Behausung. Er empfing uns in einer alten schwarzen Kappe und in einem zerlumpten braunen Rock, der mit mottenzerfressenem Pelz gefüttert war. Er stellte uns viele Fragen, besonders über das Einkommen der englischen Geistlichkeit. Wir waren etwas beschämt, es ihm zu sagen. Jedoch durch seinen eigenen Fehler oder durch den des Friedensrichters, der den Dolmetscher machte, verstand er Pfund Sterling für Drachmen, so daß die Summe ihn nicht in Erstaunen setzte oder jedenfalls nicht allzusehr.«[115]

Noch nennt sich dieser Bischof Metropolit von Lakedaimon. Aber seine Nachfolger, welche die Metropolis in der neuen Stadt als ihre geistliche Heimat erhalten, werden Metropoliten von Monembasia und Sparta sein. Dann gehört auch ›Lakedaimon‹ der Vergangenheit an.

Erzählerin voller naiver Laune und mit liebenswürdiger Anmut – wie die Gestalten in ihren Geschichten –, kommt von weither auch die Schwedin Fredrika Bremer herangereist. Sie will über Griechenland und die Griechen schreiben und hält sich deshalb einen Winter lang in Athen auf und reist im Sommer zu den Inseln hinüber und dann durch die Peloponnes. Auch nach Sparta ist sie gekommen, und gastfreundlich nimmt Theodor Fengaras sie in seinem Hause auf. Für Fredrika Bremer hat er, der gebürtige Spartaner, also ein alter Mistriot, einen Kopf, der einem Lykurg gut anstehen würde, »das will sagen, falls Lykurg so edel und gut ausgesehen haben sollte, wie sein Charakter von den Geschichtsschreibern geschildert wird«.[116] Die blonde Schwedin hat Glück, nach Sparta kam sie gerade einen Tag vor Beginn des jährlichen Marktes, der oben in der alten Stadt eine Woche lang gehalten wird und von dem man ohne sie vielleicht nichts wüßte.

So ritt denn die kleine Karawane des Friedensrichters und der schwedischen Erzählerin an einem der nächsten Tage nach Parori hinüber. Während einer Rast an der von Platanen beschatteten Felsenquelle, genannt Chiaramo[101] – noch heute einer der schönsten Plätze in der Umgebung von Mistra – tranken sie Wasser und beobachteten die zum Markt auf Pferd und Maultier reitenden oder zu Fuß kommenden Menschen, die gut und manchmal sogar elegant gekleidet waren. Die Männer trugen fast ohne Ausnahme Fez und Fustanella, Jacken und Gamaschen, manchmal dicht mit Schnüren aus Silber oder Gold bestickt. Noch reicher und auch verschiedenartiger waren die Kleider und die Trachten der Frauen. Eine weiße Kopfbinde, eine Art Turban, die eine Frau aus Achaja trug, wirkte besonders hübsch und prächtig. Aber auch die guten Lakedaimonier bildeten eine dichte Mauer von schaulustigem Volk, um die dort im offenen Zelt sitzenden Frauen und den Friedensrichter zu bestaunen, die Kaffee und Wasser tranken, Obst und Lutuni aßen und rauchten. Ununterbrochen starrten sie schweigend auf die reisenden Unbekannten, als seien es wundervolle fremde Tiere.[116] Doch die exotischen Westler, für die Griechenland schon exotisch war, brachen bald wieder auf. Der Markt lockte sie an.

»Nach einer Stunde bequemen Ritts erreichten wir Mi-

114 *Vischer, 399.* 115 *Clark, 159.* 116 *Bremer, Bd. 1, 103.*
101 *Aldenhoven, 354.* 116 *Bremer, Bd. 1, 101 f.*

stra und die Felder und Olivenhaine ringsum, die gedrängt voll waren von Tieren aller Art, von Pferden, Maultieren, Eseln, Kühen und Kälbern und allem, was da zum Markt getrieben wurde. In der Stadt sahen wir lange Reihen von Zelten, in denen Läden eingerichtet worden waren. Und alle Leute waren eifrig damit beschäftigt, die Ordnung aufrechtzuerhalten im Bazar: ein großes viereckiges Gebäude mit rundum geführten Galerien inmitten des Palasthofes, an allen Seiten überfüllt mit Läden.* Die Menge, die Verschiedenartigkeit und die Kostbarkeit der Waren schienen mir ganz außerordentlich. Man sah dort Gold und Silber und Seidenstoffe, prächtig gestickte Gewänder aus den Manufakturen des Landes, eine große Zahl von Galanterie-Waren, ferner jede Art von Stoffen für Kleider, sowohl von grober Beschaffenheit als auch von besonderer Feinheit, wie es der Landesart entspricht, und schließlich einen reichlichen Vorrat an Lebensmitteln, Früchten usw. Ich war erstaunt über die Menge, die hier in jeder Hinsicht ausgebreitet war, und das in einem Tal, das so weit von den großen Handelsstraßen und den Städten entfernt liegt. Der größte Teil des Handels, den man betrieb, wurde jedoch sozusagen im Tausch vollzogen. Bargeld gab es wenig.«[116]

Dann ritten Schwedin und Friedensrichter noch die Straße unter dem Taygetos entlang. Es muß die Straße nach Trypi gewesen sein. Ein Dr. K. führte sie. Mit großer Geschicklichkeit zügelte er seinen Araberhengst, seine Frau begleitete ihn, eine dunkelhäutige, hübsche Abessinierin, die auf einem weißen Pferde saß. Und die erhabene Bergfestung und die gespenstige Ruinenstadt – das mittelalterliche Mistra – sahen auf sie mit einem traurig-düsteren Blick herab.

* *Diese Beschreibung deutet unzweifelhaft auf den schon in türkischer Zeit im Despoten-Palast und auf dem Platz davor eingerichteten Bazar, vgl. oben S. 372.* 116 *Bremer, Bd. 1, 101 ff.*

Ruinenbesucher

Und aufrecht stehen, wie anmutige edle byzantinische Fürstinnen, zwischen den Ruinen verstreut, nur noch die sonnengebräunten Kirchen.
Nikos Kazantzakis

Zwei Deutsche sitzen 1839 in dem Marmara genannten Café unter den hohen Platanen bei der Quelle Panthalama und schlürfen türkischen Mokka, versuchen sich auch an der Wasserpfeife und lernen das neue Griechisch von den Einheimischen am Nebentisch. Es sind Adolf Friedrich Graf von Schack, der sich der ›Führung‹ durch Pouqueville anvertraut hat, und der Maler Otto Roß, der Bruder des Archäologen.* Auf sie macht Mistra, das ehemalige Exochorion, »anmutig den Hang eines Hügels hinaufgebaut«, mit seinen engen, viel gewundenen Gassen und dem Bazar einen ganz orientalischen Eindruck.[53] Nahe bei diesem Café befinden sich die Reste eines türkischen Bades, das jetzt als Pulvermagazin genutzt wird. Denn die Griechen baden nicht, wie Henri Belle versichert. Dieses Hamam stand an der Stelle, zu der schon in byzantinischen Zeiten von jenseits des Berges erfrischend-kühles Wasser geleitet worden war. In der Nähe sieht man, nach Mesochorion hinüber, noch ein oder zwei Minaretts, abgestumpft wie Gräbersäulen: Zeugen einer vier Jahrhunderte langen Knechtschaft, die das Vaterland des Leonidas erdulden mußte.[117] Am Café steht als Brunnentrog ein römischer Sarkophag, der dem Anwesen den Namen ›Marmara‹ gab. Ihn ziert ein »graziös komponiertes« Relief, das drei verwegen-üppig aussehende Knaben mit Fruchtgirlanden zeigt. Edward Dodwell, Abercromby Trant[78;93] und Pückler-Muskau haben ihn beschrieben und der Fürst von dem Wasser, das zu den vorzüglichsten Quellen des Landes gezählt wird, gleich eine Tonne mit in sein Quartier genommen.[98]

* *Über Otto Roß vgl. Hans Bernhard Jessen: Nordelbische Philhellenen, in: Berliner Beiträge zur Vor- und Frühgeschichte, Bd. 2 (Gandert-Festschrift), 68 ff.* 117 *Belle, 309.* 53 *von Schack, nach Wolf-Crome, 198.* 78 *Dodwell, Bd. 2, 275* 93 *Trant, 196.* 98 *Pückler-Muskau, 261.*

»Über diesem, an dem türkischen Giebelfelde, ruht ein schön gearbeitetes Basrelief. Eine Kapelle mittelalterlichen Gemäuers steht ihm zur Seite zwischen dichtbelaubten Hollunderstauden. Werke, die zwei Jahrtausende von verschiedenen Völkern schaffen sahen, vereinen sich hier ohne Absicht zu dem tief bedeutsamen Bilde des Ganzen.«[96]

In dem immer noch rasch fließenden Wasser waschen die Frauen von Mistra ihre Wäsche. Kommt ein Fremder in das Café, gehen sie hin und erzählen dem ›Milordi‹ von ihren Seidenwürmern und, was sie zu ernten hoffen. Die Älteren erinnern sich noch lebhaft an die türkische Zeit. Doch die Jüngeren: die neuen Spartanerinnen sind damit beschäftigt, die Brautwäsche für die Jüngste unter ihnen, die in ein oder zwei Tagen heiraten wird, herzurichten. Sie würden, meint Thomas Wyse, ihre Schwestern in der ›Lysistrata‹ nicht beschämen. Aber »Nausikaa« – so nennt er die Braut – will nicht, daß Fremde ihr zusehen...

»Die große Platane breitete ihre fein-grünen Zweige über die kleine Gesellschaft aus und verwischte ihren Schatten mit dem der Felsen, um sie vor der Sonne zu schützen.«[113]

»Nur durch den Bach Pantalimona geschieden, liegt die am Anfange dieses Jahrhunderts verlassene nördliche Stadt... Die Zeit hat über ihre Werke der Verwüstung die grüne Farbe des Lebens gehaucht; glänzende Efeuranken umhüllen das verwitterte Gemäuer.«[96]

»Beschwerliche Pfade führen zwischen den Häuserruinen und Kirchen... aufwärts nach dem versteckt an der Nordseite liegenden Burgtor... Wer sich den beschwerlichen Weg bis zur Burg ersparen will, mag sich mit der Aussicht von der Terrasse der Pantanassa-Kirche begnügen, wo eine Einsiedlerin (Kalogria) Erfrischungen anbietet und eine kleine Gabe erwartet.«[47]

Und so kommen sie denn in die Stadt am Taygetos, die Ruinenbesucher. Doch andere reiten wie der französische Romancier Gustave Flaubert mit kleinem Gefolge vorbei und achten nur einen Augenblick auf »Mistra mit seiner türkischen Akropolis« – hinter dem Trupp bellen die Hunde, kleine Lämmer blöken.[110]

Diplomat

Das Kloster an der Agios-Demetrios-Kathedrale ist wieder bewohnt. In den fünfziger Jahren leben dort oben zwei Pappas in der Einsiedelei. Einer von ihnen ist vom Berge Athos herübergekommen und malt Ikonen in herkömmlicher Art. Mitten zwischen Werkzeug, Kram, Schmutz und den Bildern auf Gold hängt die Uniform eines Soldaten der Italienischen Legion, die vor langen Jahren, vielleicht unter Lord Nelson, in englischen Diensten kämpfte. Eines Tages steigt ein Besucher hinauf, geht über die offene Galerie der Kirche und über eine schmale, ziemlich gefährliche Treppe und betritt die ärmliche Zelle. Er schaut sich um. Da wird dem Maler der Gottesbilder geheimnisvoll zugeflüstert, daß der Minister hergereist sei, um alles, was der britischen Krone gehöre mitsamt dem, der es besitze, in Beschlag zu nehmen. Das jagt dem frommen Mann für einen Augenblick Schrecken ein. Denn was versteht er von der großen Politik! Doch als Sir Thomas Wyse, wahrlich der Minister Ihrer Majestät, der Queen Victoria von Großbritannien und Irland, dem Pappa die Angst genommen, werden sie beide ›good friends‹ miteinander. Man führt den hohen Besuch und seine Begleitung nach mühsamem Abstieg in das Schiff der Kirche, und Thomas Wyse läßt sich die byzantinischen Inschriften erklären. Der heilige Raum, in seinem verwüsteten Zustand, macht einen melancholischen Eindruck. Nur die Aussicht von der Terrasse der Metropolis, weit über das Tal des Eurotas, mildert das Erlebnis steter Vergänglichkeit.[113]

Lehramtskandidat

Obgleich dem »klassischen Philologen die fränkischen Überreste in Griechenland im ganzen nur geringes Interesse zu erwecken pflegen«, geht Karl August Baumeister, ein Lehramtskandidat für den höheren Dienst, 1853 in die

---

96 Friedrichsthal, 231. 113 Wyse, 185 f. 96 Friedrichsthal, 229 f. 47 Baedeker, Griechenland, 1883, 266. 110 Flaubert, Bd. 1, 197. 113 Wyse, 163.

Ruinenstadt hinauf: »... an den meisten Häusern sind über dem Türeingang noch die Wappen der Ritter in Stein gehauen so gut erhalten, daß sich die Geschlechter darnach haben bestimmen lassen«, meint er. Aber wer hat ihm erzählt, es hätte »von der gänzlichen Zerstörung« der Stadt »nur der Aberglaube, die Furcht vor bösen Geistern die Umwohner abgehalten«? Für den jungen Gelehrten war »der überraschende Eindruck dieser verwunschenen Oberstadt von Mistra so mächtig, daß er sich (ihm) beim Lesen dieser Szene« – des Helena-Aktes im ›Faust‹ – »immer wieder aufdrängte«. Und Karl August Baumeister entschließt sich – bei seinem Besuch in Mistra noch ohne Gedanken an Faust und Helena – mehr als vierzig Jahre später im Goethe-Jahrbuch von 1896 mitzuteilen, daß er Mistras Kastron für die Faustburg halte.[280] Maurice Barrès muß es gelesen haben, denn für ihn ist Mistra, ohne daß er zweifelt, die Burg, in der sich Faust und Helena begegneten.

Jeder entdeckt sein Mistra für sich. Nur den einen, für den es die Farbe seines Herzens trug und der um dieses Land mit seinem Genius und dessen Hyperion um diese Stadt mit der Waffe in der Hand gekämpft: Friedrich Hölderlin haben alle vergessen – oder in Mistra nicht an ihn gedacht.

Byzantinisten

Mistra war zum Symbol des byzantinischen Hellas geworden. Schon im Jahre 1883 weiß der ›Baedeker‹ zu berichten, daß man angefangen habe, einige Kirchen wiederherzustellen,[47] hatten die Bauten doch lange das Steinmaterial für die Häuser unten im Tal geliefert. Die Erinnerung an das mittelalterliche Griechenland sollte wachgehalten und damit eine Vergangenheit ins Bewußtsein gehoben werden, die vielleicht stärker noch als Geist und Tat der Antike das Leben des griechischen Volkes geprägt hatte. Zuerst waren es allerdings die ›Franken‹ gewesen, die das mittelalterliche Griechenland zu erforschen begannen. Als im Auftrag der französischen Regierung – gleichsam im Gefolge des Expeditionskorps gegen Ibrahim Pascha – Abel Blouet 1830 archäologisches Material sammelte, fanden byzantinische Bauten nur gelegentlich seine Berücksichtigung. Jean Alexandre Buchon, der 1840 die Peloponnes bereiste, hatte in den Archiven von Neapel, Palermo und Rom Urkunden und Akten gesichtet, die das mittelalterliche Morea betrafen. Er veröffentlichte sie und machte vor allem die ›Chronik von Morea‹ bekannt. Die Kunst hütete noch ihr Geheimnis. Mehr als fünfzig Jahre vergingen, bis Mistras Bauten und Bilder wissenschaftlich entdeckt werden konnten. Gegen Ende des Jahrhunderts kam Gabriel Millet, unterzog die Fresken in allen Kirchen seinen gründlichen ikonographischen Studien und lieferte allen, die sich mit Mistra beschäftigen, das Material für jede weitere Arbeit. Durch ihn gibt es seit 1899 im Episkopion, dem erzbischöflichen Palast, ein Museum, in dem Inschriften, Reliefs und kirchliche Einrichtungsgegenstände, sowie der Thron des Metropoliten zusammengetragen wurden. Charles Diehl behandelte Mistras Kirchen und Fresken im Zusammenhang der byzantinischen Kunst und ihrer Geschichte schon im Jahre 1910. Seitdem ist die Erforschung Mistras die Leistung französischer Byzantinisten – bis hin zu Antoine Bon, Jean Ebersoldt und Suzy Dufrenne – geblieben.

Nachdem der Abgeordnete Russopoulos von Sparta im griechischen Parlament den Antrag eingebracht hat, setzt sich auch die Athener Regierung für die Erhaltung byzantinischer Altertümer in Mistra ein. Die Archäologische Gesellschaft steuert 30000 Drachmen bei.* Adamantios Adamantiou wird zum Ephoros bestellt. Er zieht in das Museum im Episkopion ein, wo er mit seiner würdigen Mutter wohnt. Sein Zimmer »ist klein und enthält weiter nichts als ein kleines Regal für Bücher, Tisch, Stuhl und Feldbettstelle, dazu im Winkel ein ewiges Lämpchen unter einem griechisch-katholischen Gnadenbild...«. Tagsüber sieht man den jungen Adamantios, »wie er unverdrossen und mit reinster Geduld Werkstück um Werkstück aus dem Schutt der Verwüstung zusammensucht, um in mühsamen Jahren

280 Baumeister, 214. 47 Baedeker, Griechenland, 1883, 266.
* *Byzantinische Zeitschrift, 16 (1907), 414.*

hie und da ein weniges liebevoll wiederherzustellen von der ganzen, beinahe in einem Augenblicke verwüsteten, unersetzlichen Herrlichkeit«.[120]

Regelmäßig veröffentlicht Adamantios Berichte über seine Arbeit. Mit dem Bibliothekar des Deutschen Archäologischen Instituts in Athen, Adolf Struck, wechselt er Briefe und stellt ihm gern seine Vorlagen und Zeichnungen zur Verfügung, denn der deutsche Gelehrte bereitet ein Buch über Mistra vor.*

Enthusiast

Adamantios Adamantiou achtet nicht darauf, wie ein Ruinenbesucher »über abgestoßene Steinplatten« geht, »querüber durch zerstörte Gassen, unter Toren und Zinnen hin« und aufblickt zu den Palästen, die, mit Wappen geschmückt, ihrer Dächer beraubt sind und aus denen sich ihm, der es als ein Fremder bedauert, kein Gesicht mehr herunterneigt. Der Wanderer zwischen den trostlosen Trümmern ist Maurice Barrès, der sich am Ruhme Frankreichs beseelt und begeistert hat und mit empfindsamer Dekadenz sein Leben schreibend und reisend verbringt. Er ist auf den Spuren Chateaubriands und seiner lothringischen Brüder, der Ritter und Barone des Herrn von Champlitte und der Herren von Brienne nach Lakonien gekommen und findet hier seines Vaterlandes Vergangenheit wieder. Er klagt darüber, daß man den Frankenturm von den Propyläen der Akropolis in Athen niedergerissen hat: die Athene wird trotz der marmornackten Tempelpracht nicht wieder zur Göttin der Stadt. Recht wäre es gewesen, den Turm stehen zu lassen und zwischen den Säulen der Propyläen die Schießscharten der letzten Verteidiger: denn ein französischer Offizier, Charles Baron Fabvier, habe hier monatelang gegen die türkische Übermacht standgehalten. Denn in der Gegenwart bleibt die Geschichte aufbewahrt, sie soll keine tote Vergangenheit sein. Die Mädchen Lakoniens erinnern Maurice Barrès an die Frauen des mythischen Sparta, die einst, als die Helden gegen Troja zogen, in der gleichen Weise die Ernte eingebracht hätten wie jetzt die

Bäuerinnen im Tal des Eurotas. Auf der Herfahrt im bequemen Landauer hat er die Frauen auf den Feldern gesehen, bald aber die Häuser des neuen Sparta und die Dörfer mit ihren roten Dächern, endlich aber, was er vor allem suchte, »die edle Stadt Mistra, hängend an ihrem Berge«, schon aus der Ferne erkannt und bis ins unendliche die Silben sich vorgesprochen: Mistra, Lakedaimon, Eurotas, Taygetos!

»Der Taygetos lagert auf einem machtvollen Sockel, der dem Auge Falten von Dunkelheit bietet; in seinen unteren Bereich graben sich tiefe Schlünde, angefüllt mit bläulicher Finsternis und mit Wäldern – aufragende Klippen und starke Bastionen waffnen ihn. Diese gewaltigen Vorwerke treten gleich wie im Angriff in die Ebene vor, und wie sterbende Heroen sieht man an den Hängen einzelne Dörfer kriegerisch hinsinken... Welch eine Kraft und welch eine Größe im Aufsteigen dieses Berges, wie gelassen drückt er seine Wucht auf die Ebene, die wollustflüsternd seinen Fuß umschlingt, und wie wirft er sich in sieben schneeigen Gipfeln gegen den Himmel!«[119]

Maurice Barrès: Er erhebt das Gegenständliche zum Symbol des Unwandelbaren und beschreibt als Vorgang, was in sich ruht. Sein Mistra ist die Impression einer Begeisterung.

Als er den Berghang heraufgekommen war und das lang erwartete Wunder sah, wünschte er über die Stadt, »die im Geheimnis des hellen Mittags badete, jene Mischung von Ehrerbietung und Zutrauen auszubreiten, mit der die großen Maler den nackten Leib einer Frau behandeln und zwischen unser Verlangen und die Schönheit lagern«.

In einer kleinen Kirche mit grüner Kuppel – es war die Panagia Peribleptos – fand er »keine Stelle an den Wänden, die nicht mit Fresken bedeckt gewesen wäre, welke Seide schien es zu sein«. In der Pantanassa zeigte man ihm das Grab einer byzantinischen Kaiserin, sein Begleiter sprach zu ihm von der schönen Theodora Tocco. Erst vor kurzem waren die Gräber geöffnet worden, man hatte »Schädel und

---

*120 Hauptmann, 112. * Byzantinische Zeitschrift, 17 (1908), 283; 18 (1909), 665, und 19 (1910), 652. 119 Barrès, 263; hier in der Übersetzung von Hofmannsthals, siehe Nr. 139 der Bibliographie.*

Knochen in nachlässig aufgestellten Körben gesammelt«. Unter der Loggia der Pantanassa ruhte der Dichter aus, sein Herz war außer Atem gekommen, weniger »durch den Aufstieg unter der Sonnenglut als durch den Wunsch, alles umfangen zu wollen«.

»Und noch etwas weiter, da ist das Schloß, durch Zauberkraft verwandelt in den Palast des Menelaos, um die Liebe Helenas und Fausts zu beschützen... Mistra verfällt ohne Trauer. Seine Klöster, seine Moscheen, seine lateinischen und byzantinischen Kirchen bewahren einen vertrauten Duft köstlichen Jugendseins... Dieser Berg ist wie ein Gedächtnis zusammengesetzt. Trümmer aller Epochen und der verschiedensten Rassen haben dort eine alles vereinende Farbe angenommen; sie sind bedeckt und verbunden von einem Teppich aus hängendem Efeu, wo Bienen summen.«

Und als er oben steht, oben hinter den Zinnen wie die aus der Champagne, erkennt Maurice Barrès über die byzantinischen Kirchen hinweg die blühenden Gärten der neuen Stadt und die Ruinen des alten Sparta:

»Der Eurotas wälzt sich gegen das Meer, mitten unter den Hügeln, die sein Tal bezeichnen und unter der strahlenden Sonne aufflammen in roten, ockerfarbenen und grünen Tönen. Vom Taygetos zum Menelaion, von der Insel Cythère bis zu den Bergen Arkadiens überschaue ich, eratme ich das Tal Lakoniens.«

Maurice Barrès vergleicht es mit dem Krater des Vesuv, der nicht weniger als dieser prunkende Vulkan der Geschichte und der Poesie seine Seele erregte. Islam und Kreuzfahrergeist, Orthodoxie und das heidnisch-strenge Sparta der Schulgelehrten vereinigen sich in seinem Blick, »mischen sich, aufdampfend unter der sengenden Sonne, vom Meer bis zum Himmel. Die Ebene ist unter meiner trunkenen Begeisterung wie die Leier des Dichters...«[119]

---

[119] Barrès, 279 ff.

Dramatiker

Adamantios Adamantiou hat den Fremden nicht bemerkt, er geht seinem Alltag nach, zeichnet und mißt. Vor seinem Blick steht ein Mistra auf, das seinen Glanz nicht verloren hat und dem er zur Auferstehung verhelfen möchte. In seinem kleinen Zimmer im Episkopion schreibt er an seinen Berichten und über die von ihm geleiteten Restaurierungen an den Kirchen und am Palast der Despoten. Selbstlos überläßt er den Raum einem deutschen Dichter, der sich als Ruinenbesucher bei ihm meldet. Er nimmt ihn gastfreundlich für die Nacht bei sich auf und frühstückt am anderen Morgen mit ihm im Kreuzgang der alternden Agios Demetrios, umgeben von den gemalten Metropoliten Lakedaimons und den zum Tal hin offenen Arkaden. »Hier ist es kühl. Eine Zypresse, uralt, ragt jenseits der niedrigen Mauer auf. Sie hat ihre Wurzeln hart am Rande der Tiefe eingeschlagen.« Gerhart Hauptmann ist liebevoll von diesem Morgen entzückt. Dann öffnet der Ephor Adamantios Adamantiou

»mittels eines altertümlichen Schlüssels ein unscheinbares Pförtchen..., und wir sind durch einen Schritt aus dem hellen Säulengang in Dunkelheit und zugleich in ein liebliches Märchen versetzt. Der blumige Dämmer des kleinen geheiligten Raumes, in den wir getreten sind, ist erfüllt von dem Summen vieler Bienen. Es scheint, die kleinen heidnischen Priesterinnen verwalten seit langem in dieser verlassenen Kirche Christi allein den Gottesdienst. Allmählich treten Gold und bunte Farben der Mosaiken [!] mehr und mehr aus der Dunkelheit. Die kleine Kanzel, halbrund und graziös, erscheint, mit einer bemalten Hand verziert, die eine zierliche Taube, das Symbol des heiligen Geistes, hält. Dieses enge byzantinische Gotteshaus ist zugleich in zartestem Sinne bezaubernd und ehrwürdig. Man findet sich... ganz unvermerkt plötzlich in ein unterirdisches Wunder der Scherazade versetzt, gleichsam in eine liebliche Gruft, eine blumige Kammer des Paradieses, abgeschlossen von dem rauhen Treiben irdischer Wirklichkeit... In dieses Heiligtum gehört keine Orgel noch Bachsche Fuge hinein, sondern durchaus nur das Summen der Bienen, die von den zahllosen Blüten der bunten Mosaiken Nektar für Waben zu ernten scheinen.«[120]

Harry Graf Kessler, dem der Dramatiker seinen ›Griechischen Frühling‹ widmete, las über Mistra von Bienen und Nektar und blumigen Grüften und entschloß sich, selber Griechenland zu bereisen. Zwei Künstler begleiteten ihn: Hugo von Hofmannsthal, der Künstler des Wortes, und Aristide Maillol, der Künstler des Steins. Aber nach Mistra kamen sie nicht.

Peregrinus Wiccamicus

Einige Jahre danach saß oben am Kastron von Mistra ein Student vom Winchester College. Er bezeichnete sich als Peregrinus Wiccamicus, weil sein College wie das von Oxford im vierzehnten Jahrhundert von William Wykeham gegründet worden war und seitdem als eine Pflanzstätte klassischer Bildung in England blühte. Der junge Gelehrte war die gewundenen Wege zum Gipfel des Kastrons heraufgekommen, aufwärts an diesem »Miniatur-Purgatorium, das die Zitadelle wie ein Danteskes Irdisches Paradies« krönt. Jetzt hockt er auf einem Mauerrest, ißt Schokolade, um seinen Hunger zu betäuben, und hofft, sobald die Nacht hereinbricht, in Trypi ein Abendbrot und ein Bett für die Nacht zu finden. Unter ihm liegt die »Märchenstadt«, in der die Zeit seit dem Frühjahr 1821 stehengeblieben scheint. Vom Pantanassa-Kloster dringen die frommen Lieder der Nonnen, dieser »seltsamen Vögel im griechisch-orthodoxen Christentum«, zu ihm herauf. Aber nicht nur der Ton liturgischen Sangs ist es, sondern auch der Anblick der Ruinen und des weithin sich streckenden Eurotas-Tales, welche die Einbildungskraft des nachdenklichen Mannes erregt und – ihn in Schrecken versetzt: Ein aus Bayern stammender König von Griechenland usurpierte die geschichtliche Aufgabe Mistras, dessen Kastron einst von einem französischen Fürsten Moreas errichtet worden war und in dem nacheinander die Byzantiner, die Türken, die Venezianer und wieder die Türken das Tal- und Saatland beherrschten. 1821 zerstörten, wie der Ruinenbetrachter meint, die Mainoten die Stadt, aber die »Bürokratie vollendete kaltblütig das Werk der Zerstörung, das im heißen Blute des Krieges begonnen worden war«. Die Bewohner wanderten wieder ins Tal, aus dem ihre Vorfahren herauf in die Hangstadt gekommen waren. Doch für den Philosophen menschlichen Schicksals ist diese Tragödie des neunzehnten Jahrhunderts nur ein Beispiel aus der allgemeinen Geschichte, in der sich dieser Vorgang schon einmal ereignet hatte. Denn gegen den minoischen Herrschersitz auf der anderen Seite des Tales, in Therapne, dem Lakonien untertan war, hatten sich die Saatland-Bewohner, die Spartaner, empört und dann ihre vier Dörfer am Ufer des Flusses gegründet. Sie befestigten ihre Siedlungen nicht, genausowenig wie die neuen Spartaner von 1834. Die physische Umwelt dieser mittelmeerischen Halbinsel habe – so gehen die Gedanken ins Weite – nur zwei Alternativen sozialen und politischen Zusammenlebens ermöglicht, ein dauerndes »Tauziehen« habe es zwischen den Hochlandbewohnern und den Saatland-Bauern gegeben. Während die einen als Hirten der Berge auf kargem Boden, die anderen in den Ebenen, Städten oder kleinen Häfen ihrem Erwerbe nachgegangen seien, wäre über sie nur eine stets gefährdete Herrschaft errichtet worden, die sich auf einzelne befestigte Kastelle hätte beschränken müssen – Macht, die fremde Eroberer, von fern übers Meer gekommen, an sich gerissen hätten: Minoer, Franken, Byzantiner und Türken. Jetzt hätten wieder die Saatland-Bewohner die Herrschaft, aber eigentlich seien es Hochländer, die, von Fremden gezwungen, »Talbewohner und Landwirte« geworden wären.

Und in den die Stadt, das Tal und die Berge also Betrachtenden senkt sich der Keim zu dem größten Geschichtswerk des zwanzigsten Jahrhunderts, der ›Study of History‹ – denn auf dem Kastron hoch über der Ruinenlandschaft sitzt Arnold Toynbee[183]. Noch in einem anderen Sinne, so

183 Toynbee, 107 ff.

will es scheinen, ist Mistra für ihn bedeutsam gewesen: In dieser Stadt herrschten nacheinander Byzantiner und Türken, die Byzantiner in der Phase des Niedergangs ihrer Kultur, die Türken aber, als wäre nur die »herrschende Minderheit« abgelöst worden, mit ihrer »steckengebliebenen Nomadenkultur« über eine Bevölkerung, die ihnen nur als ein »Mittel zum Zweck« erschien und nicht mehr galt als das Vieh dem nomadisierenden Hirten. Eine Angleichung zwischen der Minderheit und den Unterworfenen fand nicht statt, aber es war die ›Pax Ottomanica‹ der griechisch-orthodoxen Kultur.

»Den ganzen Gesellschaftskörper einer fremden Kultur zu beherrschen, war wohl die schwerste Aufgabe, die sich ein nomadischer Eroberer stellen konnte; dieses kühne Unternehmen brachte bei Osman und seinen Nachfolgern bis herab zu Soliman dem Prächtigen die sozialen Fähigkeiten der Nomaden zu einer überaus eindrucksvollen Entfaltung.«[183]

Mistra mag der Ausgangspunkt des Gedankens gewesen sein, die beiden so feindlich einander entgegengestellten Kulturen, die griechisch-orthodoxe und die türkisch-islamische, zu einer Einheit, der levantinischen Kultur, zusammenzufassen. Arnold Toynbee, »der nachdenklich Staunende«, bekennt, er habe hier oben und dann beim Abstieg vom Berge am Anfang der Nacht sein »binokulares« Sehen der Geschichte gelernt. Es hätten sich »seinem Bewußtsein zwei bleibende Lehren eingeprägt – die eine betraf die historische Geographie im kontinentalen europäischen Griechenland und die andere die Morphologie der Geschichte der Kulturen (the history of civilisations)«. Denn die »Einflüsse durch das soziale Milieu, in welches der klassisch gebildete, spätwestliche Historiker hineingeboren war, hätten, durch sich selbst, nicht vermocht, ihn in die synoptische Sicht der Geschichte einzuführen, würde sich nicht diese synoptische Sicht gleichsam gegenständlich (physically) vor seinen Augen entfaltet haben, damals, am 23. Mai 1912, vom Gipfel Mistras aus, eine Erfahrung, die den Betrachter ganz allein betraf«.[183]

Wanderer in der Scherbenwüste

Um 1912 bietet die Stadt »die krause Phantastik eines nur im Traume geschauten, bizarren und grotesken Bildes«. Den ganzen Bergkegel überzieht das Trümmerfeld, und »aus allen Ritzen und Spalten«, aus allen »gähnenden, rauchgeschwärzten Öffnungen« wuchert »das üppigste Grün der Schlingpflanzen, des Efeus... In seiner ganzen Ausdehnung ist der Berg mit blühendem Ginstergebüsch bedeckt.«[121] Der Berghang ist Weideland. Schafe ziehen vorüber. Der Hirt trägt einen braunen Mantel aus Ziegenhaaren. Frauen sicheln das Gras. Ein Esel steht im Gestrüpp. Welkende Erika – der Abhang »schwimmt im Blut ihrer abgefallenen Blüten«.[123] Noch immer »liegen Menschenknochen in den Höfen umher, Kinder spielen mit Schädeln, und Bergen recken sich über Kirchen unaufhörlich in die Höhe«.[138] Kinder hocken am Gassenrand, sie zeigen den Wanderern »den Weg zu den gewaltigen Festungen auf der Höhe... und zu den anderen Palästen, die hoch über dem Grase stehen«.[125]

Leo Weber »ergreift bei diesem Anblick eine tiefe Wehmut, aber auch ein unsagbares Glücksgefühl durchströmt ihn: ›Alles Vergängliche ist nur ein Gleichnis.‹«[121] Franz Spunda blickt, »von einer Zinne nach unten gebeugt, in das Innere der Paläste und Kirchen, deren zerfetzte Gemäuer wie aufgetürmte Gerippe aufragen«, und bewundert das »Geschlecht, das hier einst hauste! Spartaner im Kampfe für ein himmlisches Vaterland, einer gegen tausend, bis sie der Übermacht der Türken erlagen. Kein Sieg der Spartaner gleicht dem Sieg der Venezianer unter Morosini, der den Heiden die Faustburg wieder abgewonnen.«[123] Josef Ponten ist »krank vor Enttäuschung« und nennt die Ruinenstätte eine »erbärmliche Scherbenwüste«.[144] Doch Ernst

---

183 Toynbee, Bd. 3, 28. 183 Toynbee, Bd. 10, 110f.; vgl. Bd. 12, 582ff.
121 Leo Weber, 257. 123 Spunda, Griechische Reise, 77.
138 Däubler, 26. 125 Wehner, 98. 121 Leo Weber, 263.
123 Spunda, Griechische Reise, 78. 144 Ponten, Textband, 44.

Wilhelm Eschmann, der eines Nachts den Hang heraufkommt, glaubt »diese Stadt im ganzen so wenig zerstört..., daß es nur weniger Maurer und Dachdecker zu bedürfen scheint, um sie wieder bewohnbar zu machen«. Er sucht einen Schlafplatz auf den Terrassen des Despotenpalastes, findet nach »einigem Suchen im unsicheren Licht des Mondes« den Zugang, »der durch große, widerhallende Kellergewölbe auf den Altan führt« und hat endlich hinter den breiten Zinnen »Schutz vor dem kalten Nachtwind«.[127] Er meint, spukhaft sei die Nacht in Mistra. Theodor Däubler sah die Helena noch leibhaftig, als hätte der Leibhaftige sie ihm vor die Augen gezaubert:

»Aus der Burg blickt efeuumrankt ein stilles Fenster, Zypressen erwipfeln es kaum, dort stand sie leibhaftig oft im Mondschein. Man hielt sie für ein Marmorbild. Doch verschwand es vor Neumond... Als ich zu den Scherben von Mistra gelangte, war uns der Vollmond schon gewiß, und ich blickte zum Fenster, das nun leer steht, seit Euphorion abstürzte und Helena die Trümmer meidet.«[138]

In der Morgendämmerung, wenn das Grau langsam zu Tal kriecht, wenn Türme und Mauern der alten Stadt, schemenhaft ragend, allmählich Form und Farbe erhalten, die Dächer der Kirchen sich röten und der gewaltige Bau der Natur, wie Magnus Wehner schreibt, noch nicht vom Lichte verschlungen und verflacht ist – dann heben in der westlichen Ebene die Berge an.

»Breitbrüstig in brandendem grünen Brokat sitzen sie da, ungeheure Mantelträger, plastisch in jeder Fuge. Sie gleichen den Bergen unserer Voralpen, doch sie sind samtener, fleischiger und ähneln mehr dem menschlichen Körper. Hinter ihnen erhebt sich das Heerlager... kleiner bewaldeter Hügel, die die zurückliegenden Kuppeln der ersten Bergreihe zu bilden scheinen. Hinter ihnen schießen dann die majestätischen Schneeflächen des siebengipfeligen Taygetos empor, blitzende Kraftfelder, die die Ströme tränken... Die grünen und silbernen Ketten scheinen zu schreiten, ein mächtiges Heer gegenüber der Morgensonne.«[125]

Und die Sonne steigt rot und klar hinter dem Parnon-Gebirge am immer tieferen Blau des Himmels auf, sie blendet bald. Das ist, ausgedehnt auf eine Stundenhälfte, das erregende Drama der lakonischen Landschaft.

Aus der Pantanassa kommt liturgischer Sang. Denn im Kloster leben wieder die Töchter des heiligen Basilios. Die ersten Besucher finden sich ein. Noch immer ist es das fürsorgende Amt der Nonnen der allheiligen Gottesmutter, den Wanderern einen Krug mit frischem Wasser zu reichen, wenn sie Rast machen unter der Loggia der Allherrscherlichen. Manchmal empfängt die Äbtissin ihre Gäste zeremoniell in ihrem blitzsauberen Gemach, bewirtet sie mit einem Gläschen Rhaki und einer Tasse türkischen Kaffees und zeigt ihnen dann selbst die mit herrlichen byzantinischen Wandmalereien bedeckte Kirche und die Königin des Himmels, die Panagia Platytera: »... noch niemals haben wir das moderne Griechisch so klangvoll und rein vernommen wie aus ihrem Munde«.[122] Wer verweilen will, dem wird ein einfaches Mahl bereitet, zu dem dann die Nonnen und die Novizen – eine von ihnen nennt sich Eleni und plaudert ganz allerliebst – ins Gastzimmer gehen, um ihm Gesellschaft zu leisten.[123] Sonst sind die Nonnen »sehr leise, sehr verbindlich und lauter Abstand von der Welt«.[128] Anisschnaps reichen sie ihren Besuchern nicht mehr, neben die neue Wasserleitung haben sie einen abgenutzten Becher aus Blech gestellt. Sie legen den Frauen und Mädchen, die besichtigen kommen, Kutten um: die Allherrscherliche will würdig begrüßt sein. Die Kutten sind bräunlich-grau. Die Nonnenkleider sind schwarz, die Kopftücher der Nonnen sind schwarz. Und im Kirchenraum ist es dunkel. Kerzen flackern, die Ikonostase gibt goldenen Widerschein. Die Farben der Bilder leuchten in mattem Glanz, aber die Fresken lösen sich von den Wänden und blättern ab. Zwei Nonnen sitzen in den hohen Stühlen und warten auf eine Münze, die klappernd in den Almosenkasten fällt. Hin und wieder huscht eine von ihnen hinaus, um die Kutten zusam-

127 Eschmann, 109. 138 Däubler, 27. 125 Wehner, 96.
122 Börger, 80f. 123 Spunda, Griechische Reise, 79.
128 Hausenstein, 33.

menzulegen. Draußen steigen die Schatten des Abends, mit denen die Kühlung heraufkommt. In der Ferne verfliegt Geschwätz. Eine Katze kauert auf der Steinbank der Loggia. Gegenüber der Kirche, zu der die Treppe hinunterführt, liegen in einer niedrigen Häuserzeile die Zellen. Dort wohnen die Nonnen, verbringen ihr Leben, ihr Leben verbringen sie in Gebet und in der Stille, der Hesycheia.

»Manche können kaum laufen vor Rheumatismus, andere, jüngere, sind sehr blaß, denn sie arbeiten viel, um den Lebensunterhalt zu verdienen, wachen und beten und können sich nicht einmal satt essen. In ihrer freien Zeit bücken sie sich über ihre Handarbeit und sticken althergebrachte Muster – kleine Zypressen, Kreuze, Blumentöpfe mit Nelken, auch kleine Rosen mit roter Seide und Klöster. Trauer erfüllte mich«, erzählt Nikos Kazantzakis, »als sie stolz diese Handarbeiten ausbreiteten, als wiesen sie ihre Aussteuer vor. Sie lächelten, blieben stumm, aber man weiß, daß es für sie keinen Bräutigam geben wird.«[126]

Die Nonnen brauchen kein Gespräch miteinander, ihr Kloster verlassen sie nur zum Einkauf im Dorf, und ihr Esel geht stumm und gebeugt seinen Weg. Wer denkt noch an Cleopa Malatesta, die vor langen Zeiten die Nonnen besuchte, den Armen eine Mahlzeit bereitete und eine Kutte unter dem Gewand der Despoina trug?

Wer kennt noch Nikephoros Moschopoulos? Vor Jahren noch – da lebte ein anderer hier oben in Mistra und saß abends vor dem Tor seines Palastes bei der Agios-Demetrios-Kathedrale: »Ein schwarzbärtiger Riese, die Popenmütze auf dem lockigen Haupte, hielt er mit der einen Hand den Tieren die Köpfe, während durch die Finger der anderen die gelben Perlen eines Rosenkranzes unablässig rollten.« Seine »schmale und faltige Frau sah vergrämt über den Wollrücken des Schafes«, das sie melkte. Denn ein Fremder kam grüßend auf sie zu. Der Pope führte den Wanderer in seinen Dom und erklärte »die mystischen Symbole, die Throne und Kostbarkeiten seines Reiches und hielt eine herrliche Kriegsrede gegen die Türken – gegenüber dem Allerheiligsten. Seine mächtige Stimme erfüllte wie Donner den Raum.« Magnus Wehner hörte ihm zu, er ist es, den der Pope, inständig darum gebeten, zur Nacht in sein Haus läßt. Im Schlafraum steht ein Stuhl, sonst nichts.

»Am offenen Kamin sitzt eine uralte Frau und kocht sich an der flackernden Flamme ihre Reissuppe. Eine schwarze Katze schaut ihr vom Randstein aus zu. Der Wind heult den Kamin herab und rüttelt an den Fensterläden, er stößt wilde Scheine aus dem Kamin über das hohe Holzgebälk. Nun bringt die Frau eine einfache Matratze; sie breitet sie auf den Boden, schlägt Decken darüber und stellt einen Krug Wasser an das Kopfende. Plötzlich ist sie gegangen. Ich sehe in die Flammen – lange, während das Haus im Winde wankt und nebenan das Geflügel ängstlich scharrt und gluckt. Bald verstehe ich den Gesang des Sturmes; das hohe sägende Geheul, wenn er an den Palästen schleift, das dunkle flammenartige Dröhnen, wenn er die breiten Kuppeln der Dome zu stürzen droht.«

»Blasse arme Frauen sichelten« am anderen Morgen »Gras zwischen den Steinen und zogen ihre Ziegen hinter sich drein auf die kurze Weide... Schwarz in der Sonne lagen die silbernen Olivenwälder unter mir. Selten stieg eine Staubwolke über die Wipfel von unsichtbaren Wagen. Und ich sah den Fluß und fern die roten Hügel, die wie kriegerische Zelte um die Ebene stehen, und sah die grünen und die hellgrauen Gebirge, die den Himmel berühren. Alle Bäume blühten sparsam, doch schien der ganze Himmel zu blühen. Manchmal kam eine Frau und saß nieder am Rande der Laube. Sie öffnete ihre marmorweiße Brust und stillte ihr Kind, während ihr Gesicht im Himmel ruhte. Und ich wußte nicht, ob es Morgen war oder Mittag oder Abend. Ja, die Lampen brannten schon den ganzen mittelalterlichen Berg hinauf, als ich mein Bündel auf den Rücken schwang und den Weg nach Sparta zurückging.«[125]

---

126 Kazantzakis, 16. 125 Wehner, 102 f.

›Discours sur Mistra‹

Alle Beschreibungen Mistras, alle Erlebnisse, die es vermittelt hat, und selbst die Deutung des Maurice Barrès übertrifft ein Bildwerk. Eine bronzene Welt von Zeichen bleibender Zeitlichkeit, Form und Gestalt bedeutsam verbindend, ist der Stadt am Berge gewidmet worden: der ›Discours sur Mistra‹ von Jean Ipoustéguy.

»Als Bildhauer bin ich nicht dazu da, zu erfinden, sondern auch zu bewahren. Die Künstler (Schöpfer, wie man sie nennt) erinnern ständig ihre Zeitgenossen an etwas, was ihnen verlustig zu gehen droht: an eine Grundsprache, die schon hundertmal formuliert wurde.«*

Auf einer Fahrt in den Orient, Pilgerschaft auf den Spuren der Reisigen und Reisenden vieler Jahrhunderte, entdeckte Jean Ipoustéguy in Saint-Jean-d'Acre, der Kreuzfahrerstadt Akkon im Heiligen Land, aber auch in Mistra auf der Peloponnes den gegenständlichen Mythos, der sich für ihn in der Geschichte und in griechisch-goethescher Legende vergegenwärtigte. Er wird zum Künder in phantasie-gebildeter Form. Das Heroische geht ein in gießbares Metall, materiales Symbol der Wehr- und Wahrhaftigkeit. Bronze wird zur Abstraktion des Erlebens. Gebieterisch steht ein Geharnischter da, dem von den Mächten der Ur-Welt Befehlsgewalt übertragen ist und der wie ein dem Berge Entwachsener den gesteinsbeladenen Arm ausstreckt: aufrecht und schwer ist, wie sein Charakter, so seine Gestalt – Pluto, Ritter und Faust. Und als wäre er Pluto, der Unterwelt-Gott – Seismos hätte ihn Goethe genannt –, hat er die Bergstadt, einen Leib gleich einer unentfalteten Natur, groß wie ein Wesen aus Ur-Mütter-Schoß, zum Dasein und Bleiben gebracht. Aber der Berg gebiert das Symbol des Fallenden, einen ephebenhaften Euphorion –

> *Weiß ich nun, wo ich bin!*
> *Mitten der Insel drin,*
> *Mitten in Pelops Land,*
> *Erde- und seeverwandt.*
> *(Goethe, Faust II, Vers 9823)*

Euphorion – der im Augenblick seiner Geburt tanzend-schwebend in die Schluchten des Tales hinabstürzt:

> *Laß mich im düstern Reich,*
> *Mutter, mich nicht allein!*
> *(Goethe, Faust II, Vers 9905 f.)*

ist sein Schrei. Helena – sie redet ein letztes Mal, menschlicher Trauer voll, dann umarmt sie Faust, »das Körperliche verschwindet«, und bei dem tröstenden Ruf

> *Persephoneia, nimm den Knaben auf und mich!*

öffnet die Erde sich ihr, Schutz gewährend allen, die fallen, die bedroht und geraubt sind wie Demeters Tochter Persephone, die sich Pluto zur Königin halber Jahre geholt. Es ist Rückkehr in den Schoß der Mutter Gäa, die Demeter gleich war oder sie gebar und aus der alles Leben, weil es dem Tode verfallen ist, hervorgeht. Pluto, Demeter und Persephone – Faust, Helena und Euphorion – Berg, Tal und Stadt werden Stufen einer mythischen Analogie. Der ›Discours sur Mistra‹ ist die Vision eines wirkenden Mythos, der Dasein und Wissen dialogisch durchdringt. Leben ist nicht mehr in den Ruinen am Taygetos, die Besucher sind flüchtige Schatten der Zeit. Aber in Dichtung und Bildwerk bleibt Mistra andauernde Gegenwart und eine Erinnerung an vergangenes Leben.

»Gottlob, wir kommen endlich auf eine Höhe, wo der frische Bergwind uns freudig anspringt. Ein Kirchturm und einige graue Häuser lugen aus einem Laubwald hervor: das Dorf Trypi, das wir in langsamem Trott erreichen. Die Lungen füllen sich mit kühlen Lüften, das Blut pulst freier. Noch einen Blick auf Mistra zurück – und schon sind wir in einem dichten Eichwald, den liebliche Triften unterbrechen: Ich bin im Wunderland in Arkadiens Nachbarschaft, wo Faust sich mit Helena vereinigt – Alt-Wälder sind's.«[124]

---

* nach Bernd Krimmel, *Versuch über eine Bilderwelt*, in: *Ipoustéguy – Ausstellungskatalog Berlin 1970*, unpag.   **124** Spunda, *Griechenland*, nach **52** Wegner, *194f.*

Stammtafel

Die Stammtafel zeigt die Verwandtschaft zwischen den Dynastien der Staufer, der Anjou, der Angeloi und der Palaiologen untereinander und mit den fränkisch-moreotischen Familien der Villehardouin, der Brienne und der de la Roche, der herzoglichen Familie von Athen. Die Übersicht verzeichnet neben dem Titel der im Text erwähnten Personen das Jahr, in dem eine Herrschaft, ein Besitz oder ein Amt angetreten oder übernommen wurde, bei den Kaisern und den Despoten den Zeitraum ihrer Herrschaft, so daß, wenn nicht anders angegeben, das zuletzt angegebene Jahr mit dem Todesjahr gleichgesetzt werden kann. Bei den für die Geschichte weniger wichtigen Personen wurde auf die Angabe von Lebensdaten verzichtet.

Mit dieser schematischen Verwandtschaftstafel wird der Zusammenhang der einzelnen Kulturkreise zur Zeit des späten Mittelalters erkennbar und der Hintergrund des Geschehens aufgehellt: trotz aller Gegensätze gehören die Handelnden und Herrschenden *einer* großen Familie an.

Die Stammtafel wurde nach Charles Hopf, siehe Bibliographie Nr. 5, zusammengestellt, sowie nach A. M. Stockvis: Manuel d'histoire de généalogie et de chronologie des tous les états du globe. Paris 1888-93. Neudruck 1966, Bd. 2, 465 ff.

Bibliographie

ÜBERSICHT

	Nummer
Quellen	
Sammlungen und Anthologien	1- 10
Einzelschriften	11- 45
Reiseberichte	
Sammlungen und Anthologien, Handbücher	46- 53
Einzelschriften	54-129
Dichtungen, Erzählungen und Essays	130-138
Monographien und Abhandlungen	
Das Land	139-144
Allgemeine Geschichte	
Der Vierte Kreuzzug und die Franken in Griechenland	145-154
Das Byzantinische Reich	155-187
Das Osmanische Reich und die Republik Venedig	188-209
Der griechische Befreiungskampf	210-219
Kunstgeschichte	
Byzantinische Kunst	220-235
Mistra	236-249
Fränkische und venezianische Kastelle	250-253
Religions- und Geistesgeschichte	254-279
Literaturgeschichte	280-291

QUELLEN

Sammlungen und Anthologien

1 BUCHON [J.-A.]: Recherches historiques sur la Principauté française de Morée et ses hautes baronnies, Bd. 1: Le Livre de la Conqueste de la Princé de la Morée, Bd. 2: Biblion tes konquestas et autres poèmes grecs inédits, Paris 1845
2 BUCHON [J.-A.]: Nouvelles recherches historiques sur la Principauté française de Morée et ses hautes baronnies, 2 Bde, Paris 1843
3 CRUSIUS, M.: Turcograecia libri octo ... quibus graecorum status sub imperio Turcio in Politia et Ecclesia, Oeconomia et scholis iam inde ab omissa Constantinopoli, ad haec iusque, tempora luculenter describitur, Basel 1584; dazu CH. LE CLERC: La Turcograecia de Martin Crusius et les patriarches de Constantinople de 1453 à 1583, in: Orient. Christ. Per., 33 (1967), 210ff.
4 DÖLGER, F.: Regesten der Kaiserurkunden des Oströmischen Reiches von 565 bis 1453, 5. Teil, München und Berlin 1965
5 HOPF, CH.: Chroniques grécoromanes, inédites ou peu connues, publiées avec notes et tables généalogiques, Paris 1873, Repr. Bruxelles 1966
6 HUNGER, H.: Byzantinische Geisteswelt von Konstantin dem Großen bis zum Fall Konstantinopels, Baden-Baden 1958
7 LAMANSKY, VL.: Sécrets d'état de Venise, Documents extraits, notices et études, servant à éclaircir des rapports de la seigneurie avec les grècs, les slaves et la porte ottomane à la fin du XVe et au XVIe siècle, Petersburg 1884, Repr. New York 1968 *Lange, R.*, siehe Nr. 170
8 LEGRAND, E.: Bibliographie hellénique, Description raisonnée des ouvrages publiés en Grecs par les Grecs au XVIIe siècle, 5 Bde, Paris 1894/1903
9 THIRIET, F.: Régestes de délibération du Senat de Venise concernant la Romanie (Doc. et rech. sur l'écon. des Pays byz., isl. et slaves et leur rel. comm. au Moyen-Age, 1), 3 Bde, Paris 1958/61
10 VOGEL, M., und V. GARDTHAUSEN: Die griechischen Schreiber des Mittelalters, Leipzig 1909, Repr. Hildesheim 1966

Einzelschriften (in chronologischer Folge)

11 DE VILLEHARDOUIN, G.: La conquête de Constantinople, abgedr. in Nr. 1 und Nr. 5; dt. Ausg. v. F. Getz, in: Voigtländer's Quellenbücher, Bd. 87, Leipzig 1857
12 Die Franken im Peloponnes, nach der griechischen Verschronik der Franken in Morea, Originaltext und metrische Verdeutschung, in: Anal. der mittel- und neugriech. Lit., hrsg. v. A. Ellissen, Bd. 2, Leipzig 1856
13 Crusaders as Conquerers, The Chronicle of Morea, translated from the Greek, with notes and introduction by H.E. Lurier, London 1964; dazu M.J. JEFFREYS: The Chronicle of the Morea – Priority of the Greek Version, in: Byz. Ztschr., 68 (1975), S. 304ff.
14 CHONIATES, N.: Die Kreuzfahrer erobern Konstantinopel, übers., eingel. u. erl. v. F. Gabler (Byz. Gesch.-schr., Bd. 9), Graz, Wien, Köln 1971
15 CABASILAS, N.: Explication de la Divine Liturgie, traduction et notes de S. Salaville, 2e édit., munie du texte grec, revue et augm. par R. Bornert, J. Gouillard, P. Périchon (Sources chrét., Bd. 4bis), Paris 1967
16 PALAMAS, G.: Défense des saints hésichastes, introduction, texte critique, traduction et notes (Specil. sacr. Lov., étud. et doc., Bd. 30), Louvain 1959

17 GREGORAS, N.: Rhomäische Geschichte, Historia Rhomaike, übers. und erl. von J.L. van Dieten, 1.Teil (Kap. I-VII), (Bibl. der griech. Lit., hrsg. v. P. Wirth und W. Gessel, Bd. 4), Stuttgart 1973

18 GEMISTUS PLETHON, G.: Denkschriften über die Angelegenheiten des Peloponnes, in: Anal. der mittel- und neugriech. Lit., hrsg. v. A. Ellissen, Bd. 4, 1, Leipzig 1860, 251 ff.
Papagomenos, D., in Nr. 179
Cyriacus von Ancona, in Nr. 258

19 SPHRANTZES, G.: Die letzten Tage von Konstantinopel (aus dem ›Chronikon maius‹), übers., eingel. und erkl. von A. von Ivánka (Byz. Gesch.-schr., Bd. 1), Graz, Wien, Köln 1954

›SANSEVERINO, P.‹: The Memoirs of the most material Transactions in the Life of Sigismondo Pandolfo Malatesta Lord of Rimini, written in Tuscan, 1481, in Nr. 196

20 ALLATIOS, L.: De templis Graecorum recentioribus, Roma 1645, engl. Ausg., Pennsylvania and London 1969

21 GUILLET DE SAINT GEORGES: Lacédémone ancienne et nouvelle, où l'on voit les mœurs et les coûtumes des Grecs moderns, des Mahometans et des Juifs du pays, Paris 1676

22 Lobwürdiges und siegreiches Beginnen der venetianischen See-Armada, Augsburg 1684

23 RANDOLPH, B.: The Present State of the Morea, called anciently Peloponnesus, Oxford 1686

24 Memorie istoriografiche delli Regni della Morea e Negroponte e luoghi adjacenti descritte e consacrate all'Altezza Serenissima del Signore Principe Massimiliano Guglielmo Duca di Brunsvich, Luneborgo etc., Generale dell' Arme Venete, dal P. M^{ro} Moro Min. Conv., nel laboratorio del P.M. Coronelli Cosmografo, Venezia 1686; dt. Ausg. Frankfurt 1687

25 Archipelagus turbatus oder des schönen Griechen-Lands verwüstete und verödete Wasser-Felder, Augsburg 1686

26 Die vortreffliche Halb-Insul Morea, das ist: Eine kurzgefaßte und klärliche Beschreibung der vornehmsten Örter ..., worinnen insonderheit die jetzigen herrlichen Sieg und Eroberungen der Sieg prahlenden Venetianischen Waffen entworfen worden ... Durch eine unparteyische Feder, Frankfurt 1687

27 Journal of the Venetian Campaigne, A. D. 1687. Under the Conduct of the Capt. General Morosini, Providitore Gen. Cornaro, General Coningsmark, General Venieri etc., transl. from the Ital. Orig., sent from Venice, and Printed by Order of the Most Serene Republick, London 1688
Zehe, J.D., in Nr. 207

28 Kurtze vermehrte Beschreibung von dem Ursprunge, Aufnehmen, Gebiete und Regierung der Weltberühmten Republik Venedig, Nürnberg 1688

29 LOCATELLI, A.: Racconto historico della Veneta Guerra in Levante, 2 Bde, Colonia [Parma] 1691

30 SAGREDO, G.: Ausführliche Beschreibung des ottomanischen Kaisertums, in Nr. 32

31 – Von Geschichten der Ottomanischen Monarchen, in Nr. 32

32 Die neu-eröffnete Ottomanische Pforte, Augsburg 1694

33 Der neu-eröffnete Ottomanischen Pforten Fortsetzung oder continuierter historischer Bericht, Augsburg 1701

34 Theatrum Europaeum, 12., 13., 14. und 20.Teil, Frankfurt 1691 bis 1718

35 Geographische und historische Curiositäten der berühmten Halbinsel Morea, verlegt bei F. Gengenbach, Frankfurt und Leipzig 1697

36 PACIFICO, A.: Breve descrizzione del Peloponneso o' Morea, Venezia 1704

37 GARZONI, P.: Istoria della Republica di Venezia in tempo della Sacra Lega, Venezia 1705

Raccolta delli desegni della Pianta del Regno di Morea e Parte delli Porti dello stesso, in Nr. 250

38 THEYLS, MR. [W.]; Mémoires curieux de la Guerre dans la Morée et en Hongrie l'an 1715 etc. entre la Porte, les Vénétiens et l'Empire, in: Mémoires pour servir à l'histoire de Charles XII, Roi du Suède, Leyden 1722

39 ZEDLER, J. H.: Großes vollständiges Universal-Lexikon, Bd. 21, Leipzig und Halle 1739

40 Geschichte des gegenwärtigen Kriegs zwischen Rußland, Polen und der Ottomanischen Pforte, Frankfurt und Leipzig 1771

Pasch di Krienen, E. L. Cte et barone, siehe Nr. 69

41 PARUTA, P.: Discorsi politici, 2 Bde, Siena 1827

42 KRÜNITZ, J. G.: Ökonomisch-technologische Enzyklopädie oder allgemeines System der Staats-, Stadt-, Haus- und Landwirtschaft und der Kunstgeschichte, Bd. 94, Berlin 1804

KORAIS, A.: Denkschrift über den neueren Zustand der Zivilisation in Griechenland, vorgelesen in der Gesellschaft der Beobachter des Menschen zu Paris, in Nr. 215

43 KOLOKOTRONIS, TH.: Memoirs from the Greek War of Independence 1821-1833, amerik. Ausg., Chicago 1969

44 FRIEDRICH THIERSCH's Leben [Briefe], hrsg. v. H. W. J. Thiersch, 2 Bde, Leipzig und Heidelberg 1866

45 VON MAURER, G. L.: Das griechische Volk in öffentlicher, kirchlicher und privatrechtlicher Beziehung vor und nach dem Freiheitskampfe bis zum 31. Juli 1834, 3 Bde, 1835, Repr. Osnabrück 1968

REISEBERICHTE

Sammlungen und Anthologien, Handbücher

46 Handbuch für Reisende in den Orient, Stuttgart 1846

47 BAEDEKER, K.: Griechenland, Handbuch für Reisende, Leipzig 1883; 2. Aufl. 1904

48 BUSCH, J. H. M.: Reisehandbuch für Griechenland (Lloyd's Illustr. Reisebibl., 5. Bd.: Der Orient, II: Griechenland), Triest 1859

49 BECHTLE, R.: Wege nach Hellas, Studien zum Griechenlandbild deutscher Reisender, Eßlingen 1959

50 BRAUN, J. M.: Historische Wanderungen in Griechenland, Kriegs- und Reiseszenen aus dem neunzehnten Jahrhundert, Stuttgart 1837

51 WEBER, SH. H.: Voyages and Travellers in Greece, the Near East and adjacent Regions, made previous the Year 1801, Princetown New Jersey 1953

52 WEGNER, M.: Land der Griechen, Reiseschilderungen aus sieben Jahrhunderten, Berlin 1955

53 WOLF-CROME, E.: Zwischen Olymp und Acheron, Berichte und Dokumente aus der griechischen Welt von deutschen Reisenden des neunzehnten Jahrhunderts, Zürich und Freiburg im Breisgau 1971

Einzelschriften
(in chronologischer Folge)

54 PAUSANIAS: Beschreibung Griechenlands, übers. und hrsg. v. E. Meyer (Bibl. der Alten Welt), 2. Aufl., 1967, 2 Bde, dtv München 1972

55 DU FRESNE-CANAYE, PH.: Le voyage du Levant (Recueil de voyages et de documents pour servir à l'histoire de la géographie depuis du XIIIe jusqu'à la fin du XVIe siècle),

publié et annoté par M. H. Hauser, Paris 1897

56 DE DREUX, R.: Voyage en Turquie et en Grèce ..., 1665-1669, publié et annoté par H. Pernot (Collect. de l'Inst. Néo-Hell. de l'Univ. de Paris, Fasc. 3), Paris 1925

57 VON STAMMER, A. G.: Morgenländische Reisebeschreibung, Jena 1671, 2. Aufl. 1675

58 WHELER, G.: A Journey into Greece ... in Company of Dr. Spon of Lyon, London 1682

59 VON DER GROEBEN, F.: Orientalische Reise-Beschreibung des Brandenburgischen Adeligen Pilgers Otto Friedrich von der Groeben, nebst der Brandenburgischen Schiffahrt nach Guinea und der Verrichtung zu Morea, Marienwerder 1694 *Zehe, J. D.,* in Nr. 207

60 DU MONT, BARON DE CARLSCROON, SIEUR J.: Nouveau voyage du Levant, La Haye 1694

61 PITTON DU TOURNEFORT, M.: Relation d'un voyage du Levant, 2 Bde, Lyon 1717/18

62 LUCAS, P.: Voyage dans la Grèce, l'Asie Mineur, la Macédoine et l'Afrique, hrsg. v. M. F[ourmont], 2 Bde, Paris 1712

63 WORTLEY MONTAGU, M.: Letters, ed. by R. Halsband, 3 Bde, Oxford 1965

64 DE LA MOTTRAYE, M.: Voyage en Europe, Asie et Afrique, La Haye 1727

65 FOURMONT, [M.]: Relation abrégée du voyage littéraire que M. l'abbé Fourmont a fait dans le Levant par ordre du Roy dans les années 1729 et 1730, in: Hist. de l'Acad. Roy. des Inscr. et Belles Lettres, Bd. 7, Paris 1733, 344 ff.

66 POCOCKE, R.: A Description of the East and some other Countries, 2 Bde, London 1743/45, dt. Ausg. Erlangen 1754

67 DALTON, R.: Antiquities and views in Greece and Egypt, with the manners and customs of the inhabitants, from drawings made on the spot, A. D. 1749, London 1791

68 LEROY, C.t.e DE CAYLUS, J.: Lettres sur Constantinople de M. l'Abbé Sevin, Paris l'an X [1802]

69 PASCH DI KRIENEN, E. L. C.te et barone: Breve descrizione dell' archipelago, e particolarmente delle disciotto isole sottomesse l'anno 1771 al dominio russo, Livorno 1773

70 [RIEDESEL, J. H.:] Bemerkungen auf e. Reise nach der Levante, dt. Übers. v. Chr. W. Dohm, Leipzig 1774

71 CHANDLER, R.: Travels in Asia Minor and Greece, Oxford 1776, dt. Ausg., 2 Bde, Leipzig 1776/77

72 CHOISEUL-GAUFFIER, M. G. A. FL. C.te: Voyage pittoresque de la Grèce, Paris 1782, 2. Aufl., 2 Bde, Paris 1842, dt. Übers. von O. Reichard, Gotha 1790

73 SAVARY, CL. E.: Lettres sur la Grèce, faisant suite de celles sur l'Égypte, Paris 1788, engl. Ausg., London 1788

74 GUYS, P. A.: Voyage littéraire de la Grèce ou lettres sur les Grecs, anciens et moderns, avec un parallèle de leurs mœurs, 3. Aufl., Paris 1783

75 SCROFANI, S.: Viaggio in Grecia (1794/95), introd., testo e nota fil. a cura du Cl. Mutini, Roma 1965

76 CASTELLAN, A. L.: Lettres sur la Morée et les îles de Cérigo, Hydra et Zante, Paris 1808, 2. Aufl., 2 Bde, Paris 1820

77 Pouqueville's Reise durch Morea und Albanien nach Konstantinopel und mehrere andere Teile des Ottomanischen Reiches in den Jahren 1798, 1799, 1800 und 1801, aus dem Franz. übers. v. K. L. M. Müller (Bibl. der neuesten und interessant. Reisebeschr., Bd. 26), 3 Bde, Leipzig 1807

78 DODWELL, E.: Klassische und topographische Reise durch Griechenland während der Jahre 1801, 1805 und 1806 (London 1819), dt. Ausg., 2 Bde, Meiningen 1821/22

79 LEAKE, W. M.: Travels in the Morea, London 1830, neue Ausg., 3 Bde, Amsterdam 1968

80 GELL, W.: Narrative of a Journey in the Morea, London 1823

81 BARTHOLDY, J. S.: Bruchstücke zur näheren Kenntnis des heutigen Griechenlands, Berlin 1805

82 CHATEAUBRIAND, F. R.: Itinéraire de Paris à Jérusalem (1806), Paris 1811, abgedr. in: Œuvres, Bd. 7, Paris (1825), 101 ff.

83 VON STACKELBERG, O. M. Baron: La Grèce, Vues pittoresques et topographiques, 2 Bde, Paris 1834

84 – Schilderung seines Lebens und seiner Reisen in Italien und Griechenland, nach Tagebüchern und Briefen dargestellt von N. von Stakkelberg, Heidelberg 1882

85 HOLLAND, H.: Reisen durch die Ionischen Inseln, Albanien, Thessalien, Macedonien und Griechenland in den Jahren 1812 und 1813 (Neue Reisen der Engl., Bd. 3), dt. Ausg., Jena 1816

86 GALT, J.: Voyages and Travels in the Years 1809, 1810, 1811, containing Statistical, Commercial and Miscellaneous Observations on Gibraltar, Sardinia, Sicily, Malta, Cerigo, and Turkey, London 1812

87 COCKERELL, CH. R.: Travels in Southern Europe and the Levant, 1810-1817, The Journal, ed. by his Son S.P. Cockerell, London, New York 1903

88 Bramsen's Reise durch die Ionischen Inseln, Ägypten, Syrien und Palästina in den Jahren 1814 und 1815, Jena 1819

89 WANIECK, W. W.: Geographische Darstellung der Halbinsel Morea [vor 1821], o. O. u. J.

90 ANDERSON, R.: Observations upon the Peloponnesus and Greek Islands, Boston 1830

91 WILLIAMS, H. W.: Travels in Italy, Greece, and the Ionian Islands, in a Series of Letters, descriptive of Manners, Scenery, and the Fine Arts, 2 Bde, Edinburgh 1820

92 – Selected Views in Greece, with classical Illustrations, 2 Bde, London 1829

93 TRANT, T. A.: Narrative of a Journey through Greece in 1830 with Remarks upon the actual State of the Naval and Military Power of the Ottoman Empire, London 1830

94 MICHAUD, M., et M. POUJOULAT: Correspondence d'Orient 1830/31, Paris 1833

95 BURGESS, R.: Greece and the Levant; or Diary of Summer's Excursion in 1834, with Epistolary Supplement, 2 Bde, London 1835

96 (VON) FRIEDRICHSTHAL, E. RITTER: Reise in den südlichen Theilen von Neu-Griechenland, Beiträge zur Charakteristik dieses Landes, in Briefen, hrsg. v. seinem Freunde L.P., Leipzig 1838

97 FIEDLER, K. G.: Reise durch alle Teile des Königreichs Griechenland, im Auftrag der kgl. griech. Reg. in den Jahren 1834 bis 1837, 2 Tle, Leipzig 1840/41

Thiersch, F., siehe Nr. 44

98 VON PÜCKLER-MUSKAU, FÜRST H.: Südöstlicher Bildersaal, Griechische Leiden, Stuttgart (1840), neue Ausg., Stuttgart 1968

99 GIFFARD, E.: A short Visit to the Ionian Islands, Athens, and the Morea, London 1837

100 STRAHL, A.: Das alte und das neue Griechenland, eine Parallele, gezogen auf einer Reise nach Athen und der Morea, Wien 1840

101 ALDENHOVEN, F.: Itinéraire descriptif de l'Attique et du Péloponnèse, Athènes 1841

102 [SCHAUB, CHR.;] Excursion en Morée en 1840, Genève 1859

103 BEUCKER ANDREAE, J. H.: Eenige Brieven uit Moréa en Athenen, Utrecht 1843

104 ANDERSEN, H. CHR.: Eines Dichters Bazar, in: Sämtliche Werke, vom Verfasser bes. Ausg., Leipzig 1853

105 BUCHON, J.-A.: La Grèce continentale et la Morée, voyage, séjour et études historiques en 1840 et 1841, Paris 1843

106 ROSS, L.: Reisen des Königs Otto und der Königin Amalia in Griechenland, 2 Bde, Halle 1848

107 – Erinnerungen und Mitteilungen aus Griechenland, mit einem Vorwort von O. Jahn, Berlin 1863
108 WELCKER, F. G.: Tagebuch einer griechischen Reise, 2 Bde, Berlin 1865
109 VON SCHACK, A. F. GRAF: Ein halbes Jahrhundert, Erinnerungen und Aufzeichnungen, Stuttgart und Leipzig 1888
110 FLAUBERT, G.: Tagebücher, Ges.-Ausg. in 3 Bdn, Potsdam o. J.
111 HETTNER, H.: Griechische Reiseskizzen, Braunschweig 1853
112 D'ISTRIA, D.: Excursions en Rumélie et en Morée, 2 Bde, Zürich und Paris 1863
113 WYSE, SIR TH.: An Excursion in the Peloponnes in the Year 1858, ed. by W. M. Wyse, London 1865
114 VISCHER, W.: Erinnerungen und Eindrücke aus Griechenland, 2. Ausg., Basel 1875
115 CLARK, W. G.: Peloponnesus, Notes of Study and Travel, London 1858
116 BREMER, F.: Greece and the Greeks, the Narrative of a Winter Residence and Summer Travel in Greece and its Islands, 2 Bde, engl. Ausg., London 1863
117 BELLE, H.: Trois années en Grèce, Paris 1881
118 LANG, G.: Von Rom nach Sardes, Reisebilder aus klassischen Ländern, 2. Aufl., Stuttgart 1900
119 BARRÈS, M.: Le voyage de Sparte, Paris 1906, abgedr. in: Œuvres, Paris 1967, Bd. 7, 193 ff.
120 HAUPTMANN, G.: Griechischer Frühling, Berlin 1908, abgedr. in: Sämtliche Werke, hrsg. v. H.-E. Hass, Bd. 7 (Autobiographisches), Frankfurt Berlin 1962, 9 ff.
Ponten, J., siehe Nr. 144
Toynbee, A. J., siehe Nr. 183
121 WEBER, L.: Im Banne Homers, Eindrücke und Erlebnisse einer Hellasfahrt, Leipzig 1912
Däubler, Th., siehe Nr. 138
122 BÖRGER, H.: Griechische Reisetage, Hamburg 1925
123 SPUNDA, F.: Griechische Reise, mit Federzeichnungen von J. Wentscher und 24 Bildtafeln, Berlin 1926
124 – Griechenland, Fahrten zu den alten Göttern, Leipzig 1938
125 WEHNER, J. M.: Das Land ohne Schatten, Tagebuch einer griechischen Reise, München 1930
126 KAZANTZAKIS, N.: Im Zauber der griechischen Landschaft, hrsg. und übertr. v. I. Rosenthal-Kamarinea, München 1967; engl. Ausg., Oxford 1966
127 ESCHMANN, E. W.: Griechisches Tagebuch, Jena (1936)
128 HAUSENSTEIN, W.: Das Land der Griechen, Fahrten in Hellas, neue Ausg., Freiburg/München 1936
129 MILLER, H.: Der Koloß von Maroussi, eine Reise nach Griechenland, dt. Ausg., Hamburg 1965

DICHTUNGEN, ERZÄHLUNGEN UND ESSAYS

130 Mazaris, Todtengespräche – Mazaris' Aufenthalt im Hades oder Erkundigung verschiedener Toten nach etlichen Bekannten am kaiserlichen Hofe, in: Anal. der mittel- und neugriech. Lit., hrsg. v. A. Ellissen, Bd. 4, 1, Leipzig 1860
Hutton, E.: Sigismondo Pandolfo Malatesta, siehe Nr. 196
131 GOETHE, J. W.: Faust, der Tragödie zweiter Teil, in: Art.-Ausg., Bd. 5, Zürich 1950
132 – Der West-östliche Divan, in: Art.-Ausg., Bd. 3, Zürich 1948, 285 ff.; Noten u. Abhandlgn., 413 ff.
133 SCHILLER, F.: Die Malteser, eine Tragödie, aus dem Nachlaß, in: Sämtliche Werke, hrsg. v. K. Goedecke, Bd. 15, 1, Stuttgart 1876, 123 ff.
134 HÖLDERLIN, F.: Hyperion, oder der Eremit in Griechenland, in: Sämtliche Werke, hrsg. v. F. Beißner, o. O. u. J., 485 ff.

135 BYRON, G.G. LORD: Childe Harold's Pilgrimage, dt. Übers. in: Sämtliche Werke, Bd. 9, Stgt. 1845
136 – Die Belagerung von Korinth, in: wie Nr. 135
Villemain, A. F.: Laskaris, siehe Nr. 184
137 RHANGAVIS, A.R.: Der Fürst von Morea, historische Novelle aus dem Anfang des 13. Jahrhunderts (1851), in: Anal. der mittel- und neugriech. Lit., hrsg. v. A. Ellissen, Bd. 2, 2, Leipzig 1860
138 DÄUBLER, TH.: Sparta, ein Versuch, Leipzig 1923
Miller, H., siehe Nr. 129

MONOGRAPHIEN UND ABHANDLUNGEN
Das Land

139 HOLDT, H., und H. VON HOFMANNSTHAL: Griechenland, Baukunst, Landschaft, Volksleben, Berlin 1924
140 DE JONGH, B.: Griechenland, Festland und Peloponnes, dt. Ausg., München 1974
141 LIDDELL, R.: The Morea, London 1958
142 PENCK, A.: Griechische Landschaften, Bielefeld und Leipzig 1933
143 PHILIPPSON, A.: Die griechischen Landschaften, hrsg. v. E. Kirsten, Bd. 3: Der Peloponnes, Teil 2: Der Westen und Süden der Halbinsel, Frankfurt am Main 1959
144 PONTEN, J.: Griechische Landschaften, ein Versuch künstlerischen Erdbeschreibens, Farbenbilder, Zeichnungen, Lichtbilder von J. Ponten-von Broich, 2 Bde, Stuttgart 1914

Allgemeine Geschichte

Der Vierte Kreuzzug und die Franken in Griechenland

145 BON, A.: La Morée franque, Recherches historiques et archéologiques sur la principauté d'Achaie (1205-1430), 2 Bde (Bibl. des écoles franç. d'Athènes et de Rome, Bd. 1), Paris 1969
146 CASPAR, E.: Roger II. (1101-1154) und die Gründung der normannisch-sizilischen Monarchie, Innsbruck 1904, Repr. Darmstadt 1963
147 FALLMERAYER, J.PH.: Geschichte der Halbinsel Morea während des Mittelalters, 2 Bde, Stuttgart 1830/33, Repr. Darmstadt 1964; dazu G. NIEBLING: Zu Jacob Fallmerayer – Leben und Werk, in: Ztschr. f. Rel. u. Geistesgesch., 23 (1971), 351ff.
148 FINLAY, G.: Die Geschichte Griechenlands von seiner Eroberung durch die Kreuzfahrer bis zur Besitznahme durch die Türken, und des Kaiserthums Trapezunt, 1204-1461, dt. Ausg., Tübingen 1853
149 GERLAND, E.: Geschichte des lateinischen Kaiserreichs von Konstantinopel, 1. Teil [Bd. 2]: Geschichte der Kaiser Balduin I. und Heinrich, 1204-1216, (1905), Repr. Darmstadt 1966
150 GREGOROVIUS, F.: Geschichte der Stadt Athen im Mittelalter, 2 Bde, Stuttgart 1889, neue Ausg., Dresden 1927
151 LONGNON, J.: Le rattachement de la principauté de Morée au royaume de Sicile en 1267, in: Journ. des Sav., 1942, 134ff.
152 MARKL, O.: Ortsnamen Griechenlands in ›fränkischer‹ Zeit (Byz. Vindob., Bd. 1), Graz-Köln 1966
153 MILLER, W.: The Latins in the Levant, a History of Frankish Greece (1204-1566), Cambridge 1908, Repr. Amsterdam 1964
154 – Monemvasia, in: The Journ. of Hell. Stud., 27 (1907), 236ff.

Das Byzantinische Reich

155 BAKALOPOULOS, A.E.: Origins of the Greek Nation, The Byzantine Period 1204-1461, New Brunswick, N.J. 1970

156 BECK, H.-G.: Reichsidee und nationale Politik im spätbyzantinischen Staat, in: Byz. Ztschr., 53 (1960), 86ff.

157 – Senat und Volk von Konstantinopel, Probleme der byzantinischen Verfassungsgeschichte, in: Bayer. Akad. der Wiss., Phil.-Hist. Kl., Sitzungsber. 1966, 6, München 1966

158 – Der byzantinische ›Ministerpräsident‹, in: Byz. Ztschr., 48 (1955) 313ff.

159 BON, A.: Le Péloponnèse byzantin jusqu' an 1204 (Bibl. byz., 1), Paris 1951

160 DIEHL, CH.: Byzance, grandeur et décadence, Paris 1919

161 – Figures byzantines, 2 Bde, Paris 1909

162 DÖLGER, F.: Die Frage des Grundeigentums in Byzanz, in: Bull. of the Intern. Com. of Hist. Sciences, 5 (1933), 5ff., abgedr. in: Byzanz und die europäische Staatenwelt, ausgew. Vortr. und Aufs., Ettal 1953, 217ff.

163 – Die Kaiserurkunde der Byzantiner als Ausdruck ihrer politischen Anschauungen, in: Hist. Ztschr., 159 (1938/39), 229ff., abgedr. wie vor, 9ff.

164 – Rom in der Gedankenwelt der Byzantiner, in: Ztschr. für Kirchengesch., 56 (1937), 1ff., abgedr. wie vor, 70ff.

165 ENEPIKIDES, P.K.: Das Wiener Testament des Andreas Palaiologos vom 7. April 1502, in: Akten des XI. Intern. Byzant. Kongr. München 1958, hrsg. v. F. Dölger und H.-G. Beck, München 1960, 138ff.

166 GIBBON, E.: Geschichte des Verfalls und Unterganges des römischen Weltreiches, nebst einer biographischen Skizze über den Verfasser, dt. Ausg. v. J. Sporschil, Leipzig 1837

167 HAUSSIG, H.-W.: Kulturgeschichte von Byzanz, Stuttgart 1959

168 HEISENBERG, A.: Quellen und Studien zur spätbyzantinischen Geschichte, ges. Arbeiten, ausgew. v. H.-G. Beck, London 1973

Hunger, H., siehe Nr. 6

169 KIRSTEN, E.: Die byzantinische Stadt, in: Berichte zum XI. Intern. Byzant.-Kongr. München 1958, V, 3, 1ff.

170 LANGE, R.: Imperium zwischen Morgen und Abend, die Geschichte von Byzanz in Dokumenten, Recklinghausen 1972

171 MAIER, F.G.: Byzanz (Fischer Weltgesch., Bd. 13), Frankfurt 1973

172 NICOL, D.M.: The Byzantine Family of Kantakouzenos (Cantacuzenus) ca. 1110-1460, A Genealogical and Prosopographical Study, Washington 1968

173 – The Last Centuries of Byzantium, London 1972

174 OSTROGORSKY, G.: Geschichte des Byzantinischen Staates (Handb. der klass. Altertumswiss., 12. Abt., 1. Teil, Bd. 3), 1940, neue Ausg., München 1965

175 – Observations on the Aristocracy in Byzantium, in: Dumb. Oaks Pap., 25 (1971), 1ff.

176 PAPADOPOULOS, A.TH.: Versuch einer Genealogie der Palaiologen 1259-1453, Amsterdam 1962

177 PIERLING, P.: La Russie et l'Orient, Mariage d'un Tsar au Vatican, Ivan III et Sophie Paléologe, Paris 1891

178 RUBIN, B.: Byzanz, in: Summa historica, Die Grundzüge der welthistorischen Epochen (Prop. Weltgesch. [Bd. 11]), Berlin (1965), 287ff.

179 SCHMALZBAUER, G.: Eine bisher unedierte Monodie auf Kleopa Palaiologina von Demetrios Papagomenos, Text, Übersetzung und Kommentar, in: Jb. der österr. Byzant., 20 (1971), 223ff.

180 SCHREINER, P.: Chronologische Untersuchungen zur Familie Kaiser Manuels II., in: Byz. Ztschr., 63 (1970), 285ff.

181 SINOGOWITZ, B.: Über das byzantinische Kaisertum nach dem Vierten Kreuzzuge (1204-1205), in: Byz. Ztschr., 45 (1952), 345 ff.
182 TIFTIXOGLU, V.: Über das Geburtsjahr der Authentopoula Zoe, Tochter des Despoten Thomas, in: Byz. Ztschr., 60 (1967), 279 ff.
183 TOYNBEE, A. J.: A Study of History, 10 Bde, London New York Toronto 1954; dazu O. ANDERLE: Das universalhistorische System Arnold Joseph Toynbees, Frankfurt/Main Wien 1955
184 VILLEMAIN, A. F.: Lascaris ou les grecs du quinzième siècle, suivi d'un essai historique sur l'état des grecs, depuis la conquête musulmane jusqu'à nos jours, seconde ed., Paris 1825
185 WEISS, G.: Johannes Kantakouzenos – Aristokrat, Staatsmann, Kaiser und Mönch – in der Gesellschaftsentwicklung von Byzanz im 14. Jahrhundert (Schr. zur Geistesgesch. des östl. Europa, Bd. 4), Wiesbaden 1969
186 ZACHARIÄ VON LINGENTHAL, K. E.: Geschichte des griechisch-röm. Rechts, 1864, Repr. Aalen 1955
187 ZAKYNTHINOS, D. A.: Le despotat grec de Morée, Bd. 1: Histoire politique (Coll. de l'Inst. Néo-Hell. de l'Univ. de Paris, 1), Paris 1932; Bd. 2: Vie et institutions, Athènes 1953; dazu J. LONGNON: La renaissance de l'hellénisme dans le despotat de Morée, in: Journ. des Sav., 1954, 111 ff.

Das Osmanische Reich und die Republik Venedig

188 BABINGER, F.: Mehmed der Eroberer und seine Zeit, Weltenstürmer einer Zeitenwende, 2. Aufl., München 1959
189 BEES, N. A.: Morea, in: Enz. des Islams, Bd. 3, Leiden-Leipzig 1936, 641 ff.
190 CHASIOTES, J. K.: Makarios, Theodoros und Nikephoros Melissenos (Melissourgou), Thessalonike 1966 [neugriech.]
191 CURTIUS, J.: Geschichte der Neugriechen von der Eroberung Konstantinopels bis auf die neuesten Zeiten, 2 Bde, Leipzig 1827/30
192 EICKHOFF, E.: Venedig, Wien und die Osmanen, Umbruch in Südosteuropa 1645-1700, München 1970
193 HÄNE, J.: Eine stift-sankt gallische Kompagnie in venezianischem Kriegsdienst (1688-1691), in: Centralbl. des Zof.-Vereins, 36 (1896), Nr. 9, 561 ff., und Nr. 10, 631 ff.
194 VON HAMMER-PURGSTALL, J.: Geschichte des Osmanischen Reiches, 2. Aufl., neue Ausg., 4 Bde, Pesth 1840
195 HOPF, K.: Geschichte Griechenlands, in: Ersch und Gruber, Allg. Enz., Bd. 87, 1867/68, Repr. New York (1960)
196 HUTTON, E.: Sigismondo Pandolfo Malatesta, Lord of Rimini, a Study of a XV Century Italian Despot, London 1906
197 JEGERLEHNER, J.: Die politischen Beziehungen Venedigs mit Zürich und Bern im XVII. Jahrhundert, in: Arch. des Hist. Vereins des Kantons Bern, 15 (1899), 104 ff.
198 JORGA, N.: Geschichte des Osmanischen Reiches, nach den Quellen dargestellt (Gesch. der europ. Staaten, Werk 15), 5 Bde, Gotha 1908/13
199 KIENITZ, F.-K.: Städte unter dem Halbmond, Geschichte und Kultur der Städte in Anatolien und auf der Balkanhalbinsel im Zeitalter der Sultane 1071-1922, München 1972
200 KRETSCHMAYR, H.: Geschichte von Venedig, 3 Bde, Gotha 1934
201 MÖRNER, GRAF B.: Maria Aurora Königsmarck, eine Chronik, dt. Ausg., München 1922
202 VON PASTOR, L.: Geschichte der Päpste, Bd. 2, 13. Aufl., Freiburg und Rom 1955; Bd. 4, 1, 13. Aufl., Freiburg und Rom 1956

203 PETRIE, CH.: Don Juan d'Austria (1967), dt. Ausg., Stuttgart 1968
204 PFISTER, F.: Der Krieg in Morea in den Jahren 1687 und 1688, zur Erinnerung an deutsche Taten, besonders als Beitrag zur hessischen Kriegsgeschichte bearbeitet, Kassel 1845
205 VON RANKE, L.: Die Osmanen und die spanische Monarchie im 16. und 17. Jahrhundert (Fürsten und Völker von Südeuropa, Bd. 1), 3. Aufl., Berlin 1857
206 – Die Venezianer in Morea, in: Sämtliche Werke, Bd. 42, Leipzig 1878, 279 ff.
207 RÖHRIG, H.: Hannoversche Rotröcke in Griechenland, das Tagebuch des Fähnrichs Zehe 1685-1688 (Quellen und Darstellungen z. Gesch. Nieders., Bd. 84), Hildesheim 1975
208 THÜRHEIM, GRAF A.: Christoph Martin Freiherr von Degenfeld, General der Venezianer, General-Gouverneur von Dalmatien und Albanien, und dessen Söhne (1600-1733), ein Beitrag zur Geschichte des siebenzehnten Jahrhunderts, Wien 1881
209 ZINKEISEN, J. W.: Geschichte des Osmanischen Reiches in Europa (Gesch. der europ. Staaten), 5 Bde, Gotha 1840/45

Der griechische Befreiungskampf

210 BARTH, W., UND M. KEHRIG-KORN: Die Philhellenenzeit von der Mitte des 18. Jahrhunderts bis zur Ermordung Kapodistrias am 9. Oktober 1831 (Schr. des Inst. für Ausl.-Bez., Bd. 3), München 1960
211 BLAQUIERE, E.: The Greek Revolution, its Origin and Progress, together with some Remarks on the Religion, national Charakter etc. in Greece, London 1824, franz. Ausg., Paris 1825
212 – Narrative of a second Visit to Greece, including Facts connected with the last Days of Lord Byron, London 1825
Braun, J. M., siehe Nr. 50
Curtius, J., siehe Nr. 191
213 DIETRICH, K.: Aus Briefen und Tagebüchern zum deutschen Philhellenismus (Hist.-lit. Schr. der dt.-griech. Ges., Bd. 2), Hamburg 1928
214 – Deutsche Philhellenen in Griechenland, aus Tagebüchern und Schriften (Hist.-lit. Schr. der dt.-griech. Ges., Bd. 4), Hamburg 1929
215 IKEN, C. J. L.: Hellenion. Über Cultur, Geschichte und Literatur der Neugriechen, 1. Heft, I: Allgemeine Einleitung, II: Korais' Denkschrift, Leipzig 1822
216 KLÜBER, J. L.: Pragmatische Geschichte der nationalen und politischen Wiedergeburt Griechenlands bis zum Regierungsantritt des Königs Otto, Frankfurt am Main 1835
217 MENDELSSOHN-BARTHOLDY, K.: Geschichte Griechenlands von der Eroberung Konstantinopels durch die Türken im Jahre 1453 bis auf unsere Tage (Staatengesch. der neuest. Zeit., Bd. 15), Leipzig 1870
218 SEIDL, W.: Bayern in Griechenland, München (1965)
219 STERN, A.: Geschichte Europas seit den Verträgen von 1815 bis zum Frankfurter Frieden von 1871, 4 Bde, Berlin 1894/1915

Kunstgeschichte

Byzantinische Kunst

220 APAGO NOVELLA, A.: Grecia bizantina, Milano 1969
221 DELVOYE, CH.: L'art byzantin, Paris 1967
222 DEMUS, O.: Die Entstehung des Paläologenstils in der Malerei, in: Ber. zum XI. Intern. Byzant. Kongr. München 1958, München 1958, IV, 2, 1 ff.
223 DIEHL, CH.: Manuel d'art byzantin, Paris 1910
224 EBERSOLDT, J.: Monuments d'architecture byzantine (Hist. de l'art byz.), Paris 1934

225 GRABAR, A.: La peinture byzantine (Les grands siècles de la peint.), Genève 1953
226 KRAUTHEIMER, R.: Early Christian and Byzantine Architecture (Pel. Hist. of Art), Harmondsworth 1965
227 MANGO, C.; Architettura bizantina (Stor. univ. dell' arch., Bd. 3), Milano 1974
228 MATHEW, G.: Byzantine Aesthetics, London 1963
229 MELAS, E.: Alte Kirchen und Klöster Griechenlands, ein Begleiter zu den byzantinischen Stätten, Köln 1972
230 MIRANDA, S.: Les Palais des Empereurs Byzantins, Mexico 1965
231 OMONT, H.; Miniatures des plus anciens manuscrits grecs de la Bibliothèque Nationale du VIe au XIVe siècle, Paris 1929
232 TALBOT RICE, D.: Beginn und Entwicklung christlicher Kunst (1947), dt. Ausg., Köln 1961
233 – Byzantine Art (Penguin Books) Harmondsworth 1954, dt. Ausgabe München 1964
234 VOLBACH, W. F., und J. LAFONTAINE-DOSOGNE: Byzanz und der christliche Osten (Prop. Kunstgesch., Bd. 3 [mit ausführlicher Bibliogr.]), Berlin 1968
235 WESSEL, K.: Abendmahl und Apostelkommunion, Recklinghausen 1964

Mistra

Belle, H., siehe Nr. 117
236 GEORGIADES, V. N.: Mistra, Athens 1971
237 DUFRENNE, S.: Les programmes iconographiques des églises byzantines de Mistra (Bibl. des Cahiers Archéol., Bd. 4), Paris 1970
238 HALLENSLEBEN, H.: Untersuchungen zur Genesis und Typologie des ›Mistratypus‹, in: Marb. Jb. für Kunstwiss., 18 (1969), 105 ff.; dazu Kunstchr., 19 (1966), 309 f.
239 KANELLOPOULOS, P.: Mistra, ›Das byzantinische Pompeji‹ (Innentitel: Mistra, Die Akropolis des christlichen Hellas), dt. Ausg., München 1962
240 KRUFFT, H.-W.: Mistra, in: Neue Zür. Ztg., 6. Mai 1967
241 MAGNE, L.; Mistra, Paris 1897
242 MILLET, G.: Inscriptions byzantines de Mistra, in: Bull. de corresp. hell., 23 (1899), 97 ff.
243 – Monuments byzantins de Mistra, Matériaux pour l'étude de l'architecture et de la peinture en Grèce aux XIVe et XVe siècle, Paris 1910
244 – Recherches sur l'iconographie de l'évangile aux XIVe, XVe et XVIe siècle d'après les monuments de Mistra, de la Macédoine et du Mont-Athos, dessins de S. Millet, 2e ed., Paris 1960
Mouriki, D.: Mistra, in Nr. 229
245 ORLANDOS, A. C.: Quelques notes complémentaires sur les maisons paléologuiennes de Mistra, in: Art et soc. à Byz. sous les Pal., Venise 1971, 73 ff.
246 PERILLA, F.: Mistra, Histoires franques-byzantines-catalanes en Grèce, Notes d'art et de voyage, dessins, aquarelles, photographies de l'auteur, Éd. Per., Athènes 1929
247 SOTIRIOU, G. A.: Anaskaphe en te palaia Sparte, 1939, Bespr. v. E. W[eigand] in: Byz. Ztschr., 43 (1950), 202 f.
248 SOTIRIOU, M. und G.: Mistra, une ville byzantine morte, Athènes 1935
249 STRUCK, A.: Mistra, eine mittelalterliche Ruinenstadt, Wien 1910

Fränkische und venezianische Kastelle

250 ANDREWS, K.: Castles of the Morea, Princetown, New Yersey 1953
251 KRIESIS, A.: On the Castles of Zarnata and Kefala, in: Byz. Ztschr., 56 (1963), 308 ff.
252 MCLEOD, W.: Castels of the Morea in 1467, in: Byz. Ztschr., 65 (1972), 353 ff.
253 MÜLLER-WIENER, W.: Burgen der Kreuzfahrer im Heiligen Land, auf Zypern und in der Ägäis, Aufn. v. A. F. Kersting, München 1966

Religions- und Geistesgeschichte

254 ANASTOS, M. V.: Le Calendier et la liturgie de Georges Gémiste Pléthon, in: Actes du VIᵉ Congr. intern. d'ét. byz. Paris 1948, 2 Bde, Paris 1950/51, Bd. 1, 207 ff.

255 BECK, H.-G.: Kirche und theologische Literatur im Byzantinischen Reich (Byz. Hdb., Bd. 2, 1), München 1959

256 – Die byzantinische Kirche, das Zeitalter des Palamismus, in: Hdb. der Kirchengesch., Bd. 3: Die mittelalterliche Kirche, 2. Halbbd.: Vom kirchlichen Hochmittelalter bis zum Vorabend der Reformation, Freiburg Basel Wien 1968, 589 ff.

257 – Theodor Metochites, Die Krise des byzantinischen Weltbildes im 14. Jahrhundert, München 1952

258 BODNAR, E.: Cyriacus of Ancona and Athens, Bruxelles-Berchem 1960

259 BORNERT, R.: Les commentaires byzantins de la Divine Liturgie du VIIᵉ au XVᵉ siècle (Arch. de l'Orient Chrét., Bd. 9), Paris 1966

260 BUCK, A.: Der Platonismus in den Dichtungen Lorenzo de' Medicis (Neue dt. Forsch., Abt. rom. Phil., Bd. 3), Berlin 1936

261 GEANAKOPLOS, D. J.: Bisanzio e il Rinascimento, umanisti greci a Venezia e la diffusione del greco in Occidente (1400-1535), Venezia 1967

262 GILL (S. J.), J.: Personalities of the Council of Florence and other Essays, Oxford 1964; dazu H.-G. BECK in: Byz. Ztschr., 59 (1966), 379 f.

263 GOETHE, J. W.: Cours de littérature grecque moderne par Jacovsky Rizo Néroulos, Genève 1827, in: Art.-Ausg. Bd. 14, 560 ff.

264 VON GOETHE, W. M. FRHR.: Studien und Forschungen über das Leben und die Zeit des Cardinals Bessarion, 1395-1472, Jena 1871
Haussig, H.-W., siehe Nr. 167

265 HEILER, F.: Die Ostkirchen, aus dem Nachl. hrsg. v. A. M. Heiler, München, Basel 1971
Hunger, H., siehe Nr. 6

266 JENKINS, R. J. H., und C. MANGO: A Synodicon of Antioch in Lacedaemonia, in: Dumb. Oaks Pap., 15 (1961), 225 ff.

267 KLEIN-FRANKE, F.: Die Geschichte des frühen Islam in einer Schrift des Georgios Gemistos Plethon, in: Byz. Ztschr., 65 (1972), 1 ff.

268 LIXAČEVA, V. D.: The Illumination of the Greek Manuscript of the Akathistos Hymn, in: Dumb. Oaks Pap., 26 (1972), 253 ff.

269 MEYENDORFF, J.: Spiritual Trends in Byzantium in the late thirteenth and early fourteenth Centuries, in: Art et soc. à Byz. sous les Pal., Venise 1971, 53 ff.
– *Palamas*, siehe Nr. 16

270 MASAI, F.: Pléthon et le Platonisme de Mistra, Paris 1956

271 MOHLER, L.: Kardinal Bessarion als Theologe, Humanist und Staatsmann, Bd. 1: Darstellung, Paderborn 1923

272 OMONT, H.: Hermonyme de Sparte, maître de grèc à Paris et copiste de manuscrits (1476), in: Mém. de la soc. de l'hist. de Paris et de l'Isle-de-France, 12 (1885), 65 ff.

273 RUNCIMAN, ST.: Das Patriarchat von Konstantinopel vom Vorabend der türkischen Eroberung bis zum griechischen Unabhängigkeitskrieg, dt. Ausg., München 1970
Salaville, S., siehe Nr. 15

274 SCHMARSOW, A.: Melozzo da Forlì, ein Beitrag zur Kunst und Kulturgeschichte Italiens im XV. Jahrhundert, Berlin und Stuttgart 1886

275 SCHULTZE, F.: Georgios Gemistos Plethze und seine reformatorischen Bestrebungen (Gesch. der Phil. der Ren., Bd. 1), Jena 1874

276 TAESCHNER, F.: Georgios Gemistos Plethon, ein Vermittler zwischen Morgenland und Abendland zu Beginn der Renaissance, in: Byz.-neugriech. Jb., 8 (1931), 100 ff.

277 TATKIS, B.: La philosophie byzantine (Hist. de la Phil. par E. Bréhier, 2ᵉ fasc. suppl.), Paris 1949
278 VOIGT, G.: Die Wiederbelebung des classischen Alterthums oder das erste Jahrhundert des Humanismus, 2 Bde, 4. Aufl., Berlin 1960
279 WIND, E.: Pagan Mysteries in the Renaissance, 3. Aufl., Harmondsworth 1967

Literaturgeschichte

280 BAUMEISTER, K.A.: Die mittelalterliche Ritterburg im 2. Teil, Akt III, in: Goethe-Jb., 17 (1896), 214 ff.
281 BEISSNER, F.: Über die Realien des ›Hyperion‹, in: Hölderlin-Jb. [8], (1954), 93 ff.
282 EBERTY, F.: Lord Byron, eine Biographie, Leipzig 1862
283 HAUSCHILD, R.: Mistra – die Faustburg Goethes, Erinnerungen an eine Griechenlandfahrt (Abhdlg. der Sächs. Akad. der Wiss. zu Leipzig, Phil.-Hist. Kl. Bd. 54, 4), 1963; dazu P. WIRTH in: Byz. Ztschr., 56 (1963), 110 f.
284 LINK, J.: ›Hyperion‹ als Nationalepos in Prosa, in: Hölderlin-Jb., 16 (1969/70), 158 ff.
285 MOMMSEN, W.: Die politischen Anschauungen Goethes, Stuttgart (1948)
286 MORAVCSIK, J.: Zur Quellenfrage der Helena-Episode in Goethes Faust, in: Byz.-neugriech. Jb., 8 (1931), 41 ff.
287 REHM, W.: Griechentum und Goethezeit, Geschichte eines Glaubens, 3. Aufl., München 1952
288 SCHMIDT, J.: Hölderlins Entwurf der Zukunft, in: Hölderlin-Jb., 16 (1969/70), 110 ff.
289 SCHMIDT, J.: Sparta – Mistra, Forschungen über Goethes Faustburg, in: Goethe, Neue Folge der Jb. der Goethe-Ges., 18 (1956), 132 ff.
290 SCHMITT, J.: Die Chronik von Morea als Quelle zum Faust, Leipzig 1904
291 TREVELYAN, H.: Goethe und die Griechen, eine Monographie (1941), dt. Ausg., Hamburg 1949

Übersetzung

des in Abb. 9 wiedergegebenen griechischen Textes

Des Georgios Gemistos Plethon
die Hauptpunkte zusammenfassender Exkurs über die Ereignisse nach der Schlacht bei Mantineia, unter Verwendung von Diodors und Plutarchs Schriften:

Nach der Schlacht bei Mantineia, in der der Thebaner Epameinondas als Boiotarch und Feldherr den Tod gefunden hatte, schlossen die Griechen, von der langen Dauer der Kriege zermürbt, untereinander Frieden, wobei sie in ihre Übereinkünfte auch Messenien einbezogen.

Die Lakedaimonier jedoch brachten es nicht über sich, auch mit den Messeniern Frieden zu schließen; somit nahmen sie an dem Frieden nicht teil, sondern blieben als einzige unter den Griechen außerhalb der Verträge.

Danach fielen die Bewohner der kleinasiatischen Küstengebiete von den Persern und König Artaxerxes ab; auch manche der Satrapen erhoben sich zusammen mit ihnen und begannen den Krieg gegen den Großkönig. ›Unter diesen waren die hervorragendsten Ariobarzanes, der Satrap von Phrygien, der nach Mithridates' Tod auch Herr von dessen Königreich geworden war, sowie Mausolos, der in Karien regierte und über viele bedeutende Befestigungen und Städte herrschte, deren Mittelpunkt und Hauptstadt Halikarnassos war, außerdem noch Orontes, der Satrap von Mysien, und Autophradates von Lydien. Diese waren die bemerkenswertesten unter den abgefallenen Satrapen.

An Völkern fielen folgende ab: die Ionier, Lykier, Pisidier, Pamphylier, Kilikier, Syrer, Phoinikier und nahezu alle, die an der Meeresküste wohnen.‹* Die Ägypter waren indessen schon vorher abgefallen unter ...

* nach Diodor, 15, 90, 3

Den Text übersetzte Herr Dr. Lothar Semmlinger, Erlangen, wofür ihm der Verfasser herzlich dankt.

Register

Acciaiuoli, Antonio 192 – Bartolommea, → Palaiologos, Theodor I. – Nerio, Herzog von Athen 147-149
Achmet Pascha, in Tripolitza 387, 390
Adamantiou, Adamantios, Ephoros in Mistra 457f., 461
Ahmed Pascha, Seraskier 308
Alberghetti, Giusto Emilio 327
Alexander IV., Papst 47, 50
Alexander VIII., Papst 315
Alexander I., Zar 405, 407
Alexandrides, in Mistra 441
Alexios II., byz. Kaiser 18, 20f., 23
Alexios III., byz. Kaiser 18f., 21
Alexios Dukas 21, 26
Ali Beg, Woiwode in Mistra 308
Ali Pascha von Jannina 346, 390f., 402, 405
Allatios, Leo 341
Amyklai, → Slawochorion
Ananias Lambardis, Metropolit in Mistra 350, 442
Andersen, Christian 443
Andravida 30, 34, 37, 48
  Kathedrale 38
Andromachi, von Tinos 357f.
Andronikos I., byz. Kaiser 18
Andronikos II., byz. Kaiser 59, 61, 80, 100, 108
Andronikos III., byz. Kaiser 108f., 120, 137, ∞ Anna von Savoyen 110f.
Andronikos Asan, Despot in Mistra 104, 107
Angelos, Johann, Sebastokrator in Neopatrai 45, Tochter: Helena, → Roche, Guillaume de la
Anjou, Johann von, Graf von Gravina 64 – → Karl I.
  – → Karl II. – Philipp von 57, 59, ∞ Isabella von Villehardouin 56 – Philipp, Herzog von Tarent, Despot von Romanien 62, 64, ∞ Katharina von Valois 62, 64
  – → Robert – Robert von, Fürst von Tarent 64, ∞ Maria von Bourbon 64f.
Anna Angela von Epirus, → Villehardouin, Guillaume de
Argos 26, 31, 38, 148-150, 237
Argyropoulos, Johannes 97, 235, Abb. 16
Arkadia 28, 246
Arsenios (Aristoboulos) Apostolis, Metropolit 251
Athen 38, 45, 312f., 406, 444
  Kapnikareia 446
  Parthenon 312f., 392, 445
  Schloß 446f.

Bajezit I., Sultan 149, 152
Balduin I., lat. Kaiser 22, 25
Balduin II., lat. Kaiser 22, 47, 50f.
Baluch, Hassan, in Mistra 311
Barberigo, Agostino, Admiral 272
Barlaam, Mönch 120
Barrès, Maurice 13, 39, 414, 458-460, 470, Abb. 36
Bartholdy, Salomon 373
Bassai
  Apollon-Tempel 392
Baumeister, Karl August 455f.
Baumgarten, Architekt in Neu-Sparta 427
Belle, Henri 453
Bellini, Gentile, Maler 241
Benzoni, Giorgio, Provveditore 312
Bessarion, Johannes 97, 175, 178f., 181, 196; in Florenz 200, 204, 207; als Kardinal 212f., 218, 221, 234, 246; in Mantua 228f.; in Venedig 236; Tod und Nachruhm 241-244, Abb. 10, 16 und S. 201
Blaquiere, Edward 396, 411

Blouet, Abel 456, Abb. 34
Bon, Alessandro, General-Provveditore 335
Bon, Antoine 457
Bonifatius von Montferrat, König von Thessalonike 18f., 25, 45f.
Bonifaz VIII., Papst 62
Botticelli, Sandro, Maler 210
Boullotas, Nikolaos, Richter in Mistra 218
Braunschweig, Ernst August, Herzog von 301 – Maximilian von, Prinz 306, 309
Bremer, Fredrika 450-452
Brienne, Gottfried von 44, 49f., ∞ Isabella de la Roche 45 – Johannes von, lat. Kaiser 44
Buchon, Alexandre 344, 491, 457
Bugouras, Gouverneur in Mistra 425
Burckhardt, Jacob 222
Burgund, Ludwig von 63, ∞ Mathilde von Hennegau 63f. – Odo von 63f. – Philipp der Gute, Herzog von 223f., 236, Farbt. 1
Byron, George Gordon Lord 334, 391f., 397, 406, 418

Capello, Vittorio, Gesandter in Mistra 227, 391
Capo d'Istria, Johannes Graf 405, 407, 413f., 416, 418, 420-423, Abb. 30
Carpaccio, Vittorio, Maler 244
Cerigo (Kythera) 257, 260f., 296, 336, 368
Cervantes, Miguel 272
Cesarini, Giuliano Kardinal 200, 204, 215f.
Chair-eddin, gen. Barbarossa 254f.
Chalkondylas, Demetrios 97, Abb. 16 – Laonikos (Nikolaos) 216, 218f.
Chamisso, Adelbert von 356, 411

Champlitte, Guillaume de 30f., 34, 36 – Robert de 36-38
Chandler, Richard 398
Chastagner, François 283
Chateaubriand, François René 373f., 382, 407
Chios 248, 411, 419
Choiseul-Gauffier, Marie Gabriel c^{te} 398
Choniates, Niketas 24-26, Abb. 7
Chrysanthos Laskaris, Metropolit in Mistra 277
Chrysanthos Papadopoulos, Metropolit in Mistra 332
Chrysoloras, Manuel 97, 170, 208, Abb. 16 – Johannes 208
Clemens IV., Papst 57f.
Clemens VI., Papst 111
Clermont (Chlemutzi) 54, 247
Cockerell, Charles 392
Colonna, Marcantonio, Admiral 272, 274
Contarini, Bartolomeo, Rettore 301
Corner, Giacomo, General-Provveditore 321f., 325f.
Coronelli, Vincenzio 281f., 330, 398
Correggio, Antonio, Maler 210
Crusius, Martin 269
Cusanus, Nikolaus 195-197, 204, 206, 234
Cyriacus von Ancona 158-160, 180, 195, 213, 218f.

Däubler, Theodor 466
Damad Ali Pascha, Großwesir 332f.
Dandolo, Andrea, Provveditore 238, 240 – Enrico, Doge 19-22, 48, 396
Daniel, Abt in Mistra 80
Daniel, Metropolit in Mistra 420f.
Degenfeld, Hannibal Frhr. von, venez. General 301, 318
Delacroix, Eugène, Maler 411f.

Derwisch Pascha, in Mistra 311
Diedo, Alvise, Gesandter in Mistra 217
Dionysios, Metropolit in Mistra 277
Dodwell, Edward 379, 398, 453
Dolfin, Girolamo, General-Provveditore 333-335
Dolgorucki, Wassilij Michailowitsch, Fürst 362
Doria, Andrea, genues. Admiral 254 – Gian Andrea, Admiral 273
Dorotheos, Metropolit 396
Dositheos, Metropolit 196, 204
Dreux, Robert de, Kapuziner 283
Drevinsendi Efendi, Aga in Mistra 288, 296
Dschaafer Pascha, Kommandant von Navarino 305
Dschanum Chodscha, Kapudan-Pascha 334
Dufrenne, Suzy 457
Dukas, Johannes, ›Herr von Arkadien‹ 234
Durac Beg, in Mistra 297

Ebersoldt, Jean 457
Edelmann, schweiz. Hauptmann 315
Emo, Angelo, General-Provveditore 301, 326f., 331
Enghien, Maria von, Herrin von Nauplia 148
Episkopi
    Kirche 29
Eschmann, Wilhelm 465
Este, Bertoldo d', Condottiere 237 – Niccolò d', Markgraf von Ferrara 199
Euböa (Negroponte) 25, 241, 314f.
Eudaimonoiannis, Familie 155 – Georgios 170, 224 – Nikolaos, Gesandter in Venedig 172 – Sophianos, Mesazon 180, 213f.

Eugen IV., Papst 195, 199-204, 215, 218, Abb. S. 201
Eugen, Prinz von Savoyen 336
Eugenikos, Johannes 207
  – Markos 196, 200, 204, 207, 218
Eugenios, Metropolit in Mistra 283, 420; Patriarch 410
Eynard, Jean Gabriel 407

Fabvier, Charles Baron 412, 458
Fallmerayer, Jacob Philipp 66f., 408
Fantini, Giorgio, Gesandter in Mistra 149
Fengaras, Theodoros, Richter in Sparta 449-452
Ferdinand von Mallorca 63, ∞ Margarite von Savoyen 63
Ferrara, Konzil 199-202
Ficino, Marsilio 210
Filarete, Antonio Averlino 199, Abb. S. 201-203
Filelfo, Francesco 208, 218, 257
Finlay, George 59, 164, 413
Flaubert, Gustave 454
Florenz 181, 210, 223 f.; Konzil 202-209, 242
    Baptisterium 202
    Dom S. Maria del Fiore 181, 204
    S. Maria Novella 204
    Pal. Medici 223
    Pal. Peruzzi 202
    Pazzi-Kapelle bei S. Croce 181
Forlì, Melozzo da, Maler 243
Foscari, Francesco, Doge 198, 217, 223
Foscarini, Giacomo, General-Provveditore auf Kreta 271
Foscolò, Niccolò, Gesandter in Mistra 152f.
Fourmont, Claude Louis 343
  – Michel 343
Franz von Assisi 19, 23
Friedrich II., röm.-dtsch. Kaiser 19, 44

Friedrich III., röm.-dtsch. Kaiser 225
Friedrichsthal, Emanuel Ritter von 406 f.
Furlan, Niccolò Nadalino, gen. Mustafa Pascha 277 f.

Galland, Antoine 284
Galoppo, Girolamo 315
Galt, John 378
Gaza, Theodoros 97, Abb. 16
Gell, William 379, 397 f., Abb. S. 388/89.
Gemistos, Georgios, gen. Plethon 163, 173, 175-180, 195-197, 216-221, 223, 234, 242, 251; als Richter in Mistra 151 f., 165 f., 194 f.; Denkschrift 166-171, 212; in Florenz 201-208, 211; im Streit mit Scholarios 218 f., 232 f.; Beileid Bessarions 221; Grab in Rimini 237-239; Autograph Abb. 9, Übersetzung S. 487; seine Söhne 220 f.
Gengenbach, Ferdinand 282
Georgios von Trapezunt 97, Abb. 16
Germanos, 1571 Metropolit von Patras 276
Germanos, 1821 Metropolit von Patras 409
Ghiberti, Lorenzo, Maler und Bildhauer 202, 204
Giatrakos, Panangiotes, in Mistra 410 f., 416, 422 f.
Gideon, Metropolit in Mistra 311
Giraud, Jean, Konsul in Athen 283
Giuduf, Alulachi, in Mistra 311
Goethe 44, 211, 250, 370, 394-404, 406, 408, 413, 456
Gonzaga-Nevers, Karl, Herzog von 277
Gozzoli, Benozzo, Maler 223 f.
Gregor X., Papst 58
Gregor XI., Papst 141

Gregoras, Nikephoras 120 f.
Gregorios IV., Patriarch 409 f.
Gregorios, Metropolit in Mistra 251
Grimani, Antonio, Doge 253
– Francesco, General-Provveditore 323 f., 326 f., 332
– Piero, Kastellan von Modon 148
Gritti, Alvise, Gesandter in Konstantinopel 255 – Andrea, Doge 255
Groeben, Friedrich von der 304-307
Guillet de la Guilletières 280-284, 291, 328, 330

Hackert, Philipp, Maler 369 f.
Halil Pascha, Großwesir 197
Hauptmann, Gerhart 460 f., Abb. 37
Haymon, kath. Bischof von Sparta 72
Heinrich VI., röm.-dtsch. Kaiser 18
Hennegau, Florentius von 60, ∞ Isabella von Villehardouin 60, 62
Hermonymos, Gregorios 218, 234
– Johannes (Charitonymos) 218
Heß, Peter von, Maler 416, Abb. 32
Hettner, Hermann 445
Hiob, Patriarch von Moskau 355
Hölderlin 358, 394-404, 456
Hofmannsthal, Hugo von 462

Ibrahim, Sultan 279
Ibrahim Pascha, Statthalter der Morea 396, 410-413, 416
Ibrahim, in Mistra 374
Innozenz III., Papst 15, 19, 23
Ipoustéguy, Jean, Bildhauer 470 f., Abb. 38
Isaak II., byz. Kaiser 18, 21
Isaak, Protostrator 238
Isidor, Patriarch 121

Isidor, Metropolit von Kiew 179, 207, 225
Ismael Pascha, Seraskier 300, 305, 308
Istria, Capo d', → Capo d'Istria
Istria, Dora d' 446
Iwan III., Großfürst von Moskau, Zar 246, 354, ∞ Zoe 246, 354

Jeremias, Patriarch 355
Joachim, in Mistra 311
Joasaph II., Patriarch 251
Joasaph, Mönch, → Johannes VI.
Jochmus, August, Gründer Neu-Spartas 424, 449
Johannes XXII., Papst 64
Johannes III., Kaiser in Nikaia 46, 51
Johannes V., byz. Kaiser 111-113, 136, 146 f.
Johannes VI. Kantakouzenos Großdomestikus 64, 108; byz. Kaiser 109-114, 120-122, 138, 147 f., 226; Mönch Joasaph 135 f., 146, Abb. 8
Johannes VIII., byz. Kaiser 172, 193-195, 199, 202, 212, 217, 220, 223, Abb. 12
Johannes Angelos, Sebastokrator 45
Joseph, Patriarch 194, 196, 204
Juan d'Austria, Don, Sieger von Lepanto 271-275, Abb. 27

Kabasilas, Nikolaos 121, 126, 130
Kalabryta 151, 158, 228 f., 411 f.
Kalamata 37, 59 f., 64, 150, 301 f., 357, 377, 409, 448
Kantakouzenos, Familie 71, 248
– NN., Epitropos in Mistra 71, 80, 99 – Demetrios 135
– Georgios 158-160 – Georgios, in Nauplia 235
– → Johannes VI. – Johannes, ›Despot‹ 135, Abb. 11
– Johannes, Statthalter in Korinth 213-215 – Manuel, Despot in Mistra 112-115, 135-141, 147, ∞ Isabella de Lusignan 118, 137 f., 146
– Manuel, Despot der Albaner 226 f. – Matthäus, Despot in Mistra 135, 141, 146
– Michael, Strategos 53
– Michael, gen. Schaitan-oglu 250 f. – Scherwan, Fürst der Walachei 302
Kara Mustafa, Großwesir 299, 302
Karl V., röm.-dtsch. Kaiser 252 f., 254, 256
Karl I. Anjou, König von Neapel-Sizilien 57-59
Karl II. Anjou, König von Neapel-Sizilien 61 f.
Karl VIII., König von Frankreich 246
Karytaina 44, 52 f., 64, 100, 409 f.
Katava, Johann Baron von 52 f.
Katavolenos, Thomas 229
Katharina II., Zarin 355, 370
Kazantzakis, Nikos 453, 468
Klenze, Leo von, Architekt 446
Königsmarck, Otto Wilhelm Graf, venez. General 303-309, 312, 314 f., ∞ Katharina Dorothea de la Gardie 304, 315, 318
Köprülü, Ahmed 278, 283 – Mustafa 312
Kolokotronis, Theodor 393, 408-410, 422, Abb. 29
Konradin von Hohenstaufen 44, 57 f., 447
Konstantin XI., byz. Kaiser 21
Konstantin XII. 193, 195, 198; Despot in Mistra 158, 212-217; byz. Kaiser 217, 223, 226, ∞ Magdalena (Theodora) Tocco 193, 459, ∞ Katharina Gattilusio 212
Konstantinopel 51, 111 f., 158, 164, 185, 195 f., 216 (vgl. Abb. 14), 249 f., 356, 409; Eroberung durch die Kreuzritter 19-22; durch Mehmed 224 f., 226, 232

Konstantinopel, *Fortsetzung*
  Agia Sophia 225, 255
  Moscheen 175, Suleimanije 255
  Palast des Konstantin Porphyrogenetos 138
Kopanitzas, Anagnostis, in Mistra 421 f.
Korinth 27, 31, 52, 149, 151 f., 158, 192, 227, 237, 308 f.
Koron 193 f., 223, 241, 254, 275, 300
Krazeisen, Karl 408, Abb. 29
Kreta 25, 234-236, 257, 269-272; Belagerung von Kandia 278 f., 282
Krevvatas, Familie in Mistra 375
Kydones, Demetrios 141, 165

Lakedaimon 29, 36-38, 52, 55 f., vgl. Sparta
Laskaris, Familie 46, 155 f. – NN., vor Malta 256 – Alexis, Statthalter in Patras 213
  – Athanasios 223 f.
  – → Chrysanthos – Janos 97, 235, Abb. 16 – Castellar, Jean Paul de, Großmeister des Malteser-Ordens 256
  – → Konstantin XI. – Konstantin 235 – → Theodor II.
Latris, Stadtamtmann in Sparta 428, 441
Lazzarini, Gregorio, Maler 318
Leake, William 377, 386
Leo der Große, Papst 78
Leo X., Papst 251 f.
Lepanto 216, 308; Seeschlacht bei 272-274
Loredano, Alvise, Capitano generale 236 f. – Constantino, Kommandant in Modon 335 – Giovanni, Gesandter in Konstantinopel 152 – Leonardo, Doge 253
Ludwig I., König von Bayern 406, 415, 446

Ludwig IX., König von Frankreich 22
Lukaris, Kyrill, Patriarch 253

Magoula (Palaiochori) 427, 441
Mahmud II., Sultan 409 f.
Maina 28, 148, 160; Mainoten 41, 171, 286, 419; Aufstände 270 f., 275, 277 f., 300, 409, 411 f., 414; im Bunde mit Venedig 148, 241, 300 f., 304; unter venez. Verwaltung 324 f., 334; unter türkischer Herrschaft 335, 370
Makarios Melissenos, Metropolit von Monembasia 271, 275 f.
Makrinos, byz. Feldherr 52 f.
Makry-Plagi, Schlacht bei 54
Malatesta, Cleopatra, → Palaiologos, Theodor II.
  – Sigismondo Pandolfo, Herr von Rimini 236-240
Malatesta da Montefeltre, Battista 174
Malaxos, Gregoras, in Nauplia 276 – Manuel 276
Malepiero, Pasquale, Doge 236
Malta 270, 279; Belagerung 256 f.
Manfred von Hohenstaufen, König von Sizilien 44, 47, 50, 56, ∞ Helena Angela von Epirus 47, 57
Mani, Halbinsel, → Maina
Manomas, Archont in Monembasia 148
Mantineia 13
Mantineia am Golf von Messenien 28
Mantua, Fürstenkongreß 228
Manuel II., byz. Kaiser 149-153, 155, 164-172, 195, ∞ Helena Dragas 157, 183
Manusaki, Demetrios, in Mistra 378 f.
Martin IV., Papst 58
Martin V., Papst 172, 174
Marullus, Michael 97, Abb. 16
Marzioli, Francesco 303

Masson, Edward, Notar in
  Tripolitza 415
Matthäos, Metropolit in Mistra
  183
Maurokordates, Alexander, Pfortendolmetsch 332, 341 f. – Alexander, Präsident 421
Mauro Michalis, Janaki 367
  – Georgios 414 f. – Konstantin 414 – Petros (Petrobey) 409, 414
Mauropappas, Leon, in Mistra 62, 117 f., 349
Maximilian von Braunschweig,
  → Braunschweig
Mazaris, Satiriker 162 f., 178, 180
Medici, Cosimo de' 202, 210 f., 223 f., – Lorenzo de' 210, 235
Medici, Pietro, in Mistra 310
Megaspylaion
  Kloster 412, 444
Mehmed II. der Eroberer, Sultan
  225, 229-231, 233, 235, 241, Abb. 15
Mehmed Ali, Pascha von Ägypten
  410, 424
Mehmed Pascha 308
Mehmed-Sokullu, Großwesir 256, 273 f.
Melchios, Metropolit in Mistra 442
Methodios, Metropolit in Mistra
  196, 201
Metrophanes III., Patriarch 275 f.
Metternich, Klemens Fürst 407, 412
Meyer, Conrad Ferdinand 301
Miaulis, Andreas Vokos, Admiral
  410
Michael VIII., byz. Kaiser 46 f., 49-52, 56-58, 70 f.
Michael I., Despot von Epirus 46
Michael II., Despot von Epirus
  46 f., seine Töchter: Anna,
  → Villehardouin, Helena,
  → Manfred
Michelangelo 210, 272
Millet, Gabriel 457

Minoto, Giacomo, Provveditore
  von Korinth 334 f.
Missolunghi 408, 412, 414
Mistra, Erklärung des Namens 41, 344
  Beschreibungen und Abbildungen,
    17. Jh.: 287-297, Abb. 6 – um 1700: 328-331, Abb. 2-5 – vor 1770: 349 f. – um 1800/1810: 371-386, Abb. 28, 33 – um 1840: 453 f., Abb. 34
  Despotenpalast 136-142, 150, 173, 223, 460, 466, Abb. 25;
    als Bazar, bzw. Residenz des Aga 228, 328 f., 373 f., 452
  Exochorion (Vorstadt) 287, 310, 329, 383, 411, 418
  Kastron 40-42, 281 f., 330, 371 f., 411, 447, Abb. 26
  Katochorion (Oberstadt) 328, 372 f., Abb. 25
  Kirchen und Klöster:
    Aphendiko = Odegetria
    Brontochion 80 f., 98-108, 153, vgl. Odegetria und Theodoroi
    Christophoros 156
    Demetrios (Metropolis) 73-80, 181-184, 217, 329, 382, 411, 419 f., 442, 455, 457, 460 f., 468, Abb. 22, 23
    Evangelistria 181, Abb. 21
    Georgios 156
    Johannes 156
    Metropolis = Demetrios
    Nikolaos 279 f., 290, Abb. 26
    Odegetria 101-107, 153, 328, 344
    Pantanassa 174, 184-191, 291 f., 328 f., 349, 411, 426 f., 454, 459 f., 462, 467 f., Abb. 17, 18, 19
    Paraskevi 279
    Peribleptos 43 f., 116-134, 290, 349, 459, Abb. 24, 35, Farbt. IV

Mistra, *Fortsetzung*
  Sophia 135, 142-146, 175,
    328, Abb. 25
  Theodoroi 98f., 158, 442,
    Abb. 20, Farbt. II
  Zoodotos = Sophia
  Mesochorion (Mittelstadt) 288,
    310, 328, 373-375, 382, 411,
    418f.
  Moscheen 281f., 372, 385, 453
  Paläste: Krevvatas 375
    Laskaris 156
    Phrangopouloi 155f., 290
    Palataki 157
    Villehardouin 44, 70
  Platanisti (Insel) 383f.
  Stadtbefestigung 55, 70, 141,
    149, 328, 343f., 372
  Synagogen 288, 383
  Türkische Bauten 288f., 294f.,
    374
Modon 30, 63, 193f., 223, 247,
  253, 412; Eroberung 305f.,
  308, 323, 325; Verlust 335
Mohammed IV., Sultan 279, 299,
  312
Monembasia (Napoli di Malvasia)
  38f., 52, 70, 215, 227, 230,
  241, 251-253, 255, 282, 309,
  312, 325
Montagu, Mary Wortley 335, 343
Montefeltre, Federigo da, Herzog
  von Urbino 243
Morbassan, Pascha der Morea 65,
  111
Moro, Christoforo, Doge 236f.
Morosini, Francesco, auf Kreta
  278, 281; Capitano generale
  298-306, 308, 311, 313, 465;
  Doge 313-315, 318, 330
  – Giovanni 311
Moschopoulos, → Nikephoros
Moschos, Johannes, in Mistra 178
Muesinsada Ali, Kapudan-Pascha
  272f.
Murad II., Sultan 192, 216f., 223,
  226

Mustafa Pascha, Kommandant von
  Navarino 305, 307
Musurus, Markus 97, Abb. 16
Mykene 27, 226, 392

Napoleon I. 394, 405
Nauplia, byz. 27, 31; fränkisch 60;
  venez. (Napoli di Romania)
  148, 241, 253, 307, 321,
  333-335; türkisch (Anapli)
  255, 276, 297, 335, 377, 393;
  griech. (Nafplion) 410, 416, 444
  Agios Spyridon 414
  Burg 60
  Kaserne 333
  Kastell Burdzi 415
  Moschee 297
  Palamidi 327, 333-335
Navarino 149, 279, 305, 335, 411;
  Seeschlacht vor 412, Farbt. VI
Naxos 56f., 278
Neophytos, Bischof in der Maina
  277
Nikephoros Moschopoulos, Metropolit in Mistra 72f., 104,
  183, 442, 468
Nikli 29, 36, 53, 61, 227
Nikolaus V., Papst 225f.
Nikolaus I., Zar 407
Nointel, Charles François, Marquis
  de, Gesandter in Konstantinopel 283
Notara, Familie in Trikkala 378

Ochi-Ali, Kapudan-Pascha 269f.,
  273f.
Offida, Luca d', päpstl. Legat in
  Mistra 174
Oikonomos, Pappas in Mistra 425
Orchan, Emir von Bithynien 111
Orlow, Alexej Graf 356f., 366,
  369f. – Feodor Graf 355f.
Otto (Othon), König von Griechenland 406, 415f., 424, 443,
  446, 449, 462, Abb. 31, 32, ∞
  Amalia von Oldenburg
  446-449

Pachomios I., Patriarch 251
Pachomios, Archimandrit in Mistra 80, 98-101, 104, 107, 153
Pacifico, Antonio, Pfarrer 327f.
Palaiologos, Familie 157, 248
- Andreas 246 - → Andronikos II. - → Andronikos III. - Demetrios, Despot in Mistra 195f., 198, 204, 212, 217, 220, 223-232, ∞ Zoe 231, Tochter Helena 228, 231 - → Johannes V.
- → Johannes VIII. - Johannes, byz. Feldherr 49f. - Johannes, Festungskommandant 158
- → Konstantin XII.
- Konstantin, Sebastokrator 52-54, 56 - → Manuel II.
- Manuel, begraben in Agioi Theodoroi 158 - Manuel, 1448/49 in Mistra 217
- Manuel, Sohn des Thomas 235, 246 - → Michael VIII.
- Nikephoros Dukas, Arzt in Mistra 157f. - Theodor I., Despot in Mistra 46-153, 155, ∞ Bartolommea Acciaiuoli 147, 149 - Theodor II., Despot in Mistra 155, 157, 171f., 174, 191, 194, 212, 223f., ∞ Cleopatra Malatesta 172-175, 180, 468 - Thomas, Despot, ›Fürst der Achaja‹ 193, 198, 218, 223f., 226-229, 235, 246, 354, ∞ Caterina Zaccaria 193, 246, deren Kinder 235, 246 - Zoe, → Iwan III.
Palaiologos Asan, Matthäos 226, 228f.
Palaiologos Graitzas, Konstantin, Kommandant von Salmenikon 230, 235
Palaiologos Kantakouzenos, Georgios 234
Palamas, Gregorios, Metropolit 120-122
Palli, in Mistra 383

Papadopoulos, Gregorio 356
Papagomenos, Demetrios, Arzt in Mistra 175
Parori 163, 344, 411, 451
Patras 173, 213, 216, 227f., 254, 308, 360
Paul II., Papst 238, 242
Paul III., Papst 252
Pelagonia, Schlacht bei 49f.
Peter I. der Große, Zar 325, 355
Petropoulos, Metropolit in Mistra 271, 276
Philanthropenos, Familie 155
- NN., Kephale der Morea 60
- Alexios 217
Philipp II., König von Spanien 272, 274
Philipp von Schwaben, dtsch. König 18f., 23
Phrangopoulos, Familie 155, 180
- Johannes, Mesazon 155, 173f., 191, 193 - Leon 155
- Manuel 155, 157
Pico della Mirandola, Giovanni 210, 234
Pinturricchio, Francesco, Maler 228, 237, Abb. 13
Piräus (Porto Lione) 312, 314
Pisanello, Antonio, Maler und Medailleur 200, Abb. 12
Pius II., Papst 236f., 240, 244, 246, Abb. 13
Pius V., Papst 271, 273
Polani, Niccolò, Provveditore 301, 308-311
Polydorachis, in Mistra 411
Pomponius Laetus 208f.
Ponten, Josef 465
Pouqueville, Charles 352, 371, 390
Psaros, von Tinos 362, 364
Pückler-Muskau, Hermann Fürst 426-428, 453

Randolph, Bernard 286, 330, Abb. 6
Ranke, Leopold von 313, 321, 340
Redschid Pascha 412

Reuchlin, Johannes 234
Rhigas, Konstantin 404
Rhodos 70, 151, 253
Rimini
  Templo Malatestiano 238, 240
Rives, de, Vizekonsul in Koron 283
Robert II. der Weise, König von Neapel 62, 64
Roche, de la, Guido (Guy), Herzog von Athen 45 f. – Guido, Bail der Morea 59, ∞ Margerite de Villehardouin 59 – Guillaume 45, ∞ Helena Angela von Neopatrai 45 – Othon, Mega-Skyr (Großherr) von Athen 38
Roger II., König von Sizilien 18, 27, 29
Roll, Johann Ludwig von, schweiz. Regimentskommandeur 306
Rom 226, 243, 273
  SS. Apostoli 243
  Cap. Sistina 244
  Konstantinsbogen 274
  S. Pietro (Alt-St.-Peter) 199, 201-203
Roß, Ludwig, Archäologe 441, 447 – Otto, Maler 453
Rosselli, Cosimo, Maler 244
Rottmann, Karl, Maler 406 f., Farbt. III und V
Roussopoulos, Abgeordneter von Sparta 457

Saint-Omer, Nicolà de, Bail der Morea 59, ∞ Anna Angela von Epirus, verwitw. Villehardouin 59
Sanudo, Marco 39
Savoyen, Amadeus von, Fürst der Achaja 148 – → Eugen – Margarite von, → Ferdinand – Philipp von 62 f., ∞ Isabella von Villehardouin 62 f.
Schack, Adolf Friedrich Graf von 453
Schiller, Friedrich 256 f., 269, 404
Schinkel, Karl Friedrich, Architekt 445
Scholarios, Georgios 201, 204, 207, 217, 219; als Mönch Gennadios 220, 225, 232-234
Schulenburg, Johann Matthias, Reichsgraf von der 336
Scrofani, Saverio 373, 383, 386
Selim II., Sultan 256, 275
Selim IV., Sultan 390
Sforza, Battista 235 – Bianca Maria 228, 230 – Francesco, Herzog von Mailand 235
Sguros, Leon 23, 26 f., 31, ∞ Eudokia Komnenos 21, 23
Shelly, Percy 409
Siawusch Pascha, Herr der Morea 300
Sigismund, röm.-dtsch. Kaiser 195, 223
Simon von Compiègne, Kapuziner 283
Sixtus IV., Papst 244, 246
Skleros, Athanasios 341
Skorta 61, 100, 108, 223, 254
Slawochorion 29, 214, 295
Sophianos, Archont in Patras 276
Sophianos, Nikolaos 269
Sparta 12 f., 29, 344, 379, 382, 426 f., 443, 460, 463, vgl. Lakedaimon
  Basilika des Hl. Nikon 73, 75
  ›Helena-Palast‹ 427
  Neu-Sparta (Sparti) 416, 424-428, 441 f., 447-449, 463
  Neue Metropolis 442, 450
Sphrantzes, Georgios 195, 198, 213-215, 269
Spunda, Franz 465
Stackelberg, Otto Magnus, Baron von 378, 386, 392, Abb. 33
Stammer, Arnd Gebhard von 255
Stein, Baron, Arzt in Mistra 378
Steinau, Adam Friedrich Graf, venez. General 378
Stephan Dusan, Zar der Serben 111
Struck, Adolf 457

Suleiman I. der Prächtige, Sultan 246, 253-255, 464
Suleiman II., Sultan 312
Suleiman Pascha, Großwesir 312
Sully, Rousseau de, Statthalter auf Morea 59f.

Theodor I., Kaiser in Nikaia 24
Theodor II., Kaiser in Nikaia 46
Theodorakis, in Mistra 417f.
Theodorios, Dragoman in Tripolitza 390
Theodosios, Metropolit in Mistra 72
Thiersch, Friedrich 414, 421
Tinos 334, 358f., 362
Tocco, Carlo, Despot von Epirus 193 – Magdalena, → Konstantin XII.
Tommaso Ottomano, Dominikaner 278
Tourakhan, türk. Heerführer 223
Toynbee, Arnold J. 462-464
Trant, Abercromby 417-419, 453
Tripolitza (türk. Tarabolusa, jetzt Tripolis) 365, 367, 385, 390, 410f., 413
  Palast des Paschas 386f.
Trypi 452, 462, 471
Tschesme, Seeschlacht bei 369f.
Tunis 255, 375
Tzykandyles, Manuel 141

Urban IV., Papst 56f.
Urban V., Papst 136
Umur, Emir von Aydin 111

Valla, Lorenzo 242
Veligosti 29, 52, 150
Vely Pascha, Wesir in Tripolitza 378, 390-393
Venedig (Serenissima Repubblica di San Marco) 19f., 25, 56f., 113, 147, 150, 153, 170, 172, 215, 217, 223, 235, 255, 274, 355f.; Einzug Johannes VIII. 198f.; Eroberungen in der

Venedig, *Fortsetzung*
  Peloponnes 236f., 240f., 299f., 318f., 332-334
  Arsenal 314
  Biblioteca di San Marco 244
  Ca' Rezzonico 301
  Dogenpalast 150, 181, 199, 313, 318
  S. Marco 199, 255, 319
  S. Maria della Salute 313
  S. Niccolò da Tolentino 300
  Pal. Pisani 319
  Villa Contarini (Brenta) 301
Venier, Lorenzo, Provveditore 304
  – Sebastiano, Admiral 272
Vernon, François 280
Viadro, Marino, Kaufmann 140
Villehardouin, Geoffroy der Ält. 30, 34, 36 – Geoffroy der Jg. 38f. – Guillaume 39-45, 47-51, 54-59, 62, 117, 343, 394, ∞ Anna Angela von Epirus 47, 52, 59 – Isabella 56f., 59f., 62, → Anjou, Philipp von, → Hennegau, Florentius von, → Savoyen, Philipp von
Vischer, Wilhelm 449f.
Visconti, Barnabo 306

Weber, Leo 465
Wehner, Magnus 466-469
Welcker, Gottlieb 428, 441
Wien 229, 254, 256, 298f.
Wyse, Thomas, Gesandter in Athen 454f.

Ypsilanti, Alexander, Fürst der Walachei 405

Zaccaria, Caterina, → Palaiologos, Thomas – Centurione, Fürst der Achaja 152, 170, 193
Zacharias, Konstantia 409
Zographos, Panagiotis, Maler, Farbt. VI
Zypern 255, 257, 269-271, 274f.

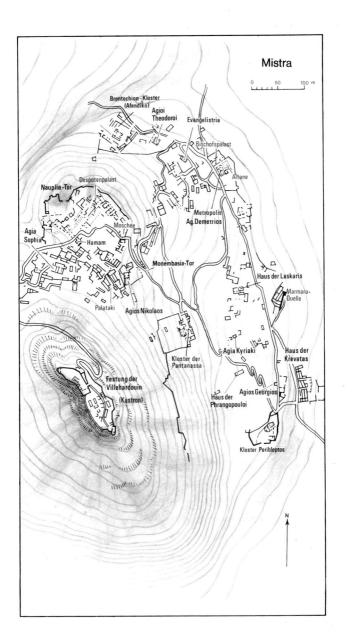

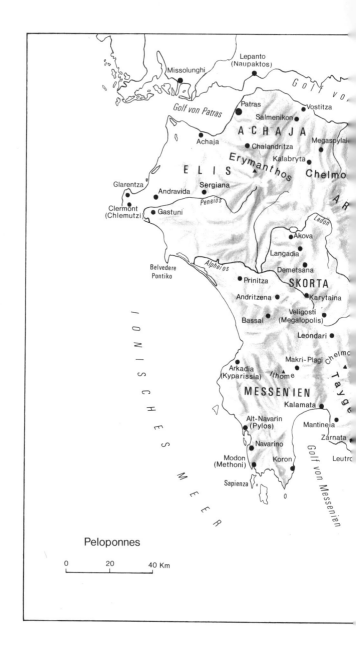